# 80 ANOS DA CLT

## REFLEXÕES E CRÍTICAS

COORDENAÇÃO

**BENIZETE RAMOS DE MEDEIROS**
**VALENA JACOB**

LTr®

# 80 ANOS DA CLT

## REFLEXÕES E CRÍTICAS

ABRAT - DE MÃOS DADAS COM OS DIREITOS SOCIAIS -

ABRAT Associação Brasileira de Advogados Trabalhistas

2023

LTr®

**LTr Editora Ltda.**



Rua Jaguaribe, 571
CEP 01224-003
São Paulo, SP — Brasil
Fone (11) 2167-1101
www.ltr.com.br
Outubro, 2023

Produção Gráfica e Editoração Eletrônica: PIETRA DIAGRAMAÇÃO
Projeto de Capa: DANILO REBELLO
Impressão: META BRASIL

Versão impressa — LTr 6427.4 — ISBN 978-65-5883-265-2
Versão digital — LTr 9898.0— ISBN 978-65-5883-266-9

**Dados Internacionais de Catalogação na Publicação (CIP)**
**(Câmara Brasileira do Livro, SP, Brasil)**

---

80 anos da CLT: reflexões e críticas /coordenação Benizete Ramos de Medeiros, Valena Jacob. – 1. ed. – São Paulo: LTr, 2023.

Bibliografia.

ISBN 978-65-5883-265-2

1. Direito do trabalho – Brasil 2. Trabalho – Leis e legislação – Brasil I. Medeiros, Benizete Ramos de. II. Jacob, Valena.

23-173156 CDU-34:331(81)(094)

---

**Índices para catálogo sistemático:**

1. Brasil: Consolidação das Leis do Trabalho: Direito do trabalho 34:331(81)(094)

Cibele Maria Dias – Bibliotecária – CRB-8/9427

# SUMÁRIO

# PREFÁCIO

Fui convidada pela incansável e batalhadora Benizete Ramos de Medeiros, Diretora da Escola da ABRAT, e uma das coordenadoras deste livro, junto com outra grande mulher Abratiana, Valena Jacob, para prefaciar a obra (a ABRAT é um celeiro de mulheres maravilhosas).

Confesso que de cara, fiquei assustada com a tarefa.

Prefaciar uma obra editada pela ABRAT, e escrita por pessoas do mais alto nível intelectual e humanístico, nossos mestres e mestras, doutores e doutoras, é uma coisa que assusta, e assusta especialmente, para quem, como eu, sou única e exclusivamente advogada, há 53 anos.

Não sou mestre nem doutora, sou e adoro ser ADVOGADA.

Sou de uma geração, que não se preocupava ou não teve a opção, de se aprimorar cientificamente, ficamos no dia a dia da advocacia, e no dia a dia do associativismo, o que nos tomava mais ou menos 30 horas por dia, e ainda administrávamos nossas famílias.

Mas passado o susto, resolvi enfrentar a tarefa, afinal, quem nunca teve medo de advogar...

Começo agradecendo a esta plêiade de escritores e escritoras, que fazem esta obra, muito obrigada por terem doado seu tempo, e especialmente, por terem sido muito generosos e generosas em compartilhar seus conhecimentos. Só pessoas muito boas, sabem ser generosas, e vocês, são pessoas muito boas.

Obrigada à Benizete e Valena pela dedicação e empenho.

Obrigada à LTr, pela parceria tão antiga com a ABRAT, saudades do "seu Armando" sempre muito elegante nos memoráveis Congressos da LTr, e do "Armandinho", que estava sempre em todos os CONATs, tomando conta da banca.

Quando se fala nos 80 anos da CLT, é comum ouvir expressões como "a velha senhora", "a dama antiga", uns mais desrespeitosos, a chamam de "velha e ultrapassada", e outros ainda a destratam, chamando-a de "filhote da carta de lavoro",

e outros ainda, agradecem a Getúlio Vargas, porque nos "deu a CLT".

Vale lembrar que da antiga e original CLT (que não nos foi presenteada por Getúlio, pois muito antes já tínhamos diversas leis regulando as relações de trabalho, fruto de estudos, discussões e da luta dos sindicalistas), resta muito pouco.

Segundo nosso mestre Jorge Souto Maior, em texto publicado em seu BLOG em 27/03/2017, sob o título "A CLT é velha":

" Dos 921 artigos que constavam da CLT, em 1943, somente 625 diziam respeito aos direitos trabalhistas propriamente ditos, pois os demais regulavam o processo do trabalho. Desses 625, apenas 255 não foram revogados ou alterados total ou parcialmente de maneira expressa por leis posteriores, editadas nos mais diversos governos; e 65 não foram recepcionados pela Constituição de 1988, como reconhece doutrina e jurisprudência, expressamente. Os 188 artigos restantes estão integrados a institutos que passaram, considerando o conjunto normativo, por diversas modificações".

Esta senhora que está completando 80 anos, já passou por tantas intervenções, tantos preenchimentos faciais, que está completamente descaracterizada, sendo que a intervenção de 2017, denominada " Reforma Trabalhista", quase que liquida com a idosa, e de lambuja com o próprio processo do trabalho, e quiçás quiçá, com a própria Justiça do trabalho !

Hoje, precisamos reconhecer, que o Direito do Trabalho não está atrelado á à CLT, exclusivamente, que continua, por óbvio sendo uma consolidação muito importante.

A Constituição da República, mercê do esforço e da construção feita pelos advogados e advogadas trabalhistas, hoje é o norte para o Direito do Trabalho, bem como os tratados e convenções internacionais.

Felizmente hoje não se discute mais, e a jurisprudência está aí para comprovar, a aplicabilidade das normas internacionais nos direitos humanos do trabalho.

Parece que de forma totalmente isolada, quem não está aplicando as normas dos direitos humanos do trabalho, no nosso país, é o STF, que busca fundamento nos direitos humanos, até para absolver traficantes, e os ignora quando trata dos direitos da classe obreira.

Sem sombra de dúvidas, estamos avançando neste campo, e talvez, este avanço da Justiça Trabalhista, seja a principal causa daqueles que propugnam pela sua extinção.

No ano em que a CLT completa 80 anos, embora muito descaracterizada pelas diversas intervenções que sofreu, muitas mal sucedidas, ainda temos motivos para saudá-la, pois continua sendo um símbolo importante para o nosso tão combatido Direito do Trabalho.

A ABRAT lançando este livro, durante seu 44º CONAT, em Porto Seguro, onde tudo começou, quer marcar a data, e também marcar sua posição intransigente em defesa do Direito do Trabalho, da Justiça do Trabalho, e do Estado democrático de direito, que não se pode alcançar, se ignorados e ou desrespeitados os direitos humanos fundamentais do trabalho.

Encerro, contando que, enquanto pensava o que escrever neste prefácio, fiquei dando uma espiada na minha estante, e me deparei com um livrinho, que muito ilustra a "construção do direito pelos advogados e advogadas trabalhistas".

É o livro do III Encontro Estadual de Advogados Trabalhistas do Rio Grande do Sul - AGETRA- Porto Alegre, de 1977.

Meus olhos terem caído sobre este livrinho (porque fininho), não pode ser obra do acaso...

Lá naquele Congresso, foi fundada de fato a ABRAT, estando a AGETRA sob a presidência da colega Olga Araújo, recebemos uma delegação de advogados do Rio de Janeiro, onde estavam Moema Baptista, Celso Soares, Benedito Calheiros Bomfim (nosso conferencista), Carlos Arthur Paulon , Francisco Costa Neto, Nicanor Fischer, e mais de uma dezena de colegas.

E neste livro da AGETRA, de 1977, eu li o seguinte:

"A complexidade das relações de produção capitalistas cria formas próprias de relacionamento de trabalho, podendo-se situar como decorrente disso, a locação de trabalho humano.

O homem, cada vez mais, perde a sua integridade como ser humano e passa a fazer parte de uma engrenagem econômica onde o elemento primordial é o capital, e como consequência deste, o lucro.

Este como objetivo do sistema vigente, exige, nos países industrializados e periféricos, o uso de mão de obra barata. Uma das formas que se encontrou para reduzir o custo de produção foi o aluguel de mão de obra." (Locação de mão de obra - por Gisa Nara Coccaro e Lidia Woida, 1977.)

Previsão? Premonição? Adivinhação? Sensibilidade?

*Bernadete Kurtz*

*Presidenta da ABRAT- biênio 2022/2024*

# A DEFESA JURÍDICA DA GREVE DE OCUPAÇÃO

*Aderson Bussinger Carvalho*[(1)]

**Resumo:** O artigo propõe debater a defesa jurídica de trabalhadores quando no exercício do direito humano de greve, sobretudo a greve de ocupação. São discutidos os aspectos jurídicos, históricos e sociais que devem estar contidos na atuação do advogado sindical. Quanto à greve de ocupação, são discutidas as peculiaridades dessa modalidade de movimento coletivo do trabalho, assim como são expostas as principais linhas de argumentação em jogo e os desafios que impõem ao advogado.

**Palavras-chave:**

- Greve de ocupação;
- Direitos Humanos;
- Argumentação de defesa

**Sumário:**



(1) Advogado sindical. Mestre em Ciências Jurídicas e Sociais pela Universidade Federal Fluminense. Membro efetivo do IAB, diretor-representante da AFAT junto a ABRAT e diretor do Centro Documentação e Pesquisa da seccional OAB-RJ. Advogado do Sindipetro-Duque de Caxias, Sindicato dos Metalúrgicos de Volta Redonda, Sindicato dos Portuários-RJ, Sindicato dos Trabalhadores no Combate às Endemias e Saúde do RJ, entre outros.

# 1. INTRODUÇÃO

Atuando como advogado sindical há mais de 30 anos, as greves foram desde do início da carreira um dos maiores desafios no exercício da profissão. Seja por toda a complexidade jurídica que trazem consigo, seja pela sua interseção com os universos sociológico e político, decorrentes desse movimento que é uma das marcas da Revolução Industrial do século XIX e segue na atualidade a atrair e demandar a nossa atenção.

Este artigo se propõe a condensar em algumas páginas um pouco da experiência profissional acumulada na defesa jurídica desse tipo de conflito coletivo do trabalho, valendo-me do período em que fui advogado e coordenador do departamento jurídico do Sindicato dos Metalúrgicos de São José dos Campos e região entre os anos de 1991 e 1998, dentre outras experiências posteriores. Na prática são diversas as modalidades de greve, mas este artigo terá como foco a greve de ocupação, pois considero a modalidade mais complexa: a greve de ocupação é capaz de atrair uma gama de reações simultâneas, sejam patronais, estatais, sejam no âmbito trabalhista, cível e criminal, além das diversas narrativas que sua realização também desperta.

Para além do cumprimento de prazos, o que sempre se recomenda indispensável ao advogado, o objetivo é compilar as lições que somente os anos entre a teoria e a prática puderam lapidar. Nesse sentido, importará desenvolver algumas questões que entendo relevantes para a defesa dos grevistas, sobretudo ante a reação do Estado.

O artigo é divido em três seções principais. Na primeira seção, trabalho brevemente a natureza jurídica da greve e a sua regulamentação no ordenamento jurídico brasileiro. Na segunda seção, busco ressaltar a importância, para o exercício profissional, de desenvolver a habilidade de contextualizar o movimento grevista para além dos seus parâmetros jurídicos. Por fim, na terceira seção discuto o tratamento da greve de ocupação e as controvérsias argumentativas que suscita para o advogado de trabalhadores.

## 2. A NATUREZA JURÍDICA DA GREVE

A rigor, para que se possa compreender a natureza jurídica da greve, há que enquadrá-la como a liberdade do exercício de uma vontade lícita. É o que nos ensina o jurista e Ministro do Tribunal Superior do Trabalho Mauricio Godinho Delgado, assinalando com a contundência e a objetividade de suas lições que a greve, enquanto direito coletivo, não está sujeita à oposição, dado o seu caráter protestativo.(2)

Acrescento que não há como se cogitar outro tratamento da natureza jurídica da greve. Uma vez que os trabalhadores são sujeitos de um direito legítimo e positivado, não podem ser cerceados arbitrariamente de seu exercício, sejam quaisquer das modalidades de paralisação, sob pena de se negligenciar a autonomia privada coletiva, reconhecida pelo Estado de Direito em ações e comportamentos líticos. Em outras palavras, trata-se da autonomia no contexto específico do que a Constituição Federal assegura à coletividade de trabalhadores.

Atualmente, o direito de greve tem sólida previsão no art. 9º, *caput* da Constituição Federal de 1988.(3) O dispositivo constitucional, além de assegurar o exercício do direito, expressamente confere aos trabalhadores a decisão sobre a oportunidade de exercê-lo e sobre os interesses que desejam defender. Ou seja: o quando e o porquê da deflagração do movimento grevista, que é a expressão de um direito social.(4)

Não posso deixar de externar o meu entendimento de que as greves, a organização dos trabalhadores, os seus movimentos reivindicatórios são também expressões de Direitos Humanos exercidas por uma coletividade de cidadãos-trabalhadores-grevistas, cujas ações se destinam a buscar a dignidade humana no plano das relações laborais, por meio das mais variadas demandas remuneratórias e de condições de trabalho. Conforme assinalado pela Ministra do TST Delaide Miranda Arantes, em seu recente livro "Trabalho Decente", a dignidade da pessoa humana é o núcleo paradigmático dos Direitos Humanos e dos Direitos Fundamentais Trabalhistas.(5)

É preciso ter claro que a atual quadra constitucional constitui uma conquista dos movimentos de luta dos trabalhadores. Na história constitucional brasileira, o direito de greve foi reconhecido somente a partir da Constituição de 1946. Em 1937 as greves foram tratadas como criminosas, assim como em junho/julho de 1917: os trabalhadores que realizaram a famosa greve geral, com o foco situado principalmente na cidade de São Paulo, foram vítimas de brutal repressão.(6)

No entanto, se por um lado houve a deferência do constituinte de 1988 ao direito de greve, por outro lado o seu exercício é submetido a uma série de condições. A regulamentação da greve está contida na Lei n. 7.783/1989, que impôs uma série de exigências e requisitos para a suspensão temporária da prestação de serviços. São exemplos: a aferição de convocação de assembleia; o quórum mínimo para

---

(2) DELGADO, Mauricio Godinho. *Curso de Direito do Trabalho*. 8. ed. São Paulo: LTr, 2009

(3) Art. 9º É assegurado o direito de greve, competindo aos trabalhadores decidir sobre a oportunidade de exercê-lo e sobre os interesses que devam por meio dele defender.

(4) Sobre essa autonomia de vontade coletiva, cumpre dizer que nem mesmo nas atividades essenciais a greve é *a priori* proibida. O art. 9º da Constituição, em seu §1º, apenas determina que a lei irá definir os serviços ou atividades essenciais – o que, como sabemos, está definido no art.10 da Lei 7.783/89.

(5) ARANTES, Delaide Alves Miranda. *Trabalho decente*: uma análise na perspectiva dos direitos humanos trabalhistas a partir do padrão decisório do Tribunal Superior do Trabalho. 1. ed. São Paulo: LTr, 2023, p. 50

(6) BORIS, Koval. *História do proletariado brasileiro*. Editora Alfa-Omega, 1982. Título original em russo: Istoria brazil'skogo Proletariata, 1857 a 1967, Isdalistva Nauka, Moscou ,1968, VAAP-Moscou-URSS.

deliberação; a notificação prévia de 48 horas na maioria das atividades e de 72 horas naquelas consideradas essenciais; o esgotamento de negociação; a manutenção de funcionamento de equipamentos cuja paralisação possa trazer prejuízo irreparável; o atendimento de necessidades inadiáveis da comunidade; a aplicação de algumas penalidades pelo descumprimento legal, como multas.(7)

A Lei n. 7.783/1989 foi objeto de questionamento acerca da sua constitucionalidade perante o Supremo Tribunal Federal, corretamente sendo questionado que a sua aplicação resultava em cerceamento do exercício do direito de greve. No entanto, o diploma legal foi julgado constitucional, sendo o parâmetro não somente em relação aos trabalhadores da iniciativa privada, como também ratificado como parâmetro para o serviço público.(8)

Embora siga entendendo que parte das exigências contidas na regulamentação legal é inconstitucional, reafirmo a prudente orientação jurídica que deve sempre ser feita por um advogado sindical em todas as greves: cumpram todas formalidades que puderem cumprir, o que – como bem sabemos – não livrará o movimento grevista de eventuais problemas, mas ao menos contribuirá para redução deles.

Em verdade, ainda que não se possa subtrair a legitimidade de um movimento que decorra da vontade coletiva dos trabalhadores, independentemente dos regramentos legais, é forçoso reconhecer que muitas vezes o cumprimento de formalidades mínimas não acarretaria nenhum prejuízo ao movimento deliberado. Isso faz parte das angústias vividas na advocacia sindical ante a algumas precipitações desnecessárias por parte dos trabalhadores-grevistas, pois a espontaneidade é um dos ingredientes das relações coletivas do trabalho, assim como a intolerância em relação ao descumprimento de formalidades secundárias.

Essas recomendações que ora faço não deixam de ser intuitivas para um advogado sindical comprometido com a diligência de sua atuação. A defesa jurídica pressupõe, em primeiro lugar, não abrir espaço para que a greve seja declarada em desconformidade com a legislação. No entanto, a atuação do advogado sindical, sobretudo quando atua na assessoria jurídica de greves, vai mais além: exige também uma visão histórica e social do conflito, que repercute não somente na esfera judiciária,(9) como também no conjunto das instituições, na relação com as forças de segurança, no diálogo com os poderes Executivo e Legislativo (sobretudo em greves que abrangem o serviço público, onde essa análise é fundamental).

---

(7) Os requisitos não serão tratados pormenorizadamente, tendo em vista os limites e os objetivos deste artigo. De todo modo, a lei é razoavelmente didática a respeito dos requisitos e a sua leitura, por si só imprescindível, supre em certa medida as limitações.

(8) Conforme decidiu o STF no julgamento dos Mandados de Injunção 670, 708 e 712, tendo sido determinado por analogia a aplicação das normas que regulam o direito de greve no setor privado ao segmento de servidores públicos.

(9) Me refiro aqui a orientar sobre os prazos e formalidades exigidas, zelar pelo cumprimento dos prazos nos dissídios e nas ações judiciais decorrentes da paralisação, assim como ao conhecimento básico de Direito Administrativo e, muitas vezes, de conhecimentos mais específicos a depender do tipo de serviço estatal abalado pela greve (por exemplo, paralisação na área de saúde pública, hospitais, postos de saúde, ou, para ir mais além, em empresa de material bélico).

# 3. A IMPORTÂNCIA DE UMA ABORDAGEM HISTÓRICA E SOCIAL DA GREVE

Há notícias de movimentos de paralisação de trabalhadores já no "mundo antigo", em Tebas (2100 a.C) e Roma (493 a.C), assim como na era cristã, em Normandia (977) e Bretanha (1008).[10] Não obstante, essas ocorrências históricas estão distantes do fenômeno grevista como conhecemos, decorrente da ascensão do modo de produção capitalista. O séc. XIX foi marcado pela notória efervecência de greves organizadas pelo operariado de países como França, Alemanha, Inglaterra, tidos como o "berço do sindicalismo". A sociedade sendo organizada sob o modelo econômico do capitalismo foi o "habitat natual" desse movimento de trabalhadores. Podemos dizer que está na origem da formação do Direito Sindical, outrora denominado até como "Direito Operário". Atualmente, o direito de greve é contemplado nas legislações nacionais e internacionais e, com abrangência muito mais ampla, abarca um conjunto dos trabalhadores diversos, inclusive os oriundos do setor dos serviços públicos.[11]

Conforme observa Marcio Tulio Viana, existe um conceito comum de greve e um conceito jurídico: o primeiro define a greve enquanto a simples recusa de cumprir as funções, enquanto o segundo tem conformidade com a legislação de cada país.[12] Para o que interessa discutir nesse artigo, a greve é essencialmente a paralisação da produção ou do serviço por parte dos empregados, sendo uma insubmissão coletiva que o Direito reconheceu e incorporou, ainda que a limitando. Em outras palavras, a greve trata do fundamental fato de que, em determinado momento e situação, os trabalhadores resolvem coletivamente suspender o trabalho, seja ele de qual natureza for, inclusive uma atividade policial.[13]

Os motivos que levam a decisão de paralisação são variados. Por exemplo, podem ser apenas de natureza política e com vistas a obter algum resultado, político ou material. No entanto, sejam quais forem os motivos, a greve em si é sempre um empecilho para o funcionamento do sistema econômico e político, o que explica o histórico de reação estatal, muitas vezes virulenta.

Pensar a greve situando-a historicamente exige ainda não perder de vista que, ao longo tempo, a classe trabalhadora mudou em composição e caracteríticas. No caso brasileiro, passamos da predominância agrária para a industrial, quando milhares de agricultores deixaram o cultivo da terra – ou mesmo fugindo das secas – para aprender outros ofícios nas cidades, indo parar em oficinas e indústrias. Cumpre destacar também o papel social das greves gerais. Por exemplo, a forte atuação das mulheres na greve geral de 1917 e os operários negros que lutaram e exigiram o reconhecimento político.

Não podemos considerar um fato isolado que um operário negro, Minervino de Oliveira, foi o primeiro candidato à Presidência de esquerda nas eleições de 1930, pelo Bloco Operário Camponês. Minervino de Oliveira foi um marmorista que se transformou

(10) CASTRO, Pedro. *Greve*: fatos e significados. São Paulo: Brasiliense, 1986

(11) Não posso deixar de citar a Organização Internacional do Trabalho (OIT), que dedica duas de suas principais Convenções, as de n. 87 e 98, aos temas da proteção do direito de greve, da liberdade sindical, da organização e negociação coletiva.

(12) VIANA, Marcio Tulio. *Revista TST*, Brasilia, Vol. 66, n. 1, 2000

(13) Mesmo consideradas ilegais, ocorrem frequentemente paralisações em forças de segurança pública, como são exemplos os policiais e os bombeiros

em liderança exatamente através das lutas trabalhistas no Rio de Janeiro.(14) Assim como não podemos ignorar que, reflexo direto do papel das greves no Brasil, o atual Presidente da República, Luiz Ignácio Lula da Silva, foi um ex-líder operário de greves do ABC Paulista e notória referência de greves em todo o país, tendo diretamente participado da fundação da maior central sindical, a CUT, e um dos maiores partidos de trabalhadores do mundo, o PT.

Mudanças mais recentes na composição da classe trabalhadora brasileira podem ser identificadas, por exemplo, no contingente de trabalhadores informais. Uma categoria emblemática são os entregadores de aplicativos e fato é que a greve segue sendo um instrumento de luta recorrente: os entregadores convocaram e realizaram uma greve nacional em 2013, paralisações entre os anos de 2020 e 2022 e, recentemente no mês de junho de 2023, quando foi convocada nova paralisação deste segmento.(15)

Em suma, o objetivo nessa seção consiste em destacar que, em maior ou menor frequência, a greve é parte integrante das relações de trabalho e possui uma dimensão histórica, econômica e política, que o advogado sindical de trabalhadores não pode desconsiderar. Isso porque, sem levar em conta esses componentes em sua atuação, corre o risco de atuar "no escuro", não enxergando o todo no qual a sua atuação profissional está inserida: sem se afastar do rigor dos parâmetros de seu ofício, e concomitantemente sem deixar de considerar os diversos fatores que o perpassam, assim como influem sobre todo o sistema de justiça.

---

(14) KAREPOVS, Dainis. *A classe operária vai ao parlamento*: O Bloco Operário e Camponês do Brasil. São Paulo: Ed. Alameda, 2006. PEREIRA, Astrojildo. *A Formação do PCB* (1922-1928). Lisboa: Ed. Prelo, 1976. SODRÉ, Nelson Werneck. *Contribuição à história do PCB*. São Paulo: Ed. Global, 1984.

(15) Disponível em: https://sul21.com.br/noticias/geral/2023/06/entregadores-de-ifood-convocam-greve-nacional-para-esta-sexta-9/. Acesso em: jul. 2023

## 4. A GREVE DE OCUPAÇÃO E ASPECTOS RELEVANTES

De princípio, cabe destacar que a greve de ocupação traz um elemento ativo que a diferencia dos demais movimentos de simples negativa de trabalho: a presença no interior da unidade de produção ou serviço. Esse elemento suscita a reação patronal-estatal sob o fundamento de infringência dos dispositivos legais e constitucionais protetivos da propriedade privada.

Nesse sentido, é mais que importante esclarecer que não estamos tratando de uma hipotética situação em que um coletivo de trabalhadores resolveu invadir uma empresa, ou nela permanecer. Trata-se da participação em um movimento trabalhista específico – o movimento grevista. A greve de ocupação é considerada pela doutrina como uma das modalidades de greve, o que independe do juízo de valor que se faça sobre o fenômeno. Não é impossível separá-lo do universo das relações coletivas do trabalho.

É necessário tratar a greve de ocupação como uma modalidade de greve e tão somente isso, sob pena de recusarmos a própria legitimidade que o sistema jurídico empresta ao direito de paralisação coletiva. Conforme esclarece Segadas Vianna, a ocupação dos locais de trabalho visa sobretudo evitar que os empregadores possam admitir novos empregados para substituir os grevistas ou que os trabalhos continuem com operários que se tenham recusado a aderir à greve, o que evidencia claramente objetivos vinculados exclusivamente ao movimento trabalhista em questão.(16)

Amauri Mascaro Nascimento argumenta que a ocupação de estabelecimento viola princípios dos direitos de propriedade e de liberdade individual, sendo uma espécie de "tomada de poder da empresa".(17) Esse entendimento tem por consequência remeter a greve à concepção subjetivista de Savigny e à concepção objetivista de Ihering, conforme lemos nos ensinamentos civilistas de Orlando Gomes sobre a natureza jurídica e a fundamentação da proteção possessória.(18) Contudo, há de se perguntar: é exatamente essa a posse de que estamos tratando ao analisar uma greve de ocupação, feita por empregados vinculados juridicamente à empresa, no contexto do exercício de um direito constitucional coletivo?(19)

Mesmo sob o ponto de vista dos conceitos de propriedade e posse, a greve de ocupação é coerente com o escopo do movimento de natureza trabalhista, uma vez que os trabalhadores não pretendem obter a posse do imóvel. Toda experiência que acumulei na assessoria de greves de ocupação me leva a afirmar que essas não podem ser tratadas pelo critério civilista da ameaça ou violação do direito de propriedade.

O movimento grevista se vale da presença na empresa para objetivos vinculados ao próprio movimento, dentre os quais podemos citar: (i) evitar que outros trabalhadores contratados ilegalmente pelo empregador ocupem o lugar dos grevistas; (ii) proteger o patrimônio da empresa durante o movimento, de modo sejam que evitados prejuízos; (iii) realizar assembleias permanentes em local seguro, no interior da empresa; (iv) preparar experiências de recuperação de empresas, em caso de falência.

---

(16) VIANNA, Segadas. *Greve*: direito ou violência. Rio de Janeiro: Freitas Bastos, 1959

(17) NASCIMENTO, Amauri Mascaro; VIDAL NETO, Pedro (org.). *Direito de Greve.* São Paulo: LTr, 1984, p. 124

(18) GOMES, Orlando. *Direitos Reais.* 19.ed. Rio de Janeiro: Forense, 2007, p. 39

(19) Como admitir que os empregados em greve, vinculados pela CLT à determinada empresa, sejam de uma hora pra outra tratados como invasores na forma do contida no art. 202 do Código Penal brasileiro?

Nesse ponto cumpre dizer que, quanto à proteção da empresa, fui testemunha de diversas situações de quebra de negócios, cuja presença dos empregados no local de trabalho efetivamente impediu ocorrências ilícitas como furto de maquinário ou de matéria-prima, protegendo o patrimônio que seria adiante objeto de processamento para fins indenizatórios. Posso aqui citar as greves da Mecânica Continental e da Engesa, nas quais atuei como o advogado dos trabalhadores que ocuparam suas instalações durante o movimento grevista no início da década de 90, no interior do Estado de São Paulo.(20)

Mas não é só. Tanto no Brasil, como no mundo, as greves de ocupação já conduziram à adoção da via de autogestão como alternativa à eliminação dos postos de trabalho em casos de fechamento de unidades produtivas ante a inviabilidade de prosseguimento do negócio por parte dos antigos proprietários. A autogestão deu lugar a empresas que não somente colocaram em dia o pagamento das dívidas trabalhistas e fiscais, como prosseguiram na produção, ou até inovaram em outro ramo de produção ou serviço.

De acordo com dados da Associação Nacional dos Trabalhadores em Autogestão (Anteag), a primeira experiência de recuperação de empresas por trabalhadores surgiu em 1991, na cidade de Franca, tradicional centro industrial de produção de calçados no interior do Estado de São Paulo. Na ocasião, a reação dos trabalhadores de uma fábrica de calçados à decretação da falência desembocou na constituição de uma empresa auto-gestionária com o auxílio do sindicato da categoria, assegurando a preservação de centenas de empregos.(21)

São os elementos e os aspectos da realidade das greves de ocupação que devem ser analisados e compreendidos pelos advogados de trabalhadores, bem como pelo Poder Judiciário e pelo Ministério Público do Trabalho, a fim de a questão social não seja tratada mais uma vez um "caso de polícia", como outrora se fazia no período da República Velha.

### 4.1. Desafios argumentativos para o advogado de trabalhadores

Duas das principais linhas argumentativas opostas à greve de ocupação, no âmbito da Justiça do Trabalho, são a de que essa modalidade de greve consiste em um "movimento com motivação política" e a de que ofende o direito de propriedade, "espinha dorsal" da Constituição Federal.(22) Unindo a habilidade de contextualização social do movimento grevista ao conhecimento jurídico da natureza da greve de ocupação, o advogado de trabalhadores pode enfrentar as linhas de argumentação comumente oferecidas por parte dos empregadores. Nessa subseção, busco reunir os principais pontos que a defesa jurídica da greve de ocupação deve ser capaz de mobilizar.

Em primeiro lugar, o advogado de trabalhadores deve atuar na defesa de que a greve de ocupação é um movimento reivindicatório trabalhista, que também pode dispor de uma pauta política. Em outras palavras, a greve não se afasta do veio trabalhista que a caracteriza, mesmo em relação a greves políticas. Nesse sentido, me alinho ao entendimento de Mauricio Godinho Delgado, que destaca a validade desses

---

(20) No caso da Engesa, os trabalhadores criaram à época cooperativas de trabalho sob o nome de COOPERGESA. Atualmente, foi extinta.

(21) *Revista do BNDES*. Rio de Janeiro, 2016, v. 13, n. 26, p. 115 – 138.

(22) A propriedade privada é protegida as Cartas Constitucionais Liberais, sejam mais ou menos social-democratas, ou adeptas ao constitucionalismo social, como a Constituição brasileira.

movimentos políticos quando se vinculam a fatores que repercutem no trabalho.[(23)] No direito comparado, cabe registrar que na Itália e na Espanha greves polícias são admitidas legalmente, com a exceção de que não sejam revolucionárias.[(24)]

Em segundo lugar, o advogado de trabalhadores precisa notar que a argumentação patronal parte de premissa equivocada ao pretender tratar a greve de ocupação como que movimentos de expropriação. Salvo em situações de fato revolucionárias, esse não é nem de longe o caso, visto que não há nessa modalidade de greve o pleito da titularidade da propriedade da empresa. O que é pleiteado são pautas vinculadas às condições de trabalho.

Não podemos deixar de considerar, todavia, que a argumentação patronal tem ampla aceitação nos tribunais. São numerosas as concessões de ordens de interditos possessórios em greves, inclusive quando não são de ocupação, mas meras concentrações operárias nos portões das empresas, como ocorreu na recente ordem de interdito possessório obtida pela CSN em simples atraso na produção enquanto havia a preparação de uma greve.[(25)] Ainda assim, o advogado sindical, ante os argumentos com base no direito de propriedade e no esbulho, deve fundamentar que se trata de dois direitos constitucionais – a greve e a propriedade – em relação aos quais não há hierarquicamente a sobreposição de um sobre o outro.

Conforme ensina Pedro Lenza, "regras e princípios são espécies de normas e que, enquanto referenciais para o intérprete, não guardam, entre si, hierarquia, especialmente diante da ideia da unidade da Constituição".[(26)] A argumentação, portanto, se traduzirá na ponderação entre os direitos fundamentais colidentes, sendo que, do ponto de vista de Lenza, deve prevalecer a norma que mais assegure a dignidade humana. Nesse sentido, o advogado não pode deixar de considerar a própria função social da propriedade.[(27)] A ocupação da unidade produtiva está associada ao propósito de promoção da dignidade humana seja pelo atendimento de pauta salarial, seja em discussão mais ampla de gestão da empresa por seus próprios funcionários, como os exemplos de empresas que se transformaram em cooperativas de trabalho através da negociação dos passivos trabalhistas e do imóvel.[(28)]

O desafio argumentativo é o de apontar que o significado da norma deve ter como norte a prevalência da dignidade humana do coletivo de trabalhadores envolvido no conflito, ante a infundada alegação de risco de subtração da propriedade.[(29)] Esse

---

(23) O Ministro do TST Maurício Godinho Delgado, afirma que "a validade desses movimentos [das greves políticas] será inquestionável, em especial, se a motivação política se vincular a fatores de significativa repercussão na vida e trabalho dos grevistas, não se tratando de mera instrumentalização político-partidária ou algo similar". Disponível em: http://www.tst.jus.br/noticia-destaque/-/asset_publisher/NGo1/content/id/24303961.

(24) LEITE, Carlos Henrique Bezerra. *Curso de Direito do Trabalho*. Editora Saraiva, 2017, p. 777. Cássio Mesquita Barros, como menciona Bezerra Leite, afirma que países como a Itália e a Espanha, admitem as greves com objetivos eminentemente políticos, desde que não revolucionárias: "para remoção de obstáculos de ordem econômica e social que impedem o desenvolvimento da pessoa humana e a participação dos trabalhadores na organização política, econômica e social do país".

(25) Processo n. Ref.: 0100357-77.2023.5.01.0341

(26) LENZA, Pedro. *Direito Constitucional esquematizado*. 13. ed. São Paulo: Saraiva, 2009, p. 145

(27) Art. 5º, XXIII: a propriedade atenderá a sua função social

(28) Embora excepcionais, mesmo esses casos são totalmente assimilados pelo sistema capitalista, com programas estatais de incremento dessas experiências.

(29) "A ponderação é uma técnica de decisão empregada para solucionar conflitos normativos que envolvam valores ou opções políticas, em relação aos quais as técnicas tradicionais de hermenêutica não se mostram suficientes. É justamente o que ocorre com a colisão de normas constitucionais, pois, nesse caso, não se pode adotar nem o critério hierárquico, nem o cronológico, nem a especialidade para resolver

entendimento encontra alguma ressonância no âmbito judicial. Na ADPF n. 123, que tratou do conflito entre a ação possessória e o exercício do direito de greve, há como resposta ao pedido de informações solicitadas pelo Ministro-Relator o que segue:

> No âmbito do Tribunal Regional do Trabalho da 15ª Região tem prevalecido o entendimento de que o deferimento de pedidos de interdito proibitório, tendentes atos perturbadores da posse de estabelecimentos empregadores, durante movimentos grevistas pacíficos, acabam por impedir o próprio exercício do direito de greve, violando, conseguintemente, o disposto no art. 9º da Constituição da República. [30]

Cumpre ainda apontar que, prevalecendo o direito de propriedade ante a greve de ocupação, significa tratar o fenômeno da greve como os litígios pela posse da terra são tratados. Ainda fosse esse o caso, o MST possui a seu favor o voto do Ministro do Superior Tribunal de Justiça Luiz Vicente Cernicchiaro, no qual distingue a ocupação de terreno alheio do esbulho possessório propriamente dito.[31]

Evidente que não se incluem na greve de ocupação a aquiescência com depredação, sabotagem de máquina, destruição de patrimônio. Isso forçosamente lança a greve em outra seara que não a trabalhista. Nesse sentido, cabe ao advogado sindical expor com muita objetividade aos trabalhadores-grevistas e à direção do movimento quais as consequências decorrentes de ocorrências como as anteriormente mencionadas: a criminalização e consequente penalização dos envolvidos.[32]

Por fim, não poderia deixar também de comentar a enorme dificuldade advinda de situações em que a greve é liderada não por um sindicato, jurídica e legitimamente constituído, e sim por uma comissão de empresa ou simples coletivo de ação. Já me deparei em diversas ocasiões com essas situações, que são até naturais ante às divergências que por vezes surgem entre as representações diretas de trabalhadores de determinada empresa e a direção à frente do sindicato.

Nessas situações, a saída é se valer da própria Lei 7.783/89. Nos art. 4º, § 2º e art. 5º é conferida à comissão de trabalhadores legitimidade para participar do dissídio coletivo em caso de greve desde que não haja entidade sindical da categoria. Entendo que, nessas situações a atuação da comissão eleita é viável desde que se comprova a renúncia do sindicato em encaminhar ou representar o movimento. Reforça esse entendimento a Convenção n. 135 da Organização Internacional do Trabalho, que dispensa proteção também às representações não sindicais, eleitas diretamente pelos empregados.[33]

---

uma antinomia de valores." MARMELSTEIN, George. *Curso de Direitos Fundamentais*. São Paulo: Atlas, 2008, p. 386

(30) Resposta do Desembargador Vice-presidente do Tribunal Regional do Trabalho da 15ª Região, nos autos da APDF n. 123.

(31) HC 4399 – SP

(32) A proteção do patrimônio da empresa onde tem lugar uma greve de ocupação deve merecer particular cuidado dos grevistas sobretudo em situações de falência, em que os bens do negócio são a garantia do recebimento dos créditos trabalhistas (ou pelo menos parte deles), quanto mais quando se propõe uma alternativa autogestionária, conforme já mencionado nessa seção. O bom estado do prédio e maquinário é essencial para um projeto viável nesse sentido.

(33) Convenção n. 135. Art. 3º: Para os fins da presente Convenção, os termos 'representantes dos trabalhadores' designam pessoas reconhecidas como tais pela legislação ou a prática nacionais, quer sejam: a) representantes sindicais, a saber, representantes nomeados ou eleitos por sindicatos ou pelos membros de sindicatos; b) ou representantes eleitos, a saber, representantes livremente eleitos pelos trabalhadores da empresa, conforme as disposições da legislação nacional ou de convenções coletivas, e cujas funções

# 5. CONSIDERAÇÕES FINAIS

Ao longo do artigo, procurei analisar a greve, reforçando tanto a importância da abordagem histórica e social desse tipo de conflito do trabalho, quanto os aspectos jurídicos, sobretudo relacionados à greve de ocupação. Me coloquei ao lado dos que entendem que a greve é a legítima manifestação de trabalhadores visando uma finalidade lícita. Seja através de pautas exclusivamente trabalhistas, sejam também de viés político, os motivos são prerrogativa dos trabalhadores que deflagram o movimento. São esses os termos do art. 9º da Constituição Federal.

Por outro lado, não pude deixar de pautar os requisitos formais exigidos pela Lei n. 7.783/89. Ainda que possamos deles discordar em grande parte, é imprescindível o seu cumprimento para a proteção jurídica dos movimentos grevistas, incluída a greve de ocupação, que, assim como as outras modalidades, nasce de uma assembleia e desemboca em uma pauta. Geralmente, somente mais adiante o movimento se converte em ocupação da empresa, sem deixar de ser por essa circunstância uma greve.

Quanto a esse ponto, embora não seja o entendimento de fácil assimilação em um Judiciário apegado ao formalismo e avesso à ponderação entre preceitos constitucionais, busquei desmistificar essa modalidade de manifestação coletiva do trabalho, quase sempre estigmatizada pelos empregadores como "baderna". A greve de ocupação, enquanto greve que é, foi situada em primeiro lugar no rol de atos lícitos de vontade coletiva de cidadãos-empregados titulares de Direitos Humanos, na forma da Constituição Federal brasileira e da própria Declaração Universal dos Direitos Humanos.

O meu objetivo foi debater como a defesa jurídica consistente dos movimentos grevistas, e sobretudo da greve de ocupação, precisa ser pautada nos preceitos e valores constitucionais que lhes dão o significado que possuem em nosso ordenamento.

Nesse sentido, o estatuto jurídico constitucional e legal da propriedade privada deve ser tratado com toda a objetividade e importância que incontestavelmente possui em nosso sistema jurídico e na maioria absoluta dos países. No entanto, isso não significa que seja um direito absoluto ante a outros preceitos jurídicos de índole igualmente constitucional e universal, como o direito de greve. Destaco que não se pode deixar que a greve de ocupação, como uma das modalidades de greves, seja deslocada para outro lugar de apreciação que não as relações coletivas de trabalho e suas dinâmicas, observando-se os dispositivos constitucionais, legais e convencionais que tratam sobre o tema.

Na análise das razões que tentam colocar a greve de ocupação simplesmente na seara do "delito", do movimento estranho a uma ideia de "greve padrão", podemos mais notar a força de uma narrativa que insiste em tratar a greve como "caso de polícia" do que propriamente uma análise objetiva e centrada na observação do movimento coletivo em si: de como, quando e o quanto teria sido pretendido de fato violar a propriedade do empregador, cometendo o esbulho na empresa em que estão vinculados juridicamente no papel de empregados.

---

não se estendam a atividades que sejam reconhecidas, nos países interessados, como dependendo das prerrogativas exclusivas dos sindicatos.

Afora as visões civilistas do fenômeno da greve de ocupação, sublinhei também que há entendimentos no seio do Judiciário trabalhista brasileiro no sentido das reflexões trazidas nesse artigo, sobre a admissibilidade das greves de ocupação no contexto das demais greves, assim como da natureza política de suas pautas. Isso pode sinalizar que no futuro possa ser construída uma jurisprudência que traga definitivamente o fenômeno da greve de ocupação para seara trabalhista, o que não significa de modo algum fugir das discussões de abusos (que são um dado da realidade, mas que não abarcam o todo dessas experiências).

Ainda que com as lacunas que admito persistirem nesse artigo, como uma análise acurada da interseção com o Direito Penal, ou a discussão dos atos antisíndicas e a negociação coletiva em situações de ocupação, o objetivo central foi o de melhor situar a greve de ocupação no contexto geral das greves, com o viés de Direitos Humanos que esse movimento requer, para afastá-lo do estigma de vandalismo, que tanto atrai a via punitiva. É evidente que um tema de tamanha complexidade e de interseção com outros ramos do Direito não possui solução fácil, cumprindo sobretudo aos advogados sindicais militantes, nas defesas que lhes serão demandadas, a cada caso concreto, auxiliar no entendimento e na clarificação desse fenômeno social e jurídico.

# REFERÊNCIAS

ARANTES, Delaide Alves Miranda. *Trabalho decente:* uma análise na perspectiva dos direitos humanos trabalhistas a partir do padrão decisório do Tribunal Superior do Trabalho. 1. ed. São Paulo: LTr, 2023

BRASIL. *Constituição da República Federativa do Brasil de 1988.* Disponível em: https://www.planalto.gov.br/ccivil_03/constituicao/constituicao.htm. Acesso em: jul. 2023

BRASIL. *Lei n. 7.783 de junho de 1989.* Dispõe sobre o exercício do direito de greve, define as atividades essenciais, regula o atendimento das necessidades inadiáveis da comunidade e dá outras providências. Disponível em: https://www.planalto.gov.br/ccivil_03/leis/l7783.HTM. Acesso em: jul. 2023

BRASIL. *Tribunal Superior do Trabalho*. Portal de Notícias: Disponível em: http://www.tst.jus.br/noticia--destaque/-/asset_publisher/NGo1/content/id/24303961. Acesso em: jul. 2023

BRASIL. *Convenção 87 da Organização Internacional do Trabalho.* Disponível em: https://www.ilo.org/brasilia/convencoes/WCMS_239608/lang--pt/index.htm. Acesso em: jul. 2023

BRASIL. *Convenção 98 da Organização Internacional do Trabalho.* Disponível em: https://www.ilo.org/brasilia/convencoes/WCMS_235188/lang--pt/index.htm. Acesso em: jul. 2023

BRASIL. *Convenção 135 da Organização Internacional do Trabalho.* Disponível em: https://www.ilo.org/brasilia/convencoes/WCMS_235867/lang--pt/index.htm. Acesso em: jul. 2023

BORIS, Koval. *História do proletariado brasileiro*. Editora Alfa-Omega, 1982

CASTRO, Pedro. *Greve*: fatos e significados. São Paulo: Brasiliense, 1986

DELGADO, Mauricio Godinho. *Curso de Direito do Trabalho*. 8. ed. São Paulo: LTr, 2009

GOMES, Orlando. *Direitos Reais*. 19. ed. Rio de Janeiro: Forense, 2007, p. 39

KAREPOVS, Dainis. *A classe operária vai ao parlamento*: O Bloco Operário e Camponês do Brasil. São Paulo: Ed. Alameda, 2006

LEITE, Carlos Henrique Bezerra. *Curso de Direito do Trabalho*. Editora Saraiva, 2017

LENZA, Pedro. *Direito Constitucional esquematizado*. 13. ed. São Paulo: Saraiva, 2009

MARMELSTEIN, George. *Curso de Direitos Fundamentais*. São Paulo: Atlas, 2008

NASCIMENTO, Amauri Mascaro; VIDAL NETO, Pedro (org.). *Direito de Greve*. São Paulo: LTr, 1984, p. 124

PEREIRA, Astrojildo. *A Formação do PCB* (1922-1928). Lisboa: Ed. Prelo, 1976

*Revista do BNDES*. Rio de Janeiro, 2016, v. 13, n. 26, p. 115 – 138.

SODRÉ, Nelson Werneck. *Contribuição à história do PCB*. São Paulo: Ed. Global, 1984.

VIANA, Marcio Tulio. *Revista TST*, Brasilia, Vol. 66, n. 1, 2000

VIANNA, Segadas. *Greve*: direito ou violência. Rio de Janeiro: Freitas Bastos, 1959

# DO DIREITO À DESCONEXÃO: DESAFIOS E PERSPECTIVAS DO TRABALHOEM DOMICÍLIO E TELETRABALHO

*Álvaro dos Santos Maciel*[1]

**RESUMO:** Este artigo aborda o direito à desconexão do trabalho no contexto contemporâneo, com foco nos desafios e perspectivas do trabalho em domicílio e teletrabalho. No atual cenário de capitalismo parasitário em que o trabalhador, muitas vezes é submetido a jornadas extenuantes e a metas exaustivas, comprometendo sua qualidade de vida e bem-estar. O advento do *Home office* e suas variantes, como o *Anywhere office*, ganharam proeminência. Essas modalidades oferecem flexibilidade, mas também podem ser fontes de pressão constante, levando a questões como a síndrome de *Burnout* e o dano existencial. O artigo explora também os desafios psicossociais e emocionais enfrentados pelos trabalhadores nesse novo paradigma de trabalho, destacando a importância do direito à desconexão como medida protetiva. se consolida a originalidade na medida em que apresenta o estado da arte com dados estatísticos, bibliografias selecionadas de Direito, Sociologia e História, além de jurisprudências, bem como propositura de ideias e soluções para a construção de uma sociedade mais justa, humanizada e solidária. Conclui-se que a discussão sobre o direito à desconexão emerge como uma abordagem essencial para preservar a saúde mental e o bem-estar dos trabalhadores, enquanto se navega pelos novos mundos do trabalho no cenário pós-pandemia.

**Palavras-chave:**

- Mundos do trabalho;
- Pós-pandemia; Flexibilização;
- *Home office;*
- *Anywhere office;*
- Teletrabalho;
- Síndrome de *Burnout;*
- Dano existencial.

**Sumário:**



(1) Doutor em Ciências Jurídicas e Sociais pela Universidade Federal Fluminense (UFF) com estágio sanduíche na Universidade de Lisboa (UL). Mestre em Ciências Jurídicas pela Universidade Estadual do Norte do Paraná (UENP), com especialização em Direito Civil e Processual Civil pela Universidade Estadual de Londrina (UEL). Especialização em Mídias e Tecnologias na Educação pela Universidade Veiga de Almeida (UVA). Graduado em Direito pela Universidade Norte do Paraná. Bolsista pela CAPES (2013-2017). Pesquisador visitante pela Universidade de Lisboa (2016) e autor de diversos textos científicos. Professor de Direito do Trabalho e Processo do Trabalho da Universidade Federal Fluminense (UFF).

# 1. INTRODUÇÃO

Harari (2015) destaca em suas pesquisas que as crises registradas na história da humanidade aceleraram processos e revoluções. Cita, como exemplo, a Revolução Cognitiva (Ibidem, p. 11-85), a Revolução Agrícola (Ibidem, p. 86-170) e a Revolução Científica (Ibidem, p. 256-426).

Desde a primeira Revolução Industrial, com a respectiva criação das engrenagens da indústria que deflagrou uma revolução permanente (HARARI, 2015, p. 344-385) até o mais recente episódio da revolução mercadológica/tecnológica causada pelo Coronavírus em que foram criados milhões de postos de *Home office* diante do afastamento entre pessoas causado pela doença, um inquietante questionamento é apresentado com a seguinte indagação crítica: "como o ser humano deve lidar com as transformações contínuas que as máquinas e as tecnologias impõem ao mundo do trabalho?"

Respostas são deflagradas em variados momentos a depender das conjecturas históricas. No Século XIX, na Inglaterra, pode-se citar os movimentos intitulados ludismo e cartismo em que a luta resistente e resiliente pelo direito ao trabalho adquiriu uma nova formatação com os movimentos sociais originários dos próprios trabalhadores assalariados. Os ludistas[(2)], a partir das destruições de 133 máquinas propuseram uma ação mais direta, eis que "expressavam a revolta contra a mecanização e o desejo de um impossível retorno ao antigo trabalho artesanal" (TRINDADE, 2002, p.117). Os cartistas, com ações mais reformistas e com ações políticas, deram origem à Carta do Povo – documento de reivindicações dos trabalhadores apresentado ao parlamento inglês em 1838, entre outras reivindicações – "lutou pela jornada de trabalho de dez horas, pela liberdade sindical e pelo direito de representação parlamentar dos operários" (Idem, p.118).

Sem a possibilidade de resistir às mudanças causadas pela Sociedade em Rede (CASTELLS, 2013)[(3)], a insistente revolução tecnológica atingiu um inédito feito em anos recentes (2020/2021) em que o Coronavírus, diante da situação pandêmica que demandou o distanciamento pessoal, ocasionou diversas transformações tecnológicas consolidando a 4ª Revolução Industrial diante dos desafios da comunicação, conhecimento e trabalho à distância.[(4)] Eis que a mudança mais evidente foi a ampliação do teletrabalho, modalidade em que o serviço é realizado fora das dependências do empregador, com a utilização de recursos tecnológicos (sistemas, softwares, aplicativos,

---

(2) O nome é uma referência a NeddLudd, suposto líder do movimento de quebra das máquinas na Inglaterra no início do século XIX. Para aprofundar, sugere-se a leitura da obra "A formação da classe operária inglesa" de Edward Palmer Thompson (1987).

(3) A denominada Sociedade em Rede apresenta várias transformações nas relações humanas que estão mediadas pela tecnologia e, deste modo, afetam o desenvolvimento do modo de produção capitalista. Castells (2013) narra a ocorrência de "substantivas mudanças tecnológicas concentradas nas tecnologias da informação que remodelaram a base material da sociedade, formatando novas formas de relação entre a economia, o Estado e a sociedade".

(4) No texto intitulado "As 4 Revoluções Industriais", Silva (2011) explica o contexto histórico e as consequências sociais de cada uma das Revoluções. Para saber mais sugere-se a leitura da página disponível em https://administradores.com.br/artigos/as-4-revolucoes-industriais. Em tom uníssono na apresentação dos desdobramentos das Revoluções Industriais, outras leituras igualmente recomendadas são "A sociedade informática - as consequências sociais da segunda revolução industrial" de Adam Schaff (1993). A preocupação com o desaparecimento dos trabalhadores por conta da tomada dos postos de trabalho pelas máquinas e tecnologias, jornadas de trabalho e precarização em torno destas questões, também podem ser muito bem observadas nos estudos de Gorz (1968, 1987), Aznar (1995), Offe (1985) e Rifkin (1996).

e outras ferramentas de comunicação e inteligência artificial) e, assim, sendo possível manter a execução de grande parte das atividades profissionais a distância.

A utilização destes novos instrumentos informatizados para o trabalho passou a ser vista como uma solução para os empregadores, que objetivam a redução de custos e uma produtividade maior e de melhor qualidade.

A questão que se impõe é a subordinação do trabalhador ainda que à distância, controle da jornada de trabalho e a grande demanda de atividades que por vezes, podem ir além das jornadas, levantando a temática do direito a desconexão do teletrabalhador, forma de controle para garantir a privacidade, normas de medicina e segurança aplicáveis a essa forma de trabalho no intento de evitar esgotamento, Síndrome de *Burnout* e até o Dano Existencial.

O presente artigo foi realizado com base no método dedutivo, com a análise e avaliação de artigos científicos acerca da temática, bem como o uso de doutrinas e jurisprudência que interpretam a Lei n. 13.467/2017 (Lei da Reforma Trabalhista). Em razão da especificidade do tema e da urgência de debates acerca dos direitos dos trabalhadores diante do atual cenário mundial, objetiva-se, com o presente trabalho, contribuir com eventual preenchimento da lacuna no corpo do conhecimento crítico sem a pretensão, por óbvio, de esgotar o assunto.

## 2. DESMISTIFICANDO O TRABALHO EM DOMICÍLIO (*HOME OFFICE/ANYWHERE OFFICE*) E O TELETRABALHO (ART. 62, III, CLT INSERIDO PELA LEI N. 13.467/2017)

DELGADO (2017) explica que, dentro da situação de trabalhadores externos sem controle de jornada de trabalho, portanto, que empreendem suas atividades fora das dependências do empregador, estabelecida pelo art. 62, I da CLT (caso do), há três outras situações similares: 1) o *tradicional trabalho em domicílio* como é o caso de costureiras, doceiras, etc.; 2) o *novo trabalho em domicílio* intitulado como *home office*, realizado com informática e as tecnologias de comunicação decorrentes; e 3) *teletrabalho* que junto com o *home office*, na prática podem ser realizados em qualquer lugar (*anywhere office)* mediante o uso de equipamentos eletrônicos informatizados.

A Lei n. 13.467/2017 expressamente positivou as hipóteses 2 e 3 acima descritas ao criar o novel inciso III do art. 62 da CLT, assim denominado: "III – os empregados em regime de teletrabalho".

Portanto, o *Home office* (hipótese 2) é um tipo de teletrabalho, ou seja, o trabalho é prestado de casa abrangendo também trabalhadores autônomos e *freelancers*. Há também (hipótese 3) o teletrabalho prestado em telecentros, teletrabalho móvel ou nômade, que inclui o trabalho realizado em outros locais que não sejam a empresa – em espaços de *coworking*, cafeterias, ou em qualquer lugar que disponha de meios informatizados para a realização da atividade pelo trabalhador.

Posto isso, vê-se que o trabalho executado no domicílio do empregado, não abrange totalmente o teletrabalho, porque o trabalho em domicílio não é propriamente teletrabalho, nem vice-versa. Constata-se que o trabalho à distância é gênero que comporta duas espécies, o teletrabalho e o trabalho executado na residência do trabalhador (*Home office*)

Até 2017, apenas o art. 6º, da CLT e seu parágrafo único, inserido pela Lei n. 12.551/2011 disciplinava, pela primeira vez, o trabalho em domicílio, reportando-se também às situações de trabalho externo como previsto no art. 62, I da CLT. O novo preceito elasteceu o conceito da clássica subordinação trabalhista – que é realizada por meios pessoais e diretos de comando, controle e fiscalização –, ao incorporar conceitos de subordinação objetiva e subordinação estrutural aos chamados *subordinados profissionais* que mesmo realizando trabalho à distância, estão submetidos a meios informatizados, telemáticos de gestão e controle. O parágrafo único do art. 6º neste sentido dispõe: "Os meios telemáticos e informatizados de comando, controle e supervisão se equiparam, para fins de subordinação jurídica, aos meios pessoais e diretos de comando, controle e supervisão do trabalho alheio".

Quanto ao teletrabalho especificamente, a Lei da Reforma Trabalhista (13.467/2017) estabeleceu, como supramencionado, o inciso III do art. 62 da CLT, bem como acrescentou um novo Capítulo II-A ao Título II da CLT se desdobrando entre os artigos 75-A e 75-E da CLT.[(5)]

---

(5) O art. 75-A da CLT dispõe que o teletrabalho está previsto no Capítulo corrente. O art. 75-B da CLT conceitua o teletrabalho como aquele serviço realizado fora da dependência do empregador, com a utilização de tecnologias da informação e de comunicação que, diante de suas naturezas de controle, não se constituem como trabalho externo, mas não fazem jus as horas extras, conforme consta no inciso III ao

Todavia, mesmo com novas regras, como muito bem destaca Delgado (2017, p. 1066), "a CLT não enfrentou temas candentes como as limitações à tendência de exacerbação da disponibilidade obreira às demandas do trabalho no ambiente virtual e o denominado 'direito à desconexão' (...) abrindo significativo espaço à interpretação jurídica (...)."

Apresentadas as questões estritamente legais, arrola-se algumas questões acerca das principais vantagens e desvantagens desta modalidade de trabalho levantadas pelas pesquisas de Tombari e Spinks (1999), White et. al. (2003), Costa (2004, 2007), Silva (2008), Rafalski & Andrade (2015), pelo Tribunal Superior do Trabalho (TST, 2020) e Haubrich & Froehlich (2020).

a) vantagens:

a. 1) *adaptação*: o teletrabalho pode ser realizado em casa ou também se adapta a outros lugares, bastando ter um equipamento tecnológico e acesso à internet;

a. 2) *tempo*: é possível economizar tempo com deslocamento e diminuir gastos de locomoção já que na maior parte das vezes não é necessário comparecimento físico na empresa;

a. 3) *flexibilidade*: haja vista que quando o teletrabalho é monitorado por produção ou metas, desde que cumpridas, há uma maior flexibilidade nos horários, e isso pode aumentar a qualidade de vida do empregado que poderá definir a sua rotina de forma mais flexível;

---

art. 62, da CLT. Delgado (2017) entende que "[...] se trata de presunção relativa, que admite prova em contrário, Essa prova tem de ser realizada pelo autor da ação trabalhista – o empregado – em face da presunção jurídica estipulada pela CLT". Quanto ao parágrafo único do dispositivo, ainda que eventualmente o empregado compareça na empresa para realizar alguma atividade específica de forma presencial, não estará descaracterizado o regime de teletrabalho e, portanto, não fará jus a horas extra já que em tese não tem controle de jornada. Eis que se, no caso concreto, o teletrabalhador seja obrigado a comparecer, habitualmente, algumas ou várias vezes ao dia na empresa, certamente possibilitará ao empregador o controle da sua jornada, o que conflita com o conceito de trabalho sem possibilidade de controle.

O art. 75-C da CLT apresenta a questão da previsão contratual. O contrato sob a modalidade de teletrabalho deverá constar expressamente do contrato individual de trabalho, e que poderá ser realizada a alteração entre regime presencial e de teletrabalho desde que haja mútuo acordo entre as partes, registrado em aditivo contratual. Também é narrado o fato de haver reversão, ou seja, quando for realizada a alteração do regime de teletrabalho para o presencial por determinação do empregador, e assim deve ser garantido prazo de transição mínimo de quinze dias, com correspondente registro no aditivo contratual, para que haja tempo de adaptação a nova realidade contratual. O art. 75-D da CLT estabelece a questão da transferência dos "riscos da atividade econômica (art. 2º, CLT)" ao prever que a "responsabilidade pela aquisição, manutenção ou fornecimento dos equipamentos tecnológicos e da infraestrutura necessária e adequada à prestação do trabalho remoto, bem como ao reembolso de despesas arcadas pelo empregado, serão previstas em contrato escrito" ou seja, o legislador permite que os custos da prestação de serviço sejam arcados exclusivamente empregado, ainda que haja reembolso se for contrato escrito. E ainda prevê que essas utilidades não integram a remuneração do empregado. Tem-se que tal situação fere o Princípio da Alteridade insculpido no art. 2º da CLT, já que transfere os riscos da atividade econômica para o empregado. Quanto aos acidentes ocorridos no âmbito do teletrabalho, a previsão expressa está contida no art. 75-E da CLT ao descrever que que o empregador deve orientar os empregados quanto a prevenção de acidentes de trabalho, com assinatura de termo de responsabilidade pelo empregado que se comprometerá a seguir as regras impostas. Tal dispositivo transfere para o trabalhador a responsabilidade por alguma doença profissional ou acidente de teletrabalho, desde que ele tenha assinado o termo em que se responsabiliza e se compromete a seguir as instruções fornecidas pelo empregador (que não terá como fiscalizar efetivamente) na execução das atividades laborais.

a. 4) *conforto*: compete ao empregado a escolha do ambiente em que vai trabalhar inclusive com acomodações personalizadas e mais confortáveis;

a. 5) *mais oportunidades*: o teletrabalho permite que as empresas contratem profissionais qualificados que residam fora da localidade da empresa;

a. 6) *produtividade*: pesquisas demonstram que o teletrabalho deflagra o aumento na produtividade dos teletrabalhadores e é muitas vezes associado à maior concentração propiciada pela eliminação de distrações e do estresse do trânsito, ou pela simples flexibilização do horário de trabalho.

b) desvantagens:

b.1) *ergonomia*: em que pese o teletrabalhador possa trabalhar de casa ou de outro local mais confortável e personalizado às suas necessidades, os ambientes profissionais do empregador, necessariamente, devem propiciar postos de trabalho com móveis e equipamentos que preservem a saúde. Saber-se que, em casa, o uso improvisado de móveis e dispositivos tecnológicos nem sempre gerará mais conforto e isso pode causar danos ao teletrabalhador;

b.2) *gastos*: ficar mais tempo em casa também significa gastar mais energia elétrica, mais água, consumo de dados de internet, mais gás, e utilizar (e desgastar) equipamentos pessoais quando for o caso;

b.3) *interrupções:* com o trabalho sendo prestado em ambiente familiar, pode haver interrupções feitas pelos outros moradores da casa, vizinhos ou mesmo outras distrações diversas como animais domésticos, telefone, etc., o que muitas vezes dificulta a concentração;

b.4) *socialização*: o trabalho a distância pode trazer a sensação de isolamento e de não pertencimento;

b.5) *sobrecarga*: se as regras do teletrabalho não forem bem definidas e o trabalhador for acionado constantemente, os intervalos para descanso são afetados e pode haver sobrecarga de atividades geralmente inclusive síndrome de *Burnout*.

À guisa de exemplo, é válido apontar as estatísticas do teletrabalho no Brasil durante a crise do Coronavírus em 2020. De acordo com o levantamento realizado pelo IBGE entre maio e setembro de 2020, a média de 7,9 milhões de pessoas ficaram em trabalho remoto no Brasil (TST, 2020). O número se manteve dentro dessa média desde maio, data de início da coleta dos dados. No período de 3 a 9 de maio de 2020 a quantidade de pessoas trabalhando remotamente foi de 8,7 milhões de pessoas.

Os dados são da edição especial da Pesquisa Nacional por Amostra de Domicílios (PNAD COVID 19)[(6)], realizada pelo Instituto Brasileiro de Geografia e Estatística (IBGE). A pesquisa apontou que a quantidade de pessoas ocupadas eram 84,4 milhões (100%); pessoas ocupadas em trabalho remoto, o total de 8,7 milhões (13,3%); potencial estimado total para trabalho remoto, montante de 20,8 milhões (22,7%).

A pesquisa PNAD COVID-19 identificou ainda, que, quanto ao nível de escolaridade, as pessoas com nível superior completo ou pós-graduação compõem a

(6) Dados completos da pesquisa podem ser observados no Portal do IBGE no endereço disponíveis em: https://covid19.ibge.gov.br/pnad-covid/trabalho.php. e também em: https://covid19.ibge.gov.br/pnad-covid/.

maior proporção de profissionais em trabalho remoto (27,1%). Em seguida aparecem as pessoas com ensino médio completo ou ensino superior incompleto (4,4%).

De acordo com a nota técnica do IPEA "Potencial de Teletrabalho na pandemia: um retrato no Brasil e no mundo", o Brasil, pelas características de seu mercado de trabalho, possui, na média, potencial de teletrabalho de cerca de 22,7%, o que corresponde a 20,8 milhões de pessoas. O Distrito Federal apresenta o maior potencial percentual de teletrabalho (31,6%, 450 mil pessoas), enquanto o Piauí, o menor (15,6%, 192 mil pessoas).

Um ponto que merece destaque é de acordo com a doutrina, a sobrecarga de trabalho pode ser um dos fatores que mais contribuem para a desvantagem do teletrabalho. Todavia, o IBGE identificou nas amostras levantadas que, durante o ano de 2020, o total de horas trabalhadas por semana foram de 36,1, ou seja, abaixo da jornada de 40/44 horas semanais previstas no texto constitucional.

Em São Paulo, o Estado que mais concentra o número de trabalhadores, a quantidade de horas trabalhadas por semana foram de 37.

Há que se destacar que o teletrabalho no Brasil ainda é embrionário, e em que pese uma porcentagem inexpressiva (4,0% no Brasil e 4,5% em São Paulo) tenha ido além da jornada habitual, isso já é um dado alarmante que carece atenção. Tal situação tende a se agravar tendo em vista o poder avassalador do capitalismo quando posto em modo parasitário na sociedade contemporânea (BAUMAN, 2010), que submete o trabalhador – geralmente cargos de liderança como altos executivos, diretores, gestores, gerentes, supervisores, coordenadores – a jornadas exaustivas de trabalho, a metas desumanas o privando de convivências sociais, familiares e lazer o que pode desencadear um vazio existencial, que levará à Síndrome de *Burnout* e, consequentemente ao Dano Existencial. Somado a isso há a questão da modernidade líquida (BAUMAN, 2001) que leva o indivíduo a ter que ser multifacetado para dar conta do império de informações e demandas que lhe são atribuídas, ou seja, constante adaptação ao mundo de mudanças. Ademais, hodiernamente, a sociedade do espetáculo (DEBORD, 1991) que exige de muitos sujeitos altas variáveis do "ter", do "parecer ser" em detrimento do "ser", vide por exemplo, as redes sociais como *instagram, facebook,* dentre outras em que os indivíduos criam uma espécie de *second life,* uma espécie de vida paralela fundamentada na ilusão, muitas vezes desconectada da realidade, motivos que podem ser causadores de ansiedade e depressão. Deste modo, tem-se que:

> Nosso tempo, sem dúvida... prefere a imagem à coisa, a cópia ao original, a representação à realidade, a aparência ao ser... o que é sagrado para ele, não passa de ilusão, pois a verdade está no profano. Ou seja, à medida que decresce a verdade a ilusão aumenta, e o sagrado cresce a seus olhos de forma que cúmulo da ilusão é também o cúmulo do sagrado. (DEBORD, 1991)

Barroso (2006), sintetiza que temos vivido a velocidade da transformação, a profusão de ideias, a multiplicação das novidades, a perplexidade e a angústia da aceleração da vida. Os tempos não andam propícios para doutrinas, mas para mensagens de consumo rápido. De fato, a injustiça passeia pelas ruas com passos firmes (BRECKET, 2007) e a insegurança é a característica desta era (GALBRAITK, 1984).

Conjugando a aceleração da vida, o consumo desenfreado do manuseio por vezes equivocado da tecnologia, os impactos do distanciamento e do isolamento causados pela Covid-19, as novas formas de trabalho por meio do teletrabalho, as novas rotinas destes trabalhadores em vantagens e desvantagens de acordo com o acima descrito, percebe-se que, diante deste emaranhado de complexidades, pode surgir no sujeito sintomas de tristeza profunda, falta de apetite, desânimo, pessimismo, baixa autoestima e isso indicar Síndrome de *Burnout* ou ainda um quadro de depressão, doença atualmente considerada pela Organização Mundial da Saúde (OMS) como o Mal do Século. Ainda de acordo com a entidade, essa é uma das principais causas de suicídio, cujos números alcançam aproximadamente 800 mil mortes todos os anos, ou seja, uma pessoa comete suicídio a cada quarenta segundos no mundo, sendo a segunda maior causa de morte entre jovens em potencial faixa etária para o trabalho de 15 a 29 anos (REDE EBSERH, 2019; ONU, 2019) o que pode ser minuciosamente constatado no relatório completo (OMS, 2019).

# 3. DO DIREITO À DESCONEXÃO DO TELE(TRABALHADOR)

O direito a desconexão do ambiente do trabalho está relacionado ao direito ao descanso[(7)], e principalmente na esfera do teletrabalho é um grande desafio haja vista poder haver uma simbiose entre trabalho e domicílio, trabalho e família, trabalho e demais aspectos da vida social. Tal direito se faz necessário visto que todo ser humano precisa descansar para manter a sadia qualidade de vida e qualquer violação deste direito do ser humano pode desencadear um dano à sua existência por meio da Síndrome de *Burnout*. Eis que

> o descanso, além de prevenir a fadiga, é para o homem direito de proteção à vida e elemento de inserção social; é elemento essencial de seu legítimo direito de viver livremente, de acordo com seu projeto de vida. O descanso, nesse sentido, visa a proteger o ser humano em sua plenitude para seu pleno desenvolvimento como ser social. Por isso, protege sua vida, sua saúde, seu projeto de vida e suas relações (CARDOSO, 2015, p.10) (...) o repouso e o lazer, em seu sentido lato, são direitos reconhecidos pela Declaração Universal dos Direitos do Homem, e também pelo nosso sistema constitucional, como direito social. Portanto, qualquer ofensa a esses direitos fere os postulados referidos [...], causando dano ao meio ambiente do trabalho e também ao existencial. Mitigar o direito ao descanso é ofender a essência da liberdade, a qual decorre da própria natureza humana – por isso, fundamental (CARDOSO, 2015, p. 13).

Na legislação brasileira, o direito ao descanso é amparado pela Constituição Federal de 1988, no art. 6º; nos incisos XIII, XIV, XV e XVII do art. 7º, que tratam não só do descanso realizado de forma semanal, como também da duração da jornada de trabalho, garantindo o descanso diário, e férias, bem como a CLT em seu art. 71 e parágrafos, além da Súmula n. 437, TST.

O direito à desconexão é, sobretudo, o direito que a Constituição conferiu ao trabalhador para que ele possa descansar sem ter contato com o trabalho. Tal entendimento é corroborado por Souto Maior (2003) ao explicar que:

> os períodos de repouso são, tipicamente, a expressão do direito à desconexão do trabalho. Por isto, no que se refere a estes períodos, há de se ter em mente que descanso é pausa no trabalho e, portanto, somente será cumprido, devidamente, quando haja a desvinculação plena do trabalho (SOUTO MAIOR, 2003, p.310).

---

(7) Quanto a sua abordagem histórica, foi somente após a Revolução Industrial que o direito ao descanso passou a ser considerado necessário para o operário, e deixou se ser amparado apenas por dogmas do Cristianismo e de outras religiões, para ser positivado no ordenamento jurídico de alguns países, a começar pela França, em 1814, a Suíça, em 1890, e a Alemanha, em 1891. A partir daí, o assunto passou a ser debatido por órgãos de abrangência Internacional, como 1919, na conferência de Paz de Paris, em que, pelo tratado de Versalhes, foi estabelecido que os países membros da conferência adotassem o descanso semanal para os trabalhadores de pelo menos vinte e quatro horas. Em 1921, a Organização Internacional do Trabalho (OIT) também abordou assunto ao aprovar a Convenção n. 14, sobre repouso semanal nas indústrias, recomendando-o também para os comerciários. Em 1930, a OIT aprovou a Convenção n. 30, para regular o trabalho nos comércios e nos escritórios, e seguindo ainda as tratativas concernentes ao descanso semanal, foi aprovada a Convenção n. 106. Essas Convenções vieram a ser adotadas posteriormente no Brasil, por meio de Decretos (CARDOSO, 2015). Em se tratando de Direito Internacional, quanto ao descanso em 1948 a Organização das Nações Unidas (ONU) formulou a Declaração Universal dos Direitos Humanos (DUDH) que prevê tal direito em seus artigos XXIV, no qual está previsto que "toda pessoa tem direito ao descanso e à remuneração, especialmente a uma limitação racional das horas de trabalho e a férias remuneradas periódicas".

Mesmo havendo dispositivos retrocitados de proteção ao trabalhador, é desafiador direito à desconexão do empregado e do teletrabalhador neste momento em que o teletrabalho atinge grande parte da população ativa trabalhadora. Por vezes, este direito é desrespeitado, gerando violação da dignidade da pessoa humana do trabalhador, podendo deflagrar *Burnout* ou mesmo dano existencial.

### *3.1. Fatores que ocasionam a violação do direito à desconexão*

Com o teletrabalho, que tende a se perpetuar como resultado do Pós-pandemia nesta 4ª Revolução Industrial, tem sido cada vez mais comum que, mesmo após ter se ausentado do horário de trabalho, o empregado ser acionado durante o período de descanso para responder e-mails, atender telefonemas, mensagens de texto. Logo, há violação do direito à desconexão (SOUTO MAIOR, 2003).

Ao violar o período de descanso do trabalhador, quando ele deveria desligar-se do ambiente de trabalho para usufruir da liberdade que o descanso proporciona ao indivíduo para tratar de demais assuntos relacionados ao seu cotidiano, ocorre violação do princípio da dignidade humana[8] e por conseguinte, a incidência do dano existencial para o empregado (CARDOSO, 2015).

---

(8) Ao longo de sua existência, a expressão dignidade da pessoa humana passou por diversas transformações quanto à concepção e extensão do seu conteúdo antes de ser recepcionada pelo Direito. A senioridade da expressão é confirmada através de referências presentes no Antigo e Novo Testamento, "[...] no sentido de que o ser humano foi criado à imagem e semelhança de Deus, premissa da qual o cristianismo extraiu a consequência de que o ser humano é dotado de um valor próprio [...]" (SARLET, 2015, p. 250). Quanto as transformações antes mencionadas, vale dizer, nem sempre positivas, motivo da omissão do uso da palavra evolução, a dignidade da pessoa humana foi objeto de debates intermináveis, com a assinatura de diversos pensadores, seja na Antiguidade, no Medievo, ou na Idade Moderna, porém, com pouco ou nenhum espaço para o consenso. No contexto jurídico, a história da dignidade da pessoa humana é bem mais recente. De forma sintética, Barroso (2010) resume a trajetória da dignidade da pessoa humana, que, de origem religiosa, bíblica, migra para a filosofia, e ao longo do século XX, ela se torna um objetivo político, para então, após a 2ª Guerra Mundial, a ideia de dignidade da pessoa humana se deslocar gradativamente para o mundo jurídico, que segundo o autor, se dá em razão de dois movimentos: um, o surgimento de uma cultura pós-positivista, que reaproximou o Direito da filosofia moral e da filosofia política, atenuando a separação radical imposta pelo positivismo normativista; dois, a inclusão da dignidade da pessoa humana em diferentes documentos internacionais e Constituições de Estados democráticos. De todo modo, a presença marcante da expressão em causa nos referidos diplomas, significou, nas palavras de Andorno (2009, p. 435), o reconhecimento da dignidade da pessoa humana como "princípio universalmente aceito como fundamento dos direitos humanos e da democracia, e sua razoabilidade não é discutida nos níveis político e jurídico". Contudo, no que se refere a vagueza da expressão, Cunha Pereira (2005) explica que o princípio, traz consigo, conteúdo normativo, mas também axiológico, razão pela qual a dignidade da pessoa humana tem sido estigmatiza em decorrência da relatividade e das concepções subjetivas que são próprias do seu conteúdo. Nesse sentido, com o objetivo de superar essa questão, Barroso (2010) propõe três elementos que considera essências para definir conteúdos mínimos da dignidade da pessoa humana: valor intrínseco, autonomia e valor social da pessoa humana. A respeito do valor intrínseco, faz-se oportuna a concepção da nova ética, identificada como ética da vida e do amor, presente na lição de Azevedo (2002), onde o autor defende que o ser humano deve se integrar à natureza, para a qual cada pessoa humana é condição de existência, uma vez que sem vida não há pessoa, e por conseguinte, sem pessoa não há dignidade. De acordo com Barroso (2010, p. 23), "no plano jurídico, o valor intrínseco da pessoa humana impõe a inviolabilidade de sua dignidade e está na origem de uma série de direitos fundamentais", para tanto, o autor menciona quatro deles: o direito à vida, à igualdade, à integridade física e à integridade moral ou psíquica. Ao tratar do elemento autonomia, definida pelo Barroso (2010, p. 24) como [...] "o poder de fazer valorações morais e escolhas existenciais sem imposições externas indevidas", o autor também afirma haver na autonomia uma dimensão privada e outra pública. No âmbito dos direitos individuais, a denominada autonomia privada se concretiza por intermédio do direito de autodeterminação, impedindo intromissões externas ilegítimas. Todavia, o autor lembra que para a operacionalização da autodeterminação, são indispensáveis a garantia de condições, dentre elas o exercício do direito à igualdade substancial. Enquanto no âmbito dos direitos políticos, a autonomia pública se concretizaria com participação no

Para Kant, o homem é um fim em si mesmo e possui um valor absoluto (PASCAL, 1977). Este valor inerente à pessoa humana apresenta-se com a dignidade. Vê-se que o homem é considerado agente de valor e por isso não pode ser considerado um mero instrumento laboral à disposição do empregador a hora que a ela bem entender (MACIEL, 2009). Neste sentido, Sarlet (2003) expõe que a dignidade da pessoa humana está vinculada à ideia de que não é possível a submissão do homem à condição de mero objeto do Estado e de terceiros. Ademais, inclui-se a reflexão de que o ser humano não pode estar conectado ao trabalho 24 horas por dia (como o artigo 62 , CLT implicitamente dispõe) (MACIEL, 2009), e sim "*eight hours towork, eight hours to play, eight hours tosleep, eightshillings a Day*", consoante os trabalhadores ingleses quando do trabalho nas fábricas, reivindicavam, além de melhor pagamento, jornada fixada em oito horas, de modo que com tal horário ficasse garantido o repouso e o lazer (CENDRON, 2009).

Apesar de o direito à desconexão ter resguardo constitucional e amparo na legislação, pois é decorrência do princípio da dignidade da pessoa humana, o descumprimento deliberado das normas que asseguram descanso ao empregado tem sido comum por parte das empresas e empregadores, principalmente durante este período em que o teletrabalho ganhou protagonismo. Afinal, em que pese os dados do IBGE acima apresentados, sabe-se que muitas vezes os entrevistados optam por darem respostas socialmente aceitas por medo de represálias e perseguições, além de existir ainda um baixo o número de empregados que chegam a pleitear na Justiça do Trabalho os seus diretos violados e que mesmo quando há ocorrência da lide, a eventual aplicação das sanções trabalhistas nesses casos é menos onerosa do que o fiel cumprimento do ordenamento jurídico (BOUCINHAS FILHO; ALVARENGA, 2013).

De acordo com Souto Maior (2003), acredita-se que as pessoas que exercem suas atividades laborais à distância não tenham carga horária ou jornada de trabalho estabelecidas por seus empregadores, o que pode parecer bom por um ponto de vista, pois teoricamente os empregados não estariam sendo fiscalizados e poderiam realizar as suas tarefas no momento em que desejassem. Entretanto, o que ocorre é que, amparado pela pressuposta liberdade que o empregado possui para escolher o melhor horário

---

processo democrático. Sobre o último elemento recomendado - valor social da pessoa humana, Barroso passa a relacionar a dignidade como valor comunitário, ou seja, o indivíduo em relação ao grupo, os valores compartilhados pela comunidade, segundo seus padrões civilizatórios ou seus ideais de vida boa. Nesse sentido, observa-se que a dignidade tem um conteúdo limitador, com a função de responsabilizar e impor deveres a partir do exercício das escolhas individuais. Logo, como valor comunitário, a dignidade se destina a promover certos objetivos, tais como: "a) a proteção do próprio indivíduo contra atos autorreferentes; b) a proteção de direitos de terceiros; e c) a proteção de valores sociais, inclusive a solidariedade" (BARROSO, 2010, p. 29). Esse delineamento do conteúdo mínimo da ideia de dignidade da pessoa humana permite lançar luz sobre questões recentes, e que se apresentam bastante obscuras na seara trabalhista, vez que é possível verificar a partir delas o surgimento de situações propícias para a violação dos direitos dos trabalhadores. De outra forma, é sabido que os avanços tecnológicos certeiramente vão interferir no mundo do trabalho, de fato, já se vivência tal realidade. Também é correto dizer que, muitas influências nos direitos trabalhistas foram provocadas pelos novos modelos de trabalhos advindos da indústria 4.0, e que em tese, estariam amparados pelo direito fundamental à livre iniciativa econômica (art. 1°, IV, e art. 170 da Constituição Federal). No entanto, não se deve esquecer, como bem lembrado por Gediel (2010, p. 150), que a "[...] atividade econômica, como expressão e exercício da livre iniciativa, da propriedade privada e da livre disposição dos bens individualmente apropriados, só se torna possível ao se apresentar conformada pelo respeito à dignidade humana e pelos direitos fundamentais." Não se quer aqui frear o desenvolvimento tecnológico promovido pela quarta revolução industrial ora experimentada, afinal, novos modelos de negócios são criados a todo o tempo, e adaptar-se é uma funcionalidade utilizada historicamente pelos seres humanos. A pretensão é outra, é na verdade proteger a dignidade dos trabalhadores, haja vista que, "[...] continuam a se apresentar no mercado de trabalho com a única mercadoria que dispõem, permanecendo em evidente desvantagem material [...]" (GEDIEL, 2010, p. 150).

para trabalhar, o empregador se sente apto para acioná-lo a qualquer momento, o que pode ferir o direito a descanso de seu subordinado, o privado de gozar plenamente do seu direito a desconexão das atividades laborais.

A violação do direito a desconexão é considerada um dos principais agentes de desencadeamento da Síndrome de *Burnout*, que por consequência desencadeia o dano existencial, e gera muitos malefícios ao trabalhador, uma vez que gera violações à dignidade da pessoa humana.

# 4. A SÍNDROME DE *BURNOUT* E O DANO EXISTENCIAL

A Síndrome de *Burnout*, também conhecida como Síndrome do Esgotamento Profissional, teve a sua exploração iniciada em meados dos anos 1970, com os trabalhos de Herbert Freudenberger (em 1974) e Cristina Maslach (em 1976). Freudenberger, que utilizou o termo *Staff Burnout* para descrever os sintomas de estresse, fadiga e esgotamento físico e psicológico encontrado em trabalhadores das mais diversas áreas e ocupações, tendo sido diagnosticada nele mesmo em meados dos anos 1970. Paralelamente, Maslach (1976) realizou uma pesquisa baseada em situações de pessoas que apresentavam alterações emocionais no ambiente de trabalho, vindo a contribuir mais tarde para o estudo da síndrome de *Burnout* com o desenvolvimento de duas publicações: Inventário de *Burnout* de Maslach (MBI – Maslach *Burnout* Inventory) e o modelo multidimensional de *Burnout* (MAMEDE; CABRAL, 2017).

Pode-se afirmar, portanto, que a Síndrome de *Burnout*[(9)] é um distúrbio psíquico de caráter depressivo, precedido de esgotamento intenso físico e mental, que ocorre no âmbito do trabalho e que acomete profissionais que atuam diariamente sob pressão e com responsabilidades constantes. Acaso o teletrabalho não seja monitorado com qualidade e preservação da dignidade, poderá haver o aumento do número de tal Síndrome. Ora, eis que esta modalidade de trabalho pode exigir dedicação exagerada à atividade profissional e isso é também uma característica marcante de *Burnout*. O desejo de ser o melhor e sempre demonstrar alto grau de desempenho é outra fase importante da síndrome: o portador de *Burnout* mede a autoestima pela capacidade de realização e sucesso profissional que o mercado competitivo tem criado nas pessoas.

Destaca-se que em maio de 2019 a OMS incluiu a Síndrome de *Burnout* na lista de doenças, síndromes que estariam ligadas a saúde, e a síndrome de *Burnout* está classificada como um fenômeno ligado ao trabalho que afeta a saúde (AMENDOLA, 2019).

Por sua vez, o dano existencial é entendido como espécie de dano extrapatrimonial ou imaterial e pode ser identificado como a perda da qualidade de vida do indivíduo que, a partir da lesão sofrida altera ou até mesmo perde a possibilidade de manter as suas atividades cotidianas. Entende-se que ele pode ser subdividido em *dano à vida de relação* e *dano ao projeto de vida*. No dano à vida, o ofendido perde algo que já estava incorporado ao seu patrimônio e prática cotidiana, como um *hobby* que costumava praticar ou alguma outra atividade relacionada ao lazer, com ir ao cinema todos os fins de semana. Na segunda hipótese, o ofendido vê frustrado as expectativas que tinha acerca

---

(9) No Brasil, a Síndrome foi oficialmente adicionada às doenças relacionadas à saúde do trabalhador por meio do Decreto n. 3.048, de 6 de maio de 1999, que regulamenta a Previdência Social e trata em seu Anexo II da subdivisão de transtornos mentais e do comportamento relacionados com o trabalho, como a sensação de estar acabado, incorporando à classificação a síndrome de *Burnout* ou síndrome do esgotamento profissional. De acordo com a classificação do Decreto n. 3.048, os fatores de risco dessas doenças seriam o ritmo de trabalho penoso e outras dificuldades físicas e mentais relacionadas ao trabalho. A Portaria Federal n. 1.339/GM–MS, de 18 de novembro de 1999, que institui a lista de doenças relacionadas ao trabalho, mantém esta mesma redação (TRIGO *et al*, 2007). Conforme os médicos e cientistas Telma Trigo, Chei Teng e Jaime Hallak , pode-se perceber os sintomas da síndrome de *Burnout* se da seguinte forma: A exaustão emocional abrange sentimentos de desesperança, solidão, depressão, raiva, impaciência, irritabilidade, tensão, diminuição de empatia; sensação de baixa energia, fraqueza, preocupação; aumento da suscetibilidade para doenças, cefaléias, náuseas, tensão muscular, dor lombar ou cervical, distúrbios do sono . O distanciamento afetivo provoca a sensação de alienação em relação aos outros, sendo a presença destes muitas vezes desagradável e não desejada. Já a baixa realização profissional ou baixa satisfação com o trabalho pode ser descrita como uma sensação de que muito pouco tem sido alcançado e o que é realizado não tem valor (TRIGO *et al*, 2007).

de seu futuro como, por exemplo, ser pintor de paredes, mecânico, odontólogo, dentre outras atividades que se tornaram impossível para quem perdeu com o acidente as duas mãos. Em ambos os casos, o sentido que o lesado tinha de sua vida foi modificado pelo dano injusto perpetrado por alguém, ou seja, trata-se de um dano que protrai seus efeitos para o futuro, mas que pela análise feita, mostra-se como certo (MELO, 2016).

O dano existencial ocorre no ambiente de trabalho quando

> o empregador impõe um volume excessivo de trabalho ao empregado, impossibilitando-o de estabelecer a prática de um conjunto de atividades culturais, sociais, recreativas, esportivas, afetivas, familiares, etc., ou de desenvolver seus projetos de vida nos âmbitos profissional, social e pessoal (BOUCINHAS FILHO; ALVARENGA, 2013, p. 244).

Conclui-se então que o dano existencial é atribuído a lesões ocorridas ao estado emocional e psíquico do indivíduo e que tais danos, mesmo relacionados ao dano moral, pertencem a categoria distintas de danos e devem ser analisados de forma que o ofendido possa receber uma reparação adequada ao malefício que o dano gerou.

# 5. CONSIDERAÇÕES FINAIS

O que se observa é que as transformações que estão ocorrendo no mundo do trabalho, ao contrário de diminuírem o esforço dos trabalhadores e aumentarem a sua qualidade de vida assim como preceituam os princípios do Direito do Trabalho, a flexibilização está aumentando a precarização do trabalho em suas mais diversas formas. Como visto, o teletrabalho da forma como está positivado pela novel Reforma Trabalhista exterioriza a responsabilidade do empregador ao passar o risco do negócio ao empregado. Logo, as transformações que as máquinas e as tecnologias tem deflagrado na sociedade deve ser levada em conta de tal modo que ainda que esteja a trabalhar remotamente, com fulcro na dignidade humana, o trabalhador deve ter os seus direitos resguardados e respeitado o seu direito à desconexão com jornada e cumprimento de metas dentro dos ditames legais. Exigir para além do limite tolerável, ainda que estejamos numa Sociedade em Rede, pode deflagrar esgotamento psíquico e sérios danos à existência do indivíduo. Por conseguinte, no cenário Pós-Pandemia, em que se descortina a 4ª Revolução Industrial, novas leis, doutrinas e jurisprudências deverão se debruçar, dentre outros, nos pontos aqui expostos para que haja a efetiva e saudável proteção do trabalhador enquanto ser humano.

# REFERÊNCIAS

AMENDOLA, Gilberto. OMS incluí a Sindrome de *Burnout* na lista de doenças. In: *O Estado de São Paulo.* 28 mai. 2019. Disponível em: https://saude.estadao.com.br/noticias/geral,oms-inclui-a-sindrome-de-*Burnout*-na-lista-de-doencas,70002845142. Acesso em: 26 jan. 2021.

ANDORNO, Roberto. A noção paradoxal de dignidade humana. *Revista Bioética,* 17 (3), p. 435-449, 2009.

AZEVEDO, Antonio Junqueira de. Caracterização jurídica da dignidade da pessoa humana. *Revista USP,* São Paulo, n. 53, p. 90-101, março/maio 2002.

AZNAR, Guy. *Trabalhar Menos para Trabalharem Todos.* São Paulo: Scritta, 1995.

BARROSO, Luís Roberto. *A dignidade da pessoa humana no direito constitucional contemporâneo*: natureza jurídica, conteúdos mínimos e critérios de aplicação. Versão provisória para debate público. Mimeografado, dezembro de 2010. Disponível em: http://www.osconstitucionalistas.com.br/wp-content/uploads/2010/12/LRBarroso-A-dignidade-da-pessoa-humana-no-Direito-Constitucional-contemporaneo.pdf. Acesso em: 29 jan. 2021.

______. Neoconstitucionalismo e Constitucionalização, do Direito. O triunfo tardio do Direito Constitucional no Brasil. *Revista da EMERJ,* v.9, n. 33, 2006.

BAUMAN, ZYGMUNT. *Capitalismo parasitário:* e outros temas contemporâneos. Zahar: SP, 2010.

BAUMAN, ZYGMUNT. *Modernidade líquida.* Zahar: SP, 2001.

BOUCINHAS FILHO, Jorge Cavalcanti; ALVARENGA, Rúbia Zanotelli de. O dano existencial e o direito do trabalho. *Revista do Tribunal Superior do Trabalho,* São Paulo, v. 79, n. 2, p. 240-261, abr./jun. 2013. Disponível em: https://juslaboris.tst.jus.br/bitstream/handle/20.500.12178/39828/2013_alvarenga_boucinhas_filho_dano_existencial.pdf?sequence=1&isAllowed=y. Acesso em: 23 abr. 2019.

BRECKT, Bertold. Elogio da dialética. *Antologia poética,* 1977.

CARDOSO, Jair Aparecido. O direito ao descanso como direito fundamental e como elemento de proteção ao direito existencial e ao meio ambiente do trabalho. In: *Revista de informação legislativa,* Brasília, v. 52, n. 207, p. 7-26, jul./set. 2015. Disponível em: http://www12.senado.leg.br/ril/edicoes/52/207/ril_v52_n207_p7. Acesso em: 15 fev. 2021.

CASTELLS, Manuel. *Sociedade em Rede.* Trad. Roneide Venancio Majer. 21. ed. São Paulo: Paz & Terra; 2013.

CENDRON, Guilherme. *Inconstitucionalidade do artigo 62 da CLT.* Disponível em Acesso em: 08 fev. 2021.

COSTA, I. S. A. Teletrabalho: subjugação e construção de subjetividades. *Revista de Administração Pública,* v. 41, n.1, p.105-124, 2007.

COSTA, I. S. A. *Poder/saber e subjetividade na construção do sentido do teletrabalho.* 2004. 124f. Tese (Doutorado em Administração) - Escola Brasileira de Administração Pública e de Empresas, Fundação Getúlio Vargas, Rio de Janeiro, 2004.

CUNHA PERERIA, Rodrigo. *Princípios fundamentais norteadores do direito de família.* Belo Horizonte: Del Rey, 2005.

DEBORD, GUY. *A sociedade do espetáculo.* Lisboa: Mobilis in Mobile, 1991.

DELGADO, Maurício Godinho. A reforma trabalhista no Brasil. LTr, 2017.

______. Curso de direito do trabalho. 17. ed. São Paulo: LTr, 2018.

EBSERH Sede. depressão é uma das principais causas de suicídio, aponta entidade internacional. Disponível em: http://www.ebserh.gov.br/noticias/201909241555-depressao-uma-das-principais-causas-de-suicidio-aponta-entidade-internacional. Acesso em: 22 fev. 2021.

GALBRAITH, Jokmn-Kennetk. *A era da incerteza.* São Paulo: Editora Pioneira, 1980.

GEDIEL, José Antônio Peres. A irrenunciabilidade a direitos da personalidade pelo trabalhador. In: SARLET, Ingo Wolfgang (Org). *Constituição, direitos fundamentais e direito privado.* 3ª ed., rev. e amp. Porto Alegre: Livraria do Advogado Editora, 2010.

GORZ, André. Adeus ao proletariado - para além do socialismo. 2. ed. Rio de Janeiro: Forense Universitária, 1987.

______. Estratégia operária e neocapitalismo. Rio de Janeiro: Zahar Editores, 1968.

HARARI, Yuval Noah. Sapiens: Uma Breve História da Humanidade. São Paulo: Editora L&PM; 2015.

Haubrich, D. B., &Froehlich, C. (2020). Benefícios e Desafios do *Home office* em Empresas de Tecnologia da Informação. *Revista Gestão & Amp;* Conexões, *9*(1), 167–184. https://doi.org/10.13071/regec.2317-5087.2020.9.1.27901.167-184

MACIEL, ÁLVARO. O art. 62 da CLT e a ofensa ao direito ao lazer do trabalhador: uma violação ao princípio da dignidade da pessoa humana. Âmbito Jurídico, 2009. Disponível em https://ambitojuridico.com.br/edicoes/revista-64/o-art-62-da-clt-e-a-ofensa-ao-direito-ao-lazer-do-trabalhador-uma-violacao-ao--principio-da-dignidade-da-pessoa-humana/. Acesso em: 25 jan. 2021

MAMEDE, Rui Gil Coelho Cristino; CABRAL, Patricia Martins Fagundes. Do *Burnout* ao engajamento – uma moeda, duas faces? In: *Burnout, traumas no trabalho e assédio moral: estudos empíricos e reflexões conceptuais.* Coimbra, Escola Superior de Enfermagem de Coimbra, 2017. p. 33-55. Disponível em: https://www.esenfc.pt/pt/download/3866/eW3faxziX4OHVajHHEr9. Acesso em: 28 fev. 2021.

MELO. Marco Aurélio Bezerra de. *O dano existencial na responsabilidade civil.* Disponível em: http://genjuridico.com.br/2016/02/05/o-dano-existencial-na-responsabilidade-civil/. Acesso em: 25 jan. 2021.

OFFE, Claus. *Disorganized Capitalism.* Cambridge, Ma, MIT Press, 1985.

OMS. Organização Mundial da Saúde. *Suicide in the world. Global Health Estimates.* (2019). Disponível em: https://apps.who.int/iris/bitstream/handle/10665/326948/WHO-MSD-MER-19.3-eng.pdf?ua=1. Acesso em: 22 fev. 2021.

PASCAL, Georges. *O pensamento de Kant.* 3ª ed. Petrópolis: Vozes, 1977.

Pyöriä, P. "Managing telework: risks, fearsandrules", Management Research Review, Vol. 34, Num. 4, p. 386-399. Rafalski, J. C.; Andrade, A. L. D. (2015), *Home office: aspectos exploratórios do trabalho a partir de casa"*, Temas em Psicologia, Vol. 23, Num. 2, 2011.

RIFKIN, Jeremy. *O Fim dos Empregos* – O declínio inevitável dos níveis dos empregos e a redução da força global de trabalho. São Paulo: Makron Books, 1996.

SARLET, Ingo Wolfgang. Notas sobre a dignidade (da pessoa) humana no âmbito da evolução do pensamento ocidental. *R. Opin. Jur.*, Fortaleza, a. 13, n. 17, p. 249-267, jan./dez. 2015.

SARLET, Ingo Wolfgang. *A Eficácia dos Direitos Fundamentais*, 5. ed. Livraria do Advogado: 2003, p. 59.

SCHAFF, Adam. *A sociedade informática - as consequências sociais da segunda revolução industrial.* 4. ed. São Paulo: Brasiliense, 1993.,

SILVA. Jonatas. *As 4 Revoluções Industriais.* Disponível em: https//administradores.com.br/artigos/as-4--revolucoes-industriais. Acesso em: 02 fev. 2021.

SILVA, J. R. G. Profissionais qualificados e experiência de autoemprego: questões de tempo e espaço. *REAd*, v.14, n.1, 2008.

SOUTO MAIOR, Jorge Luiz. Do Direito à desconexão do Trabalho. In: *Revista do TRT da 15º Região*, Campinas, n. 23. 2003. Disponível em: https://juslaboris.tst.jus.br/bitstream/handle/20.500.12178/108056/2003_maior_jorge_direito_desconexao.pdf?sequence=1. Acesso em: 24 fev. 2021.

THOMPSON, Edward Palmer. *A Formação da Classe Operária Inglesa.* Volume III. 2. ed. Rio de Janeiro: Paz e Terra, 1987.

TOMBARI, N.; SPINKS, N. The work/family interface at Royal Bank Financial Group: success ful solutions - a retrospective look atlessons learned. *Women in Management Review*, v.14, n.5, p.186-193, 1999.

TRIGO, Telma Ramos; TENG, Chei Tung; HALLAK, Jaime Eduardo Cecílio. Síndrome de *Burnout* ou estafa profissional e os transtornos psiquiátricos. In: *Archives of Clinical Psychiatry (São Paulo)*, São Paulo, v.34, n.5. 2007.Disponível em: http://www.scielo.br/scielo.php?script=sci_arttext&pid=S0101-60832007000500004&lng=pt&nrm=iso&tlng=en. Acesso em: 25 set. 2019.

WHITE, M. et al. High performance' management practices, working hours and work-life balance. *British Journal of Industrial Relations*, v.41, n.2, p.175-195, 2003.

# A VELHA E BOA CLT: REVISAR E ATUALIZAR, SIM, RETALHAR, NÃO

*Benizete Ramos de Medeiros*[1]

*"A essência dos Direitos Humanos é direito a ter direitos."* – *Hannah Arendt*

**Resumo:** O presente texto, com objetivo de refletir sobre os 80 anos da Consolidação da Legislação Trabalhista: CLT, faz uma breve análise das propostas capitalistas, do princípio do retrocesso social e da reforma da CLT. A Lei n. 13.467/2017, que teve como mote a atualização da legislação do trabalho, mas que, na verdade, atendeu aos interesses capitalistas para redução de direitos sociais e, com isso, a redução dos custos trabalhistas, provocou violação a patamares mínimos garantidos constitucionalmente, violando o princípio do retrocesso social, suscitando inúmeras ações junto ao Supremo Tribunal Federal – STF para questionar a constitucionalidade de seus dispositivos. Embora faça um panorama geral da Lei, não há a pretensão, nem isso é possível em um artigo, de abordar todos os aspectos da reforma trabalhista, mas, sim, aqueles que se entende que mais acarretaram retrocesso social, com o propósito de evidenciar o quanto o legislador retalhou a CLT em vez de atualizar e harmonizar.

**Palavras-chave:**

- Princípio do retrocesso social;
- Capitalismo;
- Reforma da CLT.

**Sumário:**



---

(1) Benizete Ramos de Medeiros. Advogada Trabalhista; Doutora em Direito e Sociologia; mestre em Direito; professora de graduação e pós-graduação *stricto sensu* (PPGD/UVA); diretora da Escola Superior da Advocacia Trabalhista da ABRAT; diretora de Educação e membro da Comissão de Direito do Trabalho do IAB; diretora e ex-presidente da Associação Luso-brasileira de Juristas do Trabalho: JUTRA.

# 1. INTRODUÇÃO

Ao refletir sobre os 80 anos da Consolidação da Legislação Trabalhista: CLT, é importante relembrar que no Brasil as primeiras conquistas dos trabalhadores começaram a ocorrer tardiamente. Somente no Governo Vargas em 1934, a Constituição apresentou pela primeira vez a previsão de um salário mínimo, a jornada de trabalho de 8 horas, o repouso semanal, as férias remuneradas e a assistência médica e sanitária.

No ano de 1943, em 1º de maio, foi promulgada, então, a Consolidação das Leis do Trabalho, a CLT, por meio do Dec. Lei n. 5.452, tendo em vista que Vargas buscava simbolizar a sua figura como o "pai dos pobres", já que o país passava por um grande desenvolvimento com o número de trabalhadores crescendo e suas exigências também.

De lá para cá, várias mudanças com o mote de aperfeiçoamento e ampliação das conquistas sociais passaram a ocorrer, sobretudo com a Constituição Federal de 1988; mas, em contraposição, com a mesma intensidade, vieram as ameaças flexibilizadoras, acentuadas durante o período neoliberal, com forte marco na chamada "Era FHC". Por isso, far-se-á uma breve análise das propostas capitalistas e do princípio do retrocesso social para chegar na grande virada, a que chamo de retalhação da CLT e violação ao arcabouço protetivo.

A Lei n. 13.467/2017, que teve como mote a atualização da legislação trabalho, mas que, na verdade, atendeu aos interesses capitalistas para redução de direitos sociais e, com isso, a redução dos custos trabalhistas, provocou violação a patamares mínimos garantidos constitucionalmente, infringindo o princípio do retrocesso social, suscitando inúmeras ações junto ao STF para questionar a constitucionalidade de seus dispositivos.

Não se imiscuirá em todos os aspectos da reforma trabalhista, mas, sim, naqueles que se entende que mais impactaram na vida do trabalhador e no mundo do trabalho, em especial no aspecto do retrocesso social, embora ofereça ao leitor um panorama geral das mudanças.

Sempre que escrevo sobre esse tema, volto a Zygmunt Bauman, sobretudo em suas obras Modernidade Líquida (1999) e Globalização (1998), quando adverte que as transformações são inexoráveis e o mundo nunca mais será o mesmo, sobretudo com a transformação tecnológica advinda da mundialização da economia. Temos que concordar, mas não se pode admitir que as alterações de uma legislação arduamente organizada com base em luta de classes, fome, miséria, desemprego e exclusão possam ser feitas de um dia para o outro – foram praticamente cinco meses do processo legislativo nas duas casas – sem qualquer debate com as instituições organizadas e a sociedade. O resultado disso é uma legislação deformada que contraria princípios e normas constitucionais e que é, ainda, colidente em seu próprio conteúdo com outros dispositivos que não foram alterados.

Esse debate pode e deve ter vários panos de fundo, várias dimensões. Aqui escolhemos um recorte de breve análise capitalista, o princípio da vedação do retrocesso social e um panorama geral dos principais pontos alterados.

## 2. O CAPITALISMO COMO MOTE DO DESMONTE

O capitalismo moderno, segundo Max Weber[(2)], tem por característica fundamental a competitividade decorrente da acumulação de capital (que passa a ser um fim em si) e a flexibilidade produtiva e comercial objetivando sempre o lucro em um contexto de empresas grandes e transnacionais. As políticas do Estado capitalista são construídas e conduzidas no interesse do mercado.

Com o capitalismo moderno e a globalização surgiram empresas transnacionais e com elas um importante fluxo migratório de produção e empregos. Segundo Bauman[(3)], "o significado mais profundo transmitido pela idéia da globalização é o do caráter indeterminado, indisciplinado e de autopropulsão dos assuntos mundiais; a ausência de um centro, de um painel de controle, de uma comissão diretora, de um gabinete administrativo", o que seria totalmente diferente de universalização. Essa globalização, segundo ele, teria sido benéfica para a pequena parcela mais rica da população mundial, deixando de fora as classes mais pobres, especialmente o trabalhador que somente detém sua força de trabalho.

Já em 2016, no auge de uma crise no Brasil, asseveravam Oseias Ferreira e Zuleica Vicente[(4)] o cenário do mundo capitalista e globalizado que agravou o desemprego e o trabalho informal:

> O mundo do trabalho sofreu uma significativa mudança, no final do século XX e início do século XXI, devido à nova configuração do capitalismo, em sua versão neoliberal, financeirizada e globalizada, pois uma série de mudanças ocorrem nos meios de produção para atender às novas regras do capital.
>
> Em uma busca incessante por lucros, o capital financeiro investiu fortemente contra o mercado de trabalho e transferiu parte de suas atividades para países onde não existe nenhum tipo de proteção do trabalho, das relações e direitos. Mercados em que as relações laborais eram mais frágeis/precarizadas.
>
> Nesse sentido, países de economia periférica, que já são fragilizados em sua estrutura política e econômica, submetem-se às condições impostas pelas superpotências e afundam em crises que, dentre outras consequências, coloca (*sic*) a classe trabalhadora em condição de extrema dificuldade para tentar fazer valer seus direitos.

Com isso, muitos trabalhadores buscam sua sobrevivência no mercado informal, crescendo assustadoramente o número de trabalhadores autônomos, domésticos, dentre outras categorias de trabalhadores do setor informal.

Vale citar que o Direito do Trabalho surgiu como resposta do Estado aos problemas sociais gerados pelo capitalismo liberal, "diante das agitações dos trabalhadores e das lutas sociais no continente europeu"[(5)]. Contudo, a ideia de um Estado paternalista, que oferecia proteção e garantias aos trabalhadores, foi entrando em declínio com a crise econômica do início da década de 70 (Crise do Petróleo), a

---

(2) WEBER, Max. *A gênese do capitalismo moderno*. Tradução Rainer Domschke. São Paulo: Ática, 2006, p. 5.

(3) BAUMAN, Zygmunt. *Globalização*: As consequências humanas. Tradução Plinio Dentzien. Rio de Janeiro: Zahar, 2008. p. 56.

(4) FERREIRA, Oseias Soares e VICENTE, Zuleica Cristina Mizael. Capitalismo financeiro, globalização e transformações no mundo do trabalho. *Revista Pensar Acadêmico*, Manhuaçu, v. 14, n. 2, p. 137-142, julho/dezembro, 2016. p. 139-140.

(5) BARROS, Alice Monteiro de. *Curso de direito do trabalho*. 10. ed. São Paulo: LTr, 2016. p.63.

nova forma de organização da produção e as inovações tecnológicas. Tais mudanças desencadearam a discussão sobre a flexibilização nas relações contratuais do trabalho. Como analisa Alice Monteiro de Barros,

> A flexibilização no campo do trabalho, historicamente, tem sido uma reivindicação empresarial identificável como uma explícita solicitação de menores custos sociais e maior governabilidade do fator trabalho. Para a realização dessa reivindicação, reclama-se uma flexibilidade normativa, que poderá ser atingida sob o prisma legal, regulamentar e convencional, mas assegurando-se garantias mínimas ao empregado.(6)

Segundo Bauman o que "parece flexibilidade do lado da procura vem a ser para todos aqueles jogados no lado da oferta um destino duro, cruel, inexpugnável: os empregos surgem e somem assim que aparecem, são fragmentados e eliminados sem aviso prévio"(7). O mercado de trabalho tornou-se "mais volátil, favorecendo ao capital, que passa a impor novas formas de trabalho, contratações parciais, temporárias e subcontratações, desestruturando o trabalho de forma definitiva"(8). Além disso, essa nova organização empresarial e econômica trouxe o desemprego estrutural, pois muitos empregos deixaram de existir, formando uma massa de excluídos que não possuíam qualificação. Isso resulta em intensas pressões do mercado para o aumento da produtividade e, por óbvio, lucratividade. Nessa esteira, importa trazer Marcio Pochmann, para quem

> [...] a gradual alteração da estrutura social tornou-se cada vez mais compatível com a ascensão de uma economia desmaterializada, cuja diferenciação das formas de ocupação fez crescer também as noções de inside (protegido) e outside (desprotegido) no interior do próprio assalariamento.
>
> O antigo movimento de estruturação do mercado de trabalho passou, inclusive, a dar lugar a trajetórias de desemprego, de contrato parcial de trabalho, entre outras formas de ocupação precária. Em grande medida, a passagem do fordismo para o novo sistema de produção (toyotista) terminou sendo acompanhada de crescente instabilidade nos destinos ocupacionais diante da incorporação dos ganhos de produtividade, sem proteção do Estado e ausência de regulação pública.(9)

Considerando que esse é um movimento irreversível sob as óticas econômica e social, a Assembleia Geral das Nações Unidas, realizada em Nova York, em setembro de 2015, com a participação de 193 estados membros, estabeleceu 17 Objetivos de Desenvolvimento Sustentável (ODS), criando, assim, a chamada agenda 2030 (2015-2030), como um plano objetivando um mundo melhor. Ao assumirem o compromisso, os países pactuaram a promoção do Estado de Direito e dos direitos humanos e a responsabilidade das instituições políticas, sendo que a ODS 8 assim estabelece "Trabalho decente e crescimento econômico: promover o crescimento econômico sustentado, inclusivo e sustentável, emprego pleno e produtivo, e trabalho decente para todos"(10).

---

(6) BARROS, op cit. p. 65.
(7) BAUMAN, op cit. p. 98.
(8) TREFF, Marcelo Antonio, GONÇALVES, Luiz Claudio e CAMAROTTO, Marcio Roberto. Os impactos da globalização no perfil do trabalho e do trabalhador do século XXI. *Revista Científica Hermes*. n. 8, p. 208-222, jan./jun. 2013. p. 212.
(9) POCHMANN, Marcio. *O mito da grande classe média* – capitalismo e estrutura social. 1. ed. São Paulo: Editora Boitempo, 2014. p. 32.
(10) ONU.https://brasil.un.org/pt-br. Acesso em: 20 jul. 2023.

# 3. A SUSTENTABILIDADE ECONÔMICA NA PERSPECTIVA DO TRABALHO DECENTE

A sustentabilidade econômica se mostra como um dos três principais pilares para o desenvolvimento sustentável, junto ao pilar social e ao ambiental que complementam rumo ao desenvolvimento sustentável.

É, portanto, um conjunto de práticas financeiras e administrativas que possibilitam e almejam a um desenvolvimento de país ou empresa, que tenham como objetivo garantir e preservar o meio ambiente, possibilitando também a manutenção de recursos naturais para futuras gerações.

Entretanto é na função social e concorrência que faço o destaque neste texto. A primeira, trata-se de uma forma de manter a atividade econômica, fornecendo padrões mínimos de distribuição de riqueza e redução de desigualdade. Já a concorrência é vista como a possibilidade de oferecimento de produtos e serviços por diversas empresas, o que possibilitaria um desenvolvimento de preços competitivos, atingindo o público em geral, além de possibilitar uma melhor e mais bem desenvolvida atividade funcional por parte da classe trabalhadora na sua multifuncionalidade e alcance de metas, extremamente exigida no mundo do trabalho moderno, honrando assim as atividades empresariais consolidadas pela CLT e as questões de direito privatizado a luz da constituição, como a constitucionalização do direito civil.[11]

Há, contudo, diferenças entre sustentabilidade e desenvolvimento sustentável, o desenvolvimento sustentável é considerado uma via de mudança intencional e melhoria que mantém ou aumenta esse atributo do sistema, ao responder às necessidades da população presente. Em um primeiro momento, o desenvolvimento sustentável é a via de acesso para que se alcance a sustentabilidade, ou seja, a sustentabilidade como meta final.

Nessa teia que se busca construir a ~~idéia~~ ideia de que seria importante a modernização da legislação obreira com garantia e equilíbrio entre o capital e o trabalho, sem retrocessos das conquistas sociais, como constatado com a Lei n. 13.46/2017.

---

(11) SARTORI, Simone; LATRÔNICO, Fernanda; CAMPOS, L.M.S. Sustentabilidade e desenvolvimento sustentável: uma taxonomia no campo da literatura. In: *Ambiente & Sociedade*. São Paulo v. XVII, n. 1. p. 1-22. Jan.-mar. 2014. Disponível em: https://www.scielo.br/j/asoc/a/yJ9gFdvcwTxMR5hyWtRR6SL/?format=pdf&lang=pt. Acesso em: 26 mar. 2022. P. 2-4.

# 4. A VEDAÇÃO AO PRINCÍPIO DO RETROCESSO SOCIAL

Para esse debate sobre os 80 anos da Consolidação das Lei do Trabalho no Brasil, é necessário perpassar por princípios constitucionais que estruturam a formação das legislações infraconstitucionais. Nessa linha está o art. 170[(12)] da Constituição Federal de 1988, que estabelece que a ordem econômica está "fundada na valorização do trabalho humano e na livre-iniciativa" e tem por objetivo "assegurar a todos uma existência digna, conforme os ditames da justiça social" e a partir daí elenca os princípios que estabelecem a ordem econômica constitucional.

Seguindo, em consonância com o disposto nos arts. 1º e 3º[(13)] da mesma Carta Magna, é possível uma melhor compreensão acerca do pilar sobre o qual a ordem econômica brasileira está estruturada. Nota-se, por conseguinte, uma afirmação da garantia à propriedade diretamente associada ao atendimento de sua função social e vinculada à ordem econômica.

Na perspectiva de proteção aos trabalhadores, consubstanciada pela busca ao pleno emprego, previsto pelo art.170, inciso VIII[(14)], e no rol de direitos fundamentais previstos no art. 7º ambos da CF/88, a função social age no sentido de legitimar ou promover a implementação de mecanismos para a distribuição dos resultados da atividade empresarial e a viabilização de iniciativas de co-gestão, de um pensar coletivo. Nessa linha de pensamento, "não se pode olvidar que as empresas sejam também

---

(12) Art. 170. A ordem econômica, fundada na valorização do trabalho humano e na livre-iniciativa, tem por fim assegurar a todos existência digna, conforme os ditames da justiça social, observados os seguintes princípios:

(...)

III – função social da propriedade;

IV – livre concorrência;

(13) Art. 1º A República Federativa do Brasil, formada pela união indissolúvel dos Estados e Municípios e do Distrito Federal, constitui-se em Estado Democrático de Direito e tem como fundamentos:

I – a soberania;

II – a cidadania

III – a dignidade da pessoa humana;

IV – os valores sociais do trabalho e da livre-iniciativa;

V – o pluralismo político.

Art. 3º Constituem objetivos fundamentais da República Federativa do Brasil:

I – construir uma sociedade livre, justa e solidária;

II – garantir o desenvolvimento nacional;

III – erradicar a pobreza e a marginalização e reduzir as desigualdades sociais e regionais;

IV – promover o bem de todos, sem preconceitos de origem, raça, sexo, cor, idade e quaisquer outras formas de discriminação.

(14) Art. 170. A ordem econômica, fundada na valorização do trabalho humano e na livre-iniciativa, tem por fim assegurar a todos existência digna, conforme os ditames da justiça social, observados os seguintes princípios:

(..) VIII – busca do pleno emprego;

responsáveis, nas relações de trabalho, pela qualidade de vida, pela valorização da dignidade da pessoa humana, em ação conjunta com o Estado" (15).

Percebe-se que a preocupação com o trabalhador diz respeito não somente aos aspectos puramente legislativos, mas também a uma busca por efetivar direitos e consolidar as garantias, possibilitando a efetiva e devida realização dos direitos. De maneira a desenvolver melhor o tema, os deveres dos trabalhadores se remontam dentro de um arcabouço em que pode ser exposto o dever de honestidade, de continência de conduta, de bom comportamento no ambiente laboral, de respeito aos chefes e aos colegas de trabalho(16).

É, contudo, no caput do art. 7º que o Legislador constituinte, estabeleceu o valor do princípio do não retrocesso, segundo qual "São direitos dos trabalhadores urbanos e rurais, além de outros que visem à melhoria de sua condição social"(17).

O princípio da vedação ao retrocesso social, significa dizer que o Estado, após implementar um direito fundamental, não pode retroceder, ou seja, não pode praticar algum ato que vulnere um direito que estava passível de fruição, sem que haja uma compensação efetiva correspondente (18).

Não busca, portanto, somente a concretização dos direitos fundamentais sociais, mas abrange também mecanismos de proteção ao assegurar a concretização de tais direitos para que não sejam, reprimidos por legislação posterior, ou seja, é uma forma de garantir as proteções alcançadas pelo Estado Social, inclusive diante de posterior reforma constitucional(19).

Nesse sentido, Geraldo Magela Melo, assegura:

> Os direitos constitucionais fundamentais são o alicerce do Estado contemporâneo na medida em que asseguram e evitam abusos dos dirigentes em face dos cidadãos, por isso todo direito fundamental implementado na realidade prática não pode sofrer abalo no que concerne à sua efetividade, por nenhuma medida estatal, haja vista o caráter progressivo desses direitos e, principalmente, em razão de sua essência de fundamentalidade, o que traz, por consequência, a vedação ao retrocesso na fruição dos direitos. Sendo dos direitos dos trabalhadores um direito fundamental social, merecem proteção jurídica eficiente contra atos estatais que visem suprimi-los ou alterá-los, sem que ocorram medidas compensatórias similares.(20)

Alinha-se com isso, o pensamento de que nenhuma alteração legislativa poderá reprimir ou revogar um direito social constitucional já existente sem apresentar

---

(15) SILVEIRA, Clariana Oliveira da. A Função Social da empresa e o Direito do Trabalho. *In: Boletim Jurídico*, Uberaba/MG, a. 14, n. 752. Disponível em: <https://www.boletimjuridico.com.br/artigos/direito-do-trabalho/2162/a-funcao-social-empresa-direito-trabalho>. Acesso em: 26 mar. 2022.

(16) LENZA, Pedro. *Direito Constitucional esquematizado*. 25. ed. p.1-2330. São Paulo. Saraiva Educação. 2021. p.1858

(17) BRASIL. *Constituição (1988)*. Constituição da República Federativa do Brasil. Brasília, DF: Senado Federal: Centro Gráfico, 1988.

(18) SILVA, José Afonso da. *Aplicabilidade das normas constitucionais*. 2. ed. rev. e atual. São Paulo: 2019, p. 12

(19) SILVA, op cit. p. 13

(20) MELO, Geraldo Magela. A vedação ao retrocesso e o direito do trabalho. *Revista do Tribunal Regional do Trabalho da 3ª Região*, Belo Horizonte, v. 52, n. 82, p. 65-74, jul./dez. 2010. p. 1.

alternativa que restabeleça o direito ou garantia já outorgado, compensando, assim, a perda oriunda da mudança.

Para Silva[21], o princípio da vedação ao retrocesso é uma garantia constitucional implícita, decorrente do denominado bloco de constitucionalidade, tendo sua matriz axiológica nos princípios da segurança jurídica, da máxima efetividade dos direitos constitucionais e da dignidade da pessoa humana, mas se constitui em um princípio autônomo, com carga valorativa eficiente própria.

Por isso, deve-se entender que o retrocesso social ocorre quando há uma supressão a direitos sociais já existentes e efetivados, considerando-se inconstitucionais leis ou outras medidas que os revoguem, já que negar o princípio da proibição do retrocesso significa admitir que os órgãos legislativos possuem o poder de tomar livremente suas decisões mesmo em flagrante desrespeito à vontade expressa do constituinte.

Por isso que José Afonso da Silva entende que o princípio da vedação ao retrocesso social foi criado para controlar o legislador, servindo como um limitador para que ele não atue livremente no que concerne a querer revogar direitos fundamentais já adquiridos, conforme podemos observar:

> Desta forma, é uma maneira de controlar o legislador, servindo como um limitador para que ele não atue livremente no que concerne a querer revogar direitos fundamentais já adquiridos, por novas legislações, ou seja, serve como uma espécie de controle à atuação do legislativo. O objetivo primordial é promover as conquistas sociais e a um status de garantia que não seja suscetível a posterior mudanças regressivas, de forma que possua um mecanismo que assegure a construção de uma sociedade livre, justa e solidária, que realmente efetive os direitos fundamentais sociais [22]

Portanto, em sua essência, o não retrocesso é um garantidor da segurança jurídica, não somente para não se perderem as conquistas, como também para garantir a eficácia das normas de direitos fundamentais.

Nota-se que, apesar dos argumentos de fomentação da economia e de atualização das leis trabalhistas, ocorreu o inverso, a Lei n. 13.467/2017, chamada de Reforma Trabalhista, violou em vários aspectos esse princípio tanto no campo individual quanto coletivo e, com isso, uma gama de direitos protecionistas foi extinta ou reduzida.

Com isso, a construção do trabalho decente dentro de uma perspectiva de vedação ao retrocesso social parece inexorável, pois o trabalho decente suscita a promoção de melhoria da condição social.

---

(21) SILVA, Op. cit. p. 12
(22) SILVA. Op. cit. p. 14

## 5. OS RETALHOS NA CLT COM A LEI N. 13.467/2017

Desde o final do ano de 2016 até meados de 2017, a sociedade brasileira assistiu em diversas mídias intensos debates sobre o Projeto de Lei que se transformou na Lei n. 13.467/2017, denominada de Reforma Trabalhista. Tanto no campo do Direito Individual, quanto no Coletivo e Processual do Trabalho, a Lei é motivo de acirradas críticas pelos defensores do primado do valor social do Trabalho; do princípio da dignidade da pessoa humana; do não retrocesso e de todas as formas de validação das conquistas insculpidas na Constituição da República Brasileira de 1988 e nas normas infraconstitucionais.

Portanto, as mudanças afetaram não só a dinâmica do direito material, mas também os procedimentos a ele afetos. Houve a flexibilização de forma extensiva das formas de contratação, remuneração, tempo de trabalho, condições, assim como o acesso à justiça e a atuação sindical.

Nesse sentido, de forma mais objetiva e sintética, este artigo aponta alguns dos pontos que considera mais invasores do princípio do não retrocesso social e do garantismo dos princípios da proteção.

### *5.1. A burla da Pejotização*

O novo artigo 442-B, segundo o qual "A contratação do autônomo, cumpridas por este todas as formalidades legais, com ou sem exclusividade, de forma contínua ou não, afasta a qualidade de empregado prevista no art. 3º desta Consolidação."[(23)] consiste numa burla utilizada por empresas no intuito de aumentar lucros livrando-se de custos decorrentes dos encargos sociais e fiscais oriundos das relações trabalhistas, e consiste em contratar empregados (pessoas físicas), com os mesmos requisitos do art. 3º da CLT, mediante subordinação jurídica, mas através da constituição de Pessoa Jurídica, resultando esse artifício legal na descaracterização da relação de emprego e a PJ é usada em substituição ao contrato de emprego mesmo que essa contratação reúna todos os elementos do artigo 3º da CLT.

No entanto, o trabalho efetivamente autônomo, enquanto atividade exercida de forma liberal, refere-se ao prestador que exerce atividade profissional remunerada por conta própria, sem que haja subordinação e caracterização de vínculo empregatício, assumindo o risco da atividade econômica conforme o art. 2º da CLT, que se manteve, em seu *caput*.

Nota-se que a nova redação da CLT, introduz um trabalhador autônomo, que mesmo realizando suas atividades de forma contínua e exclusiva, mediante subordinação econômica e jurídica e com pessoalidade, não possui vínculo empregatício e, diga-se com isso, os direitos sociais trabalhistas, como férias, gratificações natalinas, FGTS, jornada protegida, dentre outros.

Além de violar o princípio da primazia da realidade que não foi suprimido e em vigor no art. 9º da CLT, atenta contra o princípio do retrocesso social, ou seja:

---

(23) BRASIL. *Lei n. 13.467*, de 13 de julho de 2017. Altera a Consolidação das Leis do Trabalho (CLT), aprovada pelo Decreto-Lei n. 5.452, de 1º de maio de 1943, e as Leis ns. 6.019, de 3 de janeiro de 1974, 8.036, de 11 de maio de 1990, e 8.212, de 24 de julho de 1991, a fim de adequar a legislação às novas relações de trabalho. Brasília, Diário Oficial da União, 2017. Disponível em: https://www.planalto. gov.br/ ccivil_03/_ato2015-2018/2017/lei/ l13467. Acesso em: 13 ago. 2023.

podem-se ter empregados sem ser empregados, mesmo com toda materialidade? É uma equação que não fecha.

*5.2. O contrato de trabalho intermitente*

No viés dos tipos de contratos, está a o chamado trabalho intermitente, preconizado nos art. 443, parágrafo terceiro(24) e art. 452-A e seus parágrafos, trazendo um dos piores retrocessos e violação ao caput do art. 7º da CF quanto a promoção da melhoria das condições sociais.

Esse tipo de contrato é descontínuo; o empregado somente trabalha quando é chamado; trabalha e recebe pelos números horas que efetivamente sejam necessárias à atividade do dia.

Conforme já disse(25), muitas podem ser as críticas veiculadas a essa nova forma de contratação: ausência de planejamento financeiro ao empregado, além da supressão da oportunidade de um segundo emprego fixo, uma vez que o empregado pode, a qualquer momento, ser chamado. E, ainda, estabelece a redutibilidade salarial; sem falar na violação ao bem estar que em última análise leva ao dano existencial, ao empobrecimento e ao adoecimento.

Portanto, seguindo a esteira das violações, é possível constatar que esses dispositivos quebram além do princípio da dignidade do trabalhador (art. 1°, §3º da CF); do valor social do trabalho e do bem estar (art. 193 da CF); da melhoria das condições sociais (caput do art. 7º da CF); da ordem econômica pautada da valorização do trabalho (art. 170 da CF); do direito ao trabalho (art.6º da CF), a harmonia social estabelecida no preâmbulo da Constituição.

*5.3. A figura do trabalhador hipersuficiente*

A Lei n. 13.467/2017 inovou ao criar a figura do empregado hipersuficiente no artigo 444 parágrafo único da CLT(26), destinando-lhe a sorte da maior autonomia nas negociações com o empregador. Logo, estando autorizado legalmente a negociar diretamente com o empregador, o conteúdo relacionado no artigo 611-A. Mas o perigo está no fato de que a negociação pode ser "um instrumento de grande gravidade", pois, ao realizá-la, o empregado acabará por sobrepor-se às negociações coletivas, entrando em rota de colisão com os artigos 7º, inciso XXVI e 8º, III, da Constituição Federal.

A referida lei demarcou no parágrafo único quais são os conteúdos que, quando negociados pelo empregado hipersuficiente, justapor-se-ão às normativas

---

(24) Art. 443. O contrato individual de trabalho poderá ser acordado tácita ou expressamente, verbalmente ou por escrito, por prazo determinado ou indeterminado, ou para prestação de trabalho intermitente. parágrafo 3º

§ 3º Considera-se como intermitente o contrato de trabalho no qual a prestação de serviços, com subordinação, não é contínua, ocorrendo com alternância de períodos de prestação de serviços e de inatividade, determinados em horas, dias ou meses, independentemente do tipo de atividade do empregado e do empregador, exceto para os aeronautas, regidos por legislação própria.

(25) MEDEIROS. Benizete Ramos de. O direito ao trabalho decente e digno como princípios fundamentais e as alterações da legislação trabalhista: Um aviltamento sem fim. *Revista da Associação Brasileira de Advogados Trabalhistas- ABRAT*. Ano 5. n. 5. MG: ed. Fórum. 2017 p. 13-31

(26) Parágrafo único. A livre estipulação a que se refere o *caput* deste artigo aplica-se às hipóteses previstas no art. 611-A desta Consolidação, com a mesma eficácia legal e preponderância sobre os instrumentos coletivos, no caso de empregado portador de diploma de nível superior e que perceba salário mensal igual ou superior a duas vezes o limite máximo dos benefícios do Regime Geral de Previdência Social.

trabalhistas, por intermédio da inclusão do artigo 611-A, que tem caráter para as negociações coletivas para os demais empregados.

Como se disse em texto anteriormente escrito sobre o tema, é induvidosa a violação ao princípio da não discriminação, prevista no artigo 5º da CRFB/88. E mais, relembre-se de que o contrato de emprego, embora sinalagmático e consensual, é de verdade e na prática um contrato de adesão, pois raramente o empregado tem opções de escolha, portanto a alteração inserida tem o intuído de maquiar com aparência de consensualidade(27).

Um dos motivos que levou à estruturação da chamada reforma trabalhista efetivada no ano de 2017 foi a inclusão do favoritismo pela maior obediência à autonomia privada no perímetro das pactuações regulares dos contratos de trabalho. Antes, a legislação trabalhista nacional regulamentava pouquíssimos casos em que os empregados com funções de maiores salários eram distintos dos demais.

Enfim, foi criada uma nova figura social de empregado.

*5.4. A confirmação da terceirização de forma ampla e irrestrita*

A citada lei promove alteração de uma das legislações que cuidam da terceirização e do trabalho temporário, qual seja a Lei n. 6.019/1974, bem como a Súmula 331 do c. TST, que vinham regulando a matéria. No entanto, no mesmo ano, de forma tímida, a Lei n. 13.429/2017 já havia reformulado a redação da Lei n. 6.019/1974, mas sem a ousadia que veio posteriormente. Pois bem, propõe desta feita, no art. 2º, a ampla terceirização nas atividades fins, o que até então era vedado. Portanto, a Lei 6.019/1974, em breve espaço de tempo, sofreu duas alterações, passando a vigorar com o as alterações inseridas pela Lei n. 13.467/2017(28).

Destaque-se a expressão "de quaisquer de suas atividades, inclusive sua atividade principal" ponto crucial para o debate, pois se trata da maior quebra estrutural da relação contratual, violando a bilateralidade, precarizando as relações e condições de trabalho, com menores salários, rotatividade de mão de obra, aumento dos índices de acidentes de trabalho e desmonte do sistema sindical brasileiro, dentre outros.

Desconfia-se de que essa forma de produção não é boa nem para o empregador, notadamente os pequenos, pois sugere empregados desmotivados, sem adesão aos planos gerenciais. Afinal, a incerteza de continuidade e de vínculo direto com a empresa para qual a força de trabalho é destinada, retira do trabalhador o brio e a motivação, a ideia de pertencimento, a espinha dorsal do empenho e comprometimento.

O pior nesse caso é que o STF, a partir de diversas ações diretas de inconstitucionalidades, fixou o Tema 725 da Repercussão Geral: "É lícita a terceirização ou qualquer outra forma de divisão do trabalho entre pessoas jurídicas distintas, independentemente do objeto social das empresas envolvidas, mantida a responsabilidade

---

(27) MEDEIROS. Benizete Ramos de; SECCA, Luis Carlos. O tratamento do hipersuficiente na MP n. 936/2020 e o diálogo com a Lei n. 13.467/2017 – Violação ao princípio da Isonomia de Tratamento. *In: Reforma trabalhistas*: novas tecnologias em tempos de pandemia. v. II Coord. Paulo Renato Fernandes da Silva. SP: LTr. 2022. P. 455 – 464.

(28) Art. 2º A Lei n. 6.019, de 3 de janeiro de 1974, passa a vigorar com as seguintes alterações:

"Art. 4º-A. Considera-se prestação de serviços a terceiros a transferência feita pela contratante da execução de quaisquer de suas atividades, inclusive sua atividade principal, à pessoa jurídica de direito privado prestadora de serviços que possua capacidade econômica compatível com a sua execução.

subsidiária da empresa contratante". Portanto, está mantido o disposto no art. 2º da Lei n. 13.467/2017, que alterou a Lei n. 6.019/1974, para garantir a ampla terceirização em todos os segmentos da empresa.

Como já dissemos em outro texto, na esteira do trabalho intermitente, a terceirização sem limites, se expressa em perigo para a sociedade, um grave retrocesso, estabelece violação a princípios basilares dos Direitos Sociais, traz repercussões em todos os segmentos e classes, inclusive de ordem econômica, pelo empobrecimento dos trabalhadores.(29)

O mercado interno é aquecido pelo consumo familiar. Se a classe trabalhadora tem o seu poder aquisitivo reduzido, como ocorre com a terceirização ampla, também reduz o seu consumo, o que acarreta diminuição nas vendas de produtos e serviços e, consequentemente, estagnação da economia com elevação do índice de desemprego, pois, se as prestadoras de serviço não conseguirem "vender" a sua mão de obra por conta da estagnação econômica, terão que demitir.

*5.5. Teletrabalho, responsabilidade pelos custos e exclusão da jornada*

O teletrabalho foi regulamentado na citada Lei, criando título específico, gerando diversas polêmicas, sendo a primeira delas, a transferência do risco da atividade econômica, conforme previsão do artigo 75-D da CLT(30), que, embora preveja pacto entre as partes sobre os gastos com a aquisição e fornecimento de equipamento e material de trabalho, é necessário considerar que o contrato de empregado no Brasil é, na verdade, um contrato de adesão, e o artigo 2º da CLT, quanto à assunção dos riscos da atividade econômica, não foi revogado. E, com isso, leva-se a crer que o empregado firmará as cláusulas que estiverem estabelecidas, inclusive os custos do trabalho.

Há também a exclusão do amparo da jornada, prevista no art. 62, inciso III(31). Ocorre que é perfeitamente possível a regulação da jornada desse trabalhador, mormente quando se vive a era da produtividade e do controle tecnológico. Se, por um lado, tem muitas vantagens ao empregado em razão dos deslocamentos, por outro, não pode ele assumir o risco da atividade econômica. Além do mais, há a preocupação com a saúde tanto física, em razão da correta ergonomia, quanto a mental, em razão da ausência de desconexão e um maior isolamento do grupo. Temas que estão sendo abordados de forma mais completa em outros textos.

Em arremate, deve-se lembrar, contudo, que o artigo 6º da CLT em vigor, alterado em 2011 pela Lei n. 12.551(32), estabelece que "não se distingue entre o trabalho

(29) MEDEIROS. Benizete Ramos de. Terceirização, um projeto de marginalização e exclusão que deu certo. *In: Administração de conflitos e cidadania*: Problemas e perspectivas VI (org.) Maria Stella Faria de Amorim; Roberto Kant de Lima; Michel Logo Toledo e Hector Luiz Martins Figueira. RJ.

(30) Art. 75-D. As disposições relativas à responsabilidade pela aquisição, manutenção ou fornecimento dos equipamentos tecnológicos e da infraestrutura necessária e adequada à prestação do trabalho remoto, bem como ao reembolso de despesas arcadas pelo empregado, serão previstas em contrato escrito. Parágrafo único. As utilidades mencionadas no *caput* deste artigo não integram a remuneração do empregado

(31) III – os empregados em regime de teletrabalho que prestam serviço por produção ou tarefa.

(32) BRASIL. *Lei n. 12.551*, de 15 de dezembro de 2011. Altera o art. 6º da Consolidação das Leis do Trabalho (CLT), aprovada pelo Decreto-Lei n. 5.452, de 1º de maio de 1943, para equiparar os efeitos jurídicos da subordinação exercida por meios telemáticos e informatizados à exercida por meios pessoais e diretos. Brasília, DF: Diário Oficial da União, 2011.

realizado no estabelecimento do empregador, o executado no domicílio do empregado e o realizado a distância, desde que estejam caracterizados os pressupostos da relação de emprego". E em seu parágrafo único, que "Os meios telemáticos e informatizados de comando, controle e supervisão se equiparam, para fins de subordinação jurídica, aos meios pessoais e diretos de comando, controle e supervisão do trabalho alheio". Também se observa aqui, portanto, uma colisão entre as normas com violação a princípios constitucionais.

### 5.6. *A prevalência do negociado sobre o legislado*

Outro perigo advindo com a lei em exame, notadamente para a classe trabalhadora, é a prevalência da negociação coletiva sobre o fixado em Lei. O texto legal dispõe em seu art. 611-A que "a convenção coletiva e o acordo coletivo de trabalho têm prevalência sobre a lei quando, entre outros, dispuserem sobre". Essa proposta também é antiga, já teve seu início, como a terceirização, na Era FHC, no ápice do período neoliberal com o PL n. 5483/2001, para alteração do art.618 da CLT.

Essa disposição já fazia parte das negociações coletivas, mas sempre em observância ao princípio da contrapartida, ou seja, cedia-se de um lado, mas obtinha-se vantagens de outros, conforme interesse das categorias econômica e profissional. Entretanto, não é assim que estabeleceu a Lei em comento, numa verdadeira intenção de vedar a ampliação de direitos, ou melhor, a intenção é no sentido de reduzir os direitos postos. [...] §2º "A inexistência de expressa indicação de contrapartidas recíprocas em convenção coletiva ou acordo coletivo de trabalho não ensejará sua nulidade por não caracterizar um vício do negócio jurídico".

O que mais evidencia essa intenção é a inclusão do parágrafo terceiro (§3º) do artigo 8º da CLT, que estabelece limite ao judiciário trabalhista em não se imiscuir no conteúdo das normas negociadas, vedando a nulidade de cláusulas ajustadas em acordos e convenções, mesmo contrárias à lei. Verifica-se, com isso, a quebra do princípio da norma mais favorável, como também do acesso à justiça, previsto no art. 5º, inciso LXXIV da CF/88.

Resta dizer, nesse ponto, que a nova redação do art. 620 estabelece que "as condições estabelecidas em acordo coletivo de trabalho sempre prevalecerão sobre as estipuladas em convenção coletiva de trabalho.".

Nessa esteira do direito coletivo, a Lei vedou a ultratividade das normas. Logo, se uma norma perde sua validade, até que outra entre em vigor, a categoria fica desprotegida das conquistas anteriormente feitas. É ou não é uma retalhação e uma retaliação?

### 5.7. *Supressão da contribuição obrigatória*

No campo ainda do Direito Coletivo, um retalho é feito, com visível intenção de fragilidade de categorias. Está no 578 da CLT [(33)] com a supressão da contribuição obrigatória de forma compulsória aos entes sindicais das respectivas categorias, passando a ser facultativa, o que trouxe enfraquecimento das entidades sindicais e, por óbvio, nas negociações, notadamente as representativas da classe trabalhadora.

---

(33) Art. 578. As contribuições devidas aos sindicatos pelos participantes das categorias econômicas ou profissionais ou das profissões liberais representadas pelas referidas entidades serão, sob a denominação de contribuição sindical, pagas, recolhidas e aplicadas na forma estabelecida neste Capítulo, desde que prévia e expressamente autorizadas.

Desde a CLT, em 1943, que uma das principais fontes de custeio dos sindicatos, em especial os sindicatos profissionais, era o chamado imposto sindical ou contribuição sindical obrigatória, dentre outras já estabelecidas na própria CLT, como a associativa e a assistencial, advinda com a CF/88, uma quarta contribuição denominada de confederativa.

Há fortes discussões, sobretudo quanto à natureza jurídica desse imposto sindical, pois os art. 149 da CF, c/c art. 217, I, do CTN preveem sua natureza tributária, destinada ao financiamento da atividade sindical, e, sendo assim, a assembleia é soberana, o que ficar decidido em assembleia aplica-se a toda a categoria.

O STF vem mantendo a facultatividade de todas as contribuições o que respinga, por óbvio, na contribuição obrigatória[(34)]

*5.8. Tarifação do dano extrapatrimonial*

Outro aspecto que merece ser mencionado no contexto das linhas deste artigo é a parametrização ou tarifação do dano moral, estabelecida no parágrafo primeiro do artigo 223-G. já arduamente por nós discutido em outros textos, por entender desde o início a colisão com Constituição Federal, em art. 5º, inc. V, quanto ao aspecto de que a indenização deve ser proporcional ao dano e, ao fixar limites, conforme os artigos 223-A e 223-G tomando por base o patamar salarial, que em nosso sentir, viola, além do mais, o princípio da igualdade.

A lei veda, ainda, a cumulação no parágrafo 1º do artigo 223-C. Veja-se que o legislador mais uma vez tenta limitar a apreciação pelo Estado. É o que se extrai do disposto no art. 223-A, segundo o qual "aplicam-se à reparação de danos de natureza extrapatrimonial decorrentes da relação de trabalho apenas os dispositivos deste Título". Esse "apenas" colide, por exemplo, com o que dispõe o Código Civil em seus artigos 944 e 945[(35)] que, assim como o disposto na CF/88, a indenização mede-se de acordo com o dano.

É certo que, se a CLT estabelece norma específica, não cabe, em princípio, o Código Civil, então utilizado até 2017 (advento da reforma). No entanto, nenhuma lei infraconstitucional pode, legitimamente, afastar a incidência das normas constitucionais diante da supremacia constitucional.

Neste ano de 2023, diante de três ações diretas de Inconstitucionalidade – as ADI 6.069, proposta pelo CFOAB; ADI 6.050, proposta pela ANAMATRA e ADI 6.082 pela Confederação Nacional dos Trabalhadores na Indústria (CNTI) – o STF, embora não tenha declarado a inconstitucionalidade do referido dispositivo da parametrização, entendeu que os patamares estabelecidos devem ser tidos como parâmetros e não como teto, conforme Relatoria do Min. Gilmar Mendes, numa votação de 8*x*2, sendo dois pela inconstitucionalidade da Lei.

---

(34) Abril de 2023: R. Ext. 1.018-459. Tema 935: Contribuição assistencial, pode ser inserida na norma mas, com direito a oposição.

(35) Art. 944. A indenização mede-se pela extensão do dano.

Parágrafo único. Se houver excessiva desproporção entre a gravidade da culpa e o dano, poderá o juiz reduzir, eqüitativamente, a indenização.

Art. 945. Se a vítima tiver concorrido culposamente para o evento danoso, a sua indenização será fixada tendo-se em conta a gravidade de sua culpa em confronto com a do autor do dano.

# 6. DAS DEMAIS ALTERAÇÕES

Num breve passeio, não podemos esquecer também das alterações advindas em outros aspectos do direito material com impacto para os direitos conquistas e, muitas delas, com visíveis violações ao princípio do não retrocesso, são elas:

- trabalho a tempo parcial, que teve aumento da jornada para até 30 horas (Art.58-A);
- alteração no regime de sobreaviso; a vedação das horas *in itinere* (art. 58, §2º);
- a permissão da Rescisão por mútuo acordo (art. 484-A);
- a ausência de necessidade de fiscalização no momento da finalização do contrato, o que parece grave (art. 477 em sua nova redação);
- a dispensa coletiva sem anuência do sindicato profissional (art. 477-A.);
- possibilidade de quitações periódicas anualmente (art. 507-B);
- a permissão das férias parceladas em até três blocos (art. 174§ 1º);
- supressão da indenização completa pela ausência de intervalo almoço (art. 71 § 4º em contraposto ao entendimento da Súmula 437 do TST);
- o debatido trabalho insalubre para gestantes;
- ausência de integração ao salário de algumas parcelas (art. 457 §1º); regulação da equiparação salarial em razão da súmula 6 do TST (art. 461 § 5º);
- supressão da incorporação ao salário da gratificação função quando exercida por mais de 10 anos (art. 468 §1º);
- alteração dos artigos 59 e 59 B acerca da negociação individual do banco de horas "É facultado a empregados e empregadores, na vigência ou não do contrato de emprego, firmar o termo de quitação anual de obrigações trabalhistas, perante o sindicato dos empregados da categoria";
- estabelece a prescrição intercorrente (art. 11-A) e restabelece a Arbitragem (art. 507-A).

No campo do Direito Processual do Trabalho, as alterações das normas foram as seguintes, dentre outras:

- impacto na gratuidade de justiça, com condenação do empregado quando sucumbente em despesas processuais (art. 790 p. 4º; 790- B e art. 791-A.), tendo esse dispositivo causado uma queda de mais 60% nas ações no primeiro ano de vigor da Lei;
- extinção da execução ex oficio (art. 878 CLT);
- custas processuais para o ingresso de nova ação (art. 844 e §§1º, 2º, 3º);
- a exigência da petição inicial com indicação de todos os valores dos pedidos (art. 840. §1º), aqui verifica-se a visível intenção de penalizar o empregado, quando sucumbência em um ou mais pedidos pela sucumbência recíproca e, além de outros fatores;

- a dinâmica do ônus da prova (art. 818 CLT);
- extensão de prazo para CND e protesto (art. 883-A) e dispensa da condição de empregado para os prepostos (art. 843 §1º);
- referenda o que é o critério da transcendência para os Recursos de Revistas (art. 896-A)

Bom, do que se pode ver, ainda que em breves análises, é o engodo sobre o propósito da alteração da legislação trabalhista, ou seja, a diminuição da litigiosidade e o aumento de empregabilidade, o que, obviamente, não vingou, pois a intenção real do capital era aumento de lucro mediante redução dos custos operacionais e sociais e redução do número de ações na Justiça alcançadas.

A legislação obreira sempre primou pela proteção em todo o arcabouço do Dec. Lei n. 5.452/43 (CLT), como também das legislações esparsas e CF/88. A flexibilização vem gradativamente alterando essa feição principiológica, cujo passo mais largo foi dado com a Lei n. 13.467/2017, trazendo diversos institutos e dispositivos que são objetos de ações diretas de inconstitucionalidade no STF por violação ao caput do art. 7º; arts. 6º; 170, 255 da CRFB/88, uma vez que o trabalho é um direito basilar do ser humano, é um princípio fundamental. Também colide com os artigos 1º, IV, 5º, XIII e 170 da Constituição da República e do artigo 21 da Convenção 155 da OIT. Portanto, os vários dispositivos violam o princípio do retrocesso social.

É com Maurício Delgado e Gabriela Delgado que se extrai uma perfeita conclusão: é uma tentativa sutil de descaracterizar um dos avanços humanísticos e sociais mais relevantes da Constituição de 1988, que é o princípio da centralidade da pessoa humana na ordem social, econômica e jurídica, com os seus diversos princípios correlatos, capitaneados pelo princípio da dignidade da pessoa humana. [36]

E penso, que nem é tão sutil assim, como assevera os autores.

---

(36) DELGADO, Maurício Godinho; DELGADO, Gabriela Neves. *A Reforma Trabalhista no Brasil Com os Comentários à Lei n. 13.467/2017*. São Paulo: LTr, 2017.

# 7. BUSCANDO UMA CONCLUSÃO

As alterações legislativas trabalhistas do ano de 2017 são um marco na história pela desconstrução do Direito do Trabalho e pela destruição de conquistas marcadas pelas lutas em diversos países da Europa e no Brasil.

Por trás da falácia de pleno emprego e melhorias das condições sociais, sempre esteve o interesse do capital num contexto neoliberal de reducionismo de direitos e das ações na Justiça do Trabalho, ocorrendo exatamente o contrário: uma classe trabalhadora, com menos direitos, mais insegura, com medo de acionar a Justiça por conta de condenações; e, pior, a chamada reforma como posta.

No campo há harmonização das normas, viola o princípio da vedação do retrocesso social inserido na Constituição Federal, além de outros princípios e valores constitucionais.

O estado, após implementar um direito fundamental, não pode retroceder, isto é, não pode praticar algum ato que vulnere um direito que estava passível de fruição sem que haja uma compensação efetiva correspondente. É esse um primado do princípio do não retrocesso social, e não há nenhuma compensação posta na Lei em comento.

O caput do artigo 7º da Constituição Federal revela o Direito do Trabalho como direito social e fundamental, alicerçando o Estado Democrático Contemporâneo.

Dentro da própria CLT, a partir das mudanças, observam-se inúmeros dispositivos que não combinam, que colidem, gerando grande insegurança social e jurídica. Há um verdadeiro retalho e retaliação aos trabalhadores e à Justiça do Trabalho, por ser esta especial e sensível às relações sociais.

Reduziu o acesso à justiça, com limitação interpretativa ao Judiciário Trabalhista, além do afronto aos direitos individuais e coletivos.

Se no capitalismo pesado as relações de emprego forneciam segurança de permanência no emprego pelo tempo de vida da empresa ou até se alcançar a aposentadoria, com ganhos que tornavam os trabalhadores capazes de sustentar a si e a sua família, a reforma trabalhista sugere os sólidos se desmanchando no ar, trazendo futuros incertos.

Precisava era que o STF desse interpretação alinhada à Constituição Federal de 1988, nas mais de quarenta ações de Inconstitucionalidade que ainda tramitam.

# REFERÊNCIAS

BARROS, Alice Monteiro de. *Curso de direito do trabalho*. 10. ed. São Paulo: LTr, 2016.

BAUMAN, Zygmunt. *Globalização*: As consequências humanas. Tradução Plinio Dentzien. Rio de Janeiro: Zahar, 2008 p. 56.

BRASIL. *Constituição (1988)*. Constituição da República Federativa do Brasil. Brasília, DF: Senado Federal: Centro Gráfico, 1988.

BRASIL. *Lei n. 12.551*, de 15 de dezembro de 2011. Altera o art. 6º da Consolidação das Leis do Trabalho (CLT), aprovada pelo Decreto-Lei n. 5.452, de 1º de maio de 1943, para equiparar os efeitos jurídicos da subordinação exercida por meios telemáticos e informatizados à exercida por meios pessoais e diretos. Brasília, DF: Diário Oficial da União, 2011.

BRASIL. *Lei n. 13.467*, de 13 de julho de 2017. Altera a Consolidação das Leis do Trabalho (CLT), aprovada pelo Decreto-Lei n. 5.452, de 1º de maio de 1943, e as Leis ns. 6.019, de 3 de janeiro de 1974, 8.036, de 11 de maio de 1990, e 8.212, de 24 de julho de 1991, a fim de adequar a legislação às novas relações de trabalho. Brasília, Diário Oficial da União, 2017. Disponível em: https://www.planalto. gov.br/ccivil_03/_ato2015-2018/2017/lei/ l13467. Acesso em: 13 ago. 2023.

DELGADO, Maurício Godinho; DELGADO, Gabriela Neves. *A Reforma Trabalhista no Brasil com os Comentários à Lei n. 13.467/2017*. São Paulo: LTr, 2017.

FERREIRA, Oseias Soares e VICENTE, Zuleica Cristina Mizael. Capitalismo financeiro, globalização e transformações no mundo do trabalho. *Revista Pensar Acadêmico*. Manhuaçu, v. 14, n. 2, julho / dezembro, 2016.

LENZA, Pedro. *Direito Constitucional Esquematizado*. 25. ed. p. 1-2330. São Paulo. Saraiva Educação. 2021.

MEDEIROS. Benizete Ramos de. Terceirização, um projeto de marginalização e exclusão que deu certo. *In*. *Administração de conflitos e cidadania:* problemas e perspectivas VI. (org.) Maria Stella Faria de Amorim; Roberto Kant de Lima; Michel Logo Toledo e Hector Luiz Martins Figueira. RJ: Ed. Autografia. 2022.

______________ MEDEIROS, Benizete Ramos de. O direito ao trabalho decente e digno como princípios fundamentais e as alterações da legislação trabalhista: Um aviltamento sem fim. *Revista da Associação Brasileira de Advogados Trabalhistas- ABRAT*. ano 5. N. 5. MG: ed. Forum. 2017. p. 13-3.

______________ MEDEIROS, Benizete Ramos de e SECCA, Luis Carlos. O tratamento do hipersuficiente na MP 936/2020 e o diálogo com a Lei 13.467/2017 – Violação ao princípio da Isonomia de Tratamento In: *Reforma Trabalhistas:* Novas tecnologias em tempos de pandemia. v. II Coord. Paulo Renato Fernandes da Silva. SP: LTr. 2022.

MELO, Geraldo Magela. A vedação ao retrocesso e o direito do trabalho. *Revista do Tribunal Regional do Trabalho da 3ª Região*, Belo Horizonte, v. 52, n. 82, p. 65-74, jul./dez. 2010.

POCHMANN, Marcio. *O mito da grande classe média* – capitalismo e estrutura social. 1. ed. São Paulo: Editora Boitempo. 2014.

SARTORI, Simone; LATRÔNICO, Fernanda; CAMPOS, L.M.S. Sustentabilidade e desenvolvimento sustentável: uma taxonomia no campo da literatura. *In*: *Ambiente & Sociedade*. São Paulo v. XVII, n. 1. p. 1-22. jan.-mar. 2014. Disponível em: https://www.scielo.br/j/asoc/a/yJ9gFdvcwTxMR5hyWtRR6SL/?format=pdf&lang=pt. Acesso em: 26 mar. 2022.

SILVA, José Afonso da. *Aplicabilidade das normas constitucionais*. 2. ed. rev. e atual. São Paulo: 2019.

SILVEIRA, Clariana Oliveira da. A Função Social da empresa e o Direito do Trabalho. *In: Boletim Jurídico*. Uberaba/MG, a. 14, n. 752. Disponível em: https://www.boletimjuridico.com.br/artigos/direito-do--trabalho/2162/a-funcao-social-empresa-direito-trabalho. Acesso em: 26 mar. 2022.

TREFF, Marcelo Antonio, GONÇALVES, Luiz Claudio e CAMAROTTO, Marcio Roberto. Os impactos da globalização no perfil do trabalho e do trabalhador do século XXI. *Revista Científica Hermes*, n. 8, p. 208-222, jan. / jun.

WEBER, Max. *A gênese do capitalismo moderno*. Tradução Rainer Domschke. São Paulo: Ática, 2006.

# CRÍTICA À HISTÓRIA DO DIREITO DO TRABALHO NO BRASIL

*Carlos Eduardo Soares Freitas*[1]

*Murilo Carvalho Sampaio Oliveira*[2]

**Resumo:** Este ensaio percorre, a partir de perspectivas críticas e transdisciplinares, algumas situações da História do Direito do Trabalho que são pouco aprofundadas pelo ensino jurídico tradicional. Para tanto, inicia contextualizando a noção de história vigente do juslaboralismo para confrontá-la com paradigmas historiográficos críticos da Escola de Annales. Com os aportes da história crítica de Marc Bloch e de juristas como Manuel Hespanha e Paolo Grossi, são indicados, de modo panorâmico, casos que demandam uma revisita e um aprofundamento, como o período da locação de serviços, o trabalho escravo, o trabalho dos imigrantes, a regulação do início do Século XX, o trabalhismo e a ditadura civil-militar. Conclui reiterando a necessidade de problematização da história do Direito Laboral.

**Palavras-chave:**

- História do Direito do Trabalho;
- Crítica historiográfica;
- Ensino do Direito do Trabalho.

**Sumário:**



(1) Advogado e Professor Adjunto na Universidade do Estado da Bahia - UNEB e na Universidade Federal da UFBA. Mestre e Doutor em Sociologia pela UnB, Pós-Doutor em Direito pela UFRJ. carlos.freitas@ufba.br.

(2) Juiz do Trabalho na Bahia e Professor Associado da UFBA, Especialista e Mestre em Direito pela UFBA, Doutor em Direito pela UFPR, Pós-doutorando em Direito pela UFRJ, Membro do Instituto Baiano de Direito do Trabalho – IBDT. murilosampaio@yahoo.com.br.

# 1. INTRODUÇÃO

Nos oitenta anos da Consolidação das Leis do Trabalho, pensamos que é mais que oportuno revisitar, numa abordagem crítica, a história do Direito do Trabalho no Brasil. Por força dos limites de um artigo, discutiremos alguns pontos dessa história que pouco são enfrentados – ou aprofundados - nos manuais da área. A discussão da história e do próprio ensino do Direito do Trabalho tem sido hegemonizada por uma narrativa dos eventos legislativos com pouca abertura para visões interdisciplinares com perspectiva historiográfica crítica.

A hipótese que apresentamos, mesmo que pareça óbvia, coloca em questão a tradição dos cursos jurídicos quanto às investigações do nosso passado e da cultura jurídica nacional. No primeiro momento (item 2), percorremos alguns aportes teóricos, inclusive com lastro interdisciplinar em escolas históricas, para caracterizar qual a semântica e contexto de "crítica" é empregada neste texto. Adiante na seção de situações históricas (item 3 e subitens), são apontados seis exemplos de processos históricos que não encontram espaços editoriais em manuais recentes e que demonstram o potencial de um viés distinto, em que os sujeitos são distintos dos costumeiros. Para esta análise, foi feita uma revisão da literatura transdisciplinar extrajurídica e uma releitura de processos históricos, como meio de chegarmos ao que se aproximaria de uma história mais próxima do real.

## 2. QUAL "CRÍTICA" À HISTÓRIA DO DIREITO DO TRABALHO?

O desconhecimento da história do Direito do Trabalho, seja por omissão de importantes momentos, seja por sacralização da narrativa clássica oficial, é uma realidade contemporânea. É comum perceber que em atuais manuais nacionais do Direito do Trabalho predominam narrativas que sugerem que uma "evolução natural" do passado de maneira a legitimar o presente, como se estranhamente o presente justificasse e manejasse o passado. Assim, a singularidade do Direito do Trabalho, como regulação do conflito entre Trabalho e Capital, é sequestrada da história, de modo que as análises política, econômica e social são subjugadas por registros acríticos de leis, decretos e aparentes consensos doutrinários.

Essa construção teórica supõe refletir a história do direito com base no que Enrique Dussel[(3)] chama de "sistema de direito vigente". É preciso atentar que, como efeito, essa história do "sistema de direito vigente" tende a não tratar daqueles indivíduos "sem-direitos", que, no caso do Direito do Trabalho, localizam-se invariavelmente no campo do Trabalho.

A historiografia no início do século XIX, caracterizada por uma racionalidade positivista, produziu narrativa autodenominada neutra que, pretensamente, identificava com objetividade o conhecimento histórico. Assim defendeu o modelo rankeano, que marginalizava tudo que não fosse política oficial[(4)], inclusive porque sua feição positivista privilegiava documentos, mas especificamente os documentos oficiais por serem tidos como verdadeiras fontes históricas.

Para este paradigma historiográfico, a relação entre historiador e história transcorria numa imaginária relação estanque entre sujeito cognitivo que compreende o objeto assim como ele é. Tratava-se da máxima cientificista de crer na existência de um conhecimento neutro, que se revela exatamente como ele é, sem qualquer interferência do sujeito cognitivo. Este decadente positivismo desconhece que o conhecimento humano jamais atinge ao real em si, pela impossibilidade de "apreender" o real exatamente como ele é sem transformá-lo, seja pela linguagem, pela subjetividade, pela imperfeição da percepção empírica, pelo momento histórico. Deste modo, o processo de apreensão da realidade significa traduzir para o pensamento um objeto real, portanto transformando-o em realidade pensada.

No campo dessa perspectiva crítica histórica, outra contribuição relevante foi o alargamento do conceito de fontes históricas. Em que pese o relevo dos registros cartorários, esta nova historiografia entendeu que a história não se resumia ao quanto o Estado conseguisse formalizar, notadamente em períodos anteriores à formação dos Estados modernos. Era preciso, então, recorrer a outras fontes para o devido enfrentando, com profundidade, dos problemas desta nova história. Iniciou-se, então, o uso de fontes não literárias, como mapas cartográficos e estatísticas, entre outras. Destaca-se, ainda, o método regressivo proposto por Bloch, de fazer história ao inverso em

---

(3) DUSSEL, Enrique. *Ética da libertação na idade da globalização e da exclusão*. Trad. Ephraim Ferreira Alves, Jaime A Clasen, Lúcia M.E. Orth. Petrópolis: Vozes 2007.

(4) BURKE, Peter. *A Escola dos Annales* (1929-1989): a Revolução Francesa da Historiografia. Trad. Nilo Odalia São Paulo: Fundação Editora da UNESP, 1997.

termos cronológicos, eis que propunha que a história fosse construída do conhecido ao desconhecido, do presente em direção ao passado[5].

Mas mesmo diante desse novo paradigma, a historiografia jurídica manteve-se dominada por uma visão positivista legitimadora e monolítica dos acontecimentos. Um dos pilares deste traço legitimador da historiografia jurídica é, sem dúvida, ausência de reflexão crítica entre a relação do Estado com o Direito. Como efeito, o "legalismo" como método reduz todo o direito a tão somente à disposição da lei, tendo no movimento codificador uma ilustração de sua pretensão de redução do Direito à Lei, reunida em Código.

Como contraponto, alguns historiadores do Direito têm desenvolvido uma trilha diversa, de repensar a história jurídica a partir da contribuição de Annales. São exemplos Antônio Manuel Hespanha[6] e Ricardo Marcelo Fonseca[7].

Nesse debate, o passo seguinte é refletir sobre o esforço de romper com a visão jurídica insular, encapsulada e ensimesmada, mediante a potência da análise baseada na interdisciplinaridade, no sentido de entender e estudar o contexto social, político e econômico em que se produz o direito. Afinal, um conhecimento específico não existe isolado no mundo histórico. Em verdade, combate-se mais uma suposta autonomia do jurídico do que sua especialização, como anotou Marc Bloch[8].

Isso impõe alterações na formação jurídica. A história do direito deve passar a se ocupar da crítica, a fim de que seu objetivo deixe de ser a legitimação ou a justificativa de um conservadorismo nos tempos presentes. Em contrapelo, como diria Walter Benjamim[9], questão relevante para uma historiografia crítica é contestar o fenômeno da mitificação, que é o processo de tornar absoluto as noções e princípios que são essencialmente relativos[10], de transmutar o conhecimento em crença.

Na crítica ao formalismo, Paolo Grossi[11] defende como instrumento metodológico a experiência jurídica, como uma forma de viver o direito, ela está diretamente conectada às interpretações da vida que têm em comum toda uma comunidade. O historiador do direito deve lembrar-se que, antes de estarem as regras jurídicas no corpo das leis, estavam no corpo dos homens como cultura viva. Isto representa uma amplitude no campo de visão histórica e logicamente uma imersão de novos problemas.

---

(5) BURKE, Peter. *A Escola dos Annales* (1929-1989): a Revolução Francesa da Historiografia. Trad. Nilo Odalia São Paulo: Fundação Editora da UNESP, 1997.

(6) HESPANHA, Antonio Manuel. *Cultura jurídica Europeia:* síntese de um novo milénio. Florianópolis: Fundação Boiteux, 2005.

(7) FONSECA, Ricardo Marcelo. *Direito e História:* relações entre concepções de história, historiografia e a história do direito a partir da obra de António Manuel Hespanha. Dissertação de Mestrado. Curitiba: UFPR, 1997.

(8) BLOCH, Marc. *Introdução à história.* Trad. Maria Manuel Miguel e Rui Castro. Coleção Saber - Publicações Europa-América. Lisboa: Gráfica Imperial, 1965.

(9) BENJAMIN, Walter. *O anjo da história.* Belo Horizonte. Autêntica Editora, 2016.

(10) GROSSI, Paolo. *Mitologias jurídicas da modernidade.* Trad. Arno Dal Ri Junior. Florianópolis: Fundação Boiteux, 2004.

(11) GROSSI, Paolo. A propriedade e as propriedades na oficina do historiador. In *História da propriedade e outros ensaios.* Trad. Luiz Ernani Fritoli. Rio de Janeiro: Renovar, 2002.

# 3. CASOS A SEREM REVISTOS A PARTIR DE UM NOVO PARADIGMA DA HISTÓRIA DO DIREITO DO TRABALHO

Uma vez posto o debate sobre a necessidade de uma história do Direito do Trabalho para além do formalismo e contrário à compulsão de legitimar, sugerimos adiante alguns temas, fatos e processos silenciados pela história oficial e que fazem falta na formação do jurista. Para tanto, necessário que recorramos a séculos anteriores.

Lembremos, por exemplo, que a defesa da exploração do trabalho escravizado nas Américas até o final do século XIX teve apoio do pensamento liberal, como revelaram as revoltas no Haiti e em posturas de governantes de países colonizados. Neste contexto, importa a análise crítica do significado da proposta formulada por Teixeira de Freitas, nos idos de 1860, de elaborar um código da legislação nacional sem que houvesse nele regras sobre a exploração do trabalho de pessoa escravizada, que comporiam, por outro lado, um "Código Negro" em aparte[(12)]. A ausência de estudos sobre essa proposta normativa que segregava normativas acerca de trabalhos dos escravizados sugere o silenciamento em torno da forma como a sociedade escravocrata regulava a principal forma de exploração laboral.

Assim, ao não tratar do assunto, a historiografia oficial omitiu-se de retratar a realidade ao tempo em que legitimava, subliminarmente, a naturalização de uma norma apartada, para um contingente de pessoas segregadas, não merecedoras da condição de sujeitas de direitos. A autodeclaração de superioridade do indivíduo branco[(13)] em relação aos não brancos, sejam eles indígenas, africanos ou afrodescendentes, era então pacificada pelas normas e, com o passar dos tempos, pelas narrativas da história oficial pautada naquelas mesmas normas. Sobre a postura dos juristas liberais no século XIX, intérpretes das normas e orientadores das narrativas, Dora Bertulio[(14)] revela a predominância da influência racista.

Essa temática parece não precisar parte do cardápio da história do Direito do Trabalho. Mesmo apresentando uma leitura histórica mais consistente, porque alicerçada em períodos sócio-políticos e não na cronologia legal, Maurício Delgado[(15)] não aprofunda os traços trabalhistas de leis do período oitocentista escravocrata, por considerá-las pouco significativas. Em geral, a manualística contenta-se em considerar este período como rudimentar, ignorando suas potencialidades. A irrelevância sugerida, entretanto, não resiste à investigação mais profunda. No Brasil Império, pode-se identificar uma política legislativa voltada à exploração de trabalhadores que regulava o trabalho escravizado, a locação de serviços e o trabalho dos imigrantes. Daí, extraem-se alguns caracteres tipicamente trabalhistas, depois aperfeiçoados e incorporados à regulação do emprego ao longo do século XX.

---

(12) TORRES, Paulo Rosa. *Comunidades remanescentes de quilombos:* da escravatura à disputa contemporânea por seus territórios tradicionais. Tese de Doutorado. Programa de Pós-Graduação em Planejamento Territorial e Desenvolvimento Social da Universidade Católica do Salvador. Salvador: UCSal, 2020.

(13) SOTELO, Mario Ruiz. Hacia una visión decolonial de los derechos humanos. In Favero, A. e outros. *Distopias e Utopias:* entre escombros do nosso tempo. Salvador, EDUFBA, 2020.

(14) BERTULIO, Dora Lucia de Lima. *Direito e relações sociais* – Uma Introdução crítica ao Racismo. Dissertação de Mestrado. Programa de Pós-Graduação em Direito da Universidade Federal de Santa Catarina. Florianópolis: UFSC, 1989.

(15) DELGADO, Mauricio Godinho. *Curso de Direito do Trabalho*. 18. ed. São Paulo: LTr, 2019.

### 3.1. *Recomeçando pela locação de prestação de serviços*

A lei de 13 de setembro 1830, que se destinou a regular locação de serviços, é parcamente tratada em livros de Direito do Trabalho, mas ignorada em muitos deles. A lei de 1837 complementou as regras sobre locação de serviços, destinando-se exclusivamente aos trabalhadores estrangeiros. Disciplinava o labor de imigrantes e nacionais, sob o prisma da liberdade de trabalho. O conteúdo desta regulamentação civilista, no entanto, dispôs sobre institutos trabalhistas posteriormente inseridos na Consolidação das Leis do Trabalho.

A lei de 1830 trata da caracterização da sujeição pessoal e corporal pelo descumprimento contratual. A garantia do adimplemento do dever do locador de serviços se dava com a própria garantia da liberdade do trabalho. O não trabalho por parte do locador implicaria sua prisão. Talvez isto explique a distinção subordinação e sujeição feita pela doutrina atual, uma vez que a sujeição importaria a restrição de liberdade como na lei de 1830, diferentemente da subordinação que se limita à obediência ao poder diretivo nos limites do contrato e sem violação à liberdade individual. No mais, encontram-se na lei de locação de serviços institutos que irão compor traços essenciais do contrato individual de emprego, que parecem ter inspirado os artigos 469 e 479 da CLT.

Em 1879, nova lei de locação de serviços introduziu outros traços trabalhistas, como a previsão de justa causa similar ao futuro direito trabalhista na hipótese da rescisão contratual por falta grave do empregador, e a consequente despedida indireta.

### 3.2. *Regulação **no** trabalho escravizado*

A história do juslaboralismo passa longe da análise das medidas legislativas às normas que abrandavam a exploração do trabalho escravizado, quanto a políticas de transição e acesso do liberto para o trabalhador juridicamente livre. Se a história do direito vigente não deu conta de elaborar narrativas neste campo, também fora incapaz de traçar relações jurídicas entre crime e trabalho.

Nos termos da Lei n. 2.040, de 28 de setembro de 1871 (conhecida como Lei do Ventre Livre), cabia ao liberto o dever de trabalhar, sob pena ser constrangido a celebrar contrato de locação de serviços ou ser preso em regime de trabalho forçado ou envio à colônia. Neste aspecto, a liberdade de trabalho prevista na Constituição de 1824 não vigorava para os ex escravizados, ante a necessidade econômica de se constituir um mercado de trabalho[16], entendendo-se como tal a livre e farta oferta de braços negros baratos para os exaustivos serviços realizados, predominantemente até então, por pessoas escravizadas.

Também é desconsiderada pela história oficial a possibilidade legal de acumulação de erário pelo escravizado. A Lei n. 2.040/1871 estabeleceu o direito ao pecúlio dos escravizados, para que estes pudessem adquirir a liberdade, isto sob a autorização do seu senhor, no período da transição para o fim da escravidão. O que concretizava a tese de uma abolição lenta e gradual defendida pela maioria da elite escravocrata brasileira.

Em paralelo, o Estado, cujos agentes ou representantes se incumbiram de escrever a história, a qual nos formou de maneira enviesada, reprimiu e impôs um longo silenciamento sobre conquistas de direitos e lutas populares e de trabalhadores, como

---

(16) KIRDEIKAS, João Carlos Vieira. *A Formação do Mercado de Trabalho no Brasil*: uma Análise da Legislação Sobre Locação de Serviços no Século XIX.

o movimento dos ganhadores, em 1857, na Bahia[17]. Nesta senda, importante lembrar de um pensador que se dedicou a reler a sociedade brasileira em bela reflexão crítica acerca do fim do processo legal de escravização de pessoas. Para Florestan Fernandes (2017), a abolição teria sido "uma revolução do branco para o branco", um processo incompleto, pois não fora fruto essencialmente da insurgência política dos negros. As revoltas que aconteceram ganharam as engavetadas empoeiradas do historiador oficial. Em contramão, Wlamira Albuquerque[18] reforça a ideia de que os protestos negros foram decisivos para a decisão política pela Abolição. Tem sido, enfim, grande o esforço dos intelectuais em superar os limites das narrativas legitimadoras da exploração atual dos trabalhadores negros.

### 3.3. *Trabalho dos imigrantes*

Existiam dois sistemas para o labor do estrangeiro: a parceria e o colonato. Criou-se na Lei n. 108/1937, que regulava a locação dos serviços do imigrante, o instituto da justa causa nos artigos sétimo e décimo. Mais uma vez o reiterou-se o instituto da rescisão indireta (artigo 483 da CLT) no âmbito de regulação civilista daquela modalidade de trabalho. Conclui-se que essa legislação somente serviu para garantir o cumprimento dos contratos, via coerção, impedindo rupturas antes do pagamento pelo obreiro das despesas de viagem.

Situação que desestimulou a imigração. Talvez motivados pelo insucesso da lei, foram desenvolvidos sistemas paralelos de trabalho do imigrante. O primeiro sistema, a parceria, baseava-se na exploração dos imigrantes mediante as conhecidas dívidas de armazém (truck system), as despesas da viagem e seus juros, o que gerou inúmeros conflitos e resistências. O outro sistema, o colonato, com as despesas de viagem subvencionadas pelo estatal, realizava a exploração via multas contratuais abusivas[19].

### 3.4. *A regulação das condições de trabalho no início do século XX*

Nova omissão dos nossos juslaboralistas pode ser localizado em registro feito por Rui Barbosa. Em um livro de 1919, intitulado "A Questão Social e Política"[20] crítica seus opositores, saudosos do sistema escravista, que resistiam a regulamentar as condições de trabalho e de vida das pessoas que viviam do seu próprio trabalho. Esse detalhado e importante registro literário do maior jurista nacional não encontrou ambiente entre os comentadores da história do Direito do Trabalho no Brasil. Nele, Rui Barbosa queixa-se da omissão legislativa sobre a limitação da jornada de trabalho, a exploração laboral infantil e das mulheres grávidas, o trabalho em condições insalubres, e as péssimas condições de moradias das famílias dos trabalhadores. Sobre este mesmo período, historiadores se dedicaram à análise das lutas dos obreiros[21], mas têm sido poucos os juristas que se empenharam no exame da história do direito.

### 3.5. *O trabalhismo e seus enigmas históricos*

Por trabalhismo designa-se o pensamento que atribui à legislação trabalhista nacional a natureza de concessão da política de Getúlio Vargas. O discurso do trabalhismo, bem arraigado no Brasil, conduz a leituras restritas do fenômeno da consolidação

---

(17) REIS, João José. Ganhadores – *A greve negra de 1957 na Bahia.* São Paulo: Companhia das Letras, 2019.

(18) ALBUQUERQUE, Wlamira. Movimentos sociais abolicionistas. In Schwarcz, L. e Gomes, F. *Dicionário da escravidão e liberdade.* São Paulo: Companhia das Letras, 2018.

(19) KIRDEIKAS, João Carlos Vieira. *A Formação do Mercado de Trabalho no Brasil:* uma Análise da Legislação Sobre Locação de Serviços no Século XIX.

(20) BARBOSA, Rui. *A Questão Social e Política no Brasil.* 1919. Kindle.

(21) LEONARDI, Victor; HARDMAN, Foot. *História da indústria e do trabalho no Brasil.* São Paulo: Ática, 1991.

e implementação da legislação do trabalho. A pergunta é se caberia uma releitura da história no âmbito do Direito do Trabalho.

A conjuntura da época era marcada pelo desenvolvimento das relações de trabalho de maneira distinta do que se via na Europa. Essa diferença não permite, por outro lado, endossar o senso comum de certos manuais de que a legislação trabalhista brasileira foi uma dádiva de Getúlio Vargas.

Embora o Direito do Trabalho tenha origem em conquistas da ação organizada dos trabalhadores na Europa, suas características no Brasil são distintas. Por aqui, a iniciativa estatal predominou, configurando um modelo de normativização autoritário corporativo(22), a partir dos anos 1930. Antes, porém, a organização sindical, sob influência anarquista, defendia a independência em relação ao Estado. Seu atrelamento ao poder estatal ocorreu pela via da imposição legal. Assim, a afirmação de que o Direito do Trabalho no Brasil representou uma dádiva da lei não pode ser propalada, uma vez que não se coaduna, de forma fidedigna, com a história. Quais as influências das lutas dos trabalhadores organizados na estruturação do Direito do Trabalho? Como as diferentes categorias conquistaram garantias de condições de trabalho e remunerações? Aparentemente, a história oficial não encara essas questões como fundamentais, repetindo-se a dose de que a história do direito resume-se à história da norma. Se não fossem os pesquisadores da História Social do Trabalho, não conheceríamos muitas das articulações políticas e reivindicações que ajudaram na constituição dos direitos trabalhistas e previdenciários brasileiros.

Traçadas as bases para uma crítica do trabalhismo, resta indispensável desconstruir a qualificação de fascista ao Direito do Trabalho, algo que é corriqueiro na doutrina. Explicam que "o modelo justrabalhista brasileiro, como se sabe, foi apropriado das experiências autocráticas europeias do entreguerras, fundando-se, em especial, no parâmetro fascista italiano"(23).

A qualificação de fascista para o Direito do Trabalho nacional peca por demasiado excesso. Não procede a assertiva de considerar o diploma trabalhista nacional uma cópia ou uma adaptação da Carta Del Lavoro. O exagero sobressai porque a equiparação CLT e Carta Del Lavoro somente ocorre em matéria sindical, uma vez que em muitos outros pontos verifica-se imensa distinção, seja de perspectiva sócio-político, seja de institutos jurídicos. A caracterização como fascista cola uma imagem à CLT que busca críticas amplas à regulação das garantias aos trabalhadores. Essa versão acaba por legitimar reformas ao seu texto, discurso que se tornou intenso a partir da ditadura civil-militar iniciada em 1964 e continuada nos governos de Fernando Henrique Cardoso, Michel Temer e Jair Bolsonaro.

Outro aspecto acerca da CLT que não encontra espaço em manuais é a crítica à sua limitação quanto à abrangência da população brasileira quando foi publicada, em 1943. A maioria dos trabalhadores concentrava-se em áreas rurais. O Brasil tinha uma industrialização incipiente, que apenas após a exploração do petróleo ganhou corpo e permitiu a criação de polos industriais. A CLT se limitou, portanto, a regular vínculos tipicamente de trabalhadores urbanos e excluiu parcialmente os camponeses. Essa leitura poderia constar das introduções históricas dos livros de Direito do Trabalho, mas como não consta como um registro oficial, tornou-se dispensável para efeito de estudos.

---

(22) DELGADO, Mauricio Godinho. *Curso de Direito do Trabalho*. 18. ed. São Paulo: LTr, 2019.
(23) DELGADO, Mauricio Godinho. *Curso de Direito do Trabalho*. 18. ed. São Paulo: LTr, 2019.

### 3.6. *Sindicalismo e Ditadura civil-militar*

Sob o signo do autoritarismo, há algumas questões lamentavelmente ignoradas por livros de Direito do Trabalho.

Silencia-se que a eficácia erga omnes – que corresponde à extensão vantagens pactuadas na negociação coletiva para trabalhadores não filiados ao sindicato – das normas coletivas foi obra da Ditadura Civil-Militar. A eficácia exclusiva para associados não coadunava com um sistema autoritário e corporativo, pois estimulava a associação de trabalhadores e um decorrente fortalecimento e combatividade do sindicato.

A consagração do viés autoritário e aniquilador do movimento sindical proveio de uma sutil alteração legislativa em 1967 pelo Decreto-lei nº 229.

Ora, a extensão de vantagens normativas para os não-associados implica uma política nítida de desestímulo à sindicalização. Isto porque a não diferenciação entre associados e não-associados – que têm idênticos direitos, embora deveres distintos, recaindo mais contribuições sindicais sobre os associados – resultaria, como ocorre atualmente, no incentivo a não filiação. Configura-se perspicaz política legislativa autoritária que enfraquece o sindicato para valorizar o Estado.

A ausência do debate sobre as implicações do Decreto-lei n. 229/67 no Direito Coletivo do Trabalho produz graves complicações na análise da liberdade sindical atual. Tal situação se agrava em razão da atual Orientação Jurisprudencial n. 17 do Tribunal Superior do Trabalho que, a título de defender a liberdade sindical individual, revigora a política de enfraquecimento dos sindicatos, quando ao tempo que isenta o trabalhador não-filiado das contribuições sindicais, assegura-lhe os mesmos direitos do filiado, tornando economicamente desaconselhável a filiação.

Outra alteração legislativa que marcou o Direito do Trabalho foi o Fundo de Garantia por Tempo de Serviço, o FGTS. Norma de conteúdo detalhado e técnico, com linguagem bancária e de compreensão inacessível aos empregados, o FGTS substituiu o direito à estabilidade decenal previsto no artigo 492 da CLT. Caberia ao trabalhador optar pelo sistema do FGTS ou manter a regra celetista em seu contrato de trabalho. A opção é costumeiramente analisada pela literatura como algo objetivo, de maneira a oferecer ao empregado o que mais lhe conviria. Em um violento regime militar, com centenas de sindicatos sob intervenção do Ministério do Trabalho e Previdência Social, com sindicalistas aprisionados ou dispensados por justa causa, a opção era absolutamente fictícia, pois o governo e as empresas impunham aos obreiros contratados a "opção". Foram poucos os juristas que denunciaram o vício da opção, como José Martins Catharino[(24)]. A maioria dos manuais mencionavam friamente acerca da opção, sem qualquer análise do contexto.

Uma terceira novidade auxiliou na desestruturação das relações de trabalho. A Lei n. 6.019/1974 copiou legislação estrangeira que buscava, na França, ampliar o número de pessoas contratadas normalmente fora do mercado de trabalho, como donas de casa e estudantes. No Brasil, a eficácia da norma visava desarticular as garantias do contrato de trabalho, pela via da terceirização. A busca da justificativa dessa norma, naquele momento, não encontrará maiores discussões em nossos manuais. Mais um tema cuja história pareceu desimportante para a compreensão do Direito do Trabalho.

---

(24) CATHARINO, José Martins. *Temas de Direito do Trabalho*. 1. ed. Rio de Janeiro – Guanabara: Edições Trabalhistas S/A, 1971.

# 4. CONCLUSÕES

Percorridos alguns dos episódios e questões não enfrentados pela história oficial do Direito do Trabalho, pode-se inferir certas conclusões de ordem historiográfica e sobre o próprio Direito do Trabalho.

Perante as reflexões críticas trazidas pela historiografia, verifica-se a urgente necessidade de uma história-problema – ou problematização das narrativas – que se proponha a contestar o positivismo histórico-jurídico na investigação do Direito do Trabalho. Enfim, trata-se de superar história enquanto cronologia de leis em direção ao progresso do contrato de emprego.

De outro lado, impõe-se o afastamento do lugar comum no qual estão as assertivas de que o Direito do Trabalho nacional é fascista, corporativo, cópia da Carta del Lavoro, para enfrentar, com convicção, a influência do positivismo político na implementação e consolidação do sistema trabalhista.

Deste modo, o positivismo histórico e político se apresenta, com intensidade, como racionalidade delineadora do Direito do Trabalho e de sua história. Cumpre, adiante, investigar, criticar e verificar as ideias acima esboçadas no intento de refazer a história do Direito do Trabalho sob outros ângulos e olhares para, compreendendo melhor o passado, entender e transformar o presente.

# REFERÊNCIAS

ABREU, Osmani Teixeira. *As relações de Trabalho no Brasil a partir de 1824*. São Paulo: LTr, 2005.

ALBUQUERQUE, Wlamira. Movimentos sociais abolicionistas. In Schwarcz, L. e Gomes, F. *Dicionário da escravidão e liberdade*. São Paulo: Companhia das Letras, 2018.

ARRUDA, Hélio Mário de. *Oliveira Vianna e a Legislação do Trabalho no Brasil*. São Paulo: LTr, 2007.

BARBOSA, Rui. *A Questão Social e Política no Brasil*. 1919. Kindle.

BENJAMIN, Walter. *O anjo da história*. Belo Horizonte. Autêntica Editora, 2016.

BERTULIO, Dora Lucia de Lima. *Direito e relações sociais* – Uma Introdução crítica ao Racismo. Dissertação de Mestrado. Programa de Pós-Graduação em Direito da Universidade Federal de Santa Catarina. Florianópolis: UFSC, 1989.

BIAVASCHI, Magda. *O Direito do Trabalho no Brasil – 1930-1942*: a Construção do sujeito de direitos trabalhistas. São Paulo: LTr, 2007.

BLOCH, Marc. *Introdução à história*. Trad. Maria Manuel Miguel e Rui Castro. Coleção Saber - Publicações Europa-América. Lisboa: Gráfica Imperial, 1965.

BURKE, Peter. *A Escola dos Annales (1929-1989):* a Revolução Francesa da Historiografia. Trad. Nilo Odalia São Paulo: Fundação Editora da UNESP, 1997, p. 153 .

CATHARINO, José Martins. *Temas de Direito do Trabalho*. 1. ed. Rio de Janeiro – Guanabara: Edições Trabalhistas S/A, 1971.

CARTA DEL LAVORO. Disponível no sítio: http://www.fetropar.org.br/Download/CARTA%20DEL%20 LAVORO.doc. Acesso em: 30 jan. 2023

DELGADO, Mauricio Godinho. *Curso de Direito do Trabalho*: obra revista e atualizada conforme a lei da reforma trabalhista e inovações normativas e jurisprudenciais posteriores. 18. ed. São Paulo: LTr, 2019.

FEBVRE, Lucien. *Combates pela história*. 2. ed. Trad. Leonor Martinho Simões e Gisela Moniz. Lisboa: Editorial Presença, 1985.

FONSECA, Ricardo Marcelo. *Direito e História:* relações entre concepções de história, historiografia e a história do direito a partir da obra de António Manuel Hespanha. Dissertação de Mestrado. Curitiba: UFPR, 1997.

GROSSI, Paolo. *Mitologias jurídicas da modernidade*. Trad. Arno Dal Ri Junior. Florianópolis: Fundação Boiteux, 2004.

______. A propriedade e as propriedades na oficina do historiador. In: *História da propriedade e outros ensaios*. Trad. Luiz Ernani Fritoli. Rio de janeiro: Renovar, 2002.

HESPANHA, Antonio Manuel. *Cultura jurídica Européia*: síntese de um novo milénio. Florianópolis: Fundação Boiteux, 2005.

LINARES, Rodrigo Adélio. *O movimento fascista e a CLT* – conclusões a partir do exame da obra "O Fascismo no Direito do Trabalho Brasileiro", de Arion Sayão Romita. Monografia apresentada no Curso de Especialização em Direito do Trabalho, Processo do Trabalho e Previdência Social na Faculdade de Direito da Universidade de São Paulo. São Paulo: USP, 2006.

LOPES, Luciano Santos. *A metodologia da história nova aplicada ao estudo do Direito*. Monografia conclusiva da disciplina História do Direito ministrada pela Professora Miracy Barbosa, no Programa de Pós-Graduação lato sensu da Faculdade de Direito da UFMG.

KIRDEIKAS, João Carlos Vieira. *A Formação do Mercado de Trabalho no Brasil:* uma Análise da Legislação Sobre Locação de Serviços no Século XIX. In: http://www.anpec.org.br/encontro2003/artigos/A23.pdf. Acesso em: 21 jan. 2023.

REIS, João José. *Ganhadores – A greve negra de 1957 na Bahia*. São Paulo: Companhia das Letras, 2019.

ROJAS, Carlos Antonio Aguirre. *Os Annales e a historiagrafia francesa*: tradições críticas de Marc Bloch a Michel Foucault. Trad. Jurandir Malerba. Maringá: Universidade Estadual do Maringá, 2000.

ROMITA, Arion Sayão. *O fascismo no Direito do Trabalho Brasileiro*: influência da Carta del Lavoro sobre a legislação trabalhista brasileira. São Paulo: LTr; 2001.

SOTELO, Mario Ruiz. Hacia uma visión decolonial de los derechos humanos. In Favero, A. e outros. *Distopias e Utopias*: entre escombros do nosso tempo. Salvador, EDUFBA, 2020.

SUSSEKIND, Arnaldo; VIANNA, Segadas; ...[et al.]. *Instituições de Direito do Trabalho*. Volume 1. 22 Ed. São Paulo: LTr, 2005.

TORRES, Paulo Rosa. *Comunidades remanescentes de quilombos:* da escravatura à disputa contemporânea por seus territórios tradicionais. Tese de Doutorado. Programa de Pós-Graduação em Planejamento Territorial e Desenvolvimento Social da Universidade Católica do Salvador. Salvador: UCSal, 2020.

# DIREITO DO TRABALHO: REVOLUÇÕES, REBELDIAS, RETROCESSOS E A CONQUISTA CONSTITUCIONAL

*Cezar Britto*[1]

**Resumo**: O presente artigo procurará demostrar que a CLT é um direito rebelado e nascido do permanente conflito entre o *direito de ter* e o *direito de ser*; apontado como verdadeiro motor das mudanças ideológicas, políticas, sociais e comportamentais vividas pela humanidade. E que decorre desse embate milenar o conjunto de normas coercitivas que pretenderam regular, conter, pacificar, solucionar, legitimar ou contestar o Direito do Trabalho.

**Palavras-chave:**

- Revoluções constitucionais;
- O direito em conflito;
- Direito do Trabalho;
- CLT.

**Sumário:**

- 1. Introdução
- 2. A coisificação da pessoa humana
- 3. As revoluções liberais
- 4. As revoluções das massas
- 5. O estado social
- 6. O estado democrático de direito
- 7. Conclusão
- Referências

---

(1) Sergipano de Propriá, advogado, escritor, membro da ASLJ, ABRAT, IAB, CBJP, ABJP, JUTRA e ALAL. Foi presidente da OAB NACIONAL, OAB/SE e UALP – União dos Advogados da Língua Portuguesa.

# 1. INTRODUÇÃO

No dia 1º de maio de 1943, via Decreto-Lei n. 5.452, fez-se *direito posto* a Consolidação das Leis do Trabalho. Oitenta anos depois, a sua origem, a sua finalidade e até mesmo a sua atualidade ainda provocam questionamentos e debates acalorados. No avançar dessa história não faltaram defensores ou detratores do diploma consolidado. Em várias etapas de sua vida foi ela acusada de caduca e, na mesma quadra, defendida com o ardor de quem a quer imortal. Cuidaram até de investigar a possibilidade de sua paternidade ser de autoria estrangeira, mesmo quando juravam ter sido ela germinada em terras exclusivamente tupiniquins. O único consenso sobre ela é o da impossibilidade de se fazer consenso.

Esta edição organizada pela ABRAT convida-nos a refletir sobre esta octogenária que provoca paixão e desamor por onde passa. Instiga-nos a procurar as razões que tornam tão díspares as opiniões sobre o mesmo tema. Impõe-nos que se descubra qual o papel desempenhado pela CLT no conflito que fez o mundo ser dividido em duas partes antagônicas: a capitalista e a comunista. E, por fim, pergunta-os se o diploma consolidado é o responsável direto pelo entendimento constitucional de que o *direito ao trabalho* é um princípio fundamental inerente à dignidade da pessoa humana, como fruto do eterno aperfeiçoamento do conceito de humanidade.

O presente artigo procurará demostrar que é o permanente conflito entre o *direito de ter* e o *direito de ser* o verdadeiro motor das mudanças ideológicas, políticas, sociais e comportamentais vividas pela humanidade. E que decorre desse embate milenar o conjunto de normas coercitivas que pretenderam regular, conter, pacificar, solucionar, legitimar ou contestar o direito de determinados grupos à propriedade das pessoas e das riquezas. Compreendemos que é do conflito dicotômico[(2)]entre o *direito de ter* e o *direito de ser* que, dialeticamente, nascem, crescem e morrem as Constituições dos países, enquanto normas reguladoras, em grau máximo e terminativo, do relacionamento recíproco do Estado com a sociedade, as sociedades com as pessoas enquanto indivíduos, entre estas e a forma em que são reconhecidos os mais plurais sujeitos de direito. Também deste conflito o Direito do Trabalho – típico *direito de ser– rebelou-se* contra os grilhões da escravidão para, ao longo da História, se agasalhar na Constituição Federal.

Assim, anotamos o *direito de ter* como sendo o conjunto de normas destinadas a garantir a propriedade das coisas, a posse sobre as pessoas humanas e o uso dos frutos produzidos por ambos, fundamentado na preservação da supremacia de um grupo sobre o outro, no escopo de proteger uma hegemonia na qual as forças dominantes determinam as regras e são delas as principais destinatárias. É o que José Souza bem observou: "a construção de uma elite toda poderosa que habitaria o Estado só existe,

---

(2) Adotamos o conceito de dicotomia apontado por Norberto Bobbio como sendo a existência de duas ideias em que se pode "demonstrar a capacidade de a) de dividir um universo em duas esferas, conjuntamente exaustivas, no sentido de que todos os entes daquele universo nelas tenham lugar, sem nenhuma exclusão, e reciprocamente exclusivas, no sentido de que um ente compreendido na primeira não pode ser contemporaneamente compreendido na segunda; b) de estabelecer uma divisão que é ao mesmo tempo total, enquanto todos os entes aos quais atualmente e potencialmente a disciplina se refere devem nela ter lugar, e principal, enquanto tende a fazer convergir em sua direção outras dicotomias que se tornam, em relação a ela secundárias" (BOBBIO, Norberto. *Estado, Governo, Sociedade, para uma teoria geral da política,* Editora Paz e Terra, 14. Edição, p. 13/14)

na realidade, para que não vejamos a elite real, que está 'fora do Estado', ainda que a 'captura do Estado' seja fundamental para seus fins[(3)]."

Como contraponto conceitual, registramos a expressão *direito de ser* como sendo o aparato jurídico que reconhece a pessoa humana como principal ou única destinatária do complexo normativo *posto*, legitimada na edição das normas de conduta adotadas pelo Estado. Assinalo como *direito posto* o ordenamento jurídico aprovado pelo Estado ou aceito como válido pela sociedade, sem qualquer juízo de valor quanto à sua legitimação e destinação protetiva. Abalizo como *direito rebelado* aquele que não aceita a validade do *direito posto*, notadamente enquanto instrumento de proteção ao *direito de ter*.

(3) SOUZA, José. *A elite do atraso*. Da escravidão à Lava-jato. Ed. Leya, 2017, p. 13.

## 2. A *COISIFICAÇÃO* DA PESSOA HUMANA

As guerras, sempre abundantes nos vários rincões do planeta, não eram realizadas apenas para alimentar egos, conquistar territórios ou acumular riquezas materiais. Guerreava-se, também, para conquistar escravos destinados à construção dos sonhos e ambições desmedidas dos chefes tribais, dos reis e dos governantes da ocasião. Eram também instrumentos de sequestros de mulheres para o sexo e a procriação de novas crias servis. As tidas maravilhas do mundo antigo, por exemplo, foram construídas através desta insana lógica onde homens se julgavam no direito de subjugar outros homens. Castelos, territórios, feudos e outras fortalezas eram construídos e mantidos através da coisificação da pessoa humana. Os vencidos eram partilhados entre os vencedores, no mesmo patamar de coisa apropriada e destituída de direitos(4).

A escravidão pela cor da pele ou pela etnia se perpetuou por séculos, tornando--se, inclusive, um *direito posto* plenamente "aceitável", até mesmo para as instituições religiosas, inclusive a Igreja Católica. Excluía-se do conceito de crime ou pecado a *coisificação* do trabalho humano, mesmo porque, segundo se pregava à época, os negros e os indígenas não foram aquinhoados com o "sacro atributo da alma".

O *direito de ter* a propriedade do *ser humano* era apontado como essencial à economia e fundamental à organização do então modo produtivo; o ato de trabalhar *posto* como tarefa dedicada, histórica e sucessivamente impingida aos escravizados, aos servos, às mulheres, aos indígenas, aos integrantes das corporações de ofício ou aos ditos párias sociais. Todos os métodos de usurpação foram utilizados, desde a opressão-violenta através da matança de corpos humanos, passando pela opressão--pacífica através do aniquilamento das raízes socioculturais e, por fim, mas não menos infame, pela opressão-espiritual com a mudança das referências religiosas. Métodos estes expressamente autorizados e regulados.

---

(4) BRITTO, Cezar. *A contratação do advogado sindical* – Breve estudo. Ed. RTM, 2. ed., p 13.

# 3. AS REVOLUÇÕES LIBERAIS

A partir do século XVIII, pensadores, ideólogos, juristas, economistas e plurais intérpretes dos fenômenos sociais, econômicos e políticos traçaram caminhos que permitiriam à sociedade, a final, dar concretude ao seu histórico sonhar-viverna duradoura paz comunitária. Nesta quadra do tempo, o *direito se rebelou* contra o poder dos monarcas absolutistas, a dominação feudal, a servidão como forma de produção, a nobreza como classe política dominante, a opressão religiosa e as várias formas de legitimação do *ter*. Com o Iluminismo, ao *direito posto* foram objetadas propostas que inaugurariam os fundamentos do Estado Liberal, especialmente a ideia de liberdade como respirar primordial da vida em sociedade, o antídoto ao absolutismo estatal.

O poder contestador do *direito posto* nas *Revoluções Liberais*, mostrando-se vanguardista, ousou condenar à morte a nobreza e o clero que justificavam a reinante dominação exclusivista. Influência que se espalhou pelo mundo, levando o arcabouço legislativo do Estado Liberal como *direito posto* em vários países que se rebelavam contra os poderes constituídos, a exemplo da *Inconfidência Mineira* de 1789, claramente identificada em seu lema liberal: *Liberdade, ainda que tardia.*

Nos EUA, estabeleceu-se uma república fundada no conceito de democracia representativa e na regra de que todas as pessoas têm o mesmo valor político (*One man, one vote*). A *Declaração de Virgínia*, em 16 de junho de 1776, no seu art. 1º, proclamou o direito à vida, à liberdade, à liberdade de imprensa e à liberdade religiosa, bem assim o preâmbulo da *Declaração de Independência dos Estados Unidos*, de 04 de julho de 1776, limitou o poder estatal e valorizou a liberdade individual do *ser humano.*

O *direito rebelado* com o advento da Revolução Estadunidense ganhou corpo na *Declaração dos Direitos do Homem e do Cidadão posta* no mundo jurídico pela *Revolução Francesa*, priorizando as liberdades públicas, o direito de resistência à opressão, o direito de concorrer pessoalmente ou por representantes para a formação da lei como expressão da vontade geral. E nesta seara de expressões que integram o universo político da inclusão popular e do *direito rebelado*, a *Revolução Francesa* contribuiu com as simbólicas *Liberté, Egalité, Fraternité.*

Embora modificando as relações de poder e guilhotinando a legitimação do acesso ao governo em razão dos títulos de nobreza ou do atributo genético do sangue azul, a moderna República Estadunidense manteve a exclusão do direito de voto dirigida às mulheres, aos negros e aos povos originários.[5] A *Declaração Americana dos Direitos do Homem* não foi capaz de abolir o gravíssimo crime da escravidão, o que aconteceria apenas depois de uma guerra civil e da aprovação da Emenda 13. A contradição entre o discurso formal e real também se fez notar na revolucionária França. A *Declaração dos Direitos do Homem e do Cidadão*, da *Revolução Francesa*, inscreveu na História da Humanidade, no seu art. 1º, que o *fim da sociedade é a felicidade comum*. Entretanto, a burguesia vencedora não se sentiu infeliz quando aplicou o terror e a guilhotina para os crimes de opinião, inclusive à Olympe de Gouges quando esta ousou propor a aprovação de uma *Declaração dos Direitos da Mulher e da Cidadã.*

A construção teórica do Estado Liberal utilizou-se do *direito de ser* quando pregava o direito de liberdade, mas manteve a estrutura econômica da produção

---

(5) As exclusões constavam do Artigo 1, Seção 2, itens 1 e 2, da Constituição dos EUA, subscrita pelo presidente e delegado de Virgínia, George Washington, no distante 17 de setembro de 1787.

ainda fundada no absolutismo, centrada na igualdade formal e no direito feudal *de ter a propriedade absoluta sobre as terras e as pessoas.* As mulheres e os pobres – fundamentais nos agitados anos de contestação – continuavam excluídos do direito de votar e serem votados, trabalhando em condições de miserabilidade. Não houve grandes modificações na forma em que organizava os meios de produção e a aceitabilidade da "coisificação" da pessoa humana permanecia no *direito posto.* Era a dicotomia entre o vencedor *direito de ter* e o derrotado *direito de ser* revelando a diferença entre a propaganda e o produto fornecido.

# 4. AS REVOLUÇÕES DAS MASSAS

Ainda no século XIX, com o advento da *Revolução Industrial*, começou a se desenvolver a classe operária, assumindo ela própria o papel propositivo na contestação ao *direito de ter*. Com as indústrias nasciam as primeiras associações sindicais livres e os movimentos reivindicatórios do *direito de ser*, propondo-se para o *direito posto* uma nova visão sobre o trabalho como fator de dignidade da pessoa humana, que somente poderia ser obtido com o postulado da igualdade real, material, solidária, compartilhada em direitos e com a revogação da propriedade privada.

O Estado Liberal, não obstante reconhecer a liberdade como patamar civilizatório, mantinha a exploração sobre o *ser* e a embrionária classe trabalhadora. A "coisificação" do trabalho ainda estava presente na compreensão de um mundo centrado na lógica da *proteção do ter* e na cumulação de poder e de riquezas materiais. Estes fatos não passaram desapercebidos pelas historiadoras Marta Harnecker e Gabriela Uribe, quando anotaram que "a existência de ricos e pobres é sempre o resultado da exploração, do fato de um pequeno grupo, por ser proprietários dos meios de produção, se apropriar do trabalho da grande maioria, que não possui os meios de produção"[(6)].

Era necessário, portanto, estabelecer um "contraponto da classe trabalhadora em relação à classe burguesa no Estado Liberal"[(7)].O descontentamento da classe operária e camponesa se fez perceptível através de revoltas, greves e contestações coletivas. A questão social insurgente era tratada como mero *Caso de Polícia*, em que se reprimiam duramente os movimentos reivindicatórios e ações relacionadas à defesa ou à criação de novos direitos para a classe trabalhadora. A cronologia agora registrada demonstra o mundo do trabalho em conflito, rebelando-se contra o *direito de ter* a propriedade do ser pessoa humana, como agora se observa:

**1824**

– **A** Inglaterra aprova lei permitindo a livre associação dos operários (*trade-unions*).

– **A** Constituição Brasileira de 1824, em seu art. 179, inciso 25, veda expressamente a possibilidade de organização dos trabalhadores.

– **E**stoura na província de Pernambuco a *Confederação do Equador* de caráter revolucionário e emancipacionista.

**1830**

– **É** constituída a Associação Nacional para a Proteção do Trabalho, que tinha o objetivo de atuar como central de todos os sindicatos ingleses.

**1835-1845**

– **F**ederação do Guanais, **1832.**

---

(6) HARNECKER, Marta; URIBE, Gabriela. *Exploração Capitalista*, Ed. Global, 1979, p. 70.

(7) DELGADO, Mauricio Godinho. Funções do Direito do Trabalho no Capitalismo e na Democracia. *In*: DELGADO, M. G.; DELGADO, G. N. *Constituição da República e Direitos Fundamentais dignidade da pessoa humana, justiça social e Direito do Trabalho*. 4. ed. São Paulo: LTr, 2017, p. 76.

– Ataque ao quilombo da Ilha dos Marinheiros, Rio Grande do Sul, **1833.**

– *Revolta dos Malês*, Bahia, **1835.**

– *Guerra dos Farrapos* ou *Revolução Farroupilha*, Rio Grande do Sul, **1835.**

– *Cabanagem*, Pará, **1835-1845.**

– *Sabinada*, Bahia, **1837-1838.**

– *Balaiada*, Maranhão, **1838-1840.**

– *Revolução Liberal* de 1842

**1846/1849**

– A Encíclica *Qui Pluribus*, Pio IX, condena a doutrina nefasta do comunismo, **1946.**

– Marx propôs e aprovou a modificação do *slogan* da "Liga dos Justos", que passou a ser "Proletariado de todo o mundo, uni-vos", em substituição a "todos são irmãos", **1847.**

– No Brasil é criada a União Operária do Arsenal de Marinha, **1847.**

– Manifesto do Partido Comunista de 1848", quando repetiu que "os proletários nada têm a perder, a não ser as suas próprias algemas. Têm um mundo a ganhar. Proletários de todos os países, uni-vos.", **1848.**

– Revolução irrompe na França, onde adeptos do sufrágio universal e socialistas, sob a liderança de Louis Blanc, conseguiram derrubar a monarquia de julho e criaram a Segunda República. Organizada majoritariamente pelos trabalhadores, **1848.**

– Lançado pelos revolucionários praianos, no Recife, o Manifesto ao Mundo, que exigia o voto universal, a liberdade de imprensa e uma revolução social com o tema *O trabalho como garantia de vida para os cidadãos brasileiros*, **1849.**

– Greve dos operários de fundição e serralharia, é considerada a primeira greve industrial, mas nas décadas seguintes, até à I República, houve paralisações dos trabalhadores tabaqueiros, das marinhas e arrozais, mineiros, caminhos de ferro, chapeleiros ou operários da construção civil, entre outras, **1849.**

**1850/1851**

– Aprovada a Lei de Terras (Lei n. 601, de 18/09/1850).

– Lei Eusébio de Queirós, proibição do tráfico de escravos para o Brasil, **1850.**

– Início da Guerra do Prata, **1851**

**1852/1858:**

– Em Portugal o Centro Promotor dos Melhoramentos das Classes Laboriosas e a Associação dos Topógrafos Lisbonenses assumem-se de cunho socialista, **1852.**

– Fundada a Imperial Associação Tipográfica Fluminense, a primeira associação de origem operária, **1853.**

– Fundada a Sociedade União dos Cocheiros, **1856.**

– Greve dos trabalhadores gráficos do Rio de Janeiro, **1856.**

– Massacre das trabalhadoras nova-iorquinas, assassinadas porque exigiam trabalho digno, posteriormente o Dia Internacional da Mulher, **8 de março de 1857.**

– Greve dos Tipógrafos do Rio de Janeiro, contra as injustiças patronais e reivindicaram aumentos salariais, **1858.**

– Fundada a Sociedade Beneficente do Arsenal de Marinha, **1858.**

– Fundada Sociedade Protetora dos Caixeiros, **1858.**

**1863:**

– Início da Guerra do Paraguai, **1863.**

**1864/1968**

– A França edita o diploma referente ao direito de greve, **1864.**

– Formação da Primeira Associação Internacional de Trabalhadores, mais tarde conhecida como a Primeira Internacional, **1864.**

– Aprovada a Décima Quarta Emenda à Constituição dos Estados Unidos, que trata dos direitos de cidadania e da proteção igualitária perante a lei, tendo sido proposta em resposta a questões relacionadas aos antigos escravizados após a Guerra da Secessão, **1868.**

**1869/1871**

– Fundado o Partido Social-Democrático dos Trabalhadores da Alemanha, com a meta de abolir o Estado de classes e implantar um "Estado livre popular", **1869.**

– Federação Regional Espanhola – FRE (de inspiração anárquica), **1870.**

– Concílio Vaticano I, realizado entre **1869-1870:**

– **1870:** No Brasil a Liga Operária é criada, de inspiração anarquista, **1870.**

– Eclode a Comuna de Paris, **18 de março de 1871.**

**1872/1882**

– Assassinada no Equador a indígena Manuela Léon, que comandava a revolta indígena contra o trabalho escravo, **1872.**

– Expedição repressiva contra os quilombolas de Rosário do Catete/SE, **1872.**

– Greve dos carroceiros do Rio de Janeiro, **1876.**

– **A** Encíclica *Quo Apostolici Muneris,* de Leão XIII, condena o comunismo e o socialismo, **1878.**

– **C**riada no Brasil a União Operária dos Trabalhadores do Arsenal de Marinha, **1880**.

– **J**angadeiros do Ceará se recusam a embarcar escravos para o sul, tendo como líder o Dragão do Mar, **1881.**

<u>**1883/1885:**</u>

– **I**tália aprova norma legal concernente aos acidentes do trabalho, **1883.**

– **A** cidade de cearense de Acarape se faz a primeira vila brasileira a libertar os seus escravizados, **1883**.

– **A** Lei Waldeck-Rousseau outorga, na França, aos sindicatos o direito de constituir-se livremente sem autorização do governo, **1884**.

– **A**lemanha aprova lei referente aos acidentes de trabalho, **1884**.

– **I**nício da Conferência de Berlim, que define a partilha e a ocupação do continente africano, por limites territoriais e não históricos ou étnicos. A África é praticamente repartida entre França, Inglaterra, Alemanha, Espanha, Bélgica, Itália e Portugal, **1885**.

Em reação ao *direito que se rebelava,* a repressão política/policial se fazia resposta, como a que ocorrera no dia 1º de maio de 1886, originando o Dia Internacional do Trabalhador. A mesma que anteriormente ocorrera no 8 de março de 1857, quando do cruel massacre das trabalhadoras nova-iorquinas, transformado no Dia Internacional da Mulher pela II Conferência Internacional das Mulheres Socialistas em Copenhague, Dinamarca, em 1910.

Com a modificação das relações de trabalho, o aumento da consciência de classe, as propostas de suavização da exploração e a luta pela própria valorização do trabalho como fator gerador de riquezas, o século XIX também passou a vivenciar o nascimento de mais um movimento que influenciou decisivamente na concepção do Direito do Trabalho. Agregou-se ao *direito rebelado* o efervescente conflito *capital x trabalho,* agora de conteúdo nitidamente revolucionário, empregado como substituto à dicotomia existente entre *direito de ter* e o *direito de ser*. Não sem razão Jean-Christian Petitfils apontou o ano de 1848 como o verdadeiro marco divisor das concepções socialistas do trabalho[(8)].

Não mais poderia ser admitida como legítima a secular e preconceituosa compreensão de que trabalhar era atributo dos miseráveis, das mulheres, dos desvalidos, dos escravizados dos desafortunados pela sorte. Não poderia ser reconhecido como *direito posto* uma jornada de trabalho que, quando mais branda, tinha início com o nascer do sole término ao pôr do sol; crianças e mulheres laborando em condições

(8) "Nos anos que se seguirão, com o desenvolvimento do capitalismo industrial, o nascimento de um verdadeiro proletariado operário, o socialismo sairá dos balbucios da infância. Ele sofrerá, sobretudo, uma transformação decisiva, deixando de ser um sistema conceptual, criado pelo cérebro de alguns teóricos inspirados, para deitar raízes nos combates quotidianos. Dentro de um pouco, será a época do mutualismo prodhoniano, do marxismo, da anarquia, que desenvolverão em detrimento do socialismo idealista dos profetas barbudos". (PETITFLIS, Jean-Christian. *Os socialismos utópicos,* Zahar Editores, 1978, p. 128)

absolutamente insalubres, periculosas e análogas à condição de escravidão. Ou os acidentes de trabalho corriqueiros a devorar vidas, a miséria aceita como inevitável e a fome que se espalhava nas ricas unidades fabris.

As teorias revolucionárias se espalhavam rapidamente. Apropriar-se dos lucros advindos do seu próprio trabalho passou a ser a atrativa proposta de ação de todas as correntes socialistas, ainda mais quando esta ação significava a completa exclusão do capitalista de qualquer sistema produtivo. A ideia de que o trabalho deveria gerar riquezas apenas para quem as produzisse era a incendiária palavra de ordem[(9)]. Corretamente Eric J. Hobsbawm, apontou que "talvez estes movimentos não dessem aos direitos desses grupos uma prioridade tão exclusiva quanto seus defensores podiam ter desejado, mas eles não só os defendiam como também empreendiam campanhas ativas em seu favor, como parte da luta geral pela Liberdade, Igualdade e Fraternidade – lema que os primeiros movimentos socialistas e operários herdaram da Revolução Francesa – e pela emancipação dos homens"[(10)].

*É o que se pode se constatar dos seguintes aconte*cimentos espalhados pelo mundo:

**<u>1888/1890</u>**

– **A**provada a Lei Áurea (Lei nº 3.353), **1888.**

– **S**egunda Internacional Socialista, **1889:**

– **P**roclamação da República, **1889.**

– **O** Partido Social-Democrático dos Trabalhadores da Alemanha é transformado no Partido Social-Democrata da Alemanha (SPD), com orientação marxista, revolucionário, anticlerical e pacifista, **1890.**

– **I**nstaura-se a Colônia Cecília, experiência que buscou pôr em prática os princípios anarquistas, no Estado do Paraná, **1890.**

**<u>1891/1894</u>**

– **D**outrina Social da Igreja, destacando-se a Encíclica *Rerum Novarum*, assinada 15 de maio de 1891, pelo Papa Leão XIII, **1891.**

– **P**ortugal regulamenta a atividade sindical, fazendo surgir as primeiras federações e contratos coletivos, **1891.**

– **N**o Brasil o Decreto n. 1.313 regulamenta o trabalho dos menores de 12 a 18 anos, **1891.**

– ***I*** *Congresso Socialista Brasileiro.* O objetivo da criação do Partido Socialista Brasileiro não foi atingido, **1892.**

**<u>1895</u>**

– **C**riação da CGT francesa, de conteúdo revolucionário, anticapitalista, antimilitarista, anticlerical e que pregava a ação direta para o desaparecimento do proletariado e do patrão, **1895.**

– **R**ealizado, em Lisboa, o Congresso Católico Internacional, que determina a participação católica no movimento operário, **1895.**

---

(9) BRITTO, Cezar. *A contratação do advogado sindical* – Breve estudo. Ed. RTM, 2. ed,, p 19.
(10) HOBSBAWM, Eric John Ernest. *Revolucionários*, Ed. Paz e Terra, 1982, p. 15

– Inicia a Guerra de Independência do domínio espanhol em Cuba, onde o Partido Revolucionário Cubano tem papel destacado, **1895**.

<u>1896</u>

– Guerra de Canudos, 1896.

<u>1898/1904</u>

– Portugal cria os círculos católicos operários (CCO), **1898**.

– Greve dos estivadores argentinos, **1900**.

– Primeiro Congresso Católico, tendo como pauta analisar a questão operária brasileira, **1900**.

– *II Congresso Socialista Brasileiro,* **1902.**

– Fundada a Sociedade União dos Foguistas,**1903.**

– Decreto 979 regulamenta os sindicatos rurais no Brasil, reconhecendo-os como organização sindical livre de quaisquer restrições ou intervenção estatal, **1903**.

– Greve dos cocheiros e carroceiros, Rio de Janeiro, **1904**.

<u>1905/1906</u>

– Domingo Sangrento Russo, **1905.**

– Rebelião do Encouraçado Potemkin, na Rússia, **1905.**

– Eclode a greve dos ferroviários da cidade de Jundiaí, resultando na morte de doze grevistas, **1905.**

– Criada a Sociedade de Resistência dos Cocheiros, Carroceiros e classes anexas, **1905.**

– Realizado grande comício na capital e interior de São Paulo, convocado pelas ligas operárias, tendo como pauta o protesto contra os fuzilamentos de trabalhadores russos no Domingo Sangrento de 1905, **1906.**

– *I Congresso Operário Brasileiro*, liderado pelos anarquistas, que, dentre outras medidas, aprova resoluções defendendo a jornada de 8 horas, define o 1º de maio como Dia do Trabalhador, propõe a criação de federações e confederações, lança o no jornal *A Voz do Trabalhador*, abole o assistencialismo do movimento sindical e propõe a liberdade e autonomia, **1906.**

– Após a forte a greve dos ferroviários da cidade de Jundiaí, os trabalhadores da paulista *Mojiana* conquistam a jornada de oito horas, **1906.**

– Greve organizada pela Sociedade de Resistência dos Cocheiros, Carroceiros e Classes Anexas, **1906.**

– Fundação do Partido Operário Brasileiro, **1906.**

1907

– **A**provado o Decreto 1.637, dispondo sobre os sindicatos urbanos em geral, pautado na liberdade sindical e não intervenção estatal, embora reservando apenas aos brasileiros o direito de fazer parte do corpo de direção sindical, como forma de excluir os estrangeiros, especialmente os vinculados ao anarcossindicalismo, aos socialistas e aos comunistas, que defendiam o sindicalismo revolucionário, **1907**.

– **A**provada a chamada Lei Adolfo Gordo, que permite a expulsão dos trabalhadores estrangeiros que praticam atos reivindicatórios no Brasil, **1907.**

– **C**riado o Departamento Nacional do Trabalho (DNT) como órgão fiscalizador, **1907.**

– **C**riação da União Popular, movimento católico do Brasil, **1919.**

1910

– **E**clode a Revolução Mexicana que contesta a propriedade e prega igualdade de direitos, **1910.**

– **C**onfederação Nacional do Trabalho – CNT (Espanha – de inspiração anarco-sindicalista), **1910.**

– **R**evolta dos Marinheiros Negros – Revolta das Chibatas, Brasil, **1910.**

– **G**reve dos coureiros e sapateiros de São Paulo, que dura cinco meses e que tem como pauta principal a jornada de oito horas, **1910.**

– Carta Pastoral Coletiva, da Igreja Católica no Brasil, condena as greves e exorta os empregadores a pagarem salários justos, 1910.

– **C**riação da Liga Brasileira das Senhoras Católicas, **1910**.

1911/1913

– **G**reves nos EUA (Dia Internacional da Mulher), **1911**.

– **P**ortugal reconhece o direito de associação sindical, **1911.**

– **C**riação da Federação Marítima Brasileira, com os trabalhadores do Arsenal de Marinha, portuários, marítimos e operários de estaleiros privados, **1912**.

– **A**pós vários movimentos de greve, os trabalhadores portuários do Peru conquistam a jornada de oito horas, **1913**.

– *II e III Congresso Operário*, que busca reavivar a Confederação Operária Brasileira, **1913 e 1920**.

1914

– **1ª** Guerra Mundial, **1914.**

**1915/1916**

– **L**evante dos indígenas dos colombianos, liderados por Manuel Quintin Lame, reivindicando o direito à terra e o trabalho não servil, **1915**.

– **A**provada, no bojo da Revolução Mexicana, a Lei de Reforma Agrária, com forte conteúdo de rejeição ao latifúndio, **1915.**

– **A**provado o Código Civil Brasileiro, que protege a propriedade privada e regulamenta a prestação de serviços de trabalhadores, **1916.**

As propostas defendidas pelos socialistas, especialmente aquelas sistematizadas por Marx e Engels triunfaram e atingiram o clímax com a *Revolução de Outubro de 1917*, quando, em uma de suas primeiras medidas, determinou *a abolição da propriedade privada dos meios de produção*[(11)]. Neste mesmo ano, é aprovada a Constituição Social do México, a primeira a inscrever como fundamentais os direitos dos trabalhadores, fruto da Revolução Mexicana de 1910, que contestava a propriedade e pregava a igualdade de direitos. E a partir delas, já no ano seguinte, novas revoluções e contestações são anunciadas ao mundo e pleno 1918:

– **R**evolução Húngara dos Crisântemos;

– **R**evolução Ucraniana;

– **B**iênio Vermelho Italiano;

– **F**undado o Partido Comunista da Argentina, o primeiro do continente;

– **P**ortuários colombianos entram em greve por melhorias salariais e condições de trabalho decente, desencadeando uma série de greves e protestos na Colômbia;

– **I**nsurreição Anarquista Carioca, **1918.**

---

(11) HUBERMAM, Leo. *História da riqueza dos homens*, Ed. Guanabara, 21. ed., 1986, p. 274.

# 5. O ESTADO SOCIAL

Diante do fracasso da ação amadora centrada na lógica da repressão policial, os que se sentiam ameaçados pelo ufanismo triunfante do comunismo sobre o capitalismo também passaram a formular teorias e métodos de convencimento dirigidos à massa dos trabalhadores. Os defensores do *direito de ter* não iriam permitir a ascensão e triunfo do *direito de ser*. Era preciso, portanto, contrapor a ideologia cativante do comunismo com outra ideologia que igualmente empolgasse a classe operária. O capitalismo e os detentores do *direito de ter* teriam que aprender a utilizar o próprio arsenal ideológico revolucionário da época, caso pretendessem resistir ao mundo que os ameaçava de extinção e que se expandia em seu território. Urgia criar ideologia de massa, conquistar trabalhadores, políticos e entidades sindicais para que defendessem a liberdade e a igualdade formal.

Nasceu, assim, a importância de se incluir o *status* social para o Estado. A alemã Constituição de Weimar, aprovada em 1919, é o exemplo referência desse nosso receituário ideológico, normativo e social. No mesmo ano é criada a Organização Internacional do Trabalho pela Comissão da Legislação Internacional do Trabalho, constituída pelo Tratado de Versalhes. Propunha-se humanizar o direito ao trabalho, suavizando os instrumentos de opressão da classe trabalhadora. Notadamente influenciados pelas encíclicas *Rerum Novarum e Quadragessimo Anno,* foram atendidas várias das reivindicações históricas dos trabalhadores, ainda mais quando as reivindicações e movimentos sociais seguiam, rebeladas, agitando o mundo, cobrando e exigindo respostas e reações dos detentores do *direito de ter*:

<u>1919</u>

– Terceira Internacional Socialista, organização internacional fundada por Vladimir Lenin e pelo PCUS (bolchevique), para reunir os partidos comunistas de diferentes países, **1919**.

– Criada na França a CFTC, entidade sindical inspirada na *Rerum Novarum,* que rejeita a luta de classes e professa a caridade cristã, **1919**.

– Os trabalhadores do Peru conquistam a jornada de oito horas, após mais um longo período de greve, **1919**.

– Greve Geral Argentina, **1919**.

– O Decreto do Poder Legislativo n. 3.724 regulamenta os acidentes do trabalho e moléstias profissionais no Brasil, **1919**.

– Assassinato do tecelão Constante Casteleni, depois de greve de sua categoria, **1919**.

– Criação da Aliança Feminina, movimento católico no Brasil, **1919**.

– Criação da Confederação Católica do trabalho de Belo Horizonte, **1919**.

<u>1920</u>

– Realização do II Congresso da Internacional Comunista, na Rússia, que orienta fundação de partidos comunistas no mundo, **1920**.

– **F**undado o Partido Comunista da Grã-Bretanha, formado pela fusão de vários pequenos partidos e organizações marxistas: o Partido Socialista Britânico, a União Comunista do Partido Socialista e do Partido Socialista do Trabalho de *South Wales Society*, **1920.**

– **F**undado o Partido Comunista Francês, com o nome de Seção francesa da Internacional Comunista, **1920.**

– **G**reves gerais se espalham pela Itália, com ocupações de fábricas, ferrovias e indústrias, **1920.**

– **G**reve dos Marítimos no Brasil, **1920.**

– **R**ealizado o III Congresso Operário, pela Confederação Operária Brasileira, **1920.**

**1921**

– **R**evolução Mongol, **1921.**

– **A**provada uma nova versão da Lei Adolfo Gordo, que permitia a expulsão dos trabalhadores estrangeiros que praticam atos de agitação no Brasil, passando a ser conhecida como a Lei Infame, **1921.**

**1922**

– **IV Congresso Mundial da Internacional Comunista, internacionaliza os partidos e centrais sindicais comunistas, 1922.**

– **N**asce a reação autoritária ao Estado Comunista, com a vitória do movimento de direita radical que se faz vitrine com o fascismo italiano de Mussolini, **1922.**

– **A** Encíclica *Uhi Arcano Dei,* Pio XI, exorta que a Ação Católica como um exército espiritual para aumentar o número de católicos combatentes aos inimigos da Igreja, **1922.**

– **C**riado o Partido Comunista do Brasil, **1922.**

– **N**o Brasil a Semana de Arte Moderna e o Tenentismo surgem embalados em novas ideias democráticas, **1922.**

– **R**evolta dos 18 do Forte de Copacabana, **1922.**

– **C**riado o Tribunal Rural de São Paulo, pela lei estadual n. 1.869, **1922.**

**1923/1925**

– **C**riado o Conselho Nacional do Trabalho, vinculado ao Ministério da Agricultura, Indústria e Comércio, **1923.**

– **O** Decreto do Poder Legislativo n. 4682 (Lei Eloy Chaves) cria as primeiras caixas de aposentadorias e pensões (CAPs) por profissão, assegurando, ainda, a garantia de permanência no emprego mesmo contra a vontade do empregador, **1923.**

– **O**s gráficos de São Paulo fazem greve por quarenta e dois dias, **1923**.

– **R**ebeliões tenentistas em Manaus, conhecidas como *Comuna de Manaus*. Revolução Paulista de 1924, que posteriormente deu início à Coluna Costa-Prestes, quando as tropas tenentistas lideradas por Miguel Costa se uniram com os tenentistas liderados por Luís Carlos Prestes, **1924**.

– **A**provado o direito de férias no Brasil (Decreto do Poder Legislativo n. 4.982/1925), **1925**.

– **1925: R**ealizado o II Congresso do PCdoB, **1925**.

<u>**1926/1929**</u>

– **G**reve geral dos trabalhadores mineiros do Reino Unido, que promove o crescimento dos comunistas britânicos, **1926**.

– **P**ortugal dissolve a Confederação Geral do Trabalho e proíbe a greve, **1926**.

– **E**UA invadem a Nicarágua e impõem uma Guarda Nacional, fazendo surgir um conflito ideológico com Augusto Sandino, **1926**.

– **M**éxico aprova a Lei de Reforma do Código Penal, conhecida como Lei Calles, que previa penas para padres e religiosos violassem a constituição de 1917, **1926**.

– **A**provada a *Carta do Trabalho* (*Carta Del Laboro*), onde o Partido Nacional Fascista de Benito Mussolini apresentou as linhas de orientação que deveriam guiar as relações de trabalho na sociedade, nomeadamente entre o patronato, os trabalhadores e o Estado, **1927**.

– **A** Lei Celerada (Decreto 5.221), reprime o comunismo e os socialistas no Brasil, **1927**.

– **F**ormado o Bloco Operário Camponês, organização comunista brasileira, **1928**.

– **R**ealizado o III Congresso do PCdoB, **1928**.

– **M**ussolini assina o Tratado de Latrão, reconhecendo a totalidade da soberania da Santa Sé no Estado do Vaticano e reconhece religião católica como oficial na Itália, **1929**.

– **N**o auge da queda da Bolsa de Nova Iorque, início da Grande Depressão e primeira grande crise do Capitalismo, é criada no Brasil a Confederação Geral dos Trabalhadores do Brasil (CGTB), com hegemonia comunista, **1929**.

<u>**1930/1932**</u>

– **A** Revolução de 30 triunfa, e cria o Ministério do Trabalho, Indústria e Comércio, **1930.**

– **A**provação da Encíclica Quadragésimo Ano, Pio XI, **1931**.

– **O** Ministro do Trabalho, Lindolfo Collor faz aprovar a lei sindical que cria os pilares do sindicalismo oficial no Brasil. Controle financeiro do Ministério do

Trabalho sobre os sindicatos. Definia o sindicalismo como órgão de colaboração e cooperação como Estado,**1931.**

– Criadas as Juntas de Conciliação e Julgamento, **1932.**

– Criação dos Círculos Operários e da Juventude Operária Católica, **1932.**

**1933/1935**

– Ascensão do nazismo alemão, que aprova duras medidas contra os trabalhadores e os comunistas, **1933.**

– Corporativismo de Estado, imposto por Salazar na Constituição portuguesa, que impõe o *Estatuto do Trabalho Nacional* foi promulgado pelo Decreto-Lei n. 23 048, de 23 de setembro de 1933, diploma que lança as bases da doutrina corporativa portuguesa, **1933.**

– Criados no Brasil a carteira profissional e os Institutos de Aposentadoria e Pensões,**1933.**

– Início da Longa Marcha de Mao Tsé-tung na China, **1934.**

– Fundada a Confederação Sindical Unitária (CSU), sob hegemonia do Partido Comunista, assim como a Federação Sindical Regional no Rio de Janeiro e em São Paulo, **1934.**

– Os sindicatos e as associações profissionais são reconhecidos constitucionalmente, delegando-se à lei a garantia de pluralidade e autonomia sindical (art. 120) e a denominação *Justiça do Trabalho* surge na Constituição de **1934.**

– Fundada a Aliança Nacional Libertadora que defendia a reforma agrária, a independência nacional e os direitos do povo, **1934.**

– Realizada a Convenção Nacional de Unidade dos Trabalhadores, quando se reorganiza a *Confederação Sindical Unitária*, **que pretendia ser a** central sindical de todo o movimento operário no Brasil, reunindo 300 delegados representando 500.000 trabalhadores, **1935.**

– Criação da Ação Católica Brasileira, **1935.**

– Criação dos Círculos Operários do Rio Grande do Sul, **1935.**

– *Intentona Comunista*, também conhecida como *Revolta Vermelha de 35* ou *Levante Comunista*, **1935.**

– Decretada a Lei de Segurança Nacional, proibindo as greves e dissolvendo a *Confederação Sindical Unitária*, **1935.**

– A Lei n. 62 estende a todos os empregados da indústria e do comércio, o direito das caixas de Aposentadorias e Pensões (CAPs) por profissão, **1935.**

O Estado Social consolidou-se prometendo interferir no *direito de ter* de forma a proteger o *direito de ser*, regulando o Direito do Trabalho como fator de dignidade humana e, sobretudo, acolhendo as reivindicações da classe trabalhadora no campo da igualdade material. O jurista português Jorge Miranda apontou o reflexo do papel da luta pela igualdade efetiva em várias Constituições Sociais, esclarecendo que várias delas "referem-se de forma explícita à igualdade social como igualdade efetiva, real, material, concreta, situada; ou como igualdade à chegada (ao passo que a igualdade perante a lei é igualdade à partida), mas igualdade à chegada para garantir a igualdade de oportunidades para todos[(12)]".

Era a Social-Democracia contrapondo-se politicamente ao receituário comunista que conquistava os trabalhadores, estabeleceu o Estado Social como novo *direito posto* para os países capitalistas. Um Estado livre para a expansão do capital e, em contrapartida, interventor nos conflitos sociais, promotor de conciliação e indutor democrático. No Brasil, a Constituição Federal de 1934 inaugura o período do Estado Social, o combate ideológico ao socialismo/comunismo, o legislar-prevenção-reação contra os avanços políticos da classe trabalhadora e a necessidade de suavizar a exploração pelo *direito de ter*. E é neste contexto que é a aprovada a CLT como catalizadora das lutas das classes rebeladas, tornando-se ela própria um *direito rebelado*.

Mas reação ao comunismo à própria Social-Democracia o Estado Social também ganhou a sua versão autoritária. Argumentava-se que somente a criação de um Estado Totalitário do Capital poderia impedir o crescimento do que se chamava Estado Totalitário do Trabalho. A força do Estado como argumento de combate à outra força estatal. A forte regulação do Direito ao Trabalho, a nacionalização dos interesses dos trabalhadores e a estatização da atividade sindical eram algumas das propostas comuns nos discursos de resistência da direita capitalista e no *direito posto* à disposição do *ter*. O movimento de direita radical se fez vitrine com o fascismo italiano de 1922, o nazismo alemão de 1933, *Corporativismo de Estado* português de Salazar, o *Movimento Nacionalista* espanhol de franco e o Estado Novo de 1937, de Getúlio Vargas.

Nesta fase em que o capitalismo buscava uma resposta convincente aos movimentes sociais, independente do modelo do Estado adotado[(13)], o direito ao trabalho teve o seu período mais fértil de regulação. Teorias de proteção ao trabalho foram elevadas ao *status* de direito fundamental, inseridas nas constituições nacionais ou nas legislações infraconstitucionais. Direitos foram consolidados, destacando-se a fixação da jornada de trabalho de oito horas, o direito às férias, a concessão do repouso remunerado, a regulamentação do trabalho insalubre e periculoso, as normas protetoras do trabalho das mulheres e adolescentes e o pagamento de um salário-mínimo, como agora se observa:

**<u>1936/1937</u>**

– Eclode a *Guerra Civil Espanhola*, que termina em 1° de abril de 1939, com a vitória dos militares e a instauração de um regime ditatorial de caráter fascista, imposto pelo general Francisco Franco, **1936.**

– Encíclica *Divini Redemptoris*, Pio XI, apresenta o "comunismo ateu" como "intrinsecamente perverso" e como inimigo capital da civilização cristã.

– Fundação da Confederação Nacional dos Operários Católicos, **1937.**

---

(12) MIRANDA, Jorge. *Democracia e Inclusão Social.* Reflexões sobre a Constituição. Uma homenagem da advocacia. OAB NACIONAL e Alumnus, 2013, p. 147.

(13) "Evidencia tudo isso que o Estado social se compadece com regimes políticos antagônicos, como sejam a democracia, o fascismo e o nacional-socialismo. E até mesmo, sob certo aspecto, fora da ordem capitalista, com o bolchevismo" (BONAVIDES, Paulo. *Do Estado Liberal ao Estado Social,* Malheiros Editores, 8. ed., p. 184)

– **O** Estado Novo é instaurado no Brasil, **1937.**

– **O** papel corporativo estatal dos sindicatos é estabelecido, **1937.**

<u>1938/1940</u>

– **G**reve dos trabalhadores portuários de Porto Rico, tendo como pauta de reivindicação a redução da jornada de trabalho e aumento salarial, **1938**.

– **O** Brasil é regulamenta o salário-mínimo e o Decreto-Lei 431/38, define os crimes contra a segurança nacional, a ordem política e social, **1938**.

– **O** Decreto-Lei 1402 dá ao Estado o controle das entidades sindicais, estabelece a unicidade sindical e reforça o papel de colaboração estatal. O Decreto-lei n. 1.237, de 2 de maio de 1939, organiza a Justiça do Trabalho, fixa o processo e os procedimentos para julgamento dos dissídios individuais e coletivos, além de restringir a punir a grave, **1939**.

– **O** Decreto-Lei n. 2.377, de 8 de julho de 1940, cria o imposto sindical e o Decreto-Lei n. 2.381, de 9 de julho de 1940, dispõe sobre o enquadramento sindical, **1940**.

– **O** Código Penal, aprovado pelo Decreto-lei n. 2.848/40, mais uma vez tipifica a greve como crime, **1940**.

<u>1941/1942</u>

– **R**ealizado o 1º Congresso Brasileiro de Direito Social, em São Paulo, para festejar o cinquentenário da Encíclica *Rerum Novarum*, que se também faz fonte material da Comissão criada para propor o projeto da CLT, integrada pelos juristas José de Segadas Viana, Oscar Saraiva, Luís Augusto Rego Monteiro, Dorval Marcenal de Lacerda e Arnaldo Lopes Süssekind, **1941**.

– **D**ecreto 7.164/41 reconhece a Confederação Nacional dos Operários católicos como órgão técnico e consultivo do Ministério do Trabalho, **1941**.

– **A**provada, através do Decreto-Lei n. 5.452, de 1º de maio de 1943, a CLT, unificando toda legislação trabalhista então existente, **1943.**

**1946.** A Constituição de 1946 transforma a Justiça do Trabalho em órgão do Poder Judiciário.

Do avançar do tempo é possível concluir que durante o estágio do Estado Social o *direito posto*, embora preservando o *direito de ter* e a livre expansão do capital, adotou a postura de interventor nos conflitos sociais, promotor de conciliação e indutor democrático. Assumiu a humanização do Direito do Trabalho, suavizando os instrumentos de opressão da classe trabalhadora e atendendo várias das reivindicações históricas dos trabalhadores, inclusive no que se refere às demandas de distribuição das riquezas, de socialização da educação, de ampliação do direito à saúde do trabalhador e de garantir segurança no trabalho. Era a Social-Democracia contrapondo-se politicamente ao receituário comunista que conquistava os trabalhadores, tão bem simbolizada na Doutrina Social da Igreja (e na suas Encíclicas) e na criação da Organização Internacional do Trabalho (OIT) pela Comissão da Legislação Internacional do Trabalho, constituída pelo Tratado de Versalhes.

A lista evolutiva mostra que o Brasil também adotou a mesma política evolutiva em relação ao Direito do Trabalho. Inicialmente tentou a escravidão índia, consolidando, até o século XIX, o trabalho escravo pela cor como maior forma de apropriação da mão de obra. Viveu, ainda, as mesmas contestações ao *direito posto* e as proteções idênticas *ao direito de ter.* O *direito de ser* encontrou a proteção *rebelde* das representações dos trabalhadores que defendiam as ideologias que faziam do trabalho fator de dignidade humana e/ou fonte direta de poder.

História do velho continente não era diferente da que ocorria no Brasil que relacionava internacionalmente com as unidades fabris europeias e com os trabalhadores imigrantes italianos, espanhóis, alemães e portugueses. Vínculos que se comprovaram na influência socialista das entidades sindicais, na superação da fase em que a "questão social" era tratada como "caso de polícia", na rigidez do *direito posto* quanto ao direito de organização da classe trabalhadora e na visão conservadora quanto ao *direito de ser.* A cronologia comprova a influência da Igreja Católica na Consolidação das Leis Trabalhistas e os ares totalitários do Estado Novo respirados pelas autoridades brasileiras. Os dados provam que o direito ao trabalho no Brasil amadureceu nos conflitos sociais, avançou no tempo, conquistou espaço, agigantou-se em importância e passou a ser detentora de princípios próprios, notadamente quando ganhou densidade jurídica ao vestir a roupa legislativa da CLT.

# 6. O ESTADO DEMOCRÁTICO DE DIREITO

*A Constituição Federal de 1988 – fruto* de raro momento na vida da República – nasceu quando a nação queria de volta a liberdade roubada, sonhava com a igualdade ainda não conquistada e apostava na fraternidade como melhor forma de solução de conflitos. No dizer de Bernardo Cabral, seu relator e ex-presidente nacional da OAB, "a verdade é que a Constituição de 1988 não foi presente do governo ou dos constituintes. Não e não! Ela foi conquistada pelo povo, que, com bravura, resistindo ou lutando contra o autoritarismo, tornou inevitável o advento da nova e renovadora ordem constitucional.(14)"

A Constituição germinada do "representativo e oxigenado sopro de gente, de rua, de praça, de favela, de fábrica, de trabalhadores, de cozinheiras", atestou a sua própria "contemporaneidade e autenticidade social(15)". *Daí ter inscrito o Direito do Trabalho como princípio fundamental, constitucionalizando-se várias normas e princípios consolidados no avançar do tempo e das lutas para fazer do ser um direito posto. O Direito Coletivo do Trabalho foi elevado à condição de direito social e garantia fundamental, reconhecendo-se, dentre outros, a liberdade estatutária, a substituição processual, a validade das convenções e acordos coletivos de trabalho, a representação dos trabalhadores por empresa e o direito de greve. Essa transferência no direito posto é apontada pelo professor* Mauricio Godinho Delgado, quando afirma que "para a nova Constituição da República, tão ou mais importante do que a igualdade em sentido formal – que não desapareceu, é claro no período contemporâneo do Direito Constitucional, emerge a noção humanista e social de *igualdade em sentido material.(16)*"

Entretanto, passado o furor democrático da Constituição Federal, ou mesmo porque os preconceitos, conceitos e temores não se dissipam facilmente, aos poucos foram mantidos os velhos institutos criados para reduzir, impossibilitar ou fortalecer o Direito do Trabalho como instrumento garantidor do *direito de ser. Com o fim da Guerra Fria e a derrocada do comunismo simbolizado pelo fim da União Soviética, a teoria de que o Direito ao Trabalho era fator de dignidade humana perdeu uma de suas justificativas históricas. Livre da ameaça comunista, aproveitando-se das confusas reações das organizações sindicais à perda do paradigma ideológico, o capitalismo voltou a propor ao direito posto a retroação do Direito do Trabalho aos seus tempos pré-históricos. A coisificação da pessoa humana voltara à pauta do debate e do direito posto na legislação e nas decisões judiciais.*

*No Brasil, a legislação trabalhista de proteção individual ao trabalhador, especialmente a CLT, passou a ser constantemente atacada como ultrapassada, fascista e engessadora da competitividade das empresas.* Reforçou-se este argumento com a afirmação de que os custos sociais brasileiros estariam entre os mais elevados do mundo, impeditivo do aumento da produtividade e forte gerador de desemprego. Tudo isso refletido na versão da CLT imposta da Lei n. 13.467/17, que a fez ser apelidada, em razão da priorização do *direito de ter*, de Consolidação das Lesões Trabalhistas. O Poder Judiciário, em diversas decisões judiciais, passou a reduzir a importância constitucional do Direito do Trabalho, como anotou Fábio Konder Comparato: "em qualquer Estado, a ordem constitucional,

---

(14) CABRAL, Bernardo. *Os 25 anos da Constituição. Reflexões sobre a Constituição.* Uma homenagem da advocacia. OAB NACIONAL e Alumnus, 2013, p. 89.

(15) GUIMARÃES, Ulysses. *Anais da Constituinte,* Câmara dos Deputados, 05 de outubro de 1988.

(16) DELGADO, Mauricio Godinho. *Princípios Constitucionais do Trabalho e Princípios de Direito Individual e Coletivo do Trabalho.* 5. ed. São Paulo: LTr, 2017, p. 84-85.

longe de se reduzir ao texto normativo abstrato, compreende o direito concretamente em vigor, tal como ele é interpretado e aplicado pelas autoridades competentes, em função dos valores sociais que norteiam o grupo do poder soberano.[17]"

(17) COMPARATO, Fábio Konder. *Brasil*: verso e reverso constitucional, Democracia e Inclusão Social. Reflexões sobre a Constituição. Uma homenagem da advocacia, OAB NACIONAL e Alumnus, 2013, p. 188

# 7. CONCLUSÃO

A História não é estática, finita ou previsível. Tampouco evolui pelo simples impulso do tempo. Não! A história é vibrante, pulsa em variadas direções – rebelde, indisciplinada, desafiadora. E é contada e recontada de múltiplas formas. Destrói certezas, edifica e demole muralhas, faz pó de paradigmas que depois, qual fênix, podem até renascer mais fortalecidos. Grandes verdades restaram ruínas diante da História. A queda do muro de Berlim fez ruir a utopia de um mundo com igualdade, mas sem liberdade. A implosão do Templo de *Wall Street*, por sua vez, desnudou a farsa de que o liberalismo econômico é sinônimo de liberdade. Não pode haver liberdade, sem justiça social.

A História destruiu os pilares do comunismo e do capitalismo, acusando-os de nunca terem privilegiado a solidariedade, não terem praticado o que pregaram, pois o real *direito de ser* jamais foi a razão principal de suas ações, nunca esteve no centro de suas decisões. O lema "Liberdade, Igualdade e Fraternidade", da Revolução Francesa, resta inconcluso, perante a História, exatamente em face do desprezo dos governantes pelo quesito fraternidade e a priorização do *direito de ter*.

A grande tarefa do Estado Democrático de Direito, *posta* na promessa da Constituição Federal de 1988, será a de constitucionalizar o Brasil, rompendo a histórica preponderância do *direito de ter*, dando efetividade aos princípios fundamentais e sociais *postos* à disposição do *direito de ser*, especialmente o Direito de Trabalho como garantidor da dignidade da pessoa humana, fator de erradicação da miséria, promotor da igualdade material, garantidor de uma sociedade livre da exploração, ambientada no relacionamento fraterno e na função social da propriedade. A CLT não é estrangeira ou nacional, tampouco filha de qualquer teoria ou concessão piedosa de determinado grupo econômico que, gentilmente, flexibilizara o seu *direito de ter*. A CLT apenas consolidou os milenares conflitos entre o *direito de ter* e o de *ser* no mundo do trabalho. Daí porque em eterna mutação, uma legislação inacabada, salvo quando revogada a exploração da pessoa humana.

# REFERÊNCIAS

BOBBIO, Norberto. *Estado, Governo, Sociedade, para uma teoria geral da política*, Editora Paz e Terra, 14. ed., p. 13/14

BONAVIDES, Paulo. *Do Estado Liberal ao Estado Social*, Malheiros Editores, 8ª Edição, p. 184)

BRITTO, Cezar. *A contratação do advogado sindical* – Breve estudo. Ed. RTM, 2. ed., p 13.

CABRAL, Bernardo. *Os 25 anos da Constituição*. Reflexões sobre a Constituição. Uma homenagem da advocacia. OAB NACIONAL e Alumnus, 2013, p. 89

COMPARATO, Fábio Konder. *Brasil:* verso e reverso constitucional, Democracia e Inclusão Social. Reflexões sobre a Constituição. Uma homenagem da advocacia, OAB NACIONAL e Alumnus, 2013, p. 188

DELGADO, Mauricio Godinho. Funções do Direito do Trabalho no Capitalismo e na Democracia. *In*: DELGADO, M. G.; DELGADO, G. N. *Constituição da República e Direitos Fundamentais dignidade da pessoa humana, justiça social e Direito do Trabalho*. 4. ed. São Paulo: LTr, 2017, p. 76.

DELGADO, Mauricio Godinho. *Princípios Constitucionais do Trabalho e Princípios de Direito Individual e Coletivo do Trabalho*. 5. ed. São Paulo: LTr, 2017, p. 84-85.

GUIMARÃES, Ulysses, *Anais da Constituinte*, Câmara dos Deputados, 05 de outubro de 1988

HARNECKER, Marta; URIBE, Gabriela. *Exploração Capitalista*, Ed. Global, 1979, p. 70.

HOBSBAWM, Eric John Ernest. *Revolucionários*, Ed. Paz e Terra, 1982, p. 15

HUBERMAM, Leo. *História da riqueza dos homens*, Ed. Guanabara, 21. ed., 1986, p. 274

MIRANDA, Jorge. *Democracia e Inclusão Social. Reflexões sobre a Constituição*. Uma homenagem da advocacia. OAB NACIONAL e Alumnus, 2013, p. 147

PETITFLIS, Jean-Christian. *Os socialismos utópicos*, Zahar Editores, 1978, p. 128.

SOUZA, José. *A elite do atraso. Da escravidão à Lava-jato*. Ed. Leya, 2017, p. 13.

# OS DILEMAS DO PRINCÍPIO DA INTERVENÇÃO MÍNIMA DO ESTADO NA AUTONOMIA COLETIVA: EFEITOS DO ART. 8º, §3º, DA CLT

*Christianne Moreira Moraes Gurgel*[1]

**RESUMO:** O presente artigo tem como objeto a análise dos desafios enfrentados pelo princípio da intervenção mínima do estado na autonomia coletiva, estabelecido pela Lei 13.467/2017 (art. 8º, §3º, da CLT), além do impacto na análise judicial dos instrumentos coletivos, inclusive do negociado sobre o legislado. Investiga-se os parâmetros do sistema jurídico que este comando consolidado enfrenta, desde a inafastabilidade do controle jurisdicional, além dos elementos essenciais do negócio jurídico, em especial o **lícito objeto nas relações de** trabalho; seguindo para análise dos princípios da supremacia da ordem pública, da função social e do não retrocesso social. Por fim, aborda as diretrizes, estabelecidas pelo STF, em recente decisão que firmou a tese da supremacia do negociado sobre o legislado.

**Palavras-chave:**

- Intervenção mínima;
- Autonomia coletiva;
- Trabalho.

**Sumário:**



(1) Advogada. Vice-presidente (Ordem dos Advogados do Brasil - OAB-BA). Mestra em Direito do Trabalho (PUC-SP). Especialista em Direitos Humanos (UNEB/BA). Professora de Direito individual e coletivo do Trabalho (UCSal e UNIFACs). Diretora do Instituto dos Advogados da Bahia. Membro efetivo da Comissão Nacional de Direitos Humanos (OAB).

# 1. INTRODUÇÃO

De forma inédita, na história legislativa trabalhista, fora introduzido expressamente na CLT o princípio da intervenção mínima do Estado em face da autonomia da vontade coletiva laboral (§3º do art. 8º, inserido na CLT pela Lei n. 13.467/2017). O dispositivo celetista impõe que, no exame das normas coletivas trabalho, a Justiça do Trabalho deve analisar exclusivamente os elementos essenciais do negócio jurídico, respeitado o art.104 do CC/2002, orientando-se pelo princípio da intervenção mínima na autonomia da vontade coletiva.

Quais os dilemas que se apresentam diante desta novel regra celetista? A presente investigação teórica se inicia com abordagem acerca do impacto do princípio da intervenção mínima estatal na atuação judicante em face das normas coletivas laborais, ao seu lado, verifica-se a existência de outros dispositivos legais, impostos pelo legislador reformista de 2017, que também carregam distintivo do afastamento do Estado diante da autonomia privada coletiva laboral.

Após análise do impacto da novel regra celetista em evidência, o estudo segue para o exame dos dilemas decorrentes dos limites impostos ao exercício à atividade jurisdicional no exame das normas coletivas, inclusive ao negociado sobre o legislado.

O princípio da inafastabilidade do controle jurisdicional **é o primeiro princípio constitucional a ser confrontado com a regra celetista limitadora da atuação judicante.** Ao restringir a atuação do Judiciário trabalhista ao exame dos requisitos formais do negócio jurídico coletivo, desafiado encontra-se o princípio de acesso à justiça, mais precisamente o inciso XXXV do art. 5º, da Carta Magna.

Em seguida, são objeto de análise os elementos essenciais do negócio jurídico previsto no art. 104 do CC/2002, sob a perspectiva das normas coletivas de trabalho, em especial a licitude do objeto. Considerando a aplicação das regras que regulam negócio jurídico, a pesquisa avança acareando o multicitado art. 8º da CLT com os princípios da supremacia da ordem pública e da função social do contrato.

O princípio do não retrocesso social também é objeto do estudo como possível força normativa constitucional que autoriza o controle jurisdicional das normas coletivas de trabalho, mesmo diante do princípio da mínima intervenção estatal.

Caminhando para o final, o estudo aborda as diretrizes estabelecidas pelo STF, em recente decisão que firmou a tese da supremacia do negociado sobre o legislado, inclusive a garantia dos direitos absolutamente indisponíveis.

As controvérsias e debates sobre o tema se agitam e se desdobram no cenário jurídico do direito do trabalho e, decisivamente, ainda provocarão maiores reflexões e teses no meio jurídico.

## 2. O IMPACTO DO PRINCÍPIO DA INTERVENÇÃO MÍNIMA DO ESTADO NA AUTONOMIA DA VONTADE COLETIVA DE TRABALHO

A Lei n. 13.467/2017 introduziu expressamente na CLT o princípio da intervenção mínima do Estado em face da autonomia da vontade coletiva laboral, passando a estabelecer no §3º do art. 8º consolidado que:

> No exame de convenção coletiva ou acordo coletivo de trabalho, a Justiça do Trabalho analisará exclusivamente a conformidade dos elementos essenciais do negócio jurídico, respeitado o disposto no art.104 da Lei 10.406, de 10 de janeiro de 2002 (Código Civil), e balizará sua atuação pelo princípio da intervenção mínima na autonomia da vontade coletiva(2).

Ao lado do destacado dispositivo legal acima, revelam-se outros exemplos legais com distintivo da prevalência da autonomia coletiva privada e o afastamento do Estado, produzidos pela Lei n. 13.467/2017. Entre estas expressões ilustrativas, encontram-se: a prevalência do negociado sobre o legislado (art. 611-A, da CLT), a prevalência das condições do acordo coletivo de trabalho sobre as estipuladas em convenção coletiva de trabalho (art. 620, da CLT); a transformação da contribuição sindical de receita obrigatória para facultativa (578 e 579, da CLT), a vedação expressa da ultratividade dos instrumentos coletivos de labor (art. 614, §3º, da CLT).

Respeitando os diversos olhares e opiniões sobre as mudanças provocadas pela Reforma Trabalhista de 2017, inclusive sobre os ideais que orientaram o legislador reformista, constata-se que, essas visões sobre o tema, ora convergem com os propósitos liberais que, inegavelmente, avançam no mundo, ora divergem destes propósitos com fundamento no Estado do bem-estar social.

Avançando no tempo, e ainda inspirada no afastamento do Estado dos negócios jurídicos entre particulares, vale registrar que a Lei n. 13.874/2019, conhecida como Lei da Liberdade Econômica, alterou o art. 421 do CC/2002, fazendo constar no seu parágrafo único que:

> Parágrafo único. Nas relações contratuais privadas, prevalecerão o princípio da intervenção mínima e a excepcionalidade da revisão contratual(3).

Quanto à inclusão expressa do princípio da intervenção mínima no texto da CLT, objeto da pesquisa, ao analisar a regra do art. 8º da Consolidação das Leis do Trabalho, nota-se esta flagrante inspiração do legislador reformista no Direito Civil. Vejamos: o § 1º do art.8º preceitua que o direito comum é fonte subsidiária do Direito do Trabalho sem, entretanto, manter a ressalva que antes existia, ou seja, a exceção a esta regra na hipótese de incompatibilidade com o direito laboral. Transpor o direito comum para o âmbito do Direito do Trabalho, sem a prévia e necessária análise da compatibilidade normativa, como assinalam Thereza Nahas, Leone Pereira e Rafael

---

(2) BRASIL. *Lei n. 13.467*, de 13 de julho de 2017. Disponível em: https://www.planalto.gov.br/ccivil_03/_ato2015-2018/2017/lei/l13467.htm. Acesso em: 10 maio 2023.

(3) BRASIL. *Lei n. 10.406*, de 10 de janeiro de 2002. Institui o Código Civil. Disponível em: https://www.planalto.gov.br/ccivil_03/leis/2002/l10406compilada.htm. Acesso em: 12 set. 2022.

Miziara: "[...] é permitir uma possível desnaturação de seus princípios próprios e, por consequência, colocar em risco sua autonomia científica"[(4)].

Ainda avaliando as reformas introduzidas no art. 8º, pela Lei n. 13.467/2017, antes de chegar no §3º, percebe-se que o legislador buscou afastar o chamado ativismo judicial, quando, no seu §2º, prevê que, súmulas e outros enunciados de jurisprudência editados pelo Tribunal Superior do Trabalho (TST) e pelos Tribunais Regionais do Trabalho (TRT) não poderão restringir direitos legalmente previstos nem criar obrigações que não estejam previstas em lei. Pois bem, as significativas alterações do art.8º do diploma consolidado, pela reforma trabalhista de 2017, ocorreram diretamente nos institutos da integração do Direito Juslaboral, além da hermenêutica e intervenção do Judiciário trabalhista, com evidente objetivo de reduzir a intercessão do Estado-Juiz em face dos conflitos trabalhistas, em especial os conflitos coletivos, tanto assim que destacou dispositivo exclusivo para tanto.

Neste ensaio, entretanto, o foco encontra-se no §3º do art. 8º do diploma consolidado que, como introduzido acima, estabelece que no exame de convenção coletiva ou acordo coletivo de trabalho, a Justiça do Trabalho deve se ater exclusivamente na análise dos elementos essenciais do negócio jurídico, conforme disposto no CC/2002. E, expressamente, ainda impõe que a atuação judicial deve ser balizada pelo princípio da intervenção mínima na autonomia da vontade coletiva.

Por sua vez, a análise judicial das normas coletivas de trabalho, resultantes do negociado sobre o legislado, estão adstritos à observância do disposto desta regra do art.8º da CLT. Sim, pois no art. 611-A da CLT, que autoriza a prevalência do negociado sobre o legislado, em seu §1º, dispõe que no exame da convenção coletiva ou do acordo coletivo de trabalho, a Justiça do Trabalho observará o disposto no §3º do art. 8º da Consolidação. Sem dúvida, estendeu-se fortemente a arena de atuação da negociação coletiva de trabalho com a Reforma Trabalhista de 2017, inclusive com a prevalência do negociado sobre o legislado em face das tantas matérias listadas, de forma aberta, no art. 611-A da CLT.

Quanto a aplicação do princípio da intervenção mínima nas normas coletivas, em especial em face daquelas que se sobrepõem à Lei, impõe ao Judiciário atentar-se a sua compatibilidade ao sistema constitucional, ao lado dos princípios da liberdade sindical e às garantias que deles são originadas.

O §3º do art. 8º, do diploma consolidado, ao prever as hipóteses taxativas do controle judicial, limitando a atuação do Poder Judiciário aos elementos essenciais do negócio jurídico, na forma do art. 104 do CC/2002, provoca desafios em face a diversos princípios e institutos consolidados em nosso sistema jurídico.

No que tange à relação entre o princípio da intervenção mínima, autonomia da vontade coletiva e prestação jurisdicional, vale a reflexão apresentada por Sergio Paulo João:

> Ao tratar da intervenção mínima do Judiciário na autonomia da vontade coletiva, no nosso sentir, não se trata de impedir a prestação jurisdicional, mas de garantir que a autonomia da vontade seja a expressão dos interesses manifestados em assembleia, base fundamental e nuclear das relações coletivas do

(4) NAHAS, T.; PEREIRA, L.; MIZIARA, R. *CLT Comparada Urgente*: Breves Comentários, Regras & Aplicação e Mapas Conceituais dos Artigos Reformados. São Paulo: Revista dos Tribunais, dezembro 2017, p.63.

trabalho. Poderá, também, dar ensejo à interrupção do círculo vicioso em que a negociação coletiva seja revista pelo Judiciário trabalhista, que, considerando o sindicato frágil em sua composição associativa, desqualifica a norma coletiva.

Agora, deve valer a autonomia da vontade coletiva, e as entidades sindicais serão reconhecidas pela sua legitimidade por força da assembleia dos interessados(5).

Por sua vez, a Associação Nacional dos Magistrados da Justiça do Trabalho (ANAMATRA), tendo em pauta o presente tema na 2ª Jornada de Direito Material e Processual do Trabalho, editou a súmula 2, *in verbis*:

> 2 – Interpretação e aplicação da Lei n. 13.467/2017 os juízes do Trabalho, à maneira de todos os demais magistrados, em todos os ramos do judiciário, devem cumprir e fazer cumprir a constituição e as leis, o que importa no exercício do controle difuso de constitucionalidade e no controle de convencionalidade das leis, bem como no uso de todos os métodos de interpretação/aplicação disponíveis. Nessa medida: I – Reputa-se autoritária e antirrepublicana toda ação política, midiática, administrativa ou correicional que pretender imputar ao juiz do trabalho o 'dever' de interpretar a Lei n. 13.467/2017 de modo exclusivamente literal/gramatical. II – A interpretação judicial é atividade que tem por escopo o desvelamento do sentido e do alcance da lei trabalhista. É função primordial do poder judiciário trabalhista julgar as relações de trabalho e dizer o direito no caso concreto, observando o objetivo da república federativa do brasil de construir sociedade mais justa e igualitária. Exegese dos arts. 1º, 2º, 3º, 5º, inciso XXXV, 60 e 93, IX e 114 da CRFB. III – Inconstitucionalidade dos §§2º e 3º do art. 8º da CLT e do art. 611-A, §1º, da CLT. Será inconstitucional qualquer norma que colime restringir a função judicial de interpretação da lei ou imunizar o conteúdo dos acordos e convenções coletivas de trabalho da apreciação da justiça do trabalho, inclusive quanto à sua constitucionalidade, convencionalidade, legalidade e conformidade com a ordem pública social. Não se admite qualquer interpretação que possa elidir a garantia da inafastabilidade da jurisdição, ademais, por ofensa ao disposto no art.114, I, da CF/88 e por incompatibilidade com os princípios da separação dos poderes, do acesso à justiça e da independência funcional[6].

Percebe-se, pois, que a ANAMATRA concluiu pela inconstitucionalidade do §3º do art. 8 e art.611-A, §1º, da CLT, impossibilitando sua atuação, inclusive quanto conveniência, legalidade e conformidade com a ordem pública e social.

As instigações decorrentes do impacto do princípio da intervenção mínima, ao ordenamento jurídico, são resultados da imposição dos limites ao exercício à atividade jurisdicional no exame das normas coletivas, inclusive ao negociado sobre o legislado. Propõe-se, então, o enfrentamento destas provocações e controvérsias, a partir do exame dos institutos e princípios, a seguir expostos.

---

(5) JOÃO, S. P. A intervenção mínima do Judiciário na autonomia da vontade coletiva. *Migalhas*, 2018. Disponível em: https://www.migalhas.com.br/depeso/286695/a-intervencao-minima-do-judiciario-naautonomia-da-vontade-coletiva. Acesso em: 22 jul. 2020.

(6) ENUNCIADO 2. *Interpretação e aplicação da Lei n. 13.467/2017*. Disponível em: https://www.anamatra.org.br/attachments/article/27175/livreto_RT_Jornada_19_Conamat_site.pdf. Acesso em: 25 jun. 2022.

## 3. O §3º DO ART. 8º DA CLT DESAFIA A INAFASTABILIDADE DO CONTROLE JURISDICIONAL?

Ao restringir a atuação do Judiciário trabalhista, limitando ao exame dos requisitos formais do negócio jurídico coletivo, inclusive do negociado sobre o legislado, há que se buscar se a regra celetista encontra óbice no princípio de acesso à justiça, mais precisamente, na sua vertente de inafastabilidade do controle jurisdicional (art. 5º, XXXV, da CF/1988).

Uma das basilares funções do processo judicial é evitar obstáculos ao acesso à justiça e, de forma especial, nas demandas que envolvem os trabalhadores e trabalhadoras, em face da relação jurídica de desigualdade que experimentam.

O caráter universal do acesso à justiça se extrai da própria Declaração Universal de Direitos Humanos que, no seu art. 8º, dispõe que todas as pessoas têm direito a um recurso efetivo dado pelos tribunais nacionais competentes contra os atos que violam os seus direitos fundamentais reconhecidos pela Constituição ou pela lei. Esta previsão na Declaração de 1948 impõe-se, fundamentalmente, perante os Estados para que tornem a prestação jurisdicional efetiva, um serviço do judiciário materializado por meio do processo que, além de solucionar a lide, realize justiça.

Em breve comparação das previsões constitucionais, acerca do acesso à justiça, percebe-se que a Constituição do Brasil de 1967 previu que a lei não poderia excluir da apreciação do poder judiciário qualquer lesão de direito individual (art. 150, §4º), limitando então aos direitos classificados como individuais. Já a Constituição de 1988, ao estabelecer o acesso à justiça como direito fundamental, o resguardou como cláusula pétrea. Ao inserir o acesso à justiça no Título dos direitos e garantias fundamentais, e no capítulo dos direitos individuais e coletivos, assegurou a inafastabilidade do Poder Judiciário em face de lesão ou ameaça a direito, sem classificá-lo, como o fez a de 1967.

Consoante Carlos Henrique Bezerra Leite, no que tange à interpretação do processo no Estado Democrático de Direito brasileiro:

> [...] há de ser interpretado e aplicado com âncora nos princípios constitucionais de acesso à justiça, insculpidos no Título II – Dos Direitos e Garantias Fundamentais, Capítulo I – Dos Direitos e Deveres Individuais e Coletivas, especialmente: o da indeclinabilidade da jurisdição (CF, art. 5º, XXXV, o do devido processo legal/justo (idem, incisos LIV e L), ampla defesa (autor e réu) e contraditório, duração razoável do processo (idem, inciso LXXVII)(7).

Na atual Constituição da República, o direito fundamental de acesso à justiça se expressa por meio de duas vertentes. A primeira está consagrada no inciso LXXIV, do art. 5º, ou seja, a garantia de assistência judiciária integral gratuita aos necessitados. A segunda vertente, por sua vez, e que ora interessa, expressa-se na inafastabilidade da jurisdição, previsto no inciso XXXV do mesmo artigo. Ambos os dispositivos pertencem ao "núcleo duro" da Constituição Federal, alcançando o sentido integral da sua significação.

A 1ª Convenção Interamericana sobre Direitos Humanos de São José da Costa Rica, ratificada pelo Brasil, assim garante no seu artigo 8º:

---

(7) LEITE, C. H. B. *Manual de Direitos Humanos*. 3. ed. São Paulo: Atlas, 2014, p. 158.

> Art. 8º. Toda pessoa tem direito de ser ouvida, com as garantias e dentro de um prazo razoável, por um juiz ou tribunal competente, independente e imparcial, estabelecido anteriormente por lei, na apuração de qualquer acusação penal contra ela, ou para que se determinem seus direitos ou obrigações de natureza civil, trabalhista, fiscal ou de qualquer natureza[(8)].

A importância do Poder Judiciário na garantia do acesso à justiça é evidenciada por Maria Tereza Sadek, em suas pesquisas empíricas: "Os direitos são letra morta na ausência de instâncias que garantam o seu cumprimento"[(9)]. Entende, ainda que, a partir desse ponto de vista, o Judiciário exerce papel central, pois lhe cabe a garantia e efetivação dos direitos, sendo legítimo afirmar que o Judiciário é principal guardião das liberdades e da cidadania.

A Lei n. 13.467/2017, ao limitar o controle judicial no exame das normas coletivas de trabalho, destacando a prevalência do princípio da intervenção mínima estatal na autonomia da vontade coletiva, provocou a inafastabilidade da jurisdição ao debate, surgindo controvertidos entendimentos dos segmentos jurídicos.

Entendimento surgiu no sentido de que a Reforma Trabalhista valorizou o princípio da autonomia privada coletiva de trabalho, aliando-se a este fundamento o de que havia, na verdade, uma preocupação do legislador reformista com a segurança jurídica nas relações coletivas laborais, evitando-se o conflito judicial e o ativismo judicial.

Por outro lado, fundamentos como violação ao princípio da inafastabilidade do Poder Judiciário (art. 5º, inciso XXXV) e ao princípio da separação de poderes (art. 2º), também se tornaram fortes no cenário.

A Ordem dos Advogados do Brasil (OAB), ao analisar as propostas da Reforma Trabalhista, concluiu pela inconstitucionalidade do princípio da intervenção mínima na autonomia da vontade coletiva (art. 8º, §3º, e art.611-A, §1º, CLT), vejamos:

> [...] a proposta tenta restringir o exame, pela Justiça do Trabalho, do conteúdo de convenções e acordos coletivos, limitando essa análise, exclusivamente, aos requisitos formais do negócio jurídico, previstos no Código Civil, criando o "princípio da intervenção mínima na autonomia da vontade coletiva".
>
> [...] Trata-se de dispositivo inconstitucional, haja vista a Constituição Federal determinar que "a lei não excluirá da apreciação do Poder Judiciário lesão ou ameaça a direito" (art. 5º, XXXV). (Acesso a justiça – inconstitucional)(10).

Na 2ª Jornada de Direito Material e Processual do Trabalho (2017), a ANAMATRA levou o tema em destaque à discussão e, ao final, concluiu, por meio do Enunciado 2, que os juízes do Trabalho, à maneira de todos os demais magistrados, em todos os ramos do Judiciário, devem cumprir e fazer cumprir a Constituição e as Leis, o que importa no exercício do controle difuso de constitucionalidade e no controle de convencionalidade das Leis, considerando inconstitucionais os §2º e do §3º do artigo 8º da CLT e o art.611-A, §1º, também da CLT, e qualquer norma que colime restringir a função judicial de interpretação da Lei ou imunizar o conteúdo

---

(8) CONVENÇÃO AMERICANA DE DIREITOS HUMANOS (1969). *Pacto de San José da Costa Rica*. San José de Costa Rica, em 22.11.1969 - ratificada pelo Brasil em 25.09.1992. Disponível em: <https://www.pge.sp.gov.br/centrodeestudos/bibliotecavirtual/instrumentos/sanjose.htm>. Acesso em: 25 jun.2020.

(9) SADEK, M. T. (org.). *Acesso à Justiça*. São Paulo: Fundação Konrad Adenauer, 2001.

(10) OAB aponta inconstitucionalidades no texto da Reforma Trabalhista. *FENAVENPRO*. 2017. Disponível em: http://fenavenpro.org.br/2017/07/03/oab-aponta-inconstitucionalidades-no-texto-dareforma-trabalhista/. Acesso em: 10 jan. 2018.

dos acordos e convenções coletivas de trabalho da apreciação da Justiça do Trabalho, por não admitir qualquer interpretação que possa elidir a garantia da inafastabilidade da jurisdição, e ao disposto no art.114, da CF/88.

Assim, a previsão consolidada encontra desarmonia com a garantia da inafastabilidade do controle jurisdicional. Cabendo ao Poder Judiciário emprestar os devidos contornos e ajustes ao princípio da intervenção mínima que alcança prevista ao art. 8º, §3º e que, de forma expressa, alcança o art. 611-A, §1º, CLT, devendo atentar-se à sua compatibilidade ao sistema constitucional.

# 4. OS ELEMENTOS ESSENCIAIS DO NEGÓCIO JURÍDICO

Como já examinado em linhas pretéritas, a Lei n. 13.467/2017, por meio dos parágrafos do art. 8º da CLT, prestigiou o Direito Civil no âmbito juslaboral, inclusive processual e, neste contexto, o §1º do art. 8º da CLT restringe a atividade judicante à exclusiva análise dos elementos essenciais do negócio jurídico previstos no art. 104 do CC/2002, ou seja, agente capaz, objeto lícito, possível, determinado ou determinável e forma prescrita ou não defesa em lei.

Quanto ao elemento capacidade, no âmbito coletivo de trabalho, tratar-se-á da regular representatividade da entidade sindical. As normas coletivas de trabalho enquadram-se na espécie de negócio jurídico por representação legal, uma vez que são chancelados por entes representantes de uma coletividade. Os sujeitos coletivos são: entidades sindicais da categoria profissional e da categoria econômica e uma ou mais empresas.

O CC/2002 disciplina que: a manifestação de vontade pelo representante, nos limites de seus poderes, produz efeitos em relação ao representado; que é anulável o negócio jurídico que o representante, no seu interesse ou por conta de outrem, celebrar consigo mesmo, salvo se permitir a lei ou o representado. Demais disso, a regra civilista determina que o representante é obrigado a provar às pessoas, com quem tratar em nome do representado, a sua qualidade e a extensão de seus poderes, sob pena de, não o fazendo, responder pelos atos que a estes excederem.

A legitimidade sindical de representação tem base no inciso III do art. 8º da Constituição da República, ao prever que ao sindicato cabe a defesa dos direitos e interesses coletivos ou individuais da categoria, inclusive em questões judiciais ou administrativas. Conforme leciona Paulo Sergio João:

> [...] o sindicato sempre foi o agente capaz na forma do artigo 104 do Código Civil. Essa capacidade, em se tratando de direito coletivo, não é adquirida pelo monopólio da representação formal que é imposta pela Constituição Federal (artigo 8º, VI), mas pela assembleia dos interessados que autoriza a materialização da vontade coletiva em acordo ou convenção coletiva. Pode-se dizer que o sindicato não age de forma autônoma, mas por meio dos representados e com eles se confunde na expressão dos seus interesses[11].

Ainda tratando do elemento da capacidade, o autor em evidência registra que a intervenção mínima do Judiciário na autonomia da vontade coletiva, não se destina a impedir a prestação jurisdicional, mas de garantir que a autonomia da vontade seja a expressão dos interesses manifestados em assembleia, base fundamental e nuclear das relações coletivas do trabalho. Completa o autor que a mencionada intervenção mínima:

> Poderá dar ensejo à interrupção do círculo vicioso em que a negociação coletiva seja revista pelo Judiciário trabalhista, que, considerando o sindicato frágil em sua composição associativa, desqualifica a norma coletiva.

(11) JOÃO, P. S. A intervenção mínima do Judiciário na autonomia da vontade coletiva. *Conjur*, 2018. Disponível em: https://www.conjur.com.br/2018-ago-24/reflexoes-trabalhistas-intervencaominima-judiciario-autonomia-vontade-coletiva. Acesso em: 24 jun. 2020.

Agora, deve valer a autonomia da vontade coletiva, e as entidades sindicais serão reconhecidas pela sua legitimidade por força da assembleia dos interessados[12].

Em outro giro, o art. 104 do CC/2002 condiciona a validade do negócio jurídico à "forma prescrita ou não defesa em lei", o que encaminha à observância dos requisitos indispensáveis para formalização dos acordos e convenções coletivas de trabalho. Dentre outros requisitos formais, previstos na Consolidação das Leis do Trabalho, encontra-se a previsão de que os Sindicatos só poderão celebrar normas coletivas de trabalho, por deliberação em Assembleia Geral, especialmente convocada para esse fim, como disposto nos respectivos Estatutos.

A CLT impõe cláusulas obrigatórias às convenções e acordos coletivos, como a designação dos Sindicatos convenentes ou sindicatos e empresas acordantes; o prazo de vigência da norma e a expressa categoria de trabalhadores por ela abrangidas; além das condições ajustadas, as formas de conciliação das divergências, porventura existente; exigindo ainda disposições acerca do processo da prorrogação e revisão das condições do respectivo instrumento coletivo; bem como sobre direitos e deveres dos empregados e empresas e as penalidades para os convenentes ou acordantes, em caso de violação de seus dispositivos. Não se confundindo com o acordo individual de trabalho, e sim ao contrário deste, as convenções e os acordos devem ser realizados na forma escrita, sem emendas nem rasuras, em tantas vias quantos forem os Sindicatos convenentes ou as empresas acordantes, além de uma destinada ao devido registro.

Ao lado destas regras, devem ser observadas aquelas extraídas do próprio estatuto dos sindicatos envolvidos, pois, conforme o caso, há possibilidade de regulamentações de formalidades especiais para a validade dos negócios jurídicos resultantes das suas atuações, inclusive na sua função normativa. Quanto ao objeto lícito, possível, determinado ou determinável, as contendas são maiores no ambiente jurídico.

Como visto, a listagem das matérias que estão sob o campo de atuação normativa das entidades sindicais encontra-se de forma ampla no art. 611-A. Já no que diz respeito às matérias que se enquadram como objeto ilícito e, dessa forma, permitem que o Poder Judiciário trabalhista intervenha para declarar a nulidade do negócio jurídico, o legislador reformista de 2017 relacionou, em hipóteses fechadas, os respectivos direitos que não podem ser suprimidos ou restringidos (art. 611-B da CLT).

São diversificadas e inúmeras as espécies de conflitos oriundos da própria dinâmica e especialidade das relações laborais que, inclusive, envolvem situações que pedem amparo na CF/1988. Por sua vez, no Direito Coletivo, existem as particularidades das categorias profissionais e econômicas envolvidas na relação. Cada uma com suas necessidades e interesses que, sem embargos, vão além do patrimônio material, compreendendo intenso patrimônio moral dos trabalhadores representados. Nota-se que, por força das especificidades de cada profissão, as necessidades envolvidas podem refletir no respeito à dignidade humana ou no valor social do trabalho.

Para Luciano Martinez, "o magistrado tem a liberdade de ir além na defesa dos postulados constitucionais, ainda que se valha do argumento de que, para tal análise, cabe-lhe dizer se há ou não licitude no objeto do contrato"[13]. O autor avança ainda no sentido de que o Juiz "não deve impedir o lícito desejar dos contratantes coletivos,

---

(12) *Ibidem.*

(13) MARTINEZ, L. *Reforma trabalhista:* entenda o que mudou. São Paulo: Saraiva, 2018, p. 185.

mas, em nome disso, não pode, sob esse pretexto, fechar os olhos para violações aos direitos fundamentais ou ainda aos direitos de terceiros"[14].

Vale lembrar que, no que tange à interpretação do negócio jurídico, deve lhe atribuir o sentido que corresponder à boa-fé, conforme determinação prevista no art. 113 do CC/2002. O princípio da boa-fé é norte, obrigatório, para os sujeitos contratantes, em todas as etapas do ajuste, como reza o art. 442 do CC/2002: "Os contratantes são obrigados a guardar, assim na conclusão do contrato, como em sua execução, os princípios de probidade e boa-fé" [15].

Por todo exposto, a adequação dos elementos essenciais do negócio jurídico deve passar, necessariamente, pela triagem da boa-fé objetiva, o que, de certa forma, autoriza impor limites à vontade das entidades coletivas convenentes ou acordantes. Ao lado disso, a atuação interpretativa do aplicador do Direito, o Estado/Juiz, ainda que tenha o dever de prestigiar a vontade coletiva, não está a salvo de confrontar a referida norma com os demais elementos de compatibilidade, com os valores e regras constitucionais, além dos tratados e convenções internacionais que fazem parte de um amplo espectro dos direitos fundamentais do trabalho.

(14) *Ibidem.*
(15) BRASIL. *Lei n. 10.406*, de 10 de janeiro de 2002. Institui o Código Civil. Disponível em: https://www.planalto.gov.br/ccivil_03/leis/2002/l10406compilada.htm. Acesso em: 12 maio 2023.

## 5. OS PRINCÍPIOS DA SUPREMACIA DA ORDEM PÚBLICA E DA FUNÇÃO SOCIAL

Mesmo diante da limitação imposta pela Lei n. 13.467/2017, no que tange à análise material das normas coletivas pela Justiça do Trabalho, não há como se afastar dos princípios da supremacia da ordem pública e da função social do contrato.

Neste sentido, afirma Silvio Rodrigues que: "A ideia de ordem pública é constituída por aquele conjunto de interesses jurídicos e morais que incumbe à sociedade preservar. Por conseguinte, os princípios de ordem pública não podem ser alterados por convenção entre os particulares"(16).

Analisando o arcabouço legislativo, depreende-se que, o art.5º da Lei de Introdução ao CC/2002, estabelece que "na aplicação da lei, o juiz atenderá aos fins sociais a que ela se dirige e às exigências do bem comum"(17). O parágrafo único do art. 2.035, do CC/2002, expressa o princípio da supremacia da ordem pública, quando estabelece que nenhuma convenção prevalecerá se contrariar preceitos de ordem pública. Por sua vez, o Código de Processo Civil, no seu art. 8º, dispõe que, ao aplicar o ordenamento jurídico, o juiz atenderá aos fins sociais e às exigências do bem comum, resguardando e promovendo, dentre outros, a dignidade da pessoa humana.

Agregue-se ao conjunto legislativo dos dispositivos supra, agora de forma específica no que tange ao negócio jurídico, a previsão da função social no caput do art. 421, ao tratar da liberdade contratual e a prevalência do princípio da intervenção mínima no seu parágrafo único:

> Art. 421- A liberdade contratual será exercida nos limites da função social do contrato.
>
> Parágrafo único. Nas relações contratuais privadas, prevalecerão o princípio da intervenção mínima e a excepcionalidade da revisão contratual(18).

Acrescente-se que, diante de um negócio jurídico com objetivo de fraudar lei imperativa, permite-se a possibilidade de haver uma entrega jurisdicional de declaração de nulidade deste negócio, conforme art. 166 do CC/2002 que assim dispõe no seu inciso VI:

> Art.166. É nulo o negócio jurídico quando: [...]
>
> *VI - tiver por objetivo fraudar lei imperativa;* (grifo não original)(19).

*Ex positis*, diante das regras que regulam negócio jurídico, a aplicação do princípio da intervenção mínima, previsto no art. 8° da CLT, deve se orientar pelos princípios da supremacia da ordem pública, da função social, além da boa-fé objetiva, como visto.

---

(16) RODRIGUES, S. *Direito Civil:* dos Contratos e das Declarações Unilaterais. São Paulo: Saraiva, 2003, p.16.

(17) NAHAS, T.; PEREIRA, L.; MIZIARA, R. *CLT Comparada Urgente*. Breves Comentários, Regras & Aplicação e Mapas Conceituais dos Artigos Reformados. São Paulo: Revista dos Tribunais, dez.2017, p.63.

(18) BRASIL. *Lei n. 10.406,* de 10 de janeiro de 2002. Institui o Código Civil. Disponível em: https://www.planalto.gov.br/ccivil_03/leis/2002/l10406compilada.htm. Acesso em: 12 maio 2023.

(19) *Idem.*

# 6. O PRINCÍPIO DO NÃO RETROCESSO SOCIAL

Vale registrar que o princípio do não retrocesso social, também versado como princípio da proibição da regressividade ou, ainda, da progressividade social, é um dos maiores fundamentos teóricos no Direito interno e internacional, com predominância no complexo dos direitos sociais.

Como se pronunciou o Ministro Celso de Mello, em julgamento no Supremo Tribunal Federal (STF), o princípio do não retrocesso social impede "que sejam desconstituídas as conquistas já alcançadas pelo cidadão ou pela formação social em que ele vive"[(20)] e, que, o Estado, após haver reconhecido os direitos prestacionais, assume o dever não só de torná-los efetivos, mas, também, se obriga, sob pena de transgressão ao texto constitucional, a preservá-los, abstendo-se de frustrar – mediante supressão total ou parcial – os direitos sociais já concretizados.

Uma das manifestações da progressividade social é extraída do art. 5º, §2º, da Constituição da República, ao estabelecer que:

> Art. 5º. [...]
>
> §2º. Os direitos e garantias expressos nesta Constituição não excluem outros decorrentes do regime e dos princípios por ela adotados ou dos tratados internacionais em que a República Federativa do Brasil seja parte[(21)].

Em razão da sua superioridade hierárquica, a regra constitucional orienta todo ordenamento jurídico.

No Direito Constitucional do Trabalho, o princípio do não retrocesso se revela no art. 7º, da Constituição da República, quando relaciona, nos seus 34 incisos, direitos dos trabalhadores urbanos e rurais, ao mesmo tempo em que invoca outros direitos que visam à melhoria de sua condição social. De igual forma, em face da altura constitucional que se encontra, o princípio da progressão social se coloca em posição informadora, descritiva, interpretativa e normativa no Direito do Trabalho. Assim, o multicitado princípio invoca abertura para novos direitos e melhores condições de trabalho pela via da negociação coletiva, desde que observado o mínimo civilizatório.

Sobre o tema, Lênio Streck considera o princípio de vedação ao retrocesso social como cláusula que se encontra implícita no texto constitucional brasileiro, assevera que:

> [...] esse princípio deve regular qualquer processo de reforma da constituição. Nenhuma emenda constitucional, por mais que formalmente lícita, pode ocasionar retrocesso social. Essa cláusula paira sobre o Estado Democrático de Direito como garantidora de conquistas. Ou seja, a Constituição, além de apontar para o futuro, assegura as conquistas já estabelecidas. Por ser um princípio, tem aplicação na totalidade do processo aplicativo do Direito[(22)].

---

(20) SARLET, I. W. O Estado Social de Direito, a Proibição de Retrocesso e a Garantia Fundamental da Propriedade. *In*: *Revista Eletrônica sobre a Reforma do Estado (RERE)*. Salvador, Instituto Brasileiro de Direito Público, n. 9, março/abril/maio, 2007. ARE 639337 AgR, Relator (a): Min. CELSO DE MELLO, Segunda Turma, julgado em 23/08/2011, DJe-177 Divulg. 14-09-2011 Public. 15-09-2011 Ement. Vol.-02587-01 PP-00125).

(21) BRASIL. Constituição Federal de 1988. Constituição da República Federativa do Brasil: promulgada em 5 de outubro de 1988. *Vade Mecum*. 35. ed. São Paulo: Saraiva, 2023.

(22) STRECK, L. L. *Jurisdição constitucional e hermenêutica:* uma nova crítica do direito. 2. ed. Rio de Janeiro: Forense, 2004, p.706.

Para Christian Courtis[23] para identificar a exigência de proibição de retrocesso nos citados Pactos Internacionais, a vedação à regressividade encontra suporte teórico tanto no Direito Internacional dos Direitos Humanos como no Direito Constitucional doméstico. O autor argentino divide as materializações do retrocesso em duas: regressividade de resultados e a regressividade normativa.

No Direito Internacional, o impedimento de retrocesso na garantia e salvaguarda dos direitos fundamentais encontra-se em Tratados Internacionais, como o Pacto Internacional sobre Direitos Civil e Políticos (art. 5º, §§1º e 2º), o Pacto Internacional sobre Direitos Econômicos, Sociais e Culturais (art. 5º, §§1º e 2º).

A Convenção Americana sobre Direitos Humanos, também conhecida como Pacto de São José da Costa Rica, ratificado em 1992 pelo Brasil, estabelece no seu art. 29 as formas de interpretação da Convenção, determinando a impossibilidade de supressão ou limitação do gozo de direitos e liberdades nela reconhecidos.

Há que se confrontar o disposto no art. 8º, §3º, da CLT com o art. 2.1 do Pacto Internacional sobre Direitos Econômicos, Sociais e Culturais que, por sua vez, assim prevê:

> Cada um dos Estados Partes do presente Pacto compromete-se a adotar medidas, tanto individualmente como mediante a assistência e cooperação internacionais, até o máximo de recursos que disponha, para alcançar progressivamente, por todos os meios apropriados, incluindo em particular a adoção de medidas legislativas, à plena realização dos direitos reconhecidos aqui[24].

Dessa forma, em face da intervenção mínima do estado aplicada ao Judiciário na análise de normas coletivas de trabalho, a possibilidade de redução da potencialidade de um direito social fundamental já garantido, o princípio do não retrocesso social surge com forca normativa constitucional que autoriza o controle jurisdicional.

---

(23) COURTIS, C. La prohibición de regressividad en materia de derechos sociales: apuntes introductorios. *In*: COURTIS, C. (Comp.), *Ni um paso atrás – La prohibición de regressividad en materia de derechos sociales*. Buenos Aires: Del Puerto, 2006, p. 3.836, RJLB, ano 1 (2015), n. 2.

(24) ONU. Pacto Internacional dos Direitos Econômicos, Sociais e Culturais - 1966. Disponível em: https://www.oas.org/dil/port/1966%20Pacto%20Internacional%20sobre%20os%20Direitos%20Econ%C3%B3micos,%20Sociais%20e%20Culturais.pdf. Acesso em: 05 jul. 2020.

## 7. A SUPREMACIA DO NEGOCIADO SOBRE O LEGISLADO - BALIZAS DO STF: OS DIREITOS ABSOLUTAMENTE INDISPONÍVEIS

Tendo em vista a total convergência com o objeto de estudo, posto que o art. 611-A encontra-se sob a égide do princípio da intervenção mínima do estado, imperativo se faz anotar recente decisão do STF que reafirmou a supremacia do negociado sobre o legislador.

Ao julgar o Recurso Extraordinário com Agravo (ARE) 1121633, com repercussão geral reconhecida (Tema 1.046), o STF fixou a seguinte tese:

> São constitucionais os acordos e as convenções coletivas que, ao considerarem a adequação setorial negociada, pactuem limitações ou afastamentos de direitos trabalhistas, independentemente da explicitação especificada de vantagens compensatórias, desde que respeitados os direitos absolutamente indisponíveis(25).

Restou assentado que a supressão ou redução deve, em qualquer caso, respeitar os direitos absolutamente indisponíveis. Salvaguardando as cláusulas que integram um patamar civilizatório mínimo. No referido julgamento, fora feito um resgate histórico e significado particular das negociações coletivas na Constituição Federal de 88, dando destaque à autonomia negocial coletiva.

Ainda objeto de análise a estatura constitucional da força normativa dos acordos e convenções coletivas e as diretrizes para intervenção judicial, asseverando que o constituinte prestigiou as normas coletivas de forma enfática reconhecendo-as como direito fundamental dos trabalhadores e considerando-as instrumento essencial da relação laboral.

O STF, na refeito no referido julgamento, estabeleceu três balizas para revisão judicial de normas coletivas, a seguir indicadas: 1) O princípio da equivalência entre os negociantes. Inaplicabilidade do princípio protético ou da primazia da realidade. Neste item, foi destacado que é inviável a interpretação de normas coletivas com fundamento em princípios do direito individual do trabalho; 2) A segunda diretriz aponta para a teoria do conglobamento na apreciação de normas coletivas. Apontando pela impossibilidade de interpretação baseada na dissecação de compensações individuais. Em síntese, entendeu a Corte Suprema não ser possível análise de determinada cláusula sem levar em conta o conjunto do negociado; e 3) A terceira baliza apontada para a disponibilidade ampla dos direitos trabalhistas em normas coletivas, resguardado o patamar mínimo se civilizatório mínimo. Necessária observância na revisão judicial de que a redução a limitação dos direitos trabalhistas por acordos coletivos deve, em qualquer caso, respeitar os direitos absolutamente indisponíveis, constitucionalmente assegurados. O acordo coletivo e a convenção coletiva só podem tratar de parcelas justrabalhistas de indisponibilidade relativa.

Ainda nesta terceira diretriz, destacou-se o princípio da adequação setorial negociada, no sentido em que autonomia coletiva deve ser a este conjugada, definindo

---

(25) SÉRGIO, J. Tema 1.046 do STF: limites do negociado sobre o legislado. *Revista Consultor Jurídico*, 7 out. 2022. Disponível em: https://www.conjur.com.br/2022-out-07/reflexoes-trabalhistas-tema-1046-stf-limites-negociado-legislado. Acesso em: 05 jul. 2021.

a importância de harmonização do interesse das partes da negociação com o sistema normativo e heterônomo estatal.

Por fim, vale ressaltar, que a decisão aponta como direitos absolutamente indisponíveis, em linhas gerais, como sendo: as normas constitucionais, as normas de tratados e convenções internacionais e, por fim, as normas que, mesmo sendo infraconstitucionais, asseguram garantias mínimas de cidadania os trabalhadores.

# 8. CONCLUSÃO

A proposta metodológica foi utilizada por meio da pesquisa bibliográfica dos temas abordados, por meio da doutrina clássica, de autores contemporâneos, da devida pesquisa legislativa, das análises dos julgados do TST e do STF, de opiniões publicadas pelos principais órgãos, como Associação Nacional dos Magistrados do Trabalho e, também, de estudos das Convenções da Organização Internacional do Trabalho e outros organismos do sistema da Organização das Nações Unidas.

Como visto, a Lei n. 13.467/2017, conhecida como reforma trabalhista, impulsionou significativas mudanças no cenário do Direito Coletivo do Trabalho. Entre elas, de forma inédita na história legislativa trabalhista, introduziu expressamente na CLT o princípio da intervenção mínima do Estado em face da autonomia da vontade coletiva laboral, passando a estabelecer no §3º do art. 8º consolidado que, no exame de convenção coletiva ou acordo coletivo de trabalho, a Justiça do Trabalho analisará exclusivamente a conformidade dos elementos essenciais do negócio jurídico, conforme disposto no art. 104 CC, devendo balizar sua atuação pelo princípio da intervenção mínima na autonomia da vontade coletiva.

Foi averiguado, que o princípio da intervenção mínima deve se curvar à necessária compatibilização com normas e princípios constitucionais, além de regras que regem o próprio negócio jurídico, com regulamentação no CC/2002.

Na sua atuação interpretativa, o Estado/Juiz tem o dever de confrontar a norma coletiva com os valores e regras constitucionais, com as convenções internacionais e demais elementos de compatibilidade do conjunto de direitos fundamentais do trabalho.

Ainda restou verificado que a regra de restrição na atuação do Judiciário trabalhista, em destaque, desafia os princípios constitucionais da inafastabilidade do controle jurisdicional e da separação dos poderes.

Além disso, necessário considerar que, em razão do princípio constitucional da vedação do retrocesso social, as normas coletivas de trabalho apresentam-se como instrumentos de melhoria da condição social dos trabalhadores. A sua função prejudicial encontra-se autorizada, excepcionalmente, para garantir a adequação das respectivas relações laborais. Sob este enfoque, seja no modo incidental em reclamação trabalhista individual ou por meio de ação anulatória, a validade das cláusulas das normas coletivas de trabalho está sujeita à análise do Poder Judiciário.

Outro desafio à intervenção mínima, constante no texto celetista, refere-se à supremacia da ordem pública como norma cogente, que tem reflexo em todo ordenamento jurídico, inclusive no acordo coletivo e na convenção coletiva de trabalho. Negócios jurídicos que são, estes instrumentos coletivos encontram-se sob os limites do princípio da supremacia da ordem pública. Além disso, propondo-se a reduzir a potencialidade de um direito social fundamental já assegurado, as normas coletivas desafiam cláusula que se encontra sob o manto constitucional, o que também autoriza o controle jurisdicional.

Verificou-se, ainda, que entendimento recente do STF, acerca da supremacia do negociado sobre legislado, impõe a intangibilidade dos direitos considerados absolutamente indisponíveis que, em linhas gerais, são: as normas constitucionais, as normas de tratados e convenções internacionais e, por fim, as normas que, mesmo sendo infraconstitucionais, asseguram garantias mínimas de cidadania os trabalhadores. Podendo servir de baliza para análise da ilicitude do objeto do negócio jurídico que se presta norma coletiva de trabalho que encontra-se sob atuação judicial.

Resta o convencimento de que o presente estudo não encerra o debate sobre a temática, porém abre a possibilidade de aumento das discussões relevantes e outras investigações sobre o assunto proposto, inclusive entendimentos futuros dos Tribunais do Trabalho e do STF sobre a repercussão quanto a dimensão da novel regra prevista no §3º do art. 8º, da CLT.

# REFERÊNCIAS


BRASIL. *Constituição Federal de 1988*. Constituição da República Federativa do Brasil: promulgada em 5 de outubro de 1988. Vade Mecum. 35. ed. São Paulo: Saraiva, 2023.

BRASIL. *Lei n.10.406, de 10 de janeiro de 2002*. Institui o Código Civil. Disponível em: https://www.planalto.gov.br/ccivil_03/leis/2002/l10406compilada.htm. Acesso em: 12 maio 2023.

BRASIL. *Lei n. 13.467,* de 13 de julho de 2017. Disponível em: http://www.planalto.gov.br/ ccivil_03/_Ato2015-2018/2017/Lei/L13467.htm. Acesso em: 10 maio 2023.

BRASIL. *Lei n. 13.874,* de 20 de setembro de 2019. Lei da Liberdade Econômica. Disponível em: https://www.planalto.gov.br/ccivil_03/_ato2019-2022/2019/lei/L13874.htm. Acesso em: 10 maio 2022.

CONVENÇÃO AMERICANA DE DIREITOS HUMANOS (1969). *Pacto de San José da Costa Rica*. San José de Costa Rica, em 22.11.1969 - ratificada pelo Brasil em 25.09.1992. Disponível em: https://www.pge.sp.gov.br/centrodeestudos/bibliotecavirtual/instrumentos/ sanjose.htm. Acesso em: 25 maio 2023.

COURTIS, C. La prohibición de regressividad en materia de derechos sociales: apuntes introductorios. *In*: COURTIS, C. (Comp.), *Ni um paso atrás - La prohibición de regressividad en materia de derechos sociales*. Buenos Aires: Del Puerto, 2006, p. 3.836, RJLB, 2015, n.2.

ENUNCIADO 2. *Interpretação e aplicação da Lei n. 13.467/2017*. Disponível em: https://www.anamatra.org.br/attachments/article/27175/livreto_RT_Jornada_19_Conamat_site.pdf. Acesso em: 25 jun 2020.

GURGEL, C. M. M. *Limites e controle do negociado sobre o legislado em face do princípio da intervenção mínima na autonomia coletiva:* efeitos da Lei n. 13.467 de 2017. São Paulo: Dialética, 2023.

JOÃO, P. S. A intervenção mínima do Judiciário na autonomia da vontade coletiva. *Conjur*, 2018. Disponível em: https://www.conjur.com.br/2018-ago-24/reflexoes-trabalhistas-intervencaominima-judiciario-autonomia-vontade-coletiva. Acesso em 24 jun. 2020.

LEITE, C. H. B. *Manual de Direitos Humanos*. 3.ed. São Paulo: Atlas, 2014.

MARTINEZ, L. *Reforma trabalhista: entenda o que mudou*. São Paulo: Saraiva, 2018.

NAHAS, T.; PEREIRA, L.; MIZIARA, R. *CLT Comparada Urgente*: Breves Comentários, Regras & Aplicação e Mapas Conceituais dos Artigos Reformados. São Paulo: Revista dos Tribunais, dezembro 2017.

OAB aponta inconstitucionalidades no texto da Reforma Trabalhista. *FENAVENPRO*. 2017. Disponível em: http://fenavenpro.org.br/2017/07/03/oab-aponta-inconstitucionalidades-no-texto-dareforma-trabalhista/. Acesso em: 10 jan. 2018.

ONU. Pacto Internacional dos Direitos Econômicos, Sociais e Culturais (1966). Disponível em: https://www.oas.org/dil/port/1966%20Pacto%20Internacional%20sobre%20os%20Direi tos %20Econ% C3%B3micos,%20Sociais%20e%20Culturais.pdf. Acesso em: 05 jul. 2020.

RODRIGUES, S. *Direito Civil:* dos Contratos e das Declarações Unilaterais. São Paulo: Saraiva, 2003, v.3.

SADEK, M. T. (org.). *Acesso à Justiça*. São Paulo: Fundação Konrad Adenauer, 2001.

SARLET, I. W. O Estado Social de Direito, a Proibição de Retrocesso e a Garantia Fundamental da Propriedade. *In*: *Revista Eletrônica sobre a Reforma do Estado (RERE)*. Salvador, Instituto Brasileiro de Direito Público, n. 9, março/abril/maio, 2007. ARE 639337 AgR, Relator (a): Min. Celso de Mello, Segunda Turma, julgado em 23/08/2011, DJe-177 Divulg. 14-09-2011 Public. 15-09-2011 Ement. Vol.-02587-01 PP-00125).

SÉRGIO, J. P. Tema 1.046 do STF: limites do negociado sobre o legislado. *Revista Consultor Jurídico,* 7 out. 2022. Disponível em: https://www.conjur.com.br/2022-out-07/reflexoes-trabalhistas-tema-1046-stf-limites-negociado-legislado. Acesso em: 05 jul. 2021.

STRECK, L. L. *Jurisdição constitucional e hermenêutica:* uma nova crítica do direito. 2. ed. Rio de Janeiro: Forense, 2004.

# O ENFRENTAMENTO DA DESIGUALDADE NO MARCO DOS 80 ANOS DA CLT

*Delaíde Alves Miranda Arantes*[1].
*Maria Cecilia de Almeida Monteiro Lemos*[2]

**RESUMO:** O presente artigo é destinado a compor obra coletiva da ABRAT em comemoração aos 80 anos da Consolidação das Leis do Trabalho, a CLT. Em razão da importância, oportunidade e atualidade da de discussão que permeia não só o mundo do trabalho, mas toda a sociedade contemporânea, a opção foi a abordagem mais específica sobre a desigualdade de gênero relacionando-o à divisão de papéis que decorre da sociedade capitalista onde às mulheres são desestimados espaços muito reduzidos nas funções de poder, numa tentativa do resquício do patriarcado, do machismo, como se a nós mulheres estivéssemos destinadas a cumprir funções secundárias na sociedade e no mundo do trabalho. O presente estudo aborda ainda a desigualdade de gênero com a apresentação de um quadro de participação das mulheres nas Cortes Superiores da Justiça brasileira, considerando dados de como a do Conselho Nacional de Justiça (CNJ), com ênfase para a imperiosa necessidade de enquadramento da igualdade como parte imprescindível do Estado Democrático de Direito, com a inclusão social de minorias e a redução das desigualdades de gênero na em todos os níveis, e aqui, especificamente, no âmbito da Justiça do Trabalho. Para concluir, vem em destaque a urgente construção e efetivação de uma perspectiva interseccional por meio de políticas públicas em todos os níveis, seja por parte do Poder Público, das entidades da sociedade civil e de um modo amplo e geral, para a superação dos efeitos do patriarcado, do machismo, do racismo em todos os âmbitos da sociedade brasileira, não somente nas Instituições.

**Palavras-chave:**

- Igualdade;
- Desigualdade;
- Gênero;
- Interseccionalidade;
- Justiça do Trabalho;
- Estado Democrático de Direito;
- Mundo do Trabalho;
- Ação coletiva;
- União da sociedade brasileira.

---

(1) Ministra do Tribunal Superior do Trabalho (TST) na vaga do Quinto Constitucional da Advocacia Trabalhista; integra no TST a SBDI-1, o Conselho do CSJT, o Conselho da ENAMAT e a 8ª Turma. É Ouvidora Nacional da Justiça do Trabalho (TST/CSJT). Mestra em Direito, Estado e Constituição, pela Universidade de Brasília (UnB). Membro Grupo de Pesquisa Trabalho, Constituição e Cidadania (UnB/CNPq); integra a AJD (Associação Juízes para a Democracia) e o IPEATRA. É pós-graduada em Direito e Processo do Trabalho, Universidade Federal de Goiás (UFG) e Magistério Superior, Pontifícia Universidade Católica de Goiás (PUC/GO); Graduação em Direito, Centro Universitário de Goiás (UNI/Anhanguera); Secretária da Delegação Brasil, da Associação Luso-Brasileira de Juristas do Trabalho (JUTRA); Membro da Comissão do Quinto Constitucional da OAB Federal; do Instituto dos Advogados Brasileiros (IAB); Instituto dos Advogados de Goiás (IAG); da Associação Nacional dos Magistrados da Justiça do Trabalho (Anamatra); E-mail: delaidearantes@gmail.com

(2) Professora Titular do Curso de Mestrado em Direito das Relações Sociais e Trabalhistas do Centro Universitário do Distrito Federal (UDF). Doutora em Direito, Estado e Constituição pela Universidade de Brasília (UnB). Pós-Doutorado em andamento na Universitat de València, Espanha. Membro do Grupo de Pesquisa Trabalho, Constituição e Cidadania (UNB-CNPq) e do Grupo de Pesquisa Direitos Humanos, Políticas Públicas e Meio Ambiente (UDF–CNPq). Assessora da Ministra do Tribunal Superior do Trabalho (TST) Delaíde Alves Miranda Arantes. E-mail: mclemos@udf.edu.br

**SUMÁRIO:**

# 1. INTRODUÇÃO

A premência da construção efetiva de uma cidadania feminina plena para o Estado Democrático de Direito não prescinde da discussão em todos os segmentos da sociedade brasileiro, tanto no setor público quanto no setor privado, sobre a participação igualitária das mulheres em todos os níveis e esferas de atuação. A opção de recorte deste estudo, foi a atuação da mulher no Judiciário Trabalhista.

Embora a legislação nacional internacional seja bastante avançada no que se refere à proibição de todas as formas de discriminação contra a mulher, as normas isoladamente, não tem conseguido ao longo do tempo assegurar a igualdade de gênero. Para isso é necessária a superação de preconceitos efetivos concretizados desde os primórdios, sem falar que existem sobre isso estigmas que povoam o imaginário da sociedade. Não é difícil constatar falas de crianças, até mesmo na primeira infância de valorização do papel e do trabalho do pai, em detrimento de todos os esforços da mãe para cumprir seus múltiplos papéis em casa, no trabalho, na sociedade.

A desigualdade de gênero reflete a divisão sexual do trabalho da estrutura patriarcal do sistema capitalista destinando às mulheres papéis secundários no mundo do trabalho. Essa condição não é nova. Historicamente o sistema capitalista de poder patriarcal sempre procurou destinar às mulheres os espaços privados do lar, a responsabilidade pela criação e educação de filhos e filhas, os cuidados com as pessoas da família. Como se a mulher estivesse destinada ao trabalho reprodutivo e os homens o papel de provedores, o trabalho econômico produtivo que gera o chamado valor.

A banalização do papel da mulher na sociedade teve o reforço de emblemas de enaltecimento de sua função a exemplo do termo "Rainha do Lar"[(3)], e ainda da disseminação da ideia de que esta condição resultava da natureza feminina, por razões de ordem biológica[(4)]. Essas e outras formas de relegar a mulher ao trabalho reprodutivo foram por muito tempo utilizadas para afastá-las do trabalho remunerado.

As mulheres negras, embora sempre tenham trabalhado fora de casa, também desempenhavam tarefas domésticas, acumulando, por vezes, os cuidados com a sua família e a família de sua senhora[(5)]. Ângela Davis destaca que das mulheres negras se exigia a "força bruta" do homem escravo, ao mesmo tempo em que se esperava a "feminilidade" de uma mulher branca para desempenhar as tarefas domésticas, um paradoxo que reforçava ainda mais a exploração[(6)].

A identificação da interseccionalidade entre a discriminação de gênero, a de raça e a de classe social é ínsita à complexidade envolvendo a temática sob exame, mas é fundamentação para a melhor compreensão da condição da mulher do século XXI,[(7)].

É imprescindível compreender a relação entre esses três elementos - patriarcado, racismo e desigualdade social. É necessário para que o Estado adote políticas

---

(3) FRIEDAN, Betty. *Mística Feminina*. Petrópolis: Vozes, 1971, *passim*.
(4) DE BEAUVOIR, Simone. *O segundo sexo*. 2. ed., Rio de Janeiro: Nova Fronteira, 2009, *passim*.
(5) GUMARÃES, Sandra Suely Moreira Lurine; DAOU, Saada Zouhair. Divisão sexual do trabalho, trabalho reprodutivo e as assimetrias de gênero na pandemia da Covid-19. *Revista Direito e Sexualidade*, Salvador, v. 2, n. 1, p. 110-133, jan./jun. 2021. Disponível em: https://periodicos.ufba.br/index.php/revdirsex/article/view/42979/24774. Acesso em: 23 ago. 2022.
(6) DAVIS, Angela. *Mulheres, raça e classe*. São Paulo: Boitempo, 2016, *passim*.
(7) SAFFIOTI, Heleieth. *A mulher na sociedade de classes*: mito e realidade. Petrópolis/RJ: Vozes, 1976, p. 215.

públicas de redução das desigualdades e também para que a sociedade civil, o mercado, enfim, a sociedade brasileira se dê conta da responsabilidade que todos e todas têm com o estabelecimento de condições de igualdade.

Por patriarcado compreende-se uma ideologia que consiste em uma forma de dominação masculina que, aliada às instituições como a família, a religião, escolas, políticas e leis, entre outras, incute e dissemina de múltiplas formas a falsa ideia de que as mulheres são seres naturalmente inferiores aos homens e a eles devem ser submissas[(8)].

O conceito de racismo, aqui adotando a definição de Silvio Almeida, consiste em uma "forma sistemática de discriminação que tem a raça como fundamento, e que se manifesta por meio de práticas conscientes ou inconscientes que culminam em desvantagens ou privilégios para indivíduos, a depender do grupo racial ao qual pertençam" [(9)].

Para o autor, as instituições, entre elas o Poder Judiciário, "são apenas a materialização de uma estrutura social ou de um modo de socialização que tem o racismo como um de seus componentes orgânicos"[(10)].

No que se refere ao patriarcado, trata-se de uma forma de submissão estrutural na sociedade que passa a ser vista com naturalidade e muitas vezes de forma tão sutil, passando despercebida. Dessa forma, a supremacia masculina prossegue, refletindo-se no predomínio dos homens em cargos de maior hierarquia, poder e política, e com maiores salários e presentes em áreas de destaque na sociedade. É inacreditável, mas existem situações em que as próprias mulheres corroboram esse quadro de exclusão, considerado "natural", ao que parece, influência da estrutura social e da própria educação internalizando e muitas vezes naturalizando a ideia de inferioridade[(11)].

No sistema capitalista, a exploração da força de trabalho é ainda mais aprofundada quando se tratam de mulheres, sobretudo mulheres negras: estatísticas mostram que no Brasil, as piores ocupações são destinadas à mulher negra, que ocupa os trabalhos mais precários e com menores salários, além de constituírem a maioria entre os desempregados[(12)].

No Poder Judiciário, o quadro de desigualdade entre homens e mulheres é evidenciado, sobretudo quando se trata da ocupação dos cargos de maior hierarquia, e reflete uma participação tardia das mulheres nas instâncias do poder, uma vez que até 1932 não se admitia sequer o voto feminino no Brasil. Contudo, não é só esse fato. Ao longo do tempo podem ser observados importantes movimentos para mais mulheres no poder com atuação marcante de reconhecidas lideranças, com significativas adesões, discussões e alguns avanços, mas o que se pode afirmar a partir de observações e das dificuldades enfrentadas é que o Poder Judiciário está permeado

---

(8) LERNER, Gerda. *A criação do patriarcado:* história da opressão das mulheres pelos homens. Trad. Luiza Sellera. São Paulo: Cultrix, 2019, p. 21.

(9) ALMEIDA, Silvio Luiz de. Racismo estrutural. *In*: *Feminismos Plurais* (Coordenação Djamila Ribeiro). São Paulo: Pólen, 2019, p. 22.

(10) Idem, p. 31.

(11) LERNER, Gerda. *A criação do patriarcado:* história da opressão das mulheres pelos homens. Trad. Luiza Sellera. São Paulo: Cultrix, 2019, p. 21.

(12) NEXO POLÍTICAS PÚBLICAS. *A desigualdade racial e de gênero no mercado de trabalho no Brasil*, 2021. Disponível em: https://pp.nexojornal.com.br/Dados/2021/02/11/A-desigualdade-racial-e-de-g%C3%AAnero-no-mercado-de-trabalho-no-Brasil. Acesso em: 22 ago. 2022.

por significativa onda de machismo, herança do patriarcado e que resiste ao longo do tempo dificultando a conquista da igualdade de gênero.

Na Justiça do Trabalho, as estatísticas do Conselho Superior da Justiça do Trabalho (CSJT) e do Tribunal Superior do Trabalho (TST)[13] demonstram a existência de profundas marcas da estrutura social patriarcal em sua composição, apontando um desequilíbrio de gênero na estrutura de poder da instituição. Para exemplificar basta o fato de que no curso de mais de 82 anos desde a sua criação em 1941, os destinos da Justiça do Trabalho foram pela primeira vez confiados a uma mulher, e isso somente o ocorreu no ano de 2020, em que a Corte Trabalhista brasileira teve sua primeira Presidente mulher, a Ministra Maria Cristina Irigoyen Peduzzi.

E mesmo nesse espaço de abordagem sobre a Justiça do Trabalho, vale registrar que não é diferente no setor privado brasileiro, em que uma das entidades mais respeitadas da sociedade civil, a Ordem dos Advogados do Brasil, a OAB Nacional em 83 anos de sua existência numa teve uma advogada mulher na presidência da entidade federal. E de tal nem se cogita a entidade que agrega atualmente mais de um milhão e meio de advogados e advogadas, sendo constituída em sua maioria por mulheres.

Do ponto de vista formal, a igualdade de gênero está assegurada, seja por dispositivos da Constituição Federal de 1988, pelo Código Civil de 2002, a Consolidação das Leis do Trabalho e mais recentemente, já no cenário do atual Governo Luiz Inácio Lula da Silva, foi aprovada em 3 de julho de 2023 a Lei n. 14.622/2023 destinada a combater a desigualdade de gênero, a exemplo da Lei da Igualdade Salarial, visando a adoção de medidas que, sobretudo possibilitem a entrada, permanência e evolução das mulheres no mercado de trabalho em condições igualitárias às dos homens.

As reflexões e os dados do presente artigo visa contribuir para a compreensão da existência concreta de desigualdade institucional no Poder Judiciário brasileiro, mais especificamente esse estudo, sobre a Justiça do Trabalho, apresentando dados a respeito da representação das mulheres na magistratura do Judiciário Trabalhista, analisando-os de forma quantitativa e qualitativa e cotejando-os com uma bibliografia coerente com a abordagem interseccional da matéria.

Ao final, trazendo reflexões pertinentes às políticas públicas adotadas pelo Judiciário Trabalhista para a redução das desigualdades, sobretudo as de gênero, e as expectativas da consecução do objetivo primordial que é a redução da desigualdade, num primeiro plano, mas já vislumbrando a erradicação da desigualdade de gênero no judiciário e na sociedade brasileira.

(13) BRASIL. *Relatório Geral da Justiça do Trabalho,* 2021. Disponível em: https://www.tst.jus.br/documents/18640430/30889144/RGJT+2021.pdf/16c678c9-7136-51ba-2d62-cae4c5a4ab4d?t=1656603252811. Acesso em: 22 ago. 2022.

## 2. ESTADO DEMOCRÁTICO DE DIREITO E URGENTE NECESSIDADE DE REDUÇÃO E ERRADICAÇÃO DAS DESIGUALDADES

O Estado Democrático de Direito constitui o paradigma mais avançado no que tange ao respeito aos direitos humanos, sendo fundado em um novo tripé conceitual: pessoa humana, com sua dignidade; sociedade política, concebida como democrática e inclusiva; sociedade civil, também concebida como democrática e inclusiva(14).

A assunção desse novo paradigma exige dos países um compromisso com a redução das desigualdades sociais, raciais e de gênero e o combate a qualquer forma de preconceito e discriminação.

No Brasil, a Constituição Federal de 1988 (CFRB/88), marco do constitucionalismo contemporâneo, a teor do disposto no art. 5º, inciso I, pressupõe tanto a igualdade formal, decorrente da lei, como a igualdade material(15) ou substancial, que será assegurada pela oferta e pelo acesso de todos a oportunidades e pela inclusão social, com vistas a alcançar a justiça social, objetivo da República e alicerce do Estado Democrático de Direito.

A Constituição estabelece a proibição de discriminação no trabalho, consignando no art. 7º, inciso XXX, a "proibição de diferença de salários, de exercício de funções e de critério de admissão por motivo de sexo, idade, cor ou estado civil". Já o art. 7.º, inciso XX, que constitui os direitos dos trabalhadores urbanos e rurais, preceitua a implementação de ações afirmativas, estabelecendo a "proteção do mercado de trabalho da mulher, mediante incentivos específicos, nos termos da lei"(16).

No âmbito da legislação ordinária, a Lei n. 9.029/1995 estabelece que "fica proibida a adoção de qualquer prática discriminatória para efeito de acesso à relação de emprego ou sua manutenção, por motivo de sexo, origem, raça, cor, estado civil, situação familiar ou idade"(17).

A participação da mulher em condições de igualdade na sociedade é assegurada pela Declaração Universal de Direitos Humanos (DUDH), a Convenção sobre a Eliminação de Todas as Formas de Discriminação contra a Mulher (CEDAW), no âmbito das Nações Unidas e a Convenção Interamericana para Prevenir, Punir e Erradicar a Violência contra a Mulher (Convenção de Belém do Pará, da Organização dos Estados Americanos), além da Declaração do Milênio, dos Objetivos de Desenvolvimento do Milênio e da Agenda 2030 para o Desenvolvimento Sustentável.

---

(14) DELGADO, Mauricio Godinho. Constituição da República, Estado Democrático de Direito e Direito do Trabalho. *In*: DELGADO, M. G.; DELGADO, G. N. *Constituição da República e Direitos Fundamentais – dignidade da pessoa humana, justiça social e Direito do Trabalho*. 1ª. ed. São Paulo: LTr, 2012, p. 43.
(15) MONTEIRO, Ana C. R. B. Trabalhadores e trabalhadoras do Brasil: onde está a igualdade? O papel do Ministério Público do Trabalho no combate à discriminação de gênero e promoção da igualdade. *In*: PINTO, R. P. de A.; CAMARANO, A.; HAZAN, E. M. F. *Feminismo, pluralismo e democracia*. São Paulo: LTr, 2018, p. 36.
(16) BRASIL. *Constituição da República Federativa do Brasil de 1988*. Brasília: Casa Civil, 1988. Disponível em: http://www.planalto.gov.br/ccivil_03/constituicao/constituicao.htm.
(17) BRASIL. *Lei n. 9.029*, de 13 de abril de 1995. Proíbe a exigência de atestados de gravidez e esterilização, e outras práticas discriminatórias, para efeitos admissionais ou de permanência da relação jurídica de trabalho, e dá outras providências. Diário Oficial da União, Brasília/DF, Seção 1, 17.04.1995, p. 5361 (publicação original).

Entre as 12 Convenções da Organização Internacional do Trabalho (OIT) pela igualdade de gênero, 6 foram ratificadas pelo Brasil, as de ns. 3, 89, 100, 103, 111 e 89, além das Resoluções da Quarta Conferência das Nações Unidas sobre as Mulheres, realizada na China, no ano de 1995, das quais o País é signatário.

Importante mencionar que o Governo enviou à Câmara dos Deputados, em março de 2023, o texto da Convenção n. 156 da OIT, que prevê a igualdade de oportunidades e de tratamento para trabalhadores e trabalhadoras com responsabilidades familiares. O objetivo primordial da Convenção é que as demandas familiares não representem obstáculos para acesso ao pleno emprego e possibilidade de crescimento profissional.

Por meio da ratificação da Convenção sobre a Eliminação de Todas as Formas de Discriminação contra a Mulher, o Brasil comprometeu-se como seu conteúdo, que estabelece a necessidade de mudar o papel tradicional tanto do homem quanto da mulher na sociedade e na família, como forma de alcançar a plena igualdade de direitos.

Portanto, além das garantias previstas nas normas internacionais, no âmbito interno, a igualdade de gênero é assegurada pela Constituição de 1988, pelo Código Civil de 2002, em diversos de seus dispositivos, além da Lei n. 9.029, de 13 de abril de 1995, que proíbe a exigência de atestados de gravidez e esterilização, e outras práticas discriminatórias, para efeitos admissionais ou de permanência da relação jurídica de trabalho.

A construção de um arcabouço jurídico nacional e internacional contra qualquer forma de discriminação constitui importante conquista das mulheres, desenvolvida ao longo de séculos de luta por reconhecimento.

Atualmente, no paradigma do Estado Democrático de Direito, a igualdade de gênero constitui direito fundamental, não sendo admitida qualquer forma de discriminação, entretanto, a sociedade capitalista contemporânea estabeleceu-se sob os pilares do patriarcado e do racismo, obstáculos que impõem um grande desafio para a superação das desigualdades.

A contradição entre os avançados princípios preconizados pelo Estado Democrático de Direito e a realidade da sociedade brasileira, machista e racista, deve ser enfrentada por meio de políticas públicas que assegurem a inclusão e o combate às discriminações de quaisquer espécies.

Embora a Justiça do Trabalho, constituída há 82 anos, tenha avançado na redução das desigualdades de gênero e adote, atualmente, políticas institucionais de combate à discriminação, os dados recentemente apresentados pelo Conselho Nacional de Justiça e por outras pesquisas relacionadas ao tema demonstram que há um longo caminho a trilhar para o alcance da igualdade de gênero nos cargos de poder do Judiciário brasileiro, inclusive na Justiça do Trabalho.

# 3. COMO EVOLUIU AO LONGO DO TEMPO A PARTICIPAÇÃO DAS MULHERES NO PODER JUDICIÁRIO TRABALHISTA

A história da participação feminina no Poder Judiciário é relativamente recente, sendo que somente a partir dos anos de 1960 encontram-se registros de uma maior ocupação de posições de destaque por mulheres.

De acordo com dados da Associação dos Magistrados Brasileiros (AMB), a primeira juíza do Brasil foi Auri Moura Costa, natural de Redenção, Ceará, que ingressou na magistratura em 1939, chegando a ser desembargadora do Tribunal de Justiça do Ceará (TJ-CE), presidente do Tribunal Regional Eleitoral do Estado (TRE-CE), vice-presidente do TJ-CE e diretora do Fórum Clóvis Beviláqua.

Os registros divulgados pela entidade apontam que Mary de Aguiar Silva foi a primeira juíza negra do Brasil, em 1962, assumindo vaga no Tribunal de Justiça da Bahia, o mais antigo das Américas.

Somente três mulheres foram nomeadas ao Supremo Tribunal Federal (STF) em toda a história do judiciário brasileiro: a pioneira foi a ministra Ellen Gracie, que integrou a Corte de 2000 a 2011,após 177 anos de existência do Supremo Tribunal Federal. Depois dela, mais duas mulheres integraram o STF, e ainda fazem parte da sua atual composição: a Ministra Carmen Lúcia Antunes Rocha, que também foi Presidente da Corte entre os anos de 2016 a 2018, e a Ministra Rosa Maria Weber, atual Presidente da Corte Suprema, ambas pelo critério prevalecente de antiguidade no cargo.

Entre os primeiros registros importantes de ascensão de mulheres na magistratura brasileira estão a primeira mulher a presidir o Superior Tribunal Militar (STM), a Ministra Maria Elizabete Guimarães Teixeira Rocha, de 2014 a 2015, e a Ministra Laurita Hilário Vaz, a presidir o Superior Tribunal de Justiça (STJ), entre os anos de 2016 a 2018.

O Tribunal Superior Eleitoral (TSE) foi presidido pela Ministra Carmem Lúcia, de 2012 a 2013, e pela Ministra Rosa Maria Weber, entre os anos de 2018 a 2020.

A Associação Nacional dos Magistrados (AMB), responsável pela divulgação dos dados, reconhece a demora na eleição de uma mulher para a presidência da própria entidade, o que só aconteceu em 2019, com a eleição para presidente da Magistrada Renata Gil, após sete décadas de funcionamento da AMB.

Essas importantes conquistas, embora signifiquem uma ampliação da participação da mulher em funções de poder na magistratura brasileira, resultam de promoções para postos de comando decorrentes, em sua maioria, do critério de antiguidade na carreira nos respectivos órgãos. O número de mulheres em cargos de direção nas esferas estaduais e regionais em todo o Brasil também tem crescido pela mesma razão, qual seja, a investidura em função de poder pelo critério de eleição por antiguidade na carreira.

No âmbito da Justiça do Trabalho, a Ministra Maria Cristina Irigoyen Peduzzi foi a primeira mulher a assumir os destinos da Justiça do Trabalho no Brasil tendo presidido o Tribunal Superior do Trabalho (TST), depois de mais de praticamente 80 anos de sua criação e instalação.

Entre os 27 Ministros do Tribunal Superior do Trabalho (TST) em atuação no ano de 2023, apenas sete (7) são mulheres, quadro que permanece inalterado mesmo a despeito de todos os esforços expendidos pelas defensoras de mais mulher no poder em todos os níveis de Poderes da República e também nas entidades da sociedade civil, como a OAB Nacional e as 27 seccionais da OAB, no setor privado de um modo geral. Igualdade de tratamento, de oportunidades, a não discriminação em razão de sexo, de credo, de opção sexual, de origem social é garantia constitucional e precisa se tornar realidade no Brasil.

Os dados dos Tribunais Regionais do Trabalho (TRT's) e do Tribunal Superior do Trabalho (TST) apontam para uma distribuição desigual do ponto de vista de gênero quando se trata de cargos de comando na Justiça do Trabalho, de funções de poder, a partir do segundo grau, conforme será a seguir abordado.

No ano de 2021, de acordo com o Relatório Geral da Justiça do Trabalho, entre os juízes titulares de varas do primeiro grau, 763 eram mulheres, enquanto 783 eram homens. Já entre os juízes substitutos, 783 eram mulheres, e 726 eram homens. O número aponta um equilíbrio entre homens e mulheres na primeira instância, no entanto, no âmbito dos Tribunais Regionais do Trabalho, o número de mulheres é muito inferior. O Relatório aponta a existência de 216desembargadoras, contra 329 desembargadores[(18)].

Quando se trata do primeiro grau, os dados demonstram que em média, 48,55% dos cargos de Juiz são ocupados por mulheres e 51,44% por homens. Essa distorção evidencia que quando se trata de um acesso ao cargo de juiz de primeiro grau por meio de concurso público de provas e títulos, existe uma proporção mais equilibrada de gênero, compatível com a configuração da sociedade brasileira. E isso tem uma face bem visível. Quando depende da mulher ela vence a barreira da múltipla jornada, da conciliação da família, da criação de filhos, do papel de mãe, de filha, de mulher, de cuidadora e tantos mais, se prepara para o concurso, obtém aprovação e ingressa no judiciário trabalhista.

Mas a investidura em função de poder, como a promoção para o segundo grau, a eleição para cargos de poder, aí entram os obstáculos da herança estrutural do patriarcado, do machismo e a desigualdade perdura, num judiciário (como um todo, não somente na esfera trabalhista) resistentemente conservador e machista.

Daí, os resultados de que quando se trata do segundo grau, os números obtidos pelo Conselho Nacional de Justiça em 2018, em 9 dos 24 Tribunais Regionais do Trabalho (TRT's) do Brasil existe um "grande desequilíbrio, sob a perspectiva de gênero, na ocupação de cargos de magistrados e servidores", pois segundo a pesquisa, somente 2 dos tribunais visitados apresentaram situação de "razoável equilíbrio na distribuição dos cargos". [(19)]

Destacam-se o TRT 5 (Bahia), com 52% dos cargos de Desembargador ocupados por mulheres, e o TRT 17 (Espírito Santo) com 42% de Desembargadoras. Nos demais 22 Tribunais, a Corregedoria concluiu que "as distorções no segundo grau são

---

(18) BRASIL. *Relatório-Geral da Justiça do Trabalho*, 2021. Disponível em: https://www.tst.jus.br/web/estatistica/jt/relatorio-geral Acesso em: 22 ago. 2022.

(19) BRASIL. Tribunal Superior do Trabalho. *Igualdade de gênero ainda é uma realidade a ser construída no Poder Judiciário*. Disponível em: https://www.tst.jus.br/web/corregedoria/-/nova-pagina-da-corregedoria-ger-1. Acesso em: 23 ago. 2022.

acentuadas, ficando, em média, em torno de 25,71% de Desembargadoras e 74,29% de Desembargadores" [20].

O equilíbrio de gênero no ingresso para o cargo de juiz de primeiro grau mostra que as mulheres têm capacidade de ocupar os mesmos espaços no mundo do trabalho, "salvo quando outras questões latentes na subjetividade social prevalecem, ou, ainda, quando obstáculos objetivos, como a falta de oportunidades, de recursos e de acesso à educação, interrompem a trajetória da mulher"[21].

Recente pesquisa realizada pela Universidade de Oxford, feita por convênio com a Associação dos Juízes Federais do Brasil (Ajufe), apontou que, embora a desigualdade de gênero seja uma realidade nos mais de 50 tribunais analisados pelo levantamento realizado em todo o mundo, no Brasil a desigualdade é ainda mais flagrante. Isso, corroborando dados que apontam o nosso País como um dos mais desiguais do mundo.

A pesquisa analisou a configuração do Poder Judiciário durante um período de 21 anos e demonstrou que as Cortes do País têm uma porcentagem de 11,1% de mulheres, menos da metade do percentual de 26% de mulheres das demais Cortes [22].

Retratar os números discrepantes entre os altos cargos ocupados por homens e mulheres no Judiciário Trabalhista é importante "no sentido de correlacionar a divisão sexual do trabalho, há muito engendrada na subjetividade da sociedade, ao acesso das mulheres aos cargos de hierarquia máxima dos órgãos públicos e da iniciativa privada".[23]

No que se refere ao quesito raça, o percentual de não-brancos das Cortes analisadas nos demais países foi de 8,5%, enquanto que, no Brasil, esse índice foi de somente 3,7%.

O Conselho Nacional de Justiça (CNJ), em levantamento feito em 2019, concluiu que as mulheres correspondem a apenas 38% dos juízes de primeiro grau no Brasil e menos de 25% das desembargadoras, que atuam no segundo grau da jurisdição[24].

De acordo com a última PNAD, o percentual de mulheres na composição da sociedade brasileira ultrapassava os 51%, o que torna o índice de 38% de ocupação de mulheres na magistratura desproporcional, ainda mais se considerados os índices de ocupação nos cargos de direção. Não obstante, a Justiça do Trabalho é a que mais aproxima o número de magistradas com a proporção de mulheres da sociedade, uma

(20) *Idem.*

(21) MARTINS, Luísa Lima Bastos; LIMA, Anne Florianne da Escóssia. LEMOS, Maria Cecilia de Almeida Monteiro. Os Reflexos da Sociedade Patriarcal na Divisão Sexual do Trabalho e sua Influência no Judiciário Trabalhista. *RDP*, Brasília, Volume 18, n. 98, 338-369, mar./abr. 2021 Disponível em: https://www.portaldeperiodicos.idp.edu.br/direitopublico/article/view/5281/pdf. Acesso em: 22 ago. 2022.

(22) CORREIO BRAZILIENSE. *Judiciário brasileiro tem pouca presença feminina*; veja números. 08 de agosto de 2022. Disponível em: https://www.correiobraziliense.com.br/brasil/2022/03/4991262-judiciario-brasileiro-tem-pouca-presenca-feminina-veja-numeros.html. Acesso em: 21. ago. 2022.

(23) MARTINS, Luísa Lima Bastos; LIMA, Anne Florianne da Escóssia. LEMOS, Maria Cecilia de Almeida Monteiro. Os Reflexos da Sociedade Patriarcal na Divisão Sexual do Trabalho e sua Influência no Judiciário Trabalhista. *RDP*, Brasília, Volume 18, n. 98, 338-369, mar./abr. 2021 Disponível em: https://www.portaldeperiodicos.idp.edu.br/direitopublico/article/view/5281/pdf. Acesso em: 22 . ago. 2022.

(24) BRASIL. Câmara Legislativa. *Comissão debate paridade entre homens e mulheres no Judiciário.* 01 de junho de 2022. Disponível em: https://www.camara.leg.br/noticias/880815-comissao-debate-paridade-entre-homens-e-mulheres-no-judiciario/. Acesso em: 22 . ago. 2022.

vez que as mulheres são 47% das magistradas trabalhistas, seguida da Justiça Estadual, com 36% de mulheres, e da Justiça Federal, com 32% de mulheres[(25)].

Para Tani Marli Wurster, da Comissão Ajufe Mulheres, "a participação feminina no Poder Judiciário é de fundamental importância para a democracia" e aponta a existência de um déficit de representatividade feminina no Poder Judiciário Brasileiro. [(26)]

Nesse quesito é importante pontuar que o Poder Judiciário Brasileiro não retrata da diversidade de raças, gênero e diversidade que compõe a própria sociedade. O Judiciário do País não contempla representação de gênero, nem raça ou outro quesito de minorias discriminadas. Nesse ponto é importante a leitura do discurso de posse do Ministro Presidente do TST, Lélio Bentes Correia (discurso de posse em 13/10/2022, publicado na Revista LTr seguinte e disponível também na mídia) que fez com muita propriedade essa afirmação trazendo dados e encarecendo a importância de o Judiciário retratar a sociedade.

Quanto à disparidade racial, os números são ainda mais alarmantes, pois, de acordo com os índices atuais, há estimativa de o País alcançar a igualdade de negros e negras na magistratura somente entre os anos de 2056 a 2059.[(27)]

Para Marcelise Azevedo, representante da Associação Brasileira de Juízes pela Democracia (AJD) "A construção de um sistema de justiça justo e democrático passa necessariamente pelo afastamento das históricas desigualdades que formaram a sociedade em que a gente vive". Segundo a juíza, "o sistema de justiça só vai representar a população brasileira quando mulheres e pessoas não brancas estiverem em igualdade nos espaços de poder e decisão". [(28)]

Os números apresentados, portanto, mostram uma desigualdade persistente nas instâncias superiores do Poder Judiciário Trabalhista, que reflete o patriarcalismo e o racismo estrutural da sociedade capitalista contemporânea, o que desafia a instituição a adotar medidas firmes no sentido de superação do desequilíbrio de gênero e raça identificado, como ação coerente e necessária à construção de uma verdadeira democracia e fator de redução das desigualdades sociais.

---

(25) BRASIL. Tribunal Superior do Trabalho. *Igualdade de Gênero ainda é uma realidade a ser construída no Poder Judiciário.* Disponível em: https://www.tst.jus.br/web/corregedoria/-/nova-pagina-da-corregedoria-ger-1. Acesso em: 22. ago. 2022.

(26) AJUFE. Participação feminina no Poder Judiciário Federal. *Justiça e Cidadania.* Edição 235. 07 de março de 2020. Disponível em: https://www.editorajc.com.br/participacao-feminina-no-poder-judiciario-federal/. Acesso em: 23. ago. 2022.

(27) BRASIL. Câmara Legislativa. *Comissão debate paridade entre homens e mulheres no Judiciário.* 01 de junho de 2022. Disponível em: https://www.camara.leg.br/noticias/880815-comissao-debate-paridade-entre-homens-e-mulheres-no-judiciario/. Acesso em: 22. ago. 2022.

(28) BRASIL. Câmara Legislativa. Advogadas e juízas defendem maior presença de mulheres no Judiciário. 01 de junho de 2022. Disponível em: https://www.camara.leg.br/noticias/882503-advogadas-e-juizas-defendem-maior-presenca-de-mulheres-no-judiciario/. Acesso em: 22. ago. 2022.

# 4. AÇÕES EMERGENTES DE TODA A SOCIEDADE BRASILEIRA E POLÍTICAS PÚBLICAS PARA O ALCANCE DO OBJETIVO DE IGUALDADE DE GÊNERO NA JUSTIÇA DO TRABALHO

O quadro apresentado que retrata a desigualdade no âmbito do Poder Judiciário Trabalhista não desconhece a existência de uma ampla legislação protetiva e a proibição da discriminação não tem sido suficientes para garantir a igualdade substancial, portanto, cabe ao Estado renunciar a seu histórico de neutralidade frente às questões sociais e adotar uma posição proativa, ou até mesmo radical, fundada nos princípios edificantes da sociedade liberal clássica. (29)

Cabe igualmente ao mercado, a sociedade civil, ao setor econômico e a cada um e cada uma de nós que integra a sociedade brasileira, se empenhar e ativar no sentido da construção da igualdade plena assegurada na Constituição Federal de 1988 e normas nacionais e Internacionais subscritas pelo Estado Brasileiro.

Nesse sentido, cumpre ao Estado trilhar o caminho da adoção de ações afirmativas, como "um conjunto de políticas públicas para proteger minorias e grupos que, em uma determinada sociedade, tenham sido discriminados no passado" é uma medida essencial para "remover barreiras, formais e informais, que impeçam o acesso de certos grupos ao mercado de trabalho, universidades e posições de liderança"(30).

A implementação da representação feminina no Poder Judiciário integra a política de gênero do Conselho Nacional de Justiça (CNJ), materializada na Resolução n. 255/2018, de 4 de setembro de 2018, que instituiu a "Política Nacional de Incentivo à Participação Institucional Feminina no Poder Judiciário", a qual prevê que todos os ramos e unidades do Poder Judiciário deverão adotar medidas em busca da igualdade de gênero, atuando para a proposição de diretrizes e instrumentos orientadores dos órgãos judiciais e da sociedade, trazendo à visibilidade a importância da participação feminina em funções de poder, sobretudo nos "cargos de chefia e assessoramento, em bancas de concurso e como expositoras em eventos institucionais".(31)

Refere-se a medida adotada na gestão da Ministra do Supremo Tribunal Federal (STF), Carmem Lúcia Antunes Rocha, quando no exercício da função de Presidente do Conselho Nacional de Justiça (CNJ), acumulada com a Presidência do STF, ocasião em que apresentou e defendeu o projeto da resolução, nomeou comissão e aprovou no Conselho a referida Resolução n. 255/2018.

A Resolução n. 255/2018 foi posteriormente aprimorada pela Resolução n. 418/2021, de 20 de setembro de 2021. Entre as medidas propostas, os tribunais deverão criar repositórios *on-line* para o cadastramento de dados de mulheres juristas especialistas em diferentes áreas do Direito. A ideia é promover uma maior participação

---

(29) GOMES, Joaquim B. A recepção do instituto da ação afirmativa pelo Direito Constitucional brasileiro. *Revista de Informação Legislativa,* Brasília, a. 38, n. 151, jul./set. 2001, p. 134. Disponível em: https://www2.senado.leg.br/bdsf/bitstream/handle/id/705/r151-08.pdf?sequence=4&isAllowed=y. Acesso em: 20 ago. 2022.
(30) OLIVEN, Arabela Campos. *Ações afirmativas, relações raciais e políticas de cotas nas universidades*: uma comparação entre os Estados Unidos e o Brasil. *Educação.* Porto Alegre/RS, ano XXX, n. 1 (61), p. 29-51, jan./abr. 2007. Disponível em: http://flacso.redelivre.org.br/files/2012/07/580.pdf. Acesso em: 23. ago. 2022.
(31) BRASIL. *Resolução n 255,* de 04/09/2018. Disponível em: https://atos.cnj.jus.br/atos/detalhar/2670. Acesso em: 23 ago. 2022.

feminina, sobretudo em eventos institucionais, estimular as citações de obras jurídicas de referência escritas por mulheres e a participação feminina em comissões de concurso e bancas examinadoras.

A Corregedoria-Geral da Justiça do Trabalho tem recomendado a observância do "acesso equitativo às ocupações de direção e assessoramento nos TRTs, nos termos da Resolução n. 255/2018 do CNJ, que institui a Política Nacional de Incentivo à Participação Institucional Feminina no Poder Judiciário"[(32)].

Como forma de combater a disparidade na representatividade de gênero dentro do Poder Judiciário, a Comissão Especial de Direitos da Família da OAB implantou, desde 2020, uma resolução para garantir a presença de 30% de pretos e pardos e 50% de mulheres no Conselho Federal da OAB.[(33)]

Também com o objetivo de reduzir a desigualdade de gênero, tramita no Senado Federal uma Proposta de Emenda à Constituição 06/22, para que uma a cada duas indicações das listas sêxtuplas para os tribunais seja exclusivamente mulher[(34)].

Outra importante iniciativa para combater a discriminação de gênero foi a edição do Protocolo para Julgamento com Perspectiva de Gênero 2021, iniciativa do Conselho Nacional de Justiça, fruto dos estudos do Grupo de Trabalho instituído pela Portaria CNJ n. 27, de 2 de fevereiro de 2021[(35)].

A Presidente do Supremo Tribunal Federal (STF) e do Conselho Nacional de Justiça, ministra Rosa Maria Weber fez editar em 17 de março de 2023 uma Resolução do CNJ tornando obrigatório a todo o Judiciário do Brasil, o julgamento na perspectiva de gênero. Trata-se da Resolução n. 492 que torna obrigatória a adoção do Protocolo para Julgamento com Perspectiva de Gênero para todo o Poder Judiciário Nacional. Sem dúvidas, medida da maior relevância tomada pela Ministra Rosa Weber no mês Internacional da Mulher (maio de 2023).

Visando alcançar a igualdade de gênero, um dos Objetivos de Desenvolvimento Sustentável – ODS 5, da Agenda 2030 da Organização das Nações Unidas (ONU) e cumprir o compromisso assumido pelo Supremo Tribunal Federal e pelo Conselho Nacional de Justiça, o Protocolo faz considerações teóricas sobre o tema igualdade, propondo-se a atuar como um guia para os julgamentos dos diversos âmbitos da Justiça, de forma que se realizem garantindo o direito à igualdade e à não discriminação de todas as pessoas. Busca orientar o exercício da função jurisdicional de forma a repelir estereótipos e afastar a perpetuação de diferenças, configurando-se "um espaço de rompimento com culturas de discriminação e de preconceitos".[(36)]

---

(32) BRASIL. Tribunal Superior do Trabalho. *Igualdade de gênero ainda é uma realidade a ser construída no Poder Judiciário*. Disponível em: https://www.tst.jus.br/web/corregedoria/-/nova-pagina-da-corregedoria-ger-1. Acesso em: 23 ago. 2022.

(33) *Idem.*

(34) BRASIL. Senado Federal. *Proposta de Emenda à Constituição n. 6, de 2022*. Disponível em: https://www25.senado.leg.br/web/atividade/materias/-/materia/152157. Acesso em: 23 ago. 2022.

(35) BRASIL. Conselho Nacional de Justiça. Protocolo para julgamento com perspectiva de gênero Conselho Nacional de Justiça. Brasília: *Conselho Nacional de Justiça*. CNJ. Escola Nacional de Formação e Aperfeiçoamento de Magistrados. Enfam, 2021. Disponível em: https://www.cnj.jus.br/wp-content/uploads/2021/10/protocolo-18-10-2021-final.pdf. Acesso em: 22 ago. 2022.

(36) BRASIL. Conselho Nacional de Justiça. Protocolo para julgamento com perspectiva de gênero Conselho Nacional de Justiça. Brasília: *Conselho Nacional de Justiça*. CNJ. Escola Nacional de Formação e Aperfeiçoamento de Magistrados. Enfam, 2021. Disponível em: https://www.cnj.jus.br/wp-content/uploads/2021/10/protocolo-18-10-2021-final.pdf. Acesso em 22 ago. 2022.

O Conselho Nacional de Justiça instituiu, ainda, a Comissão Permanente de Democratização e Aperfeiçoamento dos Serviços Judiciários, por meio da Resolução CNJ n. 296/2019, de 19 de setembro de 2019. Entre suas competências está a realização de estudos que visem "à democratização do acesso à Justiça e propor ações e projetos destinados ao combate da discriminação, do preconceito" e de qualquer forma de expressão da desigualdade, incluída a de raça, gênero, condição física, orientação sexual, religiosa, além de "outros valores ou direitos protegidos ou que comprometam os ideais defendidos pela Constituição Federal de 1988" (37).

Como resultado dos trabalhados da Comissão, foi produzido, no ano de 2021, o documento "Pesquisa sobre negros no Poder Judiciário", com grande impacto para a construção de políticas públicas de redução das desigualdades,(38) medida que se soma, no âmbito do combate à desigualdade racial, à Resolução n. 203/2015, de 23 de junho de 2015, que "Dispõe sobre a reserva aos negros, no âmbito do Poder Judiciário, de 20% (vinte por cento) das vagas oferecidas nos concursos públicos para provimento de cargos efetivos e de ingresso na magistratura".(39)

Todas essas medidas são importantes sinais de que o tema da desigualdade de gênero e raça passou a fazer parte da pauta do Poder Judiciário, que busca enfrentar com ações concretas suas próprias injustiças.

---

(37) BRASIL. Conselho Nacional de Justiça. Pesquisa sobre negros e negras no Poder Judiciário. *Conselho Nacional de Justiça*. Brasília: CNJ, 2021. Disponível em: https://www.cnj.jus.br/wp-content/uploads/2021/09/rela-negros-negras-no-poder-judiciario-150921.pdf. Acesso em 22 ago. 2022.

(38) *Idem*.

(39) BRASIL. *Resolução n. 203*, de 23/06/2015. Disponível em: https://atos.cnj.jus.br/atos/detalhar/2203. Acesso em: 23 ago. 2022.

# 5. CONCLUSÃO

A Justiça do Trabalho reflete em sua composição a desigualdade de gênero, de raça e de classe social que permeia a sociedade capitalista contemporânea. Em razão disso, a divisão sexual do trabalho, que afasta as mulheres dos postos de poder, mantendo a estrutura patriarcal da sociedade, manifesta-se no Poder Judiciário na forma de exclusão das magistradas trabalhistas dos Tribunais Regionais do Trabalho e do Tribunal Superior do Trabalho, instâncias superiores da Justiça do Trabalho.

Pode-se afirmar que a redução de percentual de mulheres em funções de poder é visível nas esferas mais elevadas, como nos Tribunais Regionais do Trabalho e nos Tribunais Superiores, onde existe uma grande ofensiva do machismo estrutural para conservar a concentração de poderes dos homens nessas funções.

Embora detentor de um arcabouço jurídico avançado, que condena a discriminação e o preconceito, o Brasil ainda está longe de assegurar uma igualdade real, sobretudo às mulheres, menos ainda às mulheres negras, as mais atingidas pela discriminação de gênero e raça.

Em busca da efetividade dos preceitos consagrados pelo paradigma do Estado Democrático de Direito, da Constituição Federal de 1988 e das Normas Internacionais de Direitos Humanos e das convenções, tratados e convênios que o Brasil é signatário, as ações afirmativas, como a garantia cotas raciais e de gênero em universidades e concurso públicos, constituem políticas públicas inclusivas que, no entanto, precisam ser acompanhadas da conscientização da sociedade para a superação dos preconceituosos historicamente arraigados, e de ações concretas, no âmbito das instituições, que promovam o acesso de minorias aos cargos de poder.

Essa é uma tarefa e responsabilidade também do mercado, do setor econômico como um todo, da sociedade civil organizada e de cada um e cada uma de nós brasileiros no efetivo exercício da cidadania.

Somente a ampliação do debate sobre a urgente implementação da igualdade plena com toda a sociedade e o desenvolvimento de políticas inclusivas pelas instituições públicas e privadas pode resultar em mudanças significativas e no enfrentamento do patriarcado, do racismo e da desigualdade social, três eixos componentes do sistema de exploração capitalista.

O Estado Democrático de Direito ao promover em seu texto, a igualdade, a inclusão social e a democracia para todos, exige para a sua concretização um Poder Judiciário comprometido com ações que reflitam os valores constitucionais da igualdade e da não discriminação, e esse é um grande desafio para o Sistema de Justiça do Brasil e para a Justiça do Trabalho!

# REFERÊNCIAS


AJUFE. Participação feminina no Poder Judiciário Federal. *Justiça e Cidadania*. Edição 235. 07 de março de 2020. Disponível em: https://www.editorajc.com.br/participacao-feminina-no-poder-judiciario-federal/. Acesso em: 23 ago. 2022.

ALMEIDA, Silvio Luiz de. Racismo estrutural. *In*: *Feminismos Plurais* (Coordenação Djamila Ribeiro). São Paulo: Pólen, 2019.

BRASIL. Câmara Legislativa. *Advogadas e juízas defendem maior presença de mulheres no Judiciário*. 01 de junho de 2022. Disponível em: https://www.camara.leg.br/noticias/882503-advogadas-e-juizas-defendem-maior-presenca-de-mulheres-no-judiciario/. Acesso em: 22 ago. 2022.

BRASIL. Câmara Legislativa. *Comissão debate paridade entre homens e mulheres no Judiciário*. 01 de junho de 2022. Disponível em: https://www.camara.leg.br/noticias/880815-comissao-debate-paridade-entre-homens-e-mulheres-no-judiciario/. Acesso em: 22 ago. 2022.

BRASIL. Conselho Nacional de Justiça. Pesquisa sobre negros e negras no Poder Judiciário. *Conselho Nacional de Justiça*. Brasília: CNJ, 2021. Disponível em: https://www.cnj.jus.br/wp-content/uploads/2021/09/rela-negros-negras-no-poder-judiciario-150921.pdf. Acesso em: 22 ago. 2022.

BRASIL. Conselho Nacional de Justiça. Protocolo para julgamento com perspectiva de gênero Conselho Nacional de Justiça. Brasília: *Conselho Nacional de Justiça*. CNJ. Escola Nacional de Formação e Aperfeiçoamento de Magistrados. Enfam, 2021. Disponível em: https://www.cnj.jus.br/wp-content/uploads/2021/10/protocolo-18-10-2021-final.pdf. Acesso em: 22 ago. 2022.

BRASIL. *Constituição da República Federativa do Brasil de 1988*. Brasília: Casa Civil, 1988. Disponível em: http://www.planalto.gov.br/ccivil_03/constituicao/constituicao.htm. Acesso em: 23 ago. 2022.

BRASIL. *Lei n. 9.029*, de 13 de abril de 1995. Proíbe a exigência de atestados de gravidez e esterilização, e outras práticas discriminatórias, para efeitos admissionais ou de permanência da relação jurídica de trabalho, e dá outras providências. Diário Oficial da União, Brasília/DF, Seção 1, 17.04.1995, p. 5361 (publicação original).

BRASIL. *Relatório Geral da Justiça do Trabalho*, 2021. Disponível em: https://www.tst.jus.br/documents/18640430/30889144/RGJT+2021.pdf/16c678c9-7136-51ba-2d62-cae4c5a4ab4d?t=1656603252811. Acesso em: 22 ago. 2022.

BRASIL. *Resolução n. 203*, de 23/06/2015. Disponível em: https://atos.cnj.jus.br/atos/detalhar/2203. Acesso em: 23 ago. 2022.

BRASIL. *Resolução n. 255*, de 04/09/2018. Disponível em: https://atos.cnj.jus.br/atos/detalhar/2670. Acesso em: 23 ago. 2022.

BRASIL. Senado Federal. *Proposta de Emenda à Constituição n. 6*, de 2022. Disponível em: https://www25.senado.leg.br/web/atividade/materias/-/materia/152157. Acesso em: 23 ago. 2022.

BRASIL. Tribunal Superior do Trabalho. *Igualdade de gênero ainda é uma realidade a ser construída no Poder Judiciário*. Disponível em: https://www.tst.jus.br/web/corregedoria/-/nova-pagina-da-corregedoria-ger-1. Acesso em: 23 ago. 2022.

CORREIO BRAZILIENSE. *Judiciário brasileiro tem pouca presença feminina;* veja números. 08 de agosto de 2022. Disponível em: https://www.correiobraziliense.com.br/brasil/2022/03/4991262-judiciario-brasileiro-tem-pouca-presenca-feminina-veja-numeros.html. Acesso em: 21 ago. 2022.

DAVIS, Angela. *Mulheres, raça e classe*. São Paulo: Boitempo, 2016.

DE BEAUVOIR, Simone. *O segundo sexo*. 2. ed., Rio de Janeiro: Nova Fronteira, 2009.

DELGADO, Mauricio Godinho. Constituição da República, Estado Democrático de Direito e Direito do Trabalho. *In*: DELGADO, M. G.; DELGADO, G. N. *Constituição da República e Direitos Fundamentais* – dignidade da pessoa humana, justiça social e Direito do Trabalho. 1. ed. São Paulo: LTr, 2012.

FRIEDAN, Betty. *Mística Feminina*. Petrópolis: Vozes, 1971.

GOMES, Joaquim B. A recepção do instituto da ação afirmativa pelo Direito Constitucional brasileiro. *Revista de Informação Legislativa*, Brasília, a. 38, n. 151, jul./set. 2001, p. 134. Disponível em: https://www2.senado.leg.br/bdsf/bitstream/handle/id/705/r151-08.pdf?sequence=4&isAllowed=y. Acesso em: 20 ago. 2022.

GUIMARÃES, Sandra Suely Moreira Lurine; DAOU, Saada Zouhair. Divisão sexual do trabalho, trabalho reprodutivo e as assimetrias de gênero na pandemia da Covid-19. *Revista Direito e Sexualidade*, Salvador, v. 2, n. 1, p. 110-133, jan./jun. 2021. Disponível em: https://periodicos.ufba.br/index.php/revdirsex/article/view/42979/24774. Acesso em: 23 ago. 2022.

LERNER, Gerda. *A criação do patriarcado:* história da opressão das mulheres pelos homens. Trad. Luiza Sellera. São Paulo: Cultrix, 2019.

MARTINS, Luísa Lima Bastos; LIMA, Anne Florianne da Escóssia. LEMOS, Maria Cecilia de Almeida Monteiro. *Os Reflexos da Sociedade Patriarcal na Divisão Sexual do Trabalho e sua Influência no Judiciário Trabalhista*. RDP, Brasília, Volume 18, n. 98, 338-369, mar./abr. 2021 Disponível em: https://www.portaldeperiodicos.idp.edu.br/direitopublico/article/view/5281/pdf. Acesso em: 22 ago. 2022.

MONTEIRO, Ana C. R. B. Trabalhadores e trabalhadoras do Brasil: onde está a igualdade? O papel do Ministério Público do Trabalho no combate à discriminação de gênero e promoção da igualdade. *In*: PINTO, R. P. de A.; CAMARANO, A.; HAZAN, E. M. F. *Feminismo, pluralismo e democracia*. São Paulo: LTr, 2018.

NEXO POLÍTICAS PÚBLICAS. *A desigualdade racial e de gênero no mercado de trabalho no Brasil*, 2021. Disponível em: https://pp.nexojornal.com.br/Dados/2021/02/11/A-desigualdade-racial-e-de-g%C3%AAnero-no-mercado-de-trabalho-no-Brasil. Acesso em: 22 ago. 2022

OLIVEN, Arabela Campos. *Ações afirmativas, relações raciais e políticas de cotas nas universidades*: uma comparação entre os Estados Unidos e o Brasil. Educação. Porto Alegre/RS, ano XXX, n. 1 (61), p. 29-51, jan./abr. 2007. Disponível em: http://flacso.redelivre.org.br/files/2012/07/580.pdf. Acesso em: 23 ago. 2022.

SAFFIOTI, Heleieth. *A mulher na sociedade de classes*: mito e realidade. Petrópolis/RJ: Vozes, 1976.

# UMA CLT JOVEM E PÓS-MODERNA PARA O PÓS-TRABALHO

*Nilton Correia*[(1)]
*Elise Ramos Correia*[(2)]

**Resumo:** O propósito desse artigo é demonstrar que a CLT, embora de 1943, guarda poucos dispositivos daquela época. Dois terços dos artigos que hoje a integram são recentíssimos. Muitos são de 2017. E outras reformas inesgotavelmente saem sempre. Esse trabalho, por exemplo, não considera a Lei nº 14.657, de 23 de agosto de 2023e outras também de data anterior à investigação e pesquisa. Logo, a CLT não pode ser chamada de "velha". As alterações são recentes. Porém, pouco modernas, se o conceito de modernidade for ligado ao de "humanismo", como muitos sustentam. O artigo indica os dispositivos que permaneceram originais. E relaciona as modificações alfa-numéricas. Portanto, objetiva mostrar que a resistência à CLT não está relacionada com a "idade" dela, mas com o que ela regulamenta. As modificações nos mostram o futuro pelo retrovisor. A disputa é ideológica e não cronológica.

**Palavras-chave:**

- CLT;
- Reformas;
- Idade;
- Modernidade;
- Pós-modernidade.

**Sumário:**



---

(1) Mestrando em "Direito das Relações Sociais e Trabalhistas", do Centro Universitário do Distrito Federal (UDF), ex-Presidente da ABRAT-Ass. Brasileira de Advogados Trabalhistas e da JUTRA-Ass. Luso Brasileira de Juristas do Trabalho, autor de artigos e Coordenador de alguns livros jurídicos; membro do IAB-Inst. dos Advogados Brasileiros; Patrono Nacional da Advocacia Trabalhista ano 2014.

(2) Mestranda em "Direito das Relações Sociais e Trabalhistas", do Centro Universitário do Distrito Federal (UDF), especialista em Direito Processual e Material de Direito do Trabalho pelo Mackenzie e Uniceub; atual Vice-Presidenta da ABRAT-Ass. Brasileira de Advogados Trabalhistas. Ex-presidente da AAT-DF – Ass. de Advogados Trabalhistas do DF, gestões 2019/2021 e 2021/2023.

# 1. UMA INTRODUÇÃO

CLT com 80 anos. Para alguns, uma "idosa". Para outros, uma "adulta". Para vários, como o Professor Arnaldo Sussekind, que esteve em nosso convívio até recentemente, por ser um dos autores da CLT, ela lhe parecia (sempre) uma "garota".

Mas o que é, de verdade, a CLT e porque ela provoca tanta polêmica?

Todas as normas trabalhistas, a CLT inclusive, surgiram por necessidade de institucionalizar o conflito de classes dentro do estilo (já existia antes) gerado pela chamada "questão social", leia-se: tipo de organização produtiva capitalista.

Por certo, o problema não é de "idade" ou "geração", basta lembrar que a constituição dos Estados Unidos da América – tão cantada, deslumbrada e referenciada - entrou em vigor em 1789 e foi alterada vinte e sete vezes. 1789! Passou muito dos 200 anos e é ainda considerada "jovem".

Portanto, rejeito qualquer tentativa de enfrentamento à CLT pelo fato de ser de 1943. A idade não é o problema. Este, o problema, é outro bastante diferente de (apenas) o calendário, mas de ideário.

A normatização da relação do trabalho teve por alvo primário a produção de limites ao excessivo poder do capital. A necessidade de gerar contenções. Barragens. Bloquear os excessos dos empregadores.

Luis Alberto Warat[(3)]manifesta que "uma das características da perversão é a falta de limites". E estávamos vivenciando esse ambiente de intensas perversidades e perversões. A dita "*questão social*" (que caracterizava uma época, mas permanece plena até hoje) é o retrato dos horrores revelados na época, na alegada "revolução industrial".

Era a Idade Moderna chegando, mas trazendo consigo toda a carga de terror do passado, que, pois, não passou. "Nosso presente está repleto de passado", afirma a historiadora e antropóloga brasileira, Lilia Schwarcz.

Chegamos na modernidade. Mas sem alterações.

Dizem que estamos na "pós-modernidade".

Houve melhoras na relação capital-trabalho? Parece que não.

Mas a dita "modernidade" e a "pós-modernidade" trouxeram (ou criaram) o (1) "trabalho", sem direitos, e, (2) o "pós-trabalho", sem o trabalhador, que se tornou "empreendedor", "colaborador". Talvez um "cidadão-ciborgue", parte do corpo de ser humano e parte com uma mecânica capitalista, um ser híbrido, meio-gente e meio-pessoa jurídica. Ou um minotauro, talvez (quem sabe o resultado de uma fusão, algo como um "minotauralhador"), com corpo de humano, mas cabeça de touro, que habita o labirinto das leis. Mini gente.

Assim, o "pós-trabalho" é o trabalho que não é trabalho (?) e que produziu o "transbalhador" (expressão de Luis Carlos Moro), ou seja, o trabalhador em processo de trans(formação), aquele que se converte em empresa (o PJ), se transforma

---

(3) WARAT, Luis Alberto, "A Rua Grita Dionísio!", Rio de Janeiro, RJ, Editora Lumen Juris, 2010, p. 8

em empregador (de si mesmo), autônomo (de uma única pessoa), colaborador (sem sistema de colaboração).

Defensores dessa transmodalidade – como sempre – se sustentam no discurso abusivo da "liberdade" (liberdade de contratar, liberdade de trabalhador como desejar, liberdade de ter a liberdade de não ter liberdade). Esse discurso está por todos os tempos e idades da história. Porém, sempre esquecem que "*A igualdade é condição da liberdade*"(4)

Então, será mesmo a CLT uma idosa? ou idosa é a conduta que temos, na sociedade capitalista, de apropriação do trabalho humano sem custo ou ao menor custo?

(4) BERCOVICI, Gilberto, "Soberania e Constituição", São Paulo, Ed. QuartierLatin, 2008, pág. 113.

# 2. MODERNIDADE E PÓS-MODERNIDADE

Muito se discute sobre o que é modernidade, até mesmo se existe ou existiu e quando começou. Muito mais ainda, há um verdadeiro incômodo em relação à chamada pós-modernidade.

Quanto a modernidade, o mais comum, rotineiro mesmo, é associá-la a algo novo, algo que seja considerado moderno (conceito muito ambíguo) em oposição a antigo, envelhecido. Nicola Abbagnano lembra que o termo, aquele adjetivo, surge no "latim pós-clássico e significa literalmente "atual" (de *modo* = *agora*) (...)"[5]

A modernidade disputa, acirradamente, deter – monopolisticamente – o grau e o conteúdo do "progresso". Mas o que é exatamente esse "progresso"?

Parece desarrazoado, descabido mesmo, afirmar que as "idades" anteriores não ofertaram graus de progressividade. Creio ser despropositado dizer que Platão. Sócrates, Aristóteles e outros devem ser desconsiderados por integrarem a dita "Antiguidade". Eles podem ser "antigos" pela idade cronológica. Claro! Porém, jamais "antiquados" pela perspectiva filosófica, pela metodologia de pensar, de refletir o mundo. Evidente que refletiram o mundo como este se lhes apresentava nas respectivas oportunidades. Impossível desejar encontrar algum pensamento de Platão sobre a internet. Mas não por isso ele será "antigo", pois, inversamente, era "atual" para sua quadra. Note-se que, para muitos, eles (aquele trio) eram extremamente "avançados" para aquele estágio da vida, inclusive quanto a sexualidade, como se vê, com fartura, em "O Banquete", por exemplo.

A maioria dos trabalhos a respeito do início da Idade Moderna aponta como marco a Revolução Francesa, que é de 1789, mesmo ano no qual foi emitida a famosa e cantada "Declaração dos Direitos do Homem e do Cidadão" (documento quenão incluiu os "escravos" de então e nem, posteriormente, os "colonizados", que igualmente foram escravizados, embora sob outra modalidade).

Então, a partir dali estaríamos "moderníssimos". E para falar de França, então, vale lembrar que a escravidão (a interna, isto é: no território francês) somente foi abolida em 27 de abril de 1848 (mais de 50 anos após a revolução), quando empossado o governo republicano em substituição da monarquia.

Seguramente, não poderemos dizer que escravidão é modernidade.

Curiosamente, o decreto de abolição (na França) foi assinado por Victor Schoelder[6], então sub-secretário de Estado para a Marinha **e Encarregado das Colônias**. Vale dizer: de territórios invadidos pelos franceses e nos quais a França tinha domínio pleno e com exercício da força. E não eram poucos, mas muitos: Argélia, Marrocos, Senegal, Costa do Marfim, Mauritânia, Níger, Togo, Chade, Camarões, Gabão, Congo, Madagascar, Ubangui-Char, Burkina Faso entre outros países.

"Até meados de 1930 eram comuns feiras e exposições coloniais ou de cunho científico, que apresentavam famílias e produtos locais como se fossem "zoológicos

---

(5) ABBAGNANO, Nicola, Dicionário de Filosofia, São Paulo, SP, Livraria Martins Fortes Editora Ltda, 2020, página 679.

(6) Disponível em: https://www.rfi.fr/pt/20180427-170-ans-de-labolition-de-lesclavage-franca-abolia-escravidao-ha-170-anos. Acesso em: 18 ago. 2023;

humanos", mostrando de que forma tratavam os habitantes de suas colônias."(7).Por "*Meados de 1930*" devemos entender que se está há 13 anos antes da CLT. Apesar de tão próximo de nossos dias (1930), possível dizer que "zoológicos humanos"não é nada de "modernidade" e nem condiz com o título "Século das Luzes" e "Iluminismo".

Para seguir na França, apenas em razão do "marco temporal", mister lembrar que o movimento de "descolonização"(8)– ou seja: dar liberdade aos africanos, por exemplo – somente teve início ao findar a 2ª Guerra Mundial, sendo que esta tem como data término "setembro de 1945", ou seja, 2 anos e meio depois da CLT.

Em 1954 – portanto, 11 anos após a CLT – a Argélia iniciou uma duríssima e danosa guerra para obter sua "independência", que foi resistida pela França até 1962; logo, 19 anos depois da CLT.

Ora, se todos esses eventos estão dentro da "modernidade", a CLT é moderna na modernidade, mesmo porque consideramos como moderna a França

Nesse momento, temos de nos apoiar no historiador Jacques Le Goff, especialista em Idade Média (também nessa especialização está Umberto Eco), o qual lembra que o termo "modernidade" foi cunhado por Baudelaire em 1863, pelo que podemos dizer que a expressão é antiga... pelo menos ela. E Jacques Le Boff nos dá uma lição magnífica, dentro dos conceitos de Baudelaire(9)

> "Baudelaire – e isso é novo – não procura justificar o valor do presente – logo, do moderno – para além do fato de ser presente. 'O prazer que retiramos da representação do presente não só provém da beleza de que se pode revestir, mas também da qualidade essencial de ser presente' (1863). O belo tem uma parte eterna, mas os "acadêmicos" (os sectários do antigo) não veem que tem também necessariamente uma parte "ligada à época, à moda, à moral, à paixão" (ibidem). O belo deve ser, pelo menos em parte, moderno. O que é a modernidade? É o que há de "poético" no "histórico", de "eterno" no "transitório" (...)".

Modernidade, pois, é o que existe de "eterno"dentro do que temos como sendo"transitório".

O "transitório" contém, carrega, transporta – idades afora – aquilo que há de "eterno" na sociedade humana.

E nada há de mais "poético" e "eterno" do que a solidariedade, o companheirismo, a gentileza, o amor, elementos que, portanto, perpassam toda a história, todas as fases, todas as idades.

Mas o "eterno" também contém algo danoso que é a dominação, que persiste e insiste. Parece haver necessidade de gerarmos "subordinados" em todos os sentidos, aos quais não se lhes dá "direito de fala" e até se elimina quem pretende conceder-lhes alguma tribuna na qual possam eventualmente verbalizar as suas reivindicações e o mínimo existencial.

---

(7) Disponível em: https://www.infoescola.com/historia/colonizacao-francesa-na-africa/. Acesso em: 18 ago. 2023

(8) "Descolonização" meramente física, sair do território, porque a "descolonização" cultural talvez nunca seja conseguida, porque perderam seus idiomas, suas tradições, suas vestes, suas crenças etc

(9) GOFF, Jacques Le, "História e Memória", 7. ed., 4ª reimpressão, 2021, Campinas/SP, Editora Unicamp, página 181.

Para muitos – com os quais concordo – o nascedouro do período designado de "Tempos Modernos" está na afirmação e sustentação da dignidade do ser humano, que causou verdadeira ruptura entre possíveis "Idades" históricas, com o propósito de que o "eterno" seja novamente constituído do "belo", do "poético".

E a dignidade do ser humano se estabelece pela liberdade e na igualdade. Ou seja: "a liberdade o torna universal. Por conseguinte, a transcendência do homem é a da liberdade"[(10)], Olivier Boulnois.

> SEJA QUAL FOR A LIBERDADE PELA QUAL LUTAMOS, DEVE SER UMA LIBERDADE BASEADA NA IGUALDADE", Judith Butler ("Pensador")

**O filósofo francês Bruno Latour, autor de obras fantásticas como** "A fabricação do direito: Um estudo de etnologia jurídica", "Onde Aterrar", **entre outras, generaliza ao máximo o conceito de "modernidade" e diz que ela "possui tantos sentidos quantos forem os pensadores ou jornalistas" (que surge também como crítica àquelas duas categorias), faz o diálogo entre "antigo" e "moderno" e arremata que já não se pode dizer quem é vencedor ou perdedor nesse embate, ou seja, "nada mais nos permite dizer se as revoluções continuam os antigos regimes ou os encerram". Para Latour, assim, o chamado "pós-moderno" em verdade é um alto grau de ceticismo. "A vontade de ser moderno parece hesitante, às vezes até mesmo fora de moda"[(11)], diz o francês, como uma análise crítica contundente à falta de êxito da modernidade.**

Hannah Arendt traz um conceito dinâmico da "modernidade" associado a "novidade" isso posto como um elemento paradoxal em termos lógicos, "criar um novo início", insistentemente. Assim como Latour, também considera relevantes as revoluções, como forma de "modernizar o novo", pelo que, em "Sobre a Revolução", Arendt observa que "o conceito moderno de revolução está indissociavelmente ligado à ideia de que o curso da história de repente inicia de novo, de que está para se desenrolar uma história totalmente nova, uma história jamais narrada ou conhecida antes"[(12)]. Esse é o mecanismo que dá dinamicidade à própria "modernidade".

Zygmunt Bauman, referência maior na filosofia e sociologia dos tempos "modernos" (presentes) nega a existência de "pós-modernidade". Sustenta que houve uma liquidificação dos valores até então sólidos, firmes e que se supunham permanentes. Saímos de um estado de solidificação para um estado de liquidez, onde tudo passa a ser superficial, temporário, dispensável, maleável, fútil. As relações sociais não se estabelecem mais com um projeto de constância. Ao contrário, são fluidas, sem aderência, sem colagens. E qual a razão disso? Novamente, mudança no sistema de produção. Alteração que é de natureza econômica, outra vez.

A sociedade deixa de ser "disciplinar" (Foucault), de cima para baixo e de fora para dentro, através de comandos, chefias, para se converter em sociedade de "autodisciplina", impondo ao próprio trabalhador mecanismo psicocultural pelo qual ele se cobra, ele se exige, ele tem de produzir mais, ele pode, ele se impõe castigos para poder obter visibilidade em empresas por vezes também elas "invisíveis".

---

(10) BOULNOIS, Olivier, "O que há de novo na Idade Média?", em revista "Dicta&Contradicta", número 08, Rio de Janeiro, RJ, Editora Civilização Brasileira, dezembro/2011, página 21;

(11) LATOUR, Bruno, "Jamais Fomos Modernos", São Paulo, SP, Editora 34, 4ª edição, 2021, páginas 19 e 20;

(12) OLIVEIRA, Cícero, "Modernidade", in CORREIA, Adriano (org.) et al. "Dicionário Hanna Arendt", São Paulo, Editora Almedina Brasil, 2022, ps. 251/252.

De 1832 a 1845 (em plena "Idade Moderna") a Inglaterra, pressionada, edita vários "FactoryActs" para regulamentar o trabalho de menores (de 12 a 15 anos, por vezes menos idade) e reduzir, em relação a todos, a jornada de 14 horas diárias para uma jornada de 10 horas por dia, considerado isso de extrema subversão.

Hoje, discutimos ainda o trabalho infantil e a redução de horas. Parece que as "Idades" não mudaram nada. Elas ficaram sólidas, imutáveis. Estão todas elas a indicar que se deve exigir mais e mais do trabalhador e ao menor custo possível, extrair dele sua concepção operária para convertê-lo num "parceiro", "colaborador". E obrigar que ele mesmo se cobre, se exija, se puna, para que as empresas nem necessitem gastar com contratação de "chefes". O trabalhador passa a ser "*longa manus*" do empregador.

Hoje (e não na "Idade Antiga") estamos a discutir o "Karoshi", expressão japonesa para definir a "morte por excesso de trabalho", onde se destacam, como prevalentes, as mortes por ataque do coração e derrame devido às atividades excessivamente estressantes.

Ora, o debate nunca foi o de "antigo x moderno", mas de apossamento do trabalho humano ao menor custo possível.

# 3. TRABALHO E PÓS-TRABALHO

"O animal arranca o chicote das mãos do dono e chicoteia-se a si mesmo, sem saber que isso é apenas uma fantasia produzida por um novo nó na correia" (Franz Kafka).

A CLT tornou-se uma documentação legal patafísica, que regulamenta situações imaginárias e alguns casos de exceção.

Antes, disciplinava um trabalho sólido, constante, permanente.

Mas o pós-trabalho é líquido, se dissolve com facilidade e deixa o corpo do trabalhador, que necessita se transformar, sem conseguir. Mas a transformação lhe é imposta. E surge o "transbalho" (Luís Carlos Moro), o trabalho em movimento trans. O trabalhador deixa de ser empregado e se convola em "colaborador" (com isso perde motivação a ter voz), ou seja, "parceiro" daquele que antes era seu patrão. É o "autônomo" de uma só e determinada pessoa contratante. Ele passou a ser um "empreendedor" sem liberdade de empreendimento e sem igualdade de concorrência. Ele se desumaniza e se converte em pessoa jurídica.

Há uma fusão entre liberdade (suposta) e coação (imposta). É a liberdade como paradoxo do servo que acredita no seu amo.

A modernização da CLT que se pretende não é a sua atualização para que seja mais solidária e justa, mas para se lhe impor liquidez. Fluidificar seus valores, enfraquecer seus princípios, notadamente o da proteção. Afinal...liquidez e proteção não combinam. Mas o ato de proteger era o "belo" e o "poético" do "eterno". Mesmo o "transitório" da sociedade líquida leva consigo o que há de eterno.

Ao contrário, a fluidez tornou mais perverso o empregador, primeiro porque ele, fluído que ficou, desaparece ante o olhar de todos; segundo, porque, como diz Bauman, enquanto "os sólidos são moldados para sempre" o que torna mais humanizada a relação, até pela sua estabilização, "manter os fluidos em uma forma requer muita atenção, vigilância constante e esforço perpétuo"[(13)],o que exige mais dominaçãonas relações de trabalho. O domínio do empregador se acentua.

Por certo não se deseja "modernizar" a CLT, no sentido de "atualizar".

Exemplo clássico está em que o dispositivo mais antiquado da CLT é o art. 62, mantido em seus pontos mais envelhecidos, porque foi redigido efetivamente para regulamentar fenômenos de 1943. Falar em "*trabalho externo*" hoje é despautério, quando um astronauta fala com a Terra diretamente de Marte. A externalidade era possível em 1943, 1945, 1947, quando o empregado se embrenhava em alguma localidade, talvez atéinóspita, impossível de ser localizado.

Igualmente, o tal ridículo "*longa manus*" gerencial claramente só era possível em 1943 e suas proximidades e ocorria quando o empregadorabria uma agência ou filial em localidade de difícil acesso, sem qualquer chance de contato pela inexistência de telefonia, de correio, de transporte, as estradas eram de barro e lama, não havia fax, celular, "whatsapp" e assemelhados, razão porque, por falta absoluta de ter chance

(13) BAUMAN, Zygmunt, "Modernidade Líquida", Rio de Janeiro, RJ, Editora Zahar, 2001, página 15.

de conversar com alguém, aquele empregado, no distante e incomunicável local, era obrigado a tomar todas as decisões, até por falta de regulamentos empresariais.

Hoje isso é impossível de ocorrer, porque, esteja onde estiver o empregado, ele tem farto material regulamentar do empregador e todas as vias de contato, tudo facilitado para que fale com quem tem o real poder de mando e decisão.

Mas o art. 62, da CLT, não somente permanece, apesar de velhíssimo, como até tem sido ampliado.

As alterações atuais se prestam apenas para tornar mais líquido os conceitos de trabalho e de trabalhador, de forma que facilite a apropriação da prestação de serviço humano de maneira vantajosa para o verdadeiro "empreendedor", o capitalista, único com acesso real a empreender.

# 4. UMA CLT NOVÍSSIMA

Inexplicável que falem da CLT como um documento legal antigo, a designam por "senhora" para identificar idade e até mesmo dizem a "*a velha CLT*".

Ao contrário, a CLT é novíssima. Talvez um dos mais recentes normativos trabalhistas. Claro que foi "atualizada" para um retorno a "Idade Antiga" (o "futuro visto pelo retrovisor") e uma "atualização" rigorosamente interesseira, que serviu e serve apenas ao dono do capital, aos proprietários de empresas, que objetivam (sempre) ganhar mais, lucrar volumosamente. E encontra na redução dos direitos trabalhistas, na redução do "custo" do trabalho, um caminho para aquela finalidade.

Atualmente, a CLT contém **922 artigos**.

Isso pela perspectiva Física.Explicamos.

O último artigo da Consolidação é o **art. 922**.

Desses 922 artigos, **apenas 342** permaneceram SEM alteração (direta, física, no texto). Ou seja: remanesce somente **um terço** (1/3) do texto da CLT como idealizada; vale dizer,é o que resta da CLT conforme sua redação original.

Observação:

(E nem se está a contar dispositivos que estão "*falidos*", sem vigor algum, em razão de modificação de outras normas da CLT, sem que conste sua "*alteração*" (direta). É o caso do art. 468, da CLT, que, após a Lei nº 13.467/2017, perdeu todos os seus atributos, propósitos e valores para outros 03 dispositivos. Mas consta como "vigente" – emborasem vigência alguma)

Temos que **580 artigos** foram diretamente alterados. Vale dizer: **dois terços** (2/3) restaram modificados.

Observação:

(E sem computar, aqui, alteração de "*redação*")

*4.1. Dispositivos mantidos incólumes (total = 342) são:*

**Artigos**: 1º; 3º; 9º; 10; 12; 38; 50; 57; 63; 64; 65; 66; 67; 68; 69; 72; 76; 81; 82; 83; 117; 118; 119; 120; 124; 126; 228; 229; 230; 231; 232; 233; 234; 235; 236; 237; 240; 242; 243; 245; 246; 247; 248; 249; 250; 251; 252; 253; 293; 294; 295; 296; 297; 298; 299; 301; 302; 303; 305; 306; 307; 308; 309; 311; 312; 313; 315; 316; 319; 320; 321; 323; 325; 327; 329; 330; 331; 332; 334; 335; 336; 337; 338; 339; 340; 341; 342 343; 345; 347; 348; 349; 350; 352; 354; 355; 356; 357; 358; 359; 361; 363; 364; 365; 366; 367; 368; 370; 371; 373; 377; 381; 382; 383; 385; 388; 390; 391; 395; 399; 400; 401; 409; 410; 411; 412; 414; 424; 425; 426; 427; 438; 439; 440; 447; 448; 449; 450; 452; 455; 460; 463; 466; 471; 474; 476; 481; 484; 485; 489; 490; 491; 492; 493; 494; 495; 496; 497; 498; 499; 501; 502; 503; 504; 505; 506; 512; 516 ; 519; 523; 527; 533; 535; 537; 539; 541; 546; 548; 559; 561; 562; 564; 603; 607; 631; 638; 653; 660; 664; 665; 666; 667; 668; 669; 676; 687; 688; 711; 713; 714; 716; 717; 719; 720; 727; 728; 731; 732; 735; 736; 739; 740; 741; 742; 743; 744; 745; 747; 753; 754; 755; 756; 759; 762; 763; 764; 765; 766; 767; 768; 769; 770; 771; 772; 773; 776; 779; 780; 781; 782; 783; 784; 785; 786; 787; 788; 794; 795; 796; 797; 798; 801; 802; 803; 804; 805; 806; 807; 808; 809;

810; 811; 812; 813; 814; 815; 816; 817; 820; 822; 823; 824; 825; 826; 827; 828; 829; 833; 834; 835; 837; 838; 839; 842; 845; 849; 850; 852; 853; 854; 855; 856; 858; 860; 861; 862; 863; 865; 866; 868; 869; 870; 871; 873; 874; 875; 877; 885; 886; 887; 889; 890; 891; 892; 898; 900; 905; 906; 907; 908; 909; 910; 912; 913; 914; 915; 916; 918; 919; 920; 921.

Porém, desde que criaram os dispositivos "*alfanuméricos*", a CLT empapuçou-se (também: e/ou envenenou-se). Existem artigos que quase adotam o alfabeto inteiro.

*4.2. Artigosalfanuméricos inseridos na CLT (total = 102) são:*

**Artigos**:10-A; 11-A; 58-A; 59-A; 59-B; 75-A; 75-B; 75-C; 75-D; 75-E; 130-A; 223-A; 223-B; 223-C; 223-D; 223-E; 223-F; 223-G; 235-A;235-B;235-C; 235-D; 235-E;235-F;235-G; 235-H; 273-A;390-B;390-C; 390-D; 390-E; 391-A; 392-B; 392-C; 394-A; 429, § 1º-A; 429, § 1º-B; 442-A; 442-B; 448-A; 452-A; 456-A; 476-A; 477-A; 477-B; 484-A; 507-A; 510-A; 510-B; 510-C; 510-D; 611-A; 611-B; 625-A; 625-B; 625-C; 625-D; 625-E;625--F;625-G; 625-H; 627-A; 642-A; 775-A; 789-A; 789-B; 790-A; 790-B; 791-A; 793-A; 793-B; 793-C; 793-D; 832, § 3º-A; 832, § 3º-B; 852-A; 852-B; 852-C; 852-D; 852-E; 852-F; 852-G; 852-H; 852-I; 855-A; 855-B; 855-C; 855-D; 855-E; 877-A; 878-A; 879, § 1º-A; 879, § 1º-B; 883-A; 889-A; 896, § 1º-A; 896-A; 896-B; 896-C; 897-A.

Os dispositivos mantidos sem alteração versam sobre questões inteiramente **desimportantes** para o sistema trabalhista em si. Ou seja: tratam do Ministério Público do Trabalho (que desde muito tem norma própria), sobre a jurisdição dos Tribunais Regionais, composição das Secretarias das Varas, regulamentação de categorias que nem mais existem, algumas poucas normas de natureza processual, como velhos passos de execução que não andam, envelhecem, ficam "antigas".

É, pois, a Consolidação das Leis Trabalhistas Desimportantes (a "nova" CLTD).

A questão não é de uma "*matemática jurídica*", pela qual apenas se faria a soma dos dispositivos mantidos com os alfanuméricos inseridos, subtraídos os revogados e alterados.A questão é o "*sistema*", como conjunto de valores e princípios, o qual foi destruído.

Por exemplo: o art. 444, da CLT, inadmitia alteração contratual contrária às regras de proteção ao trabalho. A reforma trabalhista inseriu*parágrafo* (só isso!) que destruiu o sistema protetivo, quando se tratar de empregado que receba (mísero) salário igual ou superior a duas vezes o limite máximo dos benefícios da Previdência Social e tenha nível superior. E o art. 611-A encerra a discussão, quando dispõe sobre a "*prevalência*" da negociação coletiva (CCT ou ACT) sobre a lei (qual lei?...). Não bastasse, a redação do art. 611-B é algo de pura barbárie quando consegue **LEGITIMAR** "a supressão ou a redução" de direitos que enumera, o que depõe contra qualquer conceito de vedação ao regresso.

*4.3. CLT e o efeito sistêmico*

Enfim, CLT como sistema ou como projeto **já não existe mais**.

Qualquer modificação que lhe venha a ocorrer, presentemente, material ou processual, já não fará nenhuma diferença substancial.

É um corpo normativo **sem vida**, até mesmo, em alguns pontos, oposto ao propósito que lhe deu origem.

Empurrá-lo para um lado ou para outro pouco importa e diferença alguma fará, porque é um texto sem lado (ou, mais provável, com o lado invertido ao que lhe deu origem).

Existe, assim, uma CLT "*atual*", porém, muito distante de ser "***moderna***", pelo visor do Iluminismo e do Humanismo, que, dizem, também são marcos da Modernidade. A dita "atualização" da CLT não foi para tornar "belo" o "eterno", que é a solidariedade, que é a proteção do ser humano, a dignidade da pessoa humana como centro do pensamento e do agir.

Restou a CLT do capital. Desumanizada. Sem gesto, sem fala, sem amor.

Atualizar, como se disse, o art. 62, da CLT, revogando-o plenamente, parece algo subversivo e de extremada posição. Aquele dispositivo pode permanecer com a redação de 1943, enquanto servir aos interesses do "não-trabalhador".

Sem o direito material, *data venia*, nenhuma diferença faz o direito processual e suas alterações.

A CLT, sem os dois terços de alteração, era um documento legal novíssimo, atual, adequado à proteção e a ter como centralidade a dignidade da pessoa humana. O um terço que sobrou não serve nada a esse propósito dignificatório. Mas os dois terços da alteração a tornaram, sim, um documento normativo antiquado, inservível, imprestável, desumanizado e desumanizador.

A CLT nem é velha e nem é nova. Tornou-se um documento legal mambembe, desengonçado, desconjuntado. Um "misto frio" que contém 2/3 de normas recentes, no conceito cronológico, que se opõem à efetivação dos princípios constitucionais de 1988. E do 1/3 que sobrou nem a metade serve para o sistema de proteção do trabalhador.

Dizer que a CLT é "velha" e "antiquada" é um discurso que se pode tomar como bom, se for para revogar plenamente a CLT e construir, consolidadamente, um novo documento legal trabalhista adequado aos princípios da Constituição Federal de 1988, uma legislação "humanista e social" (Maurício Godinho Delgado), como assim já fizeram o Código Civil e o Código de Processo Civil, que se adequaram.

Hoje, por contraditório que possa parecer, existem mais normas de conteúdo social no Código Civil do que em normas do direito social, como se constata no mero confronto entre o art. 421, do CCv (Art. 421. A liberdade contratual será exercida nos limites da função social do contrato) e o parágrafo único, do art. 444, da CLT(uma norma recente, 2017) que estabelece exatamente o inverso (Parágrafo único. A livre estipulação a que se refere o **caput** deste artigo aplica-se às hipóteses previstas no art. 611-A desta Consolidação, com a mesma eficácia legal e preponderância sobre os instrumentos coletivos, no caso de empregado portador de diploma de nível superior e que perceba salário mensal igual ou superior a duas vezes o limite máximo dos benefícios do Regime Geral de Previdência Social. (Incluído pela Lei n. 13.467, de 2017))

Uma nova CLT é necessária, para que seja **atualizada** e **adequada** ao texto constitucional. Nessa perspectiva, sim, estaríamos a buscar algo "novo", "belo", "eterno" (que não é sinônimo de "imutável") para as normas do Direito do Trabalho.

# 5. CONCLUSÃO

O um terço (1/3) que sobrou da CLT de 1943, do qual metade é inútil, porque constituído de normas burocráticas, alheias ao sistema trabalhista, esse pequeno remanescente está a demonstrar que a CLT não é mais a mesma, exceto quanto aos dispositivos daquela época que se converteram contra os trabalhadores. Esses dispositivos, estranhamente, apesar de serem de 1943, são considerados "modernos" e estão projetados em quase todos os processos e na ampla doutrina patronal.

Portanto, chamar a CLT de "velha" é obrigatoriamente dizer que é "antigo", "passado", "retrógado" o volume de dois terços (2/3) das alterações que nela foram introduzidas para esfarelar, dissolver, todo o sistema de garantias e de proteção aos que vivem do trabalho. Até é possível pensar assim.

A modernidade é ter como centro a dignidade da pessoa humana.

A modernidade é buscar erradicar a pobreza e reduzir as desigualdades sociais. É promover o bem estar de todos, sem qualquer discriminação.

Os dois terços (2/3) que foram impostos, introduzidos, arrastaram a CLT para bem distante dessa modernidade constitucional.

Vale lembrar que a Constituição Federal é de 1988, mais de 40 anos após a CLT, e mesmo assim tão jovem já está com incríveis 129 Emendas.

Logo, o problema não está na idade, mas na mentalidade. Cultura escravagista da qual, ao que parece, não conseguimos a nossa própria "alforria".

A CLT sempre foi um orgulho sólido. Esteve disposta a resistir a liquidez. Exatamente a sua resistência humanística é o motivo de ser alvo de tantos e repetidos ataques. É como a advocacia trabalhista e a ABRAT. Somos todos resistentes. E também nossa resistência nos torna objeto de ataques.

# REFERÊNCIAS


ABBAGNANO, Nicola, *Dicionário de Filosofia*, São Paulo, SP, Livraria Martins Fortes Editora Ltda, 2020.

BAUMAN, Zygmunt, *Modernidade Líquida*, Rio de Janeiro, RJ, Editora Zahar, 2001.

BERCOVICI, Gilberto, *Soberania e Constituição*, São Paulo, Ed. QuartierLatin, 2008.

BOULNOIS, Olivier, *O que há de novo na Idade Média?*,em revista "Dicta&Contradicta", número 08, Rio de Janeiro, RJ, Editora Civilização Brasileira, dezembro/2011.

GOFF, Jacques Le, *História e Memória*, 7. ed., 4ª reimpressão, 2021, Campinas/SP, Editora Unicamp.

LATOUR, Bruno, *Jamais Fomos Modernos*, São Paulo, SP, Editora 34, 4. ed., 2021.

LIGUORI, Guido; VOZA, Pasquale, *Dicionário Gramsciano*, São Paulo, SP, Boitempo Editorial, 1. ed., janeiro de 2017, verbetes *modernismo* e *moderno*.

OLIVEIRA, Cícero, *Modernidade*. In: CORREIA, Adriano; ROCHA, Antonio Glauton Varela; MÜLLER, Maria Cristina; AGUIAR, Odilio Alves (Org.). *Dicionário Hanna Arendt*, São Paulo, Editora Almedina Brasil, 2022.

WARAT, Luis Alberto, *A Rua Grita Dionísio!*, Rio de Janeiro, RJ, Editora Lumen Juris, 2010.

# 80 ANOS DA CLT E A ADVOCACIA TRABALHISTA

*Ellen Mara Ferraz Hazan*[1]

*Será que eu falei o que ninguém ouvia? Será que eu escutei o que ninguém dizia?*

*Eu não vou me adaptar, não vou. Me adaptar, não vou. Me adaptar, não vou. Não vou me adaptar. Não vou me adaptar. Não vou me adaptar. Eu não vou me adaptar. Não vou Não vou*

*(Titãs)*

**Resumo:** A CLT não é uma velha senhora! Ela tem sido atacada e alterada pelo poder econômico desde seu nascimento. Se sua existência é decorrente da luta de classes, sua destruição também o é. Estas constatações são necessárias para que possamos retomar a luta pelos direitos humanos e sociais do povo brasileiro, até que a classe trabalhadora retome a luta contra o sistema capitalista. Oxalá a brava advocacia trabalhista brasileira lute pela efetivação da Carta de 1988 e pela realização dos princípios que constituíram a CLT de 80 anos atrás, e pare de se adaptar as mazelas do sistema capitalista.

**Sumário:**



(1) Graduada em Direito pela Faculdade de Direito Milton Campos. Mestra em Direito do Trabalho pela PUC Minas. Palestrante em seminários e congressos. Autora de livros e artigos jurídicos. Professora e advogada.

# 1. INTRODUÇÃO

Quem efetivamente milita na defesa dos direitos humanos e sociais da classe que vive do trabalho sabe que a Consolidação das Leis do Trabalho não é aquela de oitenta anos atrás. Centenas de alterações normativas e principiológicas foram nela impostas para inverter seus princípios e fundamentos.

A Constituição de 1988 tentou impedir este desmonte, mas, até então – julho de 2023 –, sem êxito. Necessário assim, mesmo que de forma sumária, pensarmos algumas das possibilidades que a advocacia social ainda tem na efetivação dos direitos humanos e sociais da classe trabalhadora brasileira.

De início, sugerimos que deixemos de repetir as narrativas do empresariado brasileiro sobre a suposta senilidade da nossa Consolidação das Leis do Trabalho. Ora, ao longo de sua existência, 80 anos, a CLT vem sendo sistematicamente modificada e, isto, para atender à vontade do poder econômico.

A legislação trabalhista, por muitos, acaba distorcida e sendo tida como uma normatividade protetiva dos empresários e não mais dos trabalhadores.

Sabemos que o poder econômico se utiliza de mitos (não verdades) e narrativas em seu favor, visando a destruição dos direitos trabalhistas constitucionalizados e celetistas, deixando clara sua intenção: retornar à servidão e à escravização generalizadas e, preferencialmente, legalizadas ou legitimadas pelos Poderes da República.

Não há como ignorar: a CLT não é velha e suas alterações, nestes 80 anos, vieram à serviço do poder econômico e em prejuízo dos que trabalham.

Pode-se até afirmar que estes ataques foram previsíveis!

Afinal, a história da construção da CLT nos demonstra que, para o sistema econômico capitalista derrotar a luta da classe trabalhadora brasileira contra o capitalismo, e a favor do socialismo nos primórdios do século XX, foi necessária sua parcial e temporária rendição para, por meio de a inclusão dos e das trabalhadoras e suas organizações no mundo jurídico como sujeitos de direitos, controlá-los e subjugá-los.

A CLT representou, assim, parte da "legalização da classe operária" cuja intenção do capitalismo era o de não a cumprir até que pudesse destrui-la.

É o que vem ocorrendo desde que a CLT passou a existir, já que sempre foi vilipendiada, descumprida, desmoralizada e modificada pelo sistema capitalista brasileiro. Para todos e todas as brasileiras, dependentes do trabalho para sobreviver, estes 80 anos de CLT não foram fáceis, especialmente para os excluídos de sua normatividade.

Entretanto, os tempos difíceis, hodiernamente, não mais atingem alguns e, sim, todos e todas dependentes do trabalho para sobreviver. É como se o discurso da classe trabalhadora, pela não discriminação dos excluídos da normatividade celetista, fosse atendido, mas para possibilitar ao poder econômico a superexploração através da escravização e servidão do povo trabalhador brasileiro.

O que pode fazer, contra esta barbárie, a advocacia trabalhista social e humana?

Pois bem, enquanto a classe que vive de o trabalho seguir vilipendiada, individualizada, discriminada e sem direção política que a eleve, resta-nos contar com coragem, visão social do direito e pensamento crítico na efetivação, profissional, dos direitos humanos e sociais do trabalho.

Não podemos seguir normalizando as mazelas que o poder econômico impõe a todas e todos. Temos que deixar de optar, no nosso exercício profissional, pelo "mal menor", pelo "menos pior" e pelo caminho mercantilista da profissão.

Chega de repetirmos as narrativas capitalistas que visam a destruição da democracia!

Chega de adaptarmos à vontade do poder econômico que se faz representar no Judiciário Trabalhista!

Lutemos juntos por uma sociedade não excludente!

Sabemos que a luta não é fácil, nem cômoda. A advocacia social está vivenciando decisões judiciais, de todas as instâncias trabalhistas e do Supremo Tribunal Federal que, além de desconstruírem a CLT, desconstroem o projeto de sociedade previsto na Constituição de 1988.

Entretanto, o posicionamento de muitos do Poder Judiciário, que decidem de forma contrária à Carta de 1988, não pode continuar a ser uma desculpa para rompermos com nossa obrigação em defender os seres humanos explorados pelo capital e a nossa Carta Magna. Nós, da advocacia, não podemos continuar sendo calados pelo Poder Judiciário.

Somos, por força da Carta de 1988, a última barreira na defesa do Estado Democrático de Direito antes da destruição, autofágica, do Poder Judiciário Trabalhista, dos princípios da legislação trabalhista e da Carta de 1988.

Não podemos esperar, sem lutar o bom combate, até que a classe trabalhadora se reorganize e tome as ruas clamando por uma sociedade pós-capitalista. Muitos de nós também deseja uma sociedade pós-capitalista, mas, até que ela se concretize, é nossa obrigação lutar pelo atual ordenamento constitucional que juramos defender.

Tomar, em nossas mãos, mentes e corações, a guarda da Constituição, é nossa obrigação frente ao descaso que o suposto guardião da Carta de 1988 tem demonstrado.

A advocacia, lembremos, é composta por uma maioria de trabalhadoras e trabalhadores que advogam e que são explorados, tanto em sua propriedade física e intelectual, quanto na profissional por "colegas patrões".

Portanto a luta de classes também ocorre em nosso meio, e cada um de nós tem a obrigação de saber de que lado está. Temos centenas de colegas que fecharam seus escritórios e estão se submetendo à exploração dos patrões da advocacia para sobrevivência, mesmo que de maneira precária.

Também temos centenas de colegas de profissão que defendem a supremacia do econômico sobre o humano e o social. São aqueles que optaram pelo lucro e não pelas pessoas, acreditando que suas teses, inventadas para destruir os direitos humanos, sociais e trabalhistas ao serem acatadas por parte do Poder Judiciário, possuem validade – o que não é verdade.

É nossa obrigação lutar contra todas as teses destruidoras da Carta de 1988, não fugindo ao bom combate. Não é mais aceitável que parte da advocacia siga agindo como se tudo estivesse bem.

Não, não estamos nada bem! A miserabilidade atinge todos os níveis da classe que vive do trabalho, inclusive da advocacia explorada pelos comerciantes da advocacia.

Nem mesmo a tragédia da pandemia sanitária da COVID-19, que levou embora a vida de mais de 680 mil trabalhadores e trabalhadoras, colegas, amigos, filhos e amores, foi capaz de nos mover, coletivamente, contra os absurdos praticados pelo poder econômico e seus assistentes jurídicos.

Não devemos esquecer: a escolha da desconstrução das normas celetistas e constitucionais, além de ser uma traição ao juramento da nossa profissão, mata!

O presente esboço tem, assim, a pretensão e o desejo de contribuir para o exercício de uma advocacia crítica, corajosa e coletivizada em favor dos direitos humanos e sociais do que vivem do trabalho.

Para tanto, pretendemos indicar, após algumas observações histórico-sociais, alguns atos procedimentais que sugerimos rejeitar, e outros que podemos implementar.

Esta luta é nossa!

## 2. ALGUNS APORTES HISTÓRICOS SOBRE O CAPITALISMO NO BRASIL

O capitalismo mundial dos séculos XVIII e XIX, de ordem liberal e alicerçada no padrão ouro, fica sem freios e, ao se constituir imperialista, aprofunda o desejo, insaciável, de acumulação e eliminação de todo e qualquer obstáculo ao lucro.

A narrativa da supremacia da vontade individual, estabelecida na Revolução Francesa – liberdade, igualdade e fraternidade – que deveria ser para todas e todos, somente seria possível, dizia o capitalismo, através do direito individual de ir e vir.

A raiz do direito do trabalho, nesse momento da grande indústria inglesa, faz com que os capitalistas, até então donos do mecanismo de trabalho, passassem a ser donos do trabalho e, sem um estatuto que o regulasse, um grande massacre atingiu os operários da então Inglaterra.

O surgimento do trabalho subordinado, não-eventual, com pessoalidade, mediante remuneração e sem norma reguladora, teve aí sua origem, causando o aprofundamento das desigualdades e a falência da supremacia do mercado autorregulado.

Os trabalhadores agregados nas indústrias, que começam perceber que as promessas da Revolução Francesa não seriam cumpridas para todas e todos, iniciaram revoltas e amplas reuniões que, além de criminalizadas, passaram a ser proibidas pelo Estado capitalista. Mesmo assim, as trabalhadoras e os trabalhadores foram se organizando em associações, nacionais, internacionais e em sindicatos para a luta, não só por direitos, mas principalmente contra o sistema capitalista.

A intelectualidade também se organizou, a exemplo de Marx e Engels que após publicarem textos no Jornal *The Morning Sun,* escreveram e publicaram O Capital, obra fundamental para entender o sistema capitalista e contra ele lutar. Ao estudarem a jornada de trabalho eles estabeleceram o conceito de "mais-valia".

A Igreja Católica Apostólica e Romana, preocupada com as teorias contra o capitalismo e, alegando a falta de pessoas nos seus cultos, sugere ao Estado intervenção nas relações de exploração do trabalho para que aqueles – que prometiam ao povo um mundo melhor com o fim do capitalismo – não ganhassem a luta contra esse sistema (Encíclica *Rerum Novarum*).

No Século XX, com a primeira guerra mundial, ocorreu o pacto de Versailles que no capítulo 13 propõe a Liga das Nações e um "bureau" internacional do trabalho.

Não obstante, as guerras mundiais seguiram e dizimaram o povo europeu e asiático. As dívidas dos países vencidos e vencedores se acumularam e tornaram-se impagáveis. Neste momento histórico, os Estados Unidos da América se aproveitaram para entrar pesado no financiamento das reparações da guerra, se tornando referência econômica e intervencionista mundial.

O flagelo da sociedade com as guerras foi terrível. Indústrias e instituições acabaram submetidas a engrenagens do mercado e sucumbiram. Milhares de trabalhadores e trabalhadoras foram assassinados.

Foi também no século passado que ocorreram centenas de reações antiliberais e anticapitalistas, como na Rússia, Mexico, Alemanha e Brasil (nos idos de 1917). Suécia e países nórdicos assumem a socialdemocracia e aplicam o Estado Social que, até hoje, se propagandeia como um dos melhores modelos do capitalismo.

O Brasil, sabemos, é um país marcado por desigualdades profundas desde sua invasão e nós, brasileiras e brasileiros, lutamos diuturnamente para a superação destas mazelas.

O capitalismo no Brasil, considerado tardio e cujo processo de industrialização, mesmo que tênue, se estabeleceu após 1930, trouxe consigo, além de suas próprias mazelas, aquelas advindas da escravização, das discriminações e, dos privilégios dos homens brancos, heteros exploradores da natureza e das pessoas.

Essas mazelas seguem vivas até a atualidade e os defensores dos direitos humanos e sociais do povo brasileiro devem seguir lutando para superar essas abissais desigualdades e discriminações, até que se consiga superar o sistema de exploração capitalista.

A grande depressão de 29 do século passado, pegou o Brasil despreparado quando, erámos – ou ainda somos – um grande fazendão.

O comércio e a indústria estavam iniciando seus primeiros passos na economia comandada pela agricultura, sempre resiliente com as heranças patriarcais, escravocratas e de monocultura.

Foi após 1930 que o sistema público de normatização do trabalho e das instituições públicas do trabalho, como sindicatos, ministério do trabalho, justiça do trabalho, e outros, começou a ser esboçado e, isto, como reação às lutas da classe trabalhadora.

Toda esta estrutura patriarcal, racista, machista e discriminadora costurou a exclusão social se tornando estruturante do direito e do capitalismo brasileiros.

A escravidão que vinha sendo flexibilizada pela contratação de imigrantes brancos como coisa locada, através de uma triangulação ou, terceirização, era realizada pelas casas de locação de mão de obra.

Os imigrantes que haviam sido trazidos para substituírem os escravos, supostamente libertos de então, não se conformaram com a exclusão social.

Ao povo trabalhador supostamente liberto foi estabelecido uma espécie de "salve-se quem puder": ou ficava na fazenda por um prato de comida ou ficava em bandos errantes e famintos.

Esse é o nosso povo trabalhador, ainda hoje tratado pelo Estado Brasileiro e suas instituições como sobrantes, excluídos e marginalizados. Nosso povo tenta sua sobrevivência em favelas, cortiços, ruas, bairros afastados, colocando à venda sua força de trabalho em favor do capital, ou por meio de trocas de produtos e trabalhos informais. Esse povo é o exército de reserva criado pelo capital para sua superexploração.

O Estado Brasileiro, não temos como negar, vive, desde a invasão dos Portugueses, em guerra contra seu povo, reprimindo, matando, aleijando, mutilando todas e todos que o poder econômico exclui da possibilidade de sobrevivência.

Em alguns momentos, entretanto, o povo trabalhador brasileiro obtém consciência desta guerra declarada pelo Estado Capitalista contra ele e luta, bravamente, à exemplo da história sobre a construção da legislação social e trabalhista. Não obstante, como nossa história, durante os anos, vem sendo contada pelos capitalistas, lutas e vitórias foram dela alijadas, cuja consequência tem sido a desconstrução de nossa memória coletiva.

Apesar de os capitalistas, suas narrativas e mitos, as lutas seguiram e segue. Muitas greves ocorreram após 1930 e Lindolfo Collor, então Ministro de Estado, convida Evaristo de Morais para ser consultor do Ministério. Evaristo de Morais, o tribuno que defendia as minorias negras e os pobres.

Além de Evaristo de Morais, vieram para a consultoria do Ministério de Lindolfo Collor outros tantos pensadores, desta feita de diferentes e contraditórias matizes.

As lutas seguem e uma das grandes bandeiras de luta da época passa a ser o voto universal, inclusive das mulheres. Começa o processo de regulação pública com centralidade social.

Quanto a questão da parte individual do direito do trabalho, regras foram inseridas para, sim, autorizar a exploração dos trabalhadores e trabalhadoras pelo capital, mas também algumas vieram para coibir a servidão remunerada, a superexploração e a escravidão (a exemplo dos artigos 8º, 9º e 468, da CLT).

Já quanto a parte coletiva do direito do trabalho, aquela que organiza a classe trabalhadora para lutar por seus direitos, toda ela foi atrelada, amordaçada e controlada pelo Estado Capitalista sob o argumento de que a luta dos e das trabalhadoras brasileiras não era mais um caso de polícia e, sim, responsabilidade do Estado.

Além disso, a CLT de 1943 foi promulgada contendo todas as mazelas do capitalismo brasileiro, inclusive as das discriminações. Ficaram fora da normatização celetista os e as trabalhadoras domésticas, rurais e públicas, além de todas e todos que não possuíam reconhecimento da relação de trabalho por parte de seus empregadores.

A duras penas o povo brasileiro conseguiu a regulação para o campo e, a penas ainda mais rudes, para os e as domésticas.

Somente com a Carta de 1988 os direitos dos e das trabalhadoras brasileiras foram elevados à categoria de direitos sociais e humanos, base de composição do Estado Social que visa impedir a superexploração do povo trabalhador pelo sistema capitalista.

O Brasil conseguiu resistir à força destruidora vinda da Europa entre 2004 e 2014, quando os índices da base da pirâmide econômica melhoraram, inclusive o salário-mínimo. O País foi retirado do mapa da fome neste período pequeno, mas, apesar da resistência, nossa sociedade não conseguiu, mesmo com a Carta de 1988, superar as desigualdades (senhor/escravo), e hoje estamos vendo estímulos genocidas ao trabalho, aos direitos humanos e sociais constitucionalizados e o grande comprometimento dos poderes constituídos, inclusive o Judiciário, com a supremacia do capital sobre o trabalho.

Estamos, enquanto país, novamente no mapa da fome!

A Carta de 1988, além de não efetivada, vem sendo afrontada pelos Poderes Judiciário, Legislativo e Executivo por legislações ordinárias e hierarquicamente abaixo das normas Constitucionais e por parte da advocacia trabalhista empresarial.

A CLT, que também representou, a partir de 1943, o direito dos empregados e empregadas formalizadas frente aos seus empregadores, nunca foi efetivamente cumprida pelos empresários brasileiros (o que justificou, talvez, a existência da Justiça do Trabalho) e, desde então, 1943, veio sendo sistematicamente alterada para seguir admitindo a superexploração da classe trabalhadora.

A partir de 2017, com a Lei 13.467/2017, foi ela transformada para proteger os empregadores e não mais os trabalhadores.

E todo esse desmantelamento da Carta de 1988 e da CLT tiveram e seguem tendo o aval da maioria dos membros do Supremo Tribunal Federal, da Justiça do Trabalho e, o que nos deixa ainda mais indignados, de muitos membros da advocacia trabalhista que, além de serem indispensáveis à Justiça e não ao Judiciário, juraram defender a Constituição brasileira.

## 3. A ATUAL ADVOCACIA TRABALHISTA E SOCIAL BRASILEIRA

*Vivendo se aprende; mas o que se aprende,*
*mais, é só a fazer outras maiores perguntas.*

*(Guimarães Rosa)*

Como já explicitado, a advocacia, além de ser essencial à Justiça por força Constitucional, também presta, quando de sua titulação para o exercício da profissão, o compromisso na defesa da Constituição, dos direitos humanos, da cidadania, da não discriminação, da democracia e da erradicação das misérias.

Antes da revolução tecnológica e das comunicações e, ainda nos anos 80 e 90, a advocacia construía seu conhecimento e vivia o pensamento crítico como parte de sua subjetividade. Este conhecimento construído era costurado entre o passado e o futuro e concretizado na atividade laboral advocatícia, dentro de uma perspectiva legítima e justa, pois o conceito de justiça, naquele período próximo, não era o exposto pelo Poder Judiciário.

A advocacia trabalhista de então pensava e agia conforme o senso de Justiça, sempre com empatia para com os que dela necessitavam. Lutava-se contra os descalabros das decisões judiciais antijurídicas e antissociais; criavam-se teses que combatiam os abusos do poder econômico e; o direito do trabalho era pensado e aplicado, pela advocacia, com base em seus princípios, fontes e normas protetivas.

O mundo mudou de forma veloz após a revolução tecnológica e das comunicações, não temos dúvida. Em menos de 30 anos tudo ficou diferente, especialmente nossa relação com o tempo, com o espaço e com as relações humanas. Passamos a obedecer a regras diferentes e, parece-nos, deixamos de construir nosso conhecimento, de pensar de forma crítica e de defender, efetivamente, a Carta de 1988.

Na atualidade, dizem, não precisamos estudar para construir o saber, pois tudo que se faz necessário cabe na palma de nossas mãos. Tudo que preciso já está pronto no Google. Parece-nos que ocorreu uma desativação do aprendizado humano, a partir do momento em que deixamos de conversar entre si (ser ou não ser de Shakespeare) e passamos a nos ver através dos outros (através de *likes* e *selfies* nas redes sociais).

A relação com o tempo nos mudou a ponto de, além de não nos questionarmos mais sobre nós mesmos, deixarmos de sentir saudades acreditando não ser mais necessário nos relacionarmos pessoalmente.

O que somos não está mais no nosso debate conosco mesmos e, sim, no que os outros dizem que somos – nos *likes* e *selfies* das redes sociais.

É tempo da sociedade do espetáculo, daí nossa necessidade de superexposição que nos faz, mesmo que tristes, felizes por segundos. Se aquele do outro lado da rede social nos elogia e afirma estarmos alegres (falsa impressão) passamos a nos dizer felizes. O contrário também ocorre!

Acreditamos que, hodiernamente, não existimos mais em carne, osso, espírito, mente e inconsciente e, sim, nos *likes* que recebemos do outro e, este outro, nos faz dependentes. Passamos a ser não o que somos e, sim, o que o outro diz que somos! Nossa interioridade acaba e isto é triste demais para não ser observado.

As consequências desse novo mundo globalizado, da tecnologia e das comunicações *online*, afetam todas e todos, inclusive a advocacia trabalhista. Estamos perdendo o sentido do "bem comum", da coletividade e, ao deixarmos de nos colocar no lugar do outro, aprofundamos a barbárie. Por exemplo: ao não termos subjetividade não teremos empatia; se só nos colocarmos no lugar do outro se acharmos ser, este outro, igual a nós, passamos a achar que os diferentes de nós podem ser excluídos, dizimados como o que ocorreu na escravidão e na 2ª Guerra Mundial – podemos matar os diferentes, pois não merecem viver conosco.

A empatia é fundamental para o exercício da advocacia trabalhista social. Devemos calçar os sapatos do outro e ouvir sua história.

Ter gentileza e defender os explorados contra os exploradores não é um ato vergonhoso; pedirmos ajuda, não é um ato de fraqueza; lutarmos contra as decisões judiciais absurdas, inclusive do Supremo Tribunal Federal, construindo conhecimento e divulgando nossas teses, não é um ato que "não vai dar em nada".

É interessante como a psicanálise analisa os ensinamentos de Marx e Engels no que tange a "mais-valia" com o "mais de gozar".

A leitura da autora Gilda Vaz Rodrigues, sobre a psicanálise pelo avesso destaca, citando Lacan, que, na qualidade de coordenador de um seminário na escola de Direito, sugere o abandono de uma interpretação sobre as pessoas a partir dos médicos e filósofos para atingir o real, perguntando se a interpretação poderia vir da advocacia, em razão da estrutura do discurso.(2) *Se o direito não é isso, se não é aí que percebemos como o discurso estrutura o mundo real, onde estão será?* (3)

E segue a autora:

> É o conceito de gozo que vem aproximar a Psicanálise do Direito. O termo gozo provém do campo jurídico. É o Direito que trata das relações das pessoas com o mundo real, coisas, pessoas, significantes.
>
> Quando se formalizam as relações de posse de uma propriedade, de posse das faculdades mentais, utiliza-se o termo gozo. Dizemos estar em pleno gozo de suas faculdades mentais, gozar de seu direito, etc... no sentido do usufruto.(4)

Se, por um lado, o Direito é definido como o discurso que estrutura o mundo real, a psicanálise vem propor uma nova legalidade, a do sujeito do inconsciente. Assim, a autora segue sua leitura do Seminário de Lacan destacando que:

> No discurso do mestre é o significante unário, o S1, que exerce a função sobre a qual se apoia a essência do senhor. Este, por sua vez, sempre vem acompanhado de seu escravo, o saber, S2.

---

(2) RODRIGUES, Gilda Vaz. *A psicanálise pelo avesso*: uma leitura do seminário O Avesso da Psicanálise livro 17 de Jacque Lacan. Belo Horizonte: Ophicina de Arte & Prosa, 2010, p. 45.

(3) RODRIGUES, Gilda Vaz. *A psicanálise pelo avesso*: uma leitura do seminário O Avesso da Psicanálise livro 17 de Jacque Lacan. Belo Horizonte: Ophicina de Arte & Prosa, 2010, p. 46.

(4) RODRIGUES, Gilda Vaz. *A psicanálise pelo avesso*: uma leitura do seminário O Avesso da Psicanálise livro 17 de Jacque Lacan. Belo Horizonte: Ophicina de Arte & Prosa, 2010, p. 46.

> O escravo, desde a antiguidade, é aquele que porta o saber fazer, que tanto interessa ao senhor, que não sabe e não quer saber, ele quer que as coisas funcionem. O que vem no lugar da produção nesse discurso é o objeto 'a' como o mais-de-gozar. Essa forma de manifestação do gozo não se trata de transgressão e sim de irrupção.
>
> O que seria irrupção?
>
> Lacan se refere à queda no campo de algo que é da ordem do gozo, um bônus.
>
> O objeto "a", como mais-de-gozar, articula-se ao conceito de mais-valia em Marx, no sentido que se apresenta como um excesso, um a mais.
>
> Portanto, mais-valia, mais-de-trabalho, mais-de gozar, uma sequência a ser articulada.
>
> [...]
>
> Retomemos a questão do par senhor (S1) e escravo(S2). Lacan aborda, em alguns de seus seminários, os diálogos de Platão, especialmente o Mênon. Ali vamos acompanhar o diálogo com o escravo e destacar o seu saber.
>
> Isso se refere a questão da ephisteme, que, segundo Lacan, tem o sentido de colocar-se em boa posição.
>
> Trata-se de encontrar a posição que permita que o saber se torne um saber do senhor. Assim, a função da ephisteme especificada como saber transmissível é sempre tomada por inteiro das técnicas artesanais, ou seja, dos servos.(5)

Caminhando nas reflexões da autora e concatenando-as com a existência da exploração no século XIX, dos servos e escravos (donos do saber) pelo senhor-patrão (o que não sabe nem quer saber) e com a exploração contemporânea, podemos afirmar que os servos e escravos dos séculos passados seguem sendo explorados e expropriados do seu saber, desta feita, com a denominação de proletariado, classe trabalhadora, autônomos, terceirizados, plataformizados e informais.

E esta massa de explorados pelo capital, com a revolução tecnológica e das comunicações, pensamos nós, passa a ser o trabalhador ideal para o senhor-patrão, na medida em que, como afirma Marx "... ele não calcula, não julga, não pensa, só trabalha".

A autora citada segue afirmando:

> É assim, também, que Lacan se refere ao sujeito do inconsciente em *Televisão*. Condição que aponta para um campo de alienação no trabalho, como forma de liberdade frente ao real avassalador.
>
> No discurso do mestre, o saber é colocado no lugar do escravo. Toda a experiência analítica gira em torno desse saber, que, na verdade, é um saber suposto. Por isso, podemos dizer que o sujeito é escravo de seu sintoma.
>
> Em qualquer dessas formas que o saber se apresente, ele tem seu lugar na cultura, mas, também, no campo das subjetividades.(6)

---

(5) RODRIGUES, Gilda Vaz. *A psicanálise pelo avesso*: uma leitura do seminário O Avesso da Psicanálise livro 17 de Jacque Lacan. Belo Horizonte: Ophicina de Arte & Prosa, 2010, p. 46-49.
(6) RODRIGUES, Gilda Vaz. *A psicanálise pelo avesso*: uma leitura do seminário O Avesso da Psicanálise livro 17 de Jacque Lacan. Belo Horizonte: Ophicina de Arte & Prosa, 2010, p. 52-53.

Estaria a advocacia hoje sem sua subjetividade, sem empatia para com os excluídos e deixando que o seu saber seja direcionado pelo Google? O Google que, em realidade, absorve o conhecimento de muitos para passar a ser dono do saber, estaria nos escravizando?

A "IA" (Inteligência Artificial) será a comandante de nossa subjetividade? De nosso saber? De nossas emoções? É com ela que supriremos nossas necessidades afetivas?

Não estamos aqui demonizando a tecnologia, mas também não a endeusamos! Ela não é boa, nem má. O problema que enxergamos não está na nela e, sim, em quem a direciona e comanda: o sistema capitalista.

O que fazer?

O termo proposto por Lacan é a subversão do sujeito. O proposto por Marx é revolução do proletariado com direcionamento ao socialismo.

Assim, até que a revolução do proletariado se faça possível, podemos, enquanto advogados e advogadas que defendem os direitos humanos e sociais dos que dependem do trabalho, tentar a subversão!

# 4. UMA SUBVERSÃO NECESSÁRIA

Acreditamos que alguns passos para a subversão da advocacia trabalhista, a que se ocupa dos direitos humanos e sociais da classe trabalhadora, já foram explicitados neste artigo, mas podemos ainda sugerir alguns outros que estão ligados ao exercício da profissão frente ao Poder Judiciário e à advocacia empresarial predatória.

Não podemos e não devemos, em nosso ofício, adaptarmos à barbárie ou ao saber do outro. Nossa reação – e subversão – pode ser iniciada com pequenos passos que, certamente, se farão grandes frente ao que entendemos por Justiça (que não é sinônimo de Poder Judiciário).

Devemos exigir, em todas as peças judiciais, o cumprimento das normas Constitucionais e dos Tratados Internacionais e, para isto, é necessário conhecê-las. Além disso, podemos passar a realizar pequenos passos procedimentais que, certamente, correspondem ao efetivo cumprimento da Carta de 1988.

Sugerimos:

a. Não mais aceitar, em qualquer processo trabalhista, a quitação geral do contrato de trabalho! Essa figura antijurídica – quitação geral do contrato de trabalho – não tem previsão em qualquer legislação, especialmente na trabalhista. Ao aceitarmos essa cláusula, que é fruto da criação do Poder Judiciário sem qualquer base técnica ou social, estamos sendo agentes da renúncia dos direitos de nossos clientes, aos quais juramos defender. Esta cláusula, que se transformou em chavão do Judiciário Trabalhista brasileiro, afeta os direitos de nossos clientes, inclusive os que estão sendo discutidos em ações coletivas pelos sindicatos. Se não a evitarmos podemos ser responsabilizados pelos prejuízos econômicos e sociais de nosso cliente, decorrentes da renúncia.

b. Não realizar acordos judiciais ou extrajudiciais abaixo dos valores devidos ao ou à trabalhadora, seja em ações coletivas, plúrimas ou individuais. Normalmente o que se justifica para os clientes na realização destes acordos – abaixo do que lhe seria devido – é a teoria do "menos pior", seja em razão do tempo, das custas, dos honorários ou da possibilidade de execução frustrada. Ao realizarmos tais acordos estaremos, além de renunciando a direitos que não são nossos, repassando um recado social que destrói o Direito e o Processo do Trabalho, qual seja: o processo judicial trabalhista é um bom negócio para quem não cumpre os direitos de seus trabalhadores.

c. Não aceitar regras sobre a condenação dos e das trabalhadoras em custas e honorários periciais ou de sucumbência. Quem assim o faz está aceitando a existência de regras ordinárias que negam o direito fundamental de acesso à Justiça.

d. Não devemos aceitar audiências de instrução virtuais e, sempre, em qualquer assentada, devemos exigir ata escrita. A legislação trabalhista se sobrepõe a do procedimento comum. Lutar pela efetivação do Direito Processual do Trabalho e não do Direito Processual Comum, é nosso dever.

e. Devemos, sempre, exigir a presença física do Juiz nas audiências. Caso ele se faça presente em tela, e não pessoalmente, peça que ele justifique sua ausência em seu local de trabalho e, pergunte, se ele possui autorização de seu superior, como determina o art. 35 inciso V da Lei Complementar 35/1979 (LOMAN). Ao aceitarmos a ausência física do Juiz estaremos esvaziando o sentido, do Direito e do Processo do Trabalho, de conceder, sempre, lugar de fala a quem vive do trabalho para expor seus sofrimentos e lesões.

f. Não seguir ajuizando ações para o recebimento, exclusivo, de verbas rescisórias. Devemos pedir, sempre, a reintegração no emprego de nosso ou nossa cliente, com aplicação imediata do art. 7º, inciso I, da CR/1988 e defender, sempre, a não existência, no ordenamento jurídico brasileiro, da figura do Direito Potestativo puro, ou seja, sem o cumprimento das obrigações a ele precedentes. A condição legal para se dispensar a ou o trabalhador de seu emprego é o pagamento das verbas rescisórias. Se não foram pagar, é nula a dispensa. E ainda, verifique se o sindicato representativo da categoria profissional de seu cliente não está negociando ou ajuizando ações contra dispensas arbitrárias.

g. Nas dispensas por justa causa devemos, além de verificar a questão processual referente à dosagem e racionalidade da pena, defender sua nulidade em razão da não vigência do art. 482, da CLT, por falta de similaridade contratual frente ao art. 483, também da CLT. Devemos sempre lembrar aos julgadores que o processo pressupõe direitos iguais entre as partes contratantes e que, tal similaridade, não está sendo respeitada entre a justa causa do empregado e a justa causa do empregador. Exija a não discriminação!

h. Nas greves não devemos aceitar que o Poder Judiciário determine que os e as trabalhadoras em greve retornem ao trabalho sob qualquer tipo de pena. Ao aceitarmos este comando do judiciário, além de negarmos vigência ao art. 9º, da CR/1988, afrontaremos a Convenção 29, da OIT que proíbe o trabalho obrigatório. Quando o Judiciário assim agir, impetre Mandado de Segurança contra o ato coator e o faça com base na Convenção 29, da OIT.

i. Devemos sempre interpretar a legislação ordinária à luz da Carta de 1988 e das Normas e Tratados Internacionais vigentes no Brasil. Sempre devemos verificar, antes do ajuizamento de ações trabalhistas, as normas Constitucionais, internacionais constantes dos Tratados e Acordos firmados pelo Brasil, assim como as Convenções da Organização Internacional do Trabalho. Jamais faça qualquer pedido com base em Lei inconstitucional, como a Lei 13.467/2017.

j. Para evitar a condenação em honorários sucumbenciais e custas, ajuíze suas ações trabalhistas com espeque na Lei da Ação Civil Pública.

k. Sempre estejamos atentos às negociações coletivas, pois elas fazem parte da estratégia do capital que vai em desfavor da estratégia das organizações sindicais. A conciliação de classes, além de acomodar, de forma falsa, os conflitos entre capital e trabalho, impede a classe trabalhadora de lutar por seus direitos constitucionalizados. Os instrumentos coletivos atuais, em sua maioria, retiram direitos sociais fazendo com que seja o empresário o maior interessado em realizá-los. Se puder e se a diretoria do sindicato aceitar, fique sem ACT ou CCT e não ajuíze Dissidio Coletivo. Ao passar a data-base, ajuíze ações coletivas para aplicação das normas constitucionais, por exemplo, onde o turno é ininterrupto e de revezamento, peça jornada de seis horas e horas extras desde o fim do instrumento; onde tiver banco de horas desfavorável, ajuíze ação pedindo o pagamento das horas extras e assim sucessivamente. Aplique o princípio da aderência contratual plena.

l. Informe, sempre, à diretoria do sindicato profissional que você assiste, que pela legislação vigente o sindicato representa não só os e as trabalhadoras com contrato de trabalho formalizado na CTPS, mas todos os que laboram na categoria, por força do art. 7º, da CR/1988, inclusive os e as trabalhadoras "pejotizadas", terceirizadas e os tais informais. Nas ações coletivas ajuizadas para os que não possuem CTPS formalizada faça pedidos sucessivos: primeiro, relação de emprego formal; segundo, a aplicação na relação de trabalho de todos os incisos do art. 7º e no inciso III do art. 8º, da CR/1988 que falam em "trabalhadores" e não em "empregados". Utilize, sempre, a Lei da Ação Civil Pública.

m. Lembre-se que todas as regras que tratam da Organização Sindical no Brasil estão inseridas o art. 8º, da CR/1988. Não aplique qualquer artigo da CLT sobre a matéria e lute pela aplicação das regras constitucionais e internacionais, exigindo que o julgador profira sua decisão conforme estas regras. Evite pedir a inconstitucionalidade de normas preferindo, sempre, pedir a interpretação do julgador "em conformidade com as das normas Constitucionais e Internacionais elencadas".

n. Jamais deixe de defender os direitos humanos e sociais da classe trabalhadora sob a alegação de que a questão já foi decidida pelo Supremo Tribunal Federal. Pense de forma crítica e construtiva, nem que para isto você tenha que arranjar tempo para estudar, profunda e socialmente, a questão.

# 5. OUTRAS CONSIDERAÇÕES

*Tambor dá asas a nosso grito contido há séculos[...] grita tambor, grita estamos do lado de fora com as mãos vazias[...] grita tambor grita temos sede de vida[...]"*

*(Carlos de Assumpção)*

O capitalismo tardio brasileiro, vimos, trouxe consigo, além de suas próprias mazelas sociais para obtenção da "mais-valia", as discriminações construídas na época do Brasil colonial, como o racismo, o escravismo e o machismo.

Ao ser autorizado, legalmente, a explorar o saber dos e das trabalhadoras, o capitalismo no Brasil se pautou pela forma cível do contrato onde, sabemos, pressupõe igualdade entre as partes e objeto lícito.

O contrato, assim, dá juridicidade aparente onde supostamente dois proprietários ajustam que um compra e outro vende.

Ocorre que a relação social do trabalho é diferente da relação contratual civilista, vez que a troca no trabalho envolve não só a propriedade e a força de trabalho, mas o próprio trabalhador.

Portanto, neste sistema capitalista de exploração do trabalho, além de não existir os requisitos essenciais do contrato, também não existe trabalho digno, até mesmo em razão de o sistema capitalista tratar o trabalho como mercadoria – o valor do trabalho vinculado com a oferta e a procura acaba se diferenciando do valor de uso.

Desta forma, o contrato de trabalho é um mito.

Mas o que é um "mito"? Os mitos são discurso que escondem a realidade, ou seja, é uma mentira utilizada para escamotear a verdade!

Devemos sempre lembrar que a força de trabalho tida, pelo capital, como mercadoria não se separa do trabalho. É assim que o capital coisifica não só a força de trabalho, mas a própria pessoa humana que trabalha, se utilizando do contrato de trabalho para justificar o injustificável, qual seja, que trabalhamos em regime de servidão e escravização pois somos tidos, pelo capital, como mercadoria, como coisa e não como seres humanos.

Essa foi e ainda é a configuração do contrato de trabalho.

Em que pese o Direito do Trabalho ter inserido o trabalhador no mundo jurídico como cidadão sujeito de direitos, estes, até hoje, não foram cumpridos, da mesma forma como a promessa de 80 anos atrás: de o trabalho nos proporcionar uma vida digna.

Assim, ao contrário do que alguns pensam, o Direito do Trabalho não cumpre seu suposto papel de tensionador entre direitos e obrigações das partes no contrato, ou seja, entre o capital e o trabalho.

A advocacia vem perdendo, com o tempo, seu pensamento crítico e se pautando por mitos que necessitam, urgentemente, ser desmascarados. Ao darmos valor aos mitos, as mentiras narradas pelo poder econômico, desconsideramos o conhecimento adquirido sobre o Direito do Trabalho, nestes 80 anos de sua existência. Desconsideramos seus propósitos, promessas, fontes e princípios.

A advocacia passou a acreditar que a tal "modernização" ou "reengenharia dos modos de produção" seria e é boa para a CLT, mas, como podemos afirmar, o discurso da modernização não passa de uma mentira, um mito.

Necessitamos voltar aos nossos estudos para entender o que essas mentiras ou mitos regulam, o que se regula e para quem se regula.

Os 80 anos da CLT não traduzem a existência de um benefício para a classe trabalhadora brasileira, vez que ela não mais regula, hodiernamente, as relações de trabalho e muito menos equilibra as forças entre capital e trabalho.

Esses mitos servem para manter os sistemas de escravização e servidão escamoteados, vez que estes fenômenos sociais se mantêm. E a tal modernização trouxe, além da barbárie, a negativa de acesso à justiça aos trabalhadores.

O Direito do Trabalho e a Justiça do Trabalho são instituições da modernidade para tentar corrigir as mazelas vividas no século XIX.

Assim, o moderno Direito do Trabalho existiu para superar o antigo modelo de exploração e, agora, crê-se que a "modernização" existe para superar o moderno, quando, na realidade, ele foi criado para retornar ao antigo.

Nos parece que parte da advocacia e do judiciário trabalhista – com exceções – se distanciou da essência do direito, como quando defendem a terceirização como método moderno sendo que, como já visto, ela data de antes mesmo da CLT.

Necessitamos não de "inteligências artificiais", mas sim de inteligências críticas e estudiosas!

Nossa crença no mito da dignidade no trabalho precisa ser revisitada, vez que em uma sociedade onde o trabalho é obrigatório para a sobrevivência dizer que o fato de se cumprir a legislação trabalhista representa trabalho digno é, no mínimo, não saber o que vem a ser, efetivamente, dignidade.

A legislação trabalhista, nestes 80 anos, não cumpriu seu objetivo, isso é certo! Ela vem sendo utilizada para a proteção do empregador, na medida em que, ao se crer que o trabalho digno é aquele com Carteira de Trabalho assinada e com direitos cumpridos, sua existência se presta para retirar, do empregador, sua responsabilidade pela exploração dos que vivem do trabalho.

Infelizmente parte da advocacia e do judiciário trabalhista, pelo menos a partir dos anos 90 do século passado, além de deixar de lutar pela efetividade da legislação trabalhista e constitucional, vem normalizando a barbárie que se instalou contra o povo brasileiro pelo sistema capitalista.

O que fazer???

– Pensar, estudar, lutar e subverter!

*A maioria das pessoas. Só percebe a luz do sol. Quando é quase noite... Ai, já é tarde demais.*
*(Sérgio Vaz)*

# REFERÊNCIAS

COUTINHO, Grijalbo Fernandes. *Justiça política do capital:* a desconstrução do direito do trabalho por meio de decisões judiciais. 1 ed. São Paulo: Tirant lo Blanch, 2021.

EDELMAN, Bernard, 1946 – *A legalização da classe operária:* Coord. Tradução Marcus Orione, 1. Ed. São Paulo: Boitempo, 2016.

HAZAN, Ellen Mara Ferraz. *A pandemia das sombras e o direito do trabalho.* Belo Horizonte: RTM, 2021.

RODRIGUES, Gilda Vaz. *A psicanálise pelo avesso*: uma leitura do seminário O Avesso da Psicanálise livro 17 de Jacque Lacan. Belo Horizonte: Ophicina de Arte & Prosa, 2010.

SEFERIAN, Gustavo. *Direito do trabalho como barricada*: sobre o uso tático da proteção jurídica das trabalhadoras e trabalhadores. Belo Horizonte, RTM, 2021

SEVERO, Valdete Souto. *A perda do emprego no Brasil*: notas para uma teoria crítica e para uma prática transformadora. Porto Alegre: Sulina, 2021.

SOUTO MAIOR, Jorge Luiz. *Conjuntura política brasileira sob a perspectiva trabalhista:* a hora da sensatez. Belo Horizonte, RTM, 2019.

ZIZEK Slavoj. *Arriscar o impossível*: conversas com Zizek. Tradução Vera Ribeiro. São Paulo: Martins, 2006.

# TELETRABALHO E OS DESAFIOS DO DIREITO SOCIAL COLETIVO DO TRABALHO

*Erazê Sutti*[1]

**Resumo:** O teletrabalho foi viabilizado pelos avanços tecnológicos e intensificado pelas necessidades extraordinárias diante da pandemia. Por sua vez, o Capital se utiliza dessa nova ferramenta produtiva para fragmentar e individualizar as relações de emprego, permitindo maior exploração da mão de obra e dificultando a organização e a mobilização coletivas, fonte de resistência e de conquista de direitos pelos trabalhadores. O desafio da sociedade e do Estado, enquanto Democrático de Direito, é zelar pelos patamares civilizatórios mínimos conquistados pela classe trabalhadora organizada durantes décadas e décadas de lutas, além de tentar superar essas novas formas de precarização do emprego, via tecnologia e pelo lucro, utilizando-se da sobrejornada expropriada e da desregulamentação dos direitos sociais.

**Palavras-chave:**

- Teletrabalho;
- Direito coletivo;
- Sindicato;
- Direito do trabalho.

**Sumário:**



(1) Advogado Trabalhista e Sindical. Presidente da Comissão da Advocacia Assalariada da ABRAT (2022/2024). Conselheiro Seccional Presidente da Comissão da Advocacia Assalariada da OAB/SP (2022/2024). Presidente da AATJ – Associação da Advocacia Trabalhista de Jundiaí (2023/2025). Integrante do corpo docente da Escola Superior da ABRAT desde 2018. Pesquisador integrante do GPTC-USP (Grupo de Pesquisa Trabalho e Capital) desde 2018 e do NTADT-USP (Núcleo de Estudos Trabalho Além do Direito do Trabalho) desde 2020. Também pela Faculdade de Direito da USP, é graduado (1996) e pós-graduado (2018/2019) em Especialização em Direito e Processo do Trabalho. E-mail: eraze@usp.br

# 1. INTRODUÇÃO

O presente trabalho almeja traçar uma correlação histórica entre a forma inicial de exploração individual do capital na desregulada relação fabril, no mais de um século seguinte à revolução industrial, seguindo-se pelas então inovadoras fórmulas de desfragmentação das relações de emprego pelo Toyotismo, e, diante dos avanços tecnológicos, analisar as alterações e as mudanças pelo teletrabalho no recorde de sua aplicabilidade cada vez maior, principalmente por permitir maior individualismo na relação de emprego. Visa também apresentar as dificuldades e os riscos para permitir análise sobre perspectivas e necessidades. Por fim e em conclusão, objetiva apresentar propostas de enfoque constitucional e convencional, somados com adequações normativas, para enfrentar os problemas atuais e os riscos, bem como para potencializar a atuação sindical em cenário de liberdade sindical.

Isso porque o Capital, incansavelmente, atua para o retorno da individualização das relações de emprego desde as lutas sociais que culminaram com o surgimento do direito do trabalho, um pouco mais de 1 século atrás, exatamente como reação ao liberalismo na fundamentação da desregulada exploração da mão de obra na relação capital-trabalho. Já na década de 70, o Toyotismo já representou uma reação do capital à organização sindical, propondo a segmentação da linha de produção e sua terceirização, dificultando, consequentemente, a consciência de classe e sua mobilização.

Nesse quadro, diante das novas ferramentas tecnológicas para o teletrabalho, viabilizando sua maior aplicabilidade nas relações de emprego, bem como por sua potencialização diante do necessário distanciamento social e das travas produtivas impostos pela pandemia da COVID-19 iniciada em 2020, até mesmo possibilitando normas excepcionais pela urgência e extraordinariedade. Somado a isso, desde a acentuação da precarização dos direitos sindicais pela reforma trabalhista de 2017 e pelas normas posteriores, ainda mais com a ausência histórica de efetiva liberdade sindical no direito nacional faz quase um século, o Capital passa, atualmente, a ter acessíveis, pelo desregramento em desproteção social no direito brasileiro, ferramentas de exploração para tornar as relações de emprego acentuadamente individuais, isoladas e fungíveis, à margem das normas sociais e blindada contra razoável identidade coletiva, contra majoração de consciência de classe e contra maior mobilização sindical; tais alterações legislativas ainda servem para segmentar a relação de emprego para discriminações, opressões e fragilidades em sentido contrário à razão de existir e a evolução do direito social do trabalho, nascido das lutas sociais, concretizando-se suas primeiras leis genéricas desde final do século XIX.

Desse modo, através do teletrabalho desvinculado de direitos coletivos protetivos, como os colegas de trabalho poderiam ter acesso entre si, inclusive para trocar experiências e possibilitar eventual mobilização? Como a entidade sindical poderia ter acesso a tais empregados em teletrabalho sem um mandamento legal para tanto? Como a entidade sindical ou um núcleo de trabalhadores mobilizados poderiam ter acesso e dar suporte a empregados lesados em teletrabalho, eventualmente vítimas de assédio moral individual e/ou coletivo? Como viabilizar a greve e como se evitar a demissão e/ou substituição de grevistas? Como permitir alguma evolução social na relação capital/trabalho? Como zelar pelos Direitos Humanos Fundamentais Sociais diante da fragmentação da relação coletiva e marginalização da sindicalização?

Neste artigo, com base na análise histórica, em levantamentos documentais e nos fundamentos do direito social do trabalho, tais questões serão enfrentadas.

## 2. TELETRALHO

Teletrabalho, na estrita concepção legal[2], enquanto "prestação de serviços fora das dependências do empregador, de maneira preponderante ou não, com a utilização de tecnologias de informação e de comunicação, que, por sua natureza, não configure trabalho externo", tem sua viabilidade cada vez mais potencializada com o avanço da tecnologia nas relações de trabalho e emprego.

Contudo, as facilidades dessa infindável capacidade de criação de ferramentas para o trabalho remoto, não representam apenas benefícios aos trabalhadores que, especificamente, conseguem trabalhar bem instalados em suas casas ou em locais externos e descentralizados da empresa.

Além das dificuldades para a manutenção de um mínimo de condições decentes de trabalho para a grande maioria da classe trabalhadora em teletrabalho, sem as mínimas condições ergonômicas, de saúde, higiene e segurança no trabalho, e em prejuízo a uma privacidade basilar para exercício dessa atividade em sua casa ou em outro local adequado, certamente, as capacidades de mobilização coletiva e da identidade de classe, de categoria e de vínculo social do trabalho, passam a sofrer de forma violenta com a potencialidade de segmentação e de isolamento tecnológico planejado.

Nos termos bem abordados por Carla Denise Theodoro[3], o "teletrabalho afasta os(as) trabalhadores(as) do convívio social, da troca de experiências da vida, desestrutura a capacidade de luta por melhores condições de trabalho, quebra a ambição individual por ascensão profissional, não permite visibilizar as diferenças de tratamento entre homens e mulheres".

Nesse sentido, a legislação é convenientemente omissa sobre teletrabalho na parte basilar que deveria regular, como relata Gisela da Silva Freire ainda sobre os dispositivos inseridos pela chamada reforma trabalhista[4]:

> o legislador foi bastante suscinto e silenciou sobre questões importantes que impactam a segurança ocupacional e a saúde do teletrabalhador, legando às negociações coletivas um tema imprescindível para compor as respectivas pautas, a exemplo do que já ocorre em diversos países do mundo, como nos países da Comunidade Europeia.

Mas, além de omissa, a legislação vigente, conforme análise de Guilherme Guimarães Feliciano e Olívia Pasqualeto, também é miseravelmente permissiva à precarização na parte que regula, cuja "decisão de controvérsias no caso concreto, ante a vedação do *non liquet*", deve ocorrer "com base no arcabouço constitucional dos direitos sociais fundamentais (CRFB, artigos 7º a 11), nas normas-princípios de regência especial do Direito do Trabalho (CLT, art. 8º, caput) e, onde couber, nas convenções

---

(2) BRASIL. Lei n. 14.442/22, que alterou a CLT, artigo 75-B, *caput* – In: *Diário Oficial da República Federativa do Brasil*, Brasília, DF, 2 set. 2022. Disponível em: http://www.planalto.gov.br/ccivil_03/_ato2019-2022/2022/lei/L14442.htm. Acesso em: 01 out. 2022.

(3) THEODORO, Carla Denise em seu artigo Categorias Mais Afetadas: Trabalhadores em Teletrabalho – p. 726/734 – obra coordenada por SOUTO MAIOR, Jorge Luiz e SEFERIAN, Gustavo, *Direito do trabalho e crise sanitária da covid-19*: leituras críticas desde o GPTC-USP; Editora Lacier – Ed. 2021

(4) FREIRE, Gisela, no artigo Universo Sindical e Teletrabalho no livro *A Evolução do Teletrabalho* – Tomo I: aspectos jurídicos – p. 57/64 – obra coordenada por ZAVANELLA, Fabiano, e PINTO, Luís Otávio Camargo Pinto; Editora Lacier, 1. ed. 2021

e acordos coletivos de trabalho que regulam setorialmente a matéria, como frutos concretos do dialogo social. Quanto a isto, em particular, interessa recuperar a função histórica da negociação coletiva, já reconhecida pela OIT - inclusive em relação à própria Lei n. 13.467/2017 (OIT, 2018) -, que é a de otimizar as condições de trabalho e promover o direito fundamental à saúde do trabalhador (inclusive no teletrabalho)" (5).

E essa forma desse Estado subserviente ao Poder Econômico regular aquilo que interessa a este e desregular aquilo que não lhe interessa, sempre em prejuízo dos direitos sociais laborais das pessoas que necessitam viver do próprio trabalho, é uma estratégia de superexploração pelo lucro.

Cenário hipoteticamente oposto e idealizado num patamar civilizatório seria aquele em que os empregados e as empregadas, conscientes de seus direitos e prejuízos, organizados livre e coletivamente em sua entidade sindical representativa, exigissem, sob pena de greve geral, regras mínimas para o exercício sustentável de suas atividades laborais em teletrabalho, regras mínimas para disciplinar Saúde Segurança do Trabalho, formas de controle e limites de jornada de trabalho, direito à desconexão e à privacidade, acesso aos dados de empregados em teletrabalho para relação entre si e transparência, custeio de equipamentos/mobiliário, transição, dentre muitas outras pautas pelo trabalho decente e pela dignidade no emprego.

E por que esse quadro não é palpável na vida prática brasileira? Para responder essa questão, faz-se necessária abordar a natureza da relação de emprego, o papel do direito social do trabalho e a forma coletiva com que ele surge no ordenamento jurídico, através das mobilizações em torno das entidades sindicais.

De outro lado, nesse mesmo cenário, há o contraponto do Poder Econômico Dominante, detentor também do poder estatal, que, frequentemente, legisla e julga, de forma ideológica, para marginalizar esse oxigênio do direito social do trabalho: as lutas sindicais. E, assim, as greves e as entidades sindicais são marginalizadas e reprimidas, como bem demonstra a história nua e crua.

Em consonância com isso e para manutenção do *status quo ante*, o nosso sistema sindical possui, desde a década de 30, bases legislativas para seu desvirtuamento, contra sua liberdade, sua sustentabilidade e plena legitimidade nos moldes internacionais apontados pela OIT. Daí surgiram a unicidade, o sindicato oficial e o custeio cogente. Também decorre dessas estratégias as ações estatais (e da grande mídia capitalista) para criminalizar parte do movimento sindical, reprimir a greve e segmentar a classe trabalhadora.

E, ao se considerar a atual e concreta situação do sindicalismo no país, percebe-se que o quadro ainda se agravou, tendo em vista que,

> de 1943 a 1988 (e até o advento da Lei n. 13.407/2017), o sistema sindical brasileiro estava sustentado por um tripé: unicidade sindical, representatividade sindical obrigatória e custeio das entidades sindicais por meio de contribuições sindicais obrigatórias. A Reforma Trabalhista eliminou um desses eixos de sustentação; mas deixou os outros dois - os primeiros - absolutamente intactos.

---

(5) FELICIANO, Guilherme Guimarães, e PASQUALETO, Olívia de Quintana Figueiredo, no artigo *Teletrabalho, saúde e segurança do trabalho e regulamentação estatal: pandemia, aprendizados e perspectivas futuras*. Disponível em: http://as1.trt3.jus.br/bd-trt3/handle/11103/70553. Acesso em: 01 out. 2022.

Logo, o modelo sindical brasileiro não foi substancialmente alterado, superado ou substituído, em absoluto. Ele foi apenas deformado. É o que reconhecia, aliás, o relator da ADI n. 5.794 no Supremo Tribunal Federal, Min. Luís Edson Fachin, conquanto tenha sido vencido em sua tese de inconstitucionalidade (por seis votos a três)[(6)]

Nesse sentido, os empregados organizados não conseguem ter a necessária liberdade de assim atuarem em seu escolhido sindicato, e, mesmo que consigam, não conseguem disciplinar seu próprio custeio e nem o vincular ao objeto da luta social coletiva solidária e compartilhada, dificultando a identidade de classe e a sustentabilidade da mobilização institucional, alicerces da luta que resulta nas conquistas pela atuação e negociações coletivas.

O próprio estado-juiz cumpre com seu papel vinculado ao Capital, especialmente, ao criminalizar ou mitigar a liberdade constitucional e legal da greve, buscando sufocar seus efeitos, interpretando a lei de forma ainda mais restritiva ao direito positivado, e contrariamente ao direito natural originário.

Em conformidade com essa forma estratégica de reprimir a mobilização social da classe trabalhadora, a negociação coletiva é afastada exatamente onde poderia ser solução para melhor adequar a relação capital e trabalho em suas minúcias regionais, de especificidade de atividade e de temporalidade.

De outro lado, o próprio Capital vai se adaptando conforme a tecnologia evolui e se apresenta. A própria migração do Fordismo para o Toyotismo permitiu, estrategicamente, a terceirização e a fragmentação da classe trabalhadora, comportando melhor exploração e consequente lucratividade. Em evolução, novas ferramentas aliadas a dispositivos legais desvirtuados do direito social do trabalho e, portanto, precarizantes, utilizam-se da Pejotização, do empreendedorismo falso e da uberização, ainda mais quando aliados ao teletrabalho, para individualizar as relações de trabalho, impor produção sem controle de jornada e, portanto, sem contraprestação pelo tempo de vida consumido pela disposição.

Daí porque a atual disciplina legal do teletrabalho no Brasil objetiva dificultar a negociação coletiva capaz de resistir a perda de direito e, muito menos, capaz de auferir avanços nos direitos atuais.

Veja-se que o Estado não regula regras para facilitar a transparência e a acessibilidade institucional coletiva da classe trabalhadora entre seus pares representados e em atividade remota. Pior, a legislação atual sequer se preocupa com a necessária troca de experiências entre colegas de trabalho, principalmente para gerar identidade e zelar pelos princípios da isonomia e da não discriminação.

Além de dificultar a greve em si, a legislação atual, através do teletrabalho, permite novas ilegalidades através de atos antissindicais reativos à greve, que possam ocorrer e permanecer impunes, como na substituição "silenciosa" de operários grevistas, com ou sem demissão – assim como a recorrentes formas de assédios e constrangimentos, lembrando que empregado é aquele que depende do salário/emprego

---

(6) FELICIANO, Guilherme Guimarães, AQUINO, Gabriela Marcassa Thomaz de - em artigo Sobre Rotas de Colisão: a liberdade sindical na perspectiva da Organização Internacional do Trabalho e a Reforma Trabalhista Brasileira (p. 321/339) no Livro *Liberdade Sindical* – uma proposta para o Brasil, coordenado por BELMONTE, Alexandre Agra, MARTINEZ, Luciano, e NAHAS, Thereza; Editora Lacier, 2021

para sobreviver; aquele que só pode vender seu tempo de vida e sua força laboral para auferir renda.

Nesse sentido, é importante o resgate simbólico dessa relação de emprego enquanto concepção social e coletiva, e dentro do sistema econômico vigente e na dicotomia capital/trabalho, fundamental para a compreensão dos problemas e para reflexão sobre possíveis soluções efetivas, ainda mais por ser o direito social do trabalho eminentemente coletivo e consequente do processo histórico de lutas sociais.

# 3. FUNDAMENTOS HISTÓRICOS DA RELAÇÃO DE EMPREGO E DO DIREITO SOCIAL DO TRABALHO

Desde a Revolução Industrial, com a possibilidade tecnológica das máquinas a vapor, e da consequente exploração da mão de obra para a produção em escala, as tentativas de imposição de relação individual entre capital e trabalho foram - e ainda são - prementes.

Aos detentores dos meios de produção, a imposição de relação individual, isolada e frágil, sempre foi o requinte da melhor estratégia para a maior lucratividade – ainda mais quando condições de sobrevivência pelo extrativismo foram retiradas de grande parte da população para a formação do exército de reserva.

Somente com a percepção de alguma consciência coletiva de classe trabalhadora, as mobilizações foram surgindo e crescendo durantes muitas e muitas décadas, ultrapassando o século XVIII e, quase no final do século XIX, possibilitando que as primeiras leis de proteção à classe trabalhadora na relação de emprego fossem nascendo enquanto acuada resposta do Estado para a pacificação social necessária ao sistema produtivo capitalista – portanto, muito distante de alguma criatividade legislativa ou da benevolência de algum governante.

Mais uma vez, outro recorte faz-se necessário: a abordagem histórica das mobilizações de trabalhadores até o surgimento das primeiras organizações coletivas e do sistema sindical nacional como é atualmente conhecido, bem como da importância das relações coletivas para a concepção do direito social do trabalho.

## *3.1. Histórico Nacional do Direito Coletivo e Sindical*(7)

Como contexto da normatização coletiva, é indissociável a presença dos sindicatos, cuja origem decorre da tridimensionalidade do direito: ato social, valor da dignidade humana e norma/ordenamento. Neste mesmo sentido, é relevante se atentar à ambivalência do direito do trabalho, tendo em vista que, de um lado, trata-se de uma concessão do Capital, e, de outro, é resultado inequívoco das lutas da classe trabalhadora.

Isso porque tanto o direito do trabalho quanto o sindicalismo são resultados inseparáveis da Revolução Industrial e da exploração fabril da mão de obra diante do Capitalismo, como relata Jorge Luiz Souto Maior em sua obra(8).

Neste conflito entre Capital e Trabalho decorrente da Revolução Industrial, a normatização coletiva do trabalho, conforme leciona o jurista Mario de La Cueva, passou por diversas etapas, sendo proibida inicialmente, passando por sua tolerância, que derivava da supressão das proibições contra a coalizão e da associação profissional, até que passou a ser permitida através de interpretação das leis civis, passando pelo reconhecimento na legislação civil, evoluindo para regulação em leis especiais até ser elevada à garantia constitucional.

---

(7) Conforme trechos e referências constantes no Artigo de minha autoria (SUTTI, Erazê): OIT, Direitos Humanos Internacionais e Reforma Trabalhista (p. 11/88) no livro *Direito do trabalho por especialistas* – VOL. II; SOUTO MAIOR, Jorge Luiz, Coordenador, Editora Lacier – Ed. 2021.

(8) SOUTO MAIOR, Jorge Luiz - *Curso de Direito do Trabalho* (Vol. 1 – Parte II). São Paulo, LTr, 2017

Tanto que as primeiras normas coletivas, no pouco espaço que o Estado Liberal concedia no século XIX, nas palavras do emérito jurista Evaristo de Moraes, foram verdadeiros "tratados de paz" ou "compromissos de bem viver", decorrentes de negociações entre agrupamentos de empregados e empregadores frequentemente ao final de greves.

Mas somente no século XX surgiram as primeiras disposições legais com referências a normas coletivas, com destaques para a Holanda (Código Civil de 1909), Suíça (Cód. Fed. das Obrigações de 1911), Inglaterra (*Trade Union Act* de 1913 – somente em 1971 passaram a ter força executória com *Industrial Relations Act*), França (1919) e Itália (primeira lei (n. 503) em 1926).

No Brasil, o Decreto n. 979 de 06/01/1903 consta como a primeira lei com referência a sindicato, especificamente rural, já que o país era ainda agrário; mas não continha preceito de negociação coletiva, assim como o Decreto n. 1.637 de 05/01/1907 que cria os sindicatos profissionais e as sociedades cooperativas.

Em 1915, o senador Adolfo Gordo apresentou um anteprojeto de Código de Trabalho em cujo teor constava Contrato Coletivo de Trabalho, mas tal projeto de lei não prosperou para ser aprovado.

Assim, somente na Era Vargas, com o Decreto n. 19.770 de 19/03/1931, a legislação nacional passou a disciplinar norma coletiva.

No ano seguinte, com o Decreto n. 21.761 de 23/08/1932, houve a primeira inserção da expressão de "convenção coletiva de trabalho" no ordenamento jurídico brasileiro. Cumpre-se frisar que o referido decreto não distinguia entre acordo e convenção, e não abrangia toda a categoria, já que era adstrito aos associados da entidade de trabalhadores. Somado a isso, desde que consensuada pelas partes da CCT, deixava possível a adesão de outros agrupamentos de empregados da mesma região ou de empregados do mesmo ramo profissional. Em regra, sua vigência era de 1 ano, com prorrogações tácitas e máximo de vigência a 4 anos. Era necessária assembleia ratificadora.

Em 12/07/1934, o Decreto n. 24.694 apenas ratificou a norma anterior, mas, apenas 4 dias depois, em 16/07/1934, foi promulgada a Constituição Federal de 1934, que reconheceu as convenções coletivas de trabalho entre seus princípios (art. 121, §1º, "j" – capítulo da Ordem Econômica e Social).

Com a Constituição Federal imposta em 1937 através do Estado Novo, as convenções coletivas de trabalho, apenas 3 anos depois, voltaram a sofrer restrições para ter sua abrangência novamente restrita somente aos associados (art. 138 – capítulo da Ordem Econômica e Social). Somado a isso, a CF/37 proibiu greve (art. 139) e criou o sindicato legalizado, o que provocou a não recepção do Dec. n. 21.761/32 (representação por grupos de empregados ou de empregadores).

Em 05/05/1939, o Decreto n. 1.237 atribuiu aos Conselhos Regionais do Trabalho a competência para estender a toda a categoria os contratos coletivos, conforme os casos previstos em lei (art. 28, "d"). É digno de nota que tal decreto também tratou da existência de uma Justiça do Trabalho em âmbito administrativo. No mesmo ano, o Decreto n. 1.402/1939 regulamentou minuciosamente a organização sindical nos termos praticamente vigentes até os dias atuais, repercutindo na CLT e na CF/88, só que mencionava a celebração de "contratos coletivos de trabalho", e que tais eram prerrogativa das associações profissionais reconhecidas.

Com a CLT (Dec.-Lei n. 5.452 de 1º de maio de 1943), o referido contrato coletivo de trabalho era disciplinado na redação original do art. 611 e era sinônimo de convenção coletiva. Tinha como principais características a dupla assembleia (geral e ratificadora); a vigência limitada a 2 anos e subordinada à homologação discricionária do Ministério do Trabalho, que ainda tinha o poder de suspensão da norma coletiva a qualquer tempo; um rol de cláusulas obrigatórias; e multas aos empregados e empregadores que pactuassem cláusulas com condições contrárias em contrato individual de trabalho.

É digno de nota histórica o período de quase 30 dias em que houve adoção de liberdade sindical plena no Brasil, haja vista que, em 1946, em seu provisório Governo, o Pres. José Linhares (de 29 de outubro de 1945 a 31 de janeiro de 1946), que substituiu Getúlio Vargas após a renúncia deste, revogou, através do Decreto n. 8.740 de 19/01/1946, todo o capítulo de organização sindical da CLT! Tão logo tomou posse, o Presidente eleito (Dutra), procedeu, através do Decreto-Lei n. 8.987-A de 15/02/1946, à pronta repristinação desse capítulo, ou seja, retornando a velha limitação da liberdade sindical!

No mesmo ano, com a promulgação em 18 de setembro da CF/1946, a expressão convenções coletivas de trabalho foi adotada no capítulo da Ordem Econômica e Social em seu art. 157, inc. XIII.

Somente após quase uma década, com a Lei 2.693 de 1955, a CLT sofreu nova alteração acerca da normatização coletiva, tendo o seu artigo 611 alterado para possibilitar às Federações ou, na falta destas, às Confederações, celebrar normas coletivas na falta de sindicatos (§2º). Tanto a CF/67, quanto a EC n. 1 de 1969, já no Regime Militar, mantiveram o texto constitucional anterior.

No entanto, a CLT foi alterada em 1967 pelo Decreto n. 229 em diversos pontos para introduzir inovações na temática das normas coletivas, especialmente acerca de: diferenciação entre Acordo e Convenção Coletiva (art. 612 – vigente até hoje); efeito erga omnes das normas coletivas (art. 612) e sem possibilidade de extensão administrativa (Ministério do Trabalho) ou homologação; assembleia única e estabelecendo um quórum mínimo; possibilidade de arbitragem; proibição de recusa à negociação sob pena de comissão de trabalhadores ter representação para tanto; obrigatoriedade de negociação nos 60 dias que antecedem o final da norma vigente; nulidade das cláusulas com condições contrárias à norma coletiva em contrato individual; e nulidade das cláusulas com condições contrárias à política econômico-financeira do governo.

Com a Constituição Federal de 1988, fruto de pressão dos trabalhadores decorrente da redemocratização do país, houve, no pacto social, reconhecimento constitucional expresso das convenções e dos acordos coletivos no art. 7º, inc. XXVI (TÍTULO II "Dos Direitos e Garantias Fundamentais", Capítulo II "Dos Direitos Sociais"), privilegiando a autonomia privada coletiva em negociação coletiva, merecendo destaque ainda os seguintes pontos: irredutibilidade salarial (inc. VI); compensação de horários e redução de jornada (inc. XIII); modificação da jornada de 6h/dia em turnos ininterruptos de revezamento (inc. XIV); agregação por categoria econômica ou profissional (desde 1940); paralelismo sindical (sindicato dos trabalhadores condizente com sindicato dos empregadores); unicidade sindical; base territorial mínima (cidade); contribuição sindical compulsória *erga omnes;* sistema confederativo; normatização coletiva *erga omnes;* e representação coletiva *erga omnes*.

Em 1992, com a ratificação da Convenção n. 154 da OIT (1981), a expressão "negociação coletiva" passou a também compreender, em nível hierárquico supralegal, todas as negociações que tenham lugar entre, de uma parte, um empregador, um grupo de empregadores ou uma organização ou várias organizações de empregadores, e, de outra parte, uma ou várias organizações de trabalhadores, com o fim de: a) fixar as condições de trabalho e emprego; ou b) regular as relações entre empregadores e trabalhadores; ou c) regular as relações entre os empregadores ou suas organizações e uma ou várias organizações de trabalhadores, ou alcançar todos estes objetivos de uma só vez.

Neste cenário de organização da classe trabalhadora na negociação coletiva, as Centrais Sindicais desempenharam papel fundamental na representatividade que tenta romper os limites da categoria profissional, conveniente barreira social imposta pela unicidade que impera desde a década de 30 e que contraria preceitos da liberdade sindical da OIT. Somente com a Lei n. 11.648/08, as Centrais foram reconhecidas no ordenamento nacional, mas isso, contudo, não lhes permitiu fazer aquilo que de mais importante poderia: negociar acordos, convenções e contratos coletivos.

E esta evolução histórica do direito coletivo do trabalho sofreu uma reviravolta com a chamada "Reforma Trabalhista", pela qual a sistemática que embasa a normatização coletiva nacional foi frontalmente atingida pelo Estado brasileiro através das Leis ns. 13.429/17 e 13.467/17, e, ainda, com a MP n. 873/19, que não foi convertida em lei.

Em análise contextual dessa chamada reforma, pode-se perceber facilmente seus objetivos para desestruturação dos trabalhadores em sua organização coletiva e em sua identidade enquanto categoria; para a precarização da sua renda e das relações dignas de trabalho; no incentivo da terceirização irrestrita e desregulada; no ataque ao patamar civilizatório histórico na relação capital/trabalho, regredindo a exploração ao período anterior ao século XX; além da ausência de qualquer preocupação econômica nacional, tendo em vista que a precarização do emprego e da renda impacta diretamente no mercado consumidor interno, assim como em sua sustentabilidade para fomentar a produção e o comércio.

Foram assim inseridos no ordenamento jurídico trabalhista, sem debate e sem cumprimento dos trâmites constitucionais e convencionais, dispositivos que contrariam a base histórica e princípios juslaboralistas, inclusive, constitucionais e internacionais.

Inovações como o "negociado prevalecendo sobre o legislado", com prevalência do acordo individual (*in pejus*) sobre o coletivo (e a lei) em alguns casos, a tentativa de quebra da norma mais favorável, a proibição da ultratividade, a tentativa de uso comissão de fábrica para fragilizar a atuação sindical, o fim do custeio presumido pela contribuição sindical e a restrição ao custeio negociado coletivamente (MP n. 873/19 e decisões do STF), e a terceirização irrestrita com abertura para Pejotização são ferramentas de desmonte da estruturação dos direitos coletivos que tolhem a representatividade, sua sustentabilidade e os alicerces da origem do direito do trabalho e do sindicalismo, praticamente impedindo a autonomia privada coletiva do ponto de vista dos trabalhadores.

Ao lado de outras inovações da chamada reforma trabalhista, como o teletrabalho, o trabalho intermitente, a potencialização do contrato temporário já aliado à irrestrita terceirização, a precarização da relação de trabalho parece ser o objetivo para gerar a implosão do conceito de categoria dentro das amarras da unicidade e permitir a exploração sem resistência coletiva.

É indissociável desse cenário o papel do Estado sob patrimonialismo, que funciona, ainda e principalmente nos tempos atuais de um país em subdesenvolvimento do capitalismo dependente, como instrumento do Capital (Poder Econômico Dominante) para viabilizar o máximo de exploração da mão de obra, mas sem ultrapassar as fronteiras da imposta paz necessária e útil para a produção.

Tanto que a recém-aprovada Lei n. 14.442 de 2 de setembro de 2022[9], em conversão da Medida Provisória n. 1108/22 do atual Presidente da República, estabelece, quanto ao teletrabalho, uma ainda mais brutal intensificação da exploração desregrada da mão de obra, bem como das relações individuais em detrimento das coletivas e das conquistas do último século.

De outro lado, repete-se, do ponto de vista histórico e desde as primeiras resistências diante da exploração no então novo modelo capitalista proporcionado pela Revolução Industrial, é cediço que o fortalecimento da classe trabalhadora depende tanto de sua capacidade de mobilização, quanto de sua identidade de causa.

E, quando se fala de categoria forte, do ponto de vista da unicidade, são essenciais tais capacidades de mobilização para pressionar uma pauta que gere identidade de causa, que tenham o condão de pressionar, inclusive com greve, derradeira e principal ferramenta da classe trabalhadora.

Dessa forma, somente com o exercício da mobilização coletiva de forma autêntica, com livre exercício de greve nos parâmetros constitucionais e possibilidade de sustentabilidade de sua organização, passa a ser possível uma negociação coletiva que equilibre as forças entre capital e trabalho, ainda mais porque, repete-se, um dos lados depende da venda de seu tempo de vida e de sua força laboral para sobreviver, diminuindo os limites de barganha na obtenção do objetivo normativo efetivo: acordos, convenções e contratos coletivos de trabalho que pacifiquem, na medida do possível, o conflito latente e ainda represente avanço nas condições de trabalho em seus mais amplos sentidos.

Daí porque o teletrabalho, ainda mais com a recente alteração legislativa promovida pela referida Lei n. 14.442/22, passa a ser mais um cruel instrumento do Capital para facilitar a lucratividade pela exploração da mão de obra, exatamente por dificultar ou impedir a mobilização social dos empregados para resistir aos abusos e às sobrecargas.

Como "inovações", tal lei prevê produção por produção e tarefa[10], tentando, mais uma vez, afastar o controle de jornada, única forma de controle civilizatório na esmagadora maioria das relações de emprego, ainda mais porque o trabalhador vende sua força laboral e seu tempo de vida, sendo o limite de jornada um dos primeiros direitos conquistados coletivamente para um caráter civilizatório dessa relação de trabalho, com um debate bastante evoluído ainda no final do século XIX, inclusive, com a Encíclica Papal *Rerum Novarum* e a divisão do dia em três partes iguais de 8 horas trabalho, descanso e lazer, que, inclusive, consta nas primeiras disposições da OIT em sua fundação em 1919.

Ressalta-se que, conforme aborda a Diretiva n. 2003/88/CE ("Relativa a determinados aspectos da organização do tempo de trabalho"), do Parlamento Europeu

---

(9) BRASIL. *Lei Federal n. 14.442* de 02 de setembro de 2022. In: *Diário Oficial da República Federativa do Brasil*, Brasília, DF, 2 set. 2022. Disponível em: http://www.planalto.gov.br/ccivil_03/_ato2019-2022/2022/lei/L14442.htm. Acesso em: 01 out. 2022

(10) BRASIL. *Lei n. 14.442/22*, que alterou a CLT, artigo 75-B em seu §2º. In: Diário Oficial da República Federativa do Brasil, Brasília, DF, 2 set. 2022. Disponível em: http://www.planalto.gov.br/ccivil_03/_ato2019-2022/2022/lei/L14442.htm. Acesso em: 01 out. 2022.

(4.11.2003), nos termos citados por Guilherme Guimarães Feliciano[11], há, em seu art. 6º, faz quase vinte anos, previsão de que os Estados-membros tomarão as medidas necessárias para que, em função dos imperativos de proteção da segurança e da saúde dos trabalhadores: a) a duração semanal do trabalho seja limitada através de disposições legislativas, regulamentares ou administrativas ou de convenções coletivas ou acordos celebrados entre parceiros sociais; b) a duração média do trabalho em cada período de sete dias não exceda 48 horas, incluindo as horas extraordinárias, em cada período de sete dias. Ou seja, uma proteção contra a sobrejornada, contra a desregulamentação e contra o direito à desconexão.

Ao contrário disso, essa nova Lei n. 14.442/2022 também aposta, na mesma linha precarizante da chamada reforma trabalhista, estabelecer mitigações sobre o tempo à disposição (art. 75-B, §5º, da CLT: "O tempo de uso de equipamentos tecnológicos e de infraestrutura necessária, bem como de softwares, de ferramentas digitais ou de aplicações de internet utilizados para o teletrabalho, fora da jornada de trabalho normal do empregado não constitui tempo à disposição ou regime de prontidão ou de sobreaviso, exceto se houver previsão em acordo individual ou em acordo ou convenção coletiva de trabalho.") e demais formas de controle da jornada (art. 75-B, §3º, da CLT: "Na hipótese da prestação de serviços em regime de teletrabalho ou trabalho remoto por produção ou tarefa, não se aplicará o disposto no Capítulo II do Título II desta Consolidação"), além de privilegiar o negociado individualmente (art. 75-B, §9º, da CLT: "Acordo individual poderá dispor sobre os horários e os meios de comunicação entre empregado e empregador, desde que assegurados os repousos legais") em detrimento do direito coletivo e da legislação protetiva.

Pior, ainda prevê a exclusão da legislação nacional por simples opção em acordo individual: art. 75-B, §8º, da CLT: "Ao contrato de trabalho do empregado admitido no Brasil que optar pela realização de teletrabalho fora do território nacional aplica-se a legislação brasileira, excetuadas as disposições constantes da Lei n. 7.064, de 6 de dezembro de 1982, salvo disposição em contrário estipulada entre as partes."

E, nesses pontos, é fundamental a análise para percepção do caráter buscado: individualização e fragilização das relações de trabalho.

Diante disso, mais um recorte passa a ser essencial na busca de uma visão mais profunda desse quadro: a análise do conceito de categoria profissional, ainda imposto pela legislação brasileira, como amarra à livre organização sindical faz praticamente um século.

E a análise do conceito de categoria profissional, já bastante restritivo à liberdade sindical, fica ainda mais fragilizado com a abertura irrestrita à terceirização e a viabilidade do teletrabalho da forma como se encontra (des)regulado.

### 3.2. *Categoria profissional e unicidade*[12]

Assim, quando se fala em categoria profissional para fins de adequação sindical e representatividade a ideia que vem à mente, é aquela de conjunto de trabalhadores

---

(11) FELICIANO, Guilherme Guimarães, no artigo *Teletrabalho, horas extras e desconexão:* tudo, menos uma escolha de Sofia, Disponível em: https://www.anamatra.org.br/imprensa/anamatra-na-midia/30438-teletrabalho-horas-extras-e-desconexao-tudo-menos-uma-escolha-de-sofia. Acesso em: 01 out. 2022.

(12) Conforme trechos e referências constantes no Artigo de minha coautoria (SUTTI, Erazê e BARBOSA, Beatriz): Categoria Profissional e Terceirização no livro coordenado por SOUTO MAIOR, Jorge Luiz, e SEVERO, Valdete Souto. *Resistência III* – O Direito do Trabalho diz Não à Terceirização. São Paulo, Expressão Popular, 2019

unidos em torno de um fim, seja por um ofício ou, então, por produção de algo, enquanto cumprimento de um objetivo diante dos meios de produção.

E quando se fala em agregação de trabalhadores, tem-se quatro padrões. Há sindicatos que "agregam trabalhadores seja por ofício ou profissão, seja por categoria profissional, seja também por empresa e, finalmente, cite-se o importante critério de agregação por ramo ou segmento de atividade empresarial"[13]; e os "sindicatos, assim como outras espécies do gênero associação, formam-se em torno de um conjunto de pessoas com interesses comuns. Esses interesses, quando se trata de entidades sindicais, qualificando-se por serem profissionais ou econômicos. É, portanto, a solidariedade de interesses que irá motivar a formação, entre trabalhadores (em sentido amplo) e empregadores, de um vínculo que os une".

Consoante o art. 511, § 2º, da CLT, categoria profissional é definida pela "similitude de condições de vida oriunda da profissão ou trabalho em comum, em situação de emprego na mesma atividade econômica ou em atividades econômicas similares ou conexas".

Pior ainda pode ficar a situação no universo projetado, por hipótese, de domínio pleno da terceirização em todas as atividades, somado com o teletrabalho em muitas atividades, no qual as categorias tradicionais tornam-se letra morta para da lugar à "categoria única" dos terceirizados como singular: no lugar dos metalúrgicos, dos bancários, dos químicos, dos professores, somente existiriam os terceirizados nesse universo extremo de um Capitalismo blindado normativamente para explorar a mão de obra, pasmem, de forma indireta em relação aos seus meios de produção, somente para precarizar, somente para afastar responsabilidades e representatividade.

Assim, o conceito de categoria profissional, diante da irrestrita terceirização em qualquer atividade, reconhecida como constitucional – pasmem! – pelo STF (ADIs 5.735, 5.695, 5.687, 5.686 e 5.685), torna-se ainda mais complexa diante da unicidade sindical que impera em nossa legislação. Pior ainda fica a situação diante do teletrabalho, que permite a fragmentação das relações de emprego diretas e as terceirizadas!

E quando se analisa a história do sindicalismo, Brito Filho defende que o Brasil deveria adotar o

> modelo que favorecesse a liberdade sindical, com a criação de sindicatos fortes porque naturalmente representativos, de preferência levando em consideração as bases estabelecidas nas Convenções de número 87 e 98 da Organização Internacional do Trabalho", haja vista que era isso que "propugna a proposta de reforma do art. 8º da Constituição da República, acompanhada de anteprojeto de lei de liberdade sindical e da organização sindical brasileira, aprovados ambos os textos, por unanimidade, em assembleia geral da Academia Brasileira de Direito do Trabalho, dia 28 de setembro de 2017, em São Paulo. [14]

Ainda mais porque são fundamentos em consonância com o cenário internacional, no qual "as convenções da OIT 98 (sobre direito de sindicalização e negociação coletiva) e 154 (sobre o fomento à negociação coletiva) "estendem os direitos de negociação coletiva a todos os empregadores e trabalhadores", conforme o Comitê Europeu de

---

(13) GODINHO DELGADO, Maurício - *Direito Coletivo do Trabalho* – LTr; ed. 2017, p. 102.
(14) BRITO FILHO, José Cláudio Monteiro - Sindicalização por Categoria - *Revista do Ministério Público do Trabalho*, São Paulo – LTr, ano VII, n. 14, p. 75 – set/97.

Direitos Sociais (EUROPEAN COMMITTEE OF SOCIAL RIGHTS, 2018). O Comitê de Liberdade Sindical, em sua interpretação da Convenção OIT n. 87 reconhece a liberdade de associação para todos os trabalhadores, incluindo os autônomos e domésticos"(15).

Fato é que o Brasil, no entanto, adotou o sistema da unicidade sindical, conforme o artigo 8º, II, da CF/88, tornando vedada a criação de mais de uma organização sindical representativa da mesma categoria na mesma base territorial, e, assim, contrariando os preceitos da Organização Internacional do Trabalho – OIT relativos à liberdade sindical, estabelecidos em sua Convenção de n. 87.

Assim sendo, se, de um lado, tem-se a rigidez da representatividade sindical pela unicidade, de outro lado, há forte ingerência neoliberal na doutrina que defende que a representatividade sindical dos trabalhadores deve ocorrer conforme a atividade econômica preponderantemente (intrinsicamente e sem identidade estrutural) desenvolvida pelo empregador (artigo 511, §§1º e 2º, da CLT) – categoria profissional (sindicatos verticais). De forma excepcional, consigna-se que há as categorias diferenciadas (sindicatos horizontais), que possuem estatuto profissional especial ou condições de vida singulares, cujo enquadramento sindical ocorre em virtude da atividade exercida pelo empregado – artigo 511, §3º, CLT.

Neste sentido, discorrendo sobre a crise de representatividade, Otávio Pinto e Silva, firmando posição pela supressão da regra de unicidade sindical em reforma constitucional do artigo 8º, II, da CF para torná-lo em consonância com a Convenção n. 87 da OIT, assevera que:

> a autonomia privada coletiva está vinculada à efetividade da representação sindical: (...) as ambíguas instituições legais brasileiras condicionam uma estrutura legal burocratizada e desvinculada das bases, fatores esses que impedem o nosso movimento sindical de demonstrar sua capacidade de viver democraticamente e atingir sua plena maturidade", bem como que "[...] não há como fortalecer o poder de negociação coletiva das entidades sindicais sem que se democratize a própria estrutura sindical brasileira. A ação governamental voltada a aumentar o poder dos sindicatos dentro da atual estrutura corporativa só pode ser compreendida no sentido de retirar direitos dos trabalhadores, por ausência de mecanismos democráticos de debate sobre o conteúdo das negociações coletivas de trabalho. (16)

Não é difícil de se antever, portanto, o efeito devastador à Nação dessa fórmula que une terceirização irrestrita, representatividade forjada por categoria profissional vinculada ao empregador locador de mão de obra, e ausência de liberdade sindical.

Para temperar ainda mais essa receita do caos, é indiscutível o potencial do teletrabalho, somado com a terceirização, para gerar a pulverização da mobilização consciente da força de trabalho, principalmente quando viabiliza a distribuição da mão de obra entre diversos locais e, inclusive, via diferentes tomadores de serviços, e, consequentemente, em diferentes atividades econômicas.

---

(15) GOMES, Ana Virginia Moreira - em artigo *Direito à Organização e à Negociação Coletiva de Trabalhadores Informais:* um caminho para um direito do trabalho mais inclusivo (p. 228/240) no Livro Direito do Trabalho: perenidade e atualidade, coordenado por GRILLO, Sayonara, ADAMOVICH, Eduardo, FRAGALE FILHO, Roberto, e FERRITO, Bárbara, LACIER, 2022

(16) PINTO E SILVA, Otávio - artigo Liberdade Sindical – p. 74 – na obra coletiva *Sindicatos e Autonomia Privada Coletiva* – perspectivas contemporâneas – 1. ed. Almedina – organizada por Túlio Massoni e Francesca Columbu.

Com as amarras da unicidade sindical, o trabalhador não tem liberdade, não pode escolher seu representante, e vê esfacelada a sua identidade de categoria pela estratégia do Poder Econômico dominante para, além de sonegar a sua responsabilidade integral na relação direta entre capital e trabalho na produção – poder econômico que intensificará, mais e mais, a exploração pela desarticulação dos trabalhadores diante dos meios de produção.

Ao invés de privilegiar a similitude de condições de vida, a vivência de semelhantes condições de trabalho, e o senso de comunidade entre os trabalhadores na busca de melhores condições de trabalho, o teletrabalho e a terceirização provocam a lesão à isonomia, tanto que os trabalhadores "tradicionais" (presenciais), em teletrabalho e os terceirizados sofrem discriminações de direitos e de consciência coletiva.

E, nesse ponto, passa a ser interessante, principalmente pelo cenário devastador que se pode antever, a utilização da análise da terceirização para compreender o contexto com o uso desregrado e fragmentador do teletrabalho.

Karl Marx já desvendava, 150 anos atrás, em sua mais relevante obra, "O Capital", que a "divisão manufatureira do trabalho é um método especial de produzir mais-valia relativa ou aumentar a autovalorização do capital à custa dos trabalhadores".

Não pode, portanto, a superação da definição de categoria profissional, aliada à terceirização e ao teletrabalho, significar lesão também ao direito constitucional de representatividade dos trabalhadores e à sua liberdade sindical enquanto direito social estabelecido como cláusula pétrea, dentro do Título II, "Dos Direitos e Garantias Fundamentais", da CF/88.

# 4. PAPEL DO ESTADO

O Estado, em sua missão constitucional de preservar e proteger sua população, deve zelar pela transparência e pelo cumprimento dos direitos e garantias fundamentais sociais, especialmente aqueles constantes na CF/88 e nas normas internacionais – apesar do recorrente e constante descumprimento desse dever!

A representatividade dos trabalhadores em teletrabalho encontra seu principal desafio em não se perder de vista o papel do trabalhador e, pela dignidade da pessoa humana, suas garantias no sistema capitalista de produção, cumprindo com os alicerces do Direito Social do Trabalho pátrio, tanto na proteção constitucional, quanto no regramento infraconstitucional, coligados com os seus princípios universais e com as suas históricas disposições internacionais.

Nesse sentido, certo é que a interpretação da legislação não pode afastar os direitos sociais constantes na CF/88, na qual o emprego está socialmente protegido (art. *1º*, inc. IV, arts. 7º a 11, art. 170, inc. VII e VIII, e art. 193).

De igual modo, deve o Brasil respeitar as normas internacionais com as quais se comprometeu, tais como a Convenção n. 111 da OIT; Declaração Universal dos Direitos Humanos (art. 2º, art. 6º e art. 23 §1º); Pacto Internacional de Direitos de Direitos Civis e Políticos de 1966 (art. 26) e Pacto Internacional de Direitos Econômicos, Sociais e Culturais de 1966 (arts. 2º, 5º 1 e 7º); Declaração de Filadélfia (item 1, "a"); Convenção Americana sobre Direitos Humanos de 1969 (arts. 1 e 24); Protocolo de San Salvador (arts. 3, 4, 5 e 7); e Recomendação n. 198 da OIT.[(17)]

Certo é que o Capital tenta constantemente *fó*rmulas de impor maior exploração da mão de obra para auferir lucros superiores, o que inclui a terceirização em seu viés de fragmentação dos trabalhadores.[(18)]

Não deveria ser aceitável, portanto, o prevalecimento de quaisquer teses doutrinárias ou disposições legais que tentem fraudar a realidade da produção, vinculada que é aos meios de produção capitalista, somente para afastar dos fundamentos de representatividade e de categoria profissional, a possibilidade de prevalecer a identidade e a organização dos trabalhadores, justamente como embasamento de luta contra a exploração de sua força vital diante do lucro.

Mas é exatamente o que tenta a Lei n. 14.442/22: agravar as disposições já precarizantes da chamada reforma trabalhista! Seja porque tenta viabilizar o trabalho

---

(17) LUANA DUARTE RAPOSO e GIOVANA LABIGALINI MARTINS - artigo "Posicionamentos da Justiça do Trabalho – sobre terceirização" no livro *Resistência II – Defesa e Crítica da Justiça do Trabalho* – p. 353 – 1ª ed. 2018 – obra coordenada por Jorge Luiz Souto Maior e Valdete Souto Severo.

(18) DANIELA MURADAS – em seu artigo "Terceirização trabalhista e as contradições de seu novo marco legal: pela materialidade econômica das relações de trabalho e limites das ficções jurídicas" (na obra citada no item anterior), cita Márcio Túlio Viana: "[...] depois de expropriar os trabalhadores dos seus modos de produzir, o capital os expropria de suas únicas formas de se defender. Aliada a outros fatores – mas a frente deles, como um capitão na batalha – a terceirização permite ao sistema reunir sem produzir, e até mesmo sem unir. Quando externa, ela fragmenta cada empresa em múltiplas parceiras, espalhando também os trabalhadores – mas dessa vez sem os riscos de antes. [...] quando interna, divide em cada empresa os trabalhadores, opondo terceirizados a não terceirizados, na medida que uns e outros ocupam – degradando o próprio grupo, enquanto classe [...]. Como um vulcão que vomitava lava, a nova fábrica lança para fora tudo o que não diz respeito ao foco de suas atividades, chegando até – no limite – a jogar-se inteira, ou quase inteira, descartando a sua natureza de fábrica."

por tarefa e produção através do teletrabalho, seja porque tenta excluir do controle de jornada tais modos de contrato de trabalho, bem como dificultar a fiscalização do trabalho e a mobilização coletiva, tudo regado por incentivo da negociação individual em detrimento da negociação coletiva e de uma norma mais benéfica.

Mais uma vez caminha-se em retrocesso social, desconfigurando décadas de lutas sociais e de direitos conquistados.

De outro lado, a solução passa pelo modelo da liberdade sindical com pluralidade, nos termos propostos pela OIT faz um século, somada com regras de transição para a sua implementação no Brasil, somado com legitimidade de pauta e de formas de custeio; conjunto de medidas apontando para um caminho a ser trilhado rumo à efetiva e à vigorosa representatividade sindical – temor indisfarçável do poder econômico dominante e ultraliberal.

Veja-se que a relevância da liberdade sindical está no âmbito dos direitos humanos, conforme estabelece o XXII da Declaração Americana dos Direitos e Deveres do Homem e o art. 16 da Convenção Americana sobre Direitos Humanos, assim como o art. 9 da Declaração Sociolaboral do Mercosul, além do Pacto Internacional dos Direitos Econômicos, Sociais e Culturais.(19)

Somado a isso, a chamada reforma trabalhista desmontou boa parte dos alicerces do sistema sindical nacional, principalmente com o permissivo de negociação coletiva *in pejus*, em prejuízo às conquistas históricas, às normas mais favoráveis e ao progresso social; com o permissivo de negociação individual prevalente a direitos em lei e normas coletivas; o fim do custeio *erga onmes* e sem mitigação, sem alternativa, mas com manutenção da unicidade (sem liberdade sindical) e representatividade geral; com o fim da ultratividade das normas coletivas, permitindo, mais uma vez, o retrocesso sem negociação coletiva; o fim das homologações obrigatórias no sindicato, permitindo a consolidação dos prejuízos pela ausência de conhecimento das lesões e dos direitos garantidos; fomento de contratação temporárias em detrimento do caráter essencialmente permanente do vínculo de emprego; permissivo de dispensa coletiva; e tudo isso em um contexto de terceirização irrestrita validada pelo STF, conforme já abordado.

---

(19) GARCIA, Gustavo Filipe Barbosa - em artigo Liberdade Sindical e Negociação Coletiva no Direito Internacional do Trabalho (p. 340/354) no Livro *Liberdade Sindical* – uma proposta para o Brasil, coordenado por BELMONTE, Alexandre Agra, MARTINEZ, Luciano, e NAHAS, Thereza; Editora Lacier, 2021.

# 5. CONCLUSÃO

Nesse cenário, é fundamental a retomada do caráter civilizatório que deve ser adotado pelo Estado de Direito para viabilizar a Mobilização, a Organização e a Negociação Coletiva como base aos direitos humanos fundamentais sociais – e alimentares – da classe trabalhadora diante do sistema capitalista, na relação capital/trabalho.

Contudo, pela legislação vigente e, inclusive, pelos Projetos de Lei sobre teletrabalho em trâmite no Congresso Nacional, não há qualquer proposta de regulação específica para fomentar a negociação coletiva de forma efetiva e em consonância com os princípios constitucionais.

Lamentavelmente, o legislador nacional se afasta das melhores práticas do direito comparado, conforme alguns destaques: 1) ESPANHA – Suprema Corte proibiu alteração unilateral em teletrabalho; há imposição legal de que qualquer eventual alteração via negociação entre as partes deve ser relatada ao representante coletivo dos trabalhadores; 2) PORTUGAL – a legislação considera grave qualquer violação da representação coletiva nas alterações contratuais; 3) ALEMANHA – há consenso entre os autores sociais sobre a necessidade de negociação coletiva para regular teletrabalho; 4) ITÁLIA – foi criada a Divisão de Promoção do Diálogo Social; todas as normas coletivas (contratação coletiva e relações bilaterais entre parceiros sociais) devem ser divulgadas; 5) FRANÇA – a regulação do teletrabalho deve ser por convenção coletiva ou, na ausência por carta da entidade patronal após consulta do Comité Social e Económico, se houver; há um Acordo Nacional Interprofissional de Teletrabalho (L'ANI de 2005) entre todas as organizações de empregadores e de empregados do país e que vem sendo prorrogado; há imposição de negociação anual (Lei El Khomri); 6) ARGENTINA – há ampla regulação do teletrabalho por lei e normas coletivas; 7) CHILE – a lei obriga o empregador a comunicar, por escrito, o teletrabalhador da existência ou não de sindicatos legalmente constituídos na empresa no momento do início do trabalho ou logo após sua constituição; permite o acesso dos teletrabalhadores no ambiente de trabalho presencial.

Em suma, o teletrabalho no Brasil poderia e deveria se regular de forma incentivada e efetiva pelo direito coletivo, cujos pontos cruciais para enfrentar esses desafios, especialmente para que a democracia tenha alguma funcionalidade no Estado de Direito em respeito ao conceito de Nação, deveriam ser, ao menos, os seguintes: 1. Os empregados devem ter o direito de saber da existência uns dos outros, através de mecanismos de acesso mútuo, imune a assédio pelo empregador; 2. O empregador deve viabilizar a compensação, pelo uso do teletrabalho, do distanciamento social entre os empregados para fins de identidade de classe, através de ações de convivência e integração; 3. A entidade sindical representativa deve ter acesso imediato a todos os empregados contratados pela empregadora, através de acesso direto à listagem atualizada, sob controle do Estado via banco de dados público; 4. O ônus da atividade e do controle da jornada de trabalho deve ser integramente absorvida pelo risco do negócio, portanto, pelo empregador, evitando-se abusos e inversão de prova para o hipossuficiente trabalhador; 5. A legislação social do trabalho deve ter normas básicas, gerais e protetivas a favor da desconexão e contra discriminação e excesso de jornada, respeito aos intervalos inter e intrajornadas, custeio integral e reembolsos pelo risco do negócio, proteção inegociável sobre saúde e segurança no trabalho, assim como, de outro lado, incentivar a negociação coletiva para disciplinar situações peculiares de cada atividade e de cada região, possibilitando o uso do teletrabalho de forma eficiente e em consonância com as bases do trabalho decente e sua evolução histórica; 6. O direito de greve deve ser respeitado em sua plenitude constitucional, porque somente através dele e das mobilizações poderá a classe trabalhadora evoluir em seus direitos; 7. Atos antissindicais e de assédio moral devem ser combatidos e penalizados de forma exemplar, zelando pelas bases civilizatórias da dignidade da pessoa trabalhadora e da concorrência leal; e 8. Imposição da norma mais benéfica no caso de diversidade de territorialidade, pela contratação dentro ou fora do país.

# REFERÊNCIAS


BELMONTE, Alexandre Agra, MARTINEZ, Luciano, e NAHAS, Thereza (Coordenadores); Liberdade Sindical – uma proposta para o Brasil, Editora Lacier, 2021

COLNAGO, Lorena de Mello Rezende, CHAVES JR, José Eduardo de Resende, ESTRADA, Manuel Martín Pino (Coordenadores). *Teletrabalho*, LTr, 2017

DELGADO, Maurício Godinho. *Capitalismo, trabalho e emprego* – entre o paradigma da destruição e os caminhos de reconstrução. São Paulo: LTr, 3ª ed. 2017.

FELICIANO, Guilherme Guimarães, no artigo *Teletrabalho, horas extras e desconexão*: tudo, menos uma escolha de Sofia. Disponível em: https://www.anamatra.org.br/imprensa/anamatra-na-midia/30438-teletrabalho-horas-extras-e-desconexao-tudo-menos-uma-escolha-de-sofia. Acesso em: 01 out. 2022.

FELICIANO, Guilherme Guimarães, e PASQUALETO, Olívia de Quintana Figueiredo, no artigo *Teletrabalho, saúde e segurança do trabalho e regulamentação estatal*: pandemia, aprendizados e perspectivas futuras. Disponível em: http://as1.trt3.jus.br/bd-trt3/handle/11103/70553. Acesso em: 01 out. 2022.

GRILLO, Sayonara, ADAMOVICH, Eduardo, FRAGALE FILHO, Roberto, e FERRITO, Bárbara (Coordenadores); obra *Direito do Trabalho: perenidade e atualidade*, coordenado por Lacier, 2022

MARX, Karl. *O Capital*. Editora Boitempo, 2014

SOUTO MAIOR, Jorge Luiz. *Teoria Geral do Direito do Trabalho* – Curso de Direito do Trabalho – Vol. 1 – Parte II (história nacional). São Paulo, LTr, 2017.

SOUTO MAIOR, Jorge Luiz, Coordenador, *Direito do Trabalho por Especialistas* – Vol. I; Ed. Lacier. 2020.

SOUTO MAIOR, Jorge Luiz, Coordenador, *Direito do Trabalho por Especialistas* - Vol. II; Ed. Lacier. 2021.

SOUTO MAIOR, Jorge Luiz, e SEFERIAN, Gustavo, Coordenadores, *Direito do trabalho e crise sanitária da covid-19*: leituras críticas desde o GPTC-USP; Editora Lacier – Ed. 2021

SOUTO MAIOR, Jorge Luiz, e SEVERO, Valdete Souto (coordenadores). *Resistência – Aportes teóricos contra o retrocesso trabalhista*. São Paulo, Expressão Popular, 2017.

SOUTO MAIOR, Jorge Luiz, e SEVERO, Valdete Souto (coordenadores). *Resistência II – Defesa e Crítica da Justiça do Trabalho*. São Paulo, Expressão Popular, 2018.

SOUTO MAIOR, Jorge Luiz, e SEVERO, Valdete Souto (coordenadores). *Resistência III – O Direito do Trabalho diz Não à Terceirização*. São Paulo, Expressão Popular, 2019.

SUTTI, ERAZÊ – Artigo MP 905/19, *Contrato Verde e Amarelo, e novos ataques à dignidade do trabalhador e a seus direitos civilizatórios*, publicado no site da ABRAT - http://www.abrat.adv.br/artigo_mp_905.pdf. Acesso em: 01 out. 2022.

ZAVANELLA, Fabiano, e PINTO, Luís Otávio Camargo Pinto (Coordenadores), *A Evolução do Teletrabalho* – Tomo I: aspectos jurídicos – Editora Lacier, 1. ed. 2021

# PRECARIZAÇÃO DO EMPREGO E O EMPREGADO INTERMITENTE: UM ENFOQUE ABRANGENTE SOBRE OS DESAFIOS TRABALHISTAS NO BRASIL

*Fábio Túlio Barroso*(1)

*Raphael Ásafe Costa Lima*(2)

**Resumo:** O presente artigo examina a crescente precarização do emprego e suas implicações no contexto do empregado intermitente no Brasil. Explora-se os principais aspectos da legislação trabalhista relacionada a esse modelo de trabalho, abordando suas vantagens e desafios para empregadores e trabalhadores. Ademais, analisa-se os efeitos socioeconômicos e psicológicos do emprego intermitente e como isso afeta os indivíduos e a sociedade. A pesquisa se baseia em estudos de autores brasileiros, bem como incorpora contribuições de especialistas estrangeiros, permitindo um diálogo importante para o tema.

**Palavras-chave:**

- Precarização do emprego;
- Empregado intermitente;
- Legislação trabalhista;
- Desafios,
- Impactos socioeconômicos.

**Sumário:**



---

(1) Pós-doutorado em Direito pela Universidad de Granada, Espanha. Doutorado em Direito pela Universidad de Deusto, Espanha. Idealizador, fundador e Presidente Honorário da Academia Pernambucana de Direito do Trabalho - APDT. Membro Efetivo do Instituto dos Advogados Brasileiros - IAB, membro da Comissão de Direito do Trabalho e segundo vice-presidente da Comissão de Direito Sindical. Representante Institucional do IAB em Pernambuco. Membro Efetivo do Instituto dos Advogados de Pernambuco - IAP. Membro da Asociación Española de Salud y Seguridad Social. Membro da Academia Pernambucana de Letras Jurídicas - APLJ. Membro do Instituto Latinoamericano de Derecho del Trabajo y de la Seguridad Social – ILTRAS. Professor da Escola de Ciências Jurídicas da Universidade Católica de Pernambuco – UNICAP, na Graduação e na Pós-graduação, Mestrado e Doutorado em Direito. Professor da Faculdade de Direito do Recife - FDR, da Universidade Federal de Pernambuco - UFPE. Autor de vários artigos e de livros jurídicos publicados no Brasil e no Exterior, conferencista. Identificador ORCID 0000-0002-1442-0087.

(2) Advogado, professor de direito na Faculdade Boas Novas Manaus/AM, Mestrando na linha de pesquisa: jurisdição, cidadania e Direitos humanos da Escola de Ciências Jurídicas da Universidade Católica de Pernambuco - UNICAP.

# 1. INTRODUÇÃO

A precarização do trabalho é um fenômeno intrinsecamente ligado às constantes transformações do sistema capitalista que tem sido uma realidade presente desde a Revolução Industrial. Essa precarização não é um fenômeno recente, mas sim um elemento estrutural do modo de produção capitalista, que engloba aspectos econômicos, sociais, políticos e jurídicos, legitimando a exploração do trabalho e mascarando, em certas ocasiões, a questão do desemprego estrutural e da mercantilização do trabalho. Estratégias como a compensação das jornadas de trabalho, flexibilizando a legislação trabalhista ou a subcontratação de grupos com acesso diferenciado a direitos e benefícios são práticas comuns, como meio de diferenciar e baratear o custo de produção.

Contudo, ao analisar a história mais recente, percebe-se que a precarização do trabalho adquiriu uma dinâmica mais robusta, especialmente com a "dimensão da reestruturação produtiva", como discutido por Alves (2007). A partir dos anos 1970, o capitalismo passou por uma nova fase, resultante de sua crise estrutural, apresentando diferenças marcantes em relação aos parâmetros econômicos e políticos anteriores.

No contexto brasileiro, a crise econômica iniciada em 2008/2009 e agravada em 2013 contribuíram para a intensificação da precarização do trabalho. Essa situação foi impulsionada pela combinação de fatores socioeconômicos, políticos e até mesmo jurídicos, refletindo uma tendência observada na Europa após a crise econômica de 2008. Nesse cenário, ganhou força o discurso neoliberal e a adoção de medidas de austeridade, como ocorreu com a reforma trabalhista (Rocha, 2019), ainda que outrora já se despertasse para reformas trabalhistas de baixa intensidade desde os anos 90 do século passado, com o início da "década liberal" e o fenômeno das privatizações, inclusive das fontes do direito, como corolário de uma *lex* mercatória difusa.

Essas mudanças, em detrimento dos avanços conquistados na doutrina e na jurisprudência trabalhista em prol da promoção ao trabalho digno, levaram ao debate sobre a redução de direitos trabalhistas para atender aos interesses do mercado (Market friendly). A partir disso, tornou-se evidente a adoção de medidas de austeridade, incluindo a criação de novas formas atípicas de contrato de trabalho também iniciadas nos anos noventa passados e ratificadas na reforma trabalhista, Lei n. 13.467/2017, com modalidades empregatícias estratificadas.

# 2. FUNDAMENTAÇÃO TEÓRICA

## *2.1. Conceito de precarização do emprego*

A precarização do emprego é um conceito que tem ganhado destaque nas últimas décadas, em meio a transformações significativas no mundo do trabalho. Esse fenômeno está intrinsecamente ligado a mudanças socioeconômicas, tecnológicas e políticas, que vêm impactando as relações laborais em escala global (Castells, 2019), ademais de produtivas. Compreender a precarização do emprego é fundamental para analisar os desafios enfrentados pelos trabalhadores no cenário atual.

Em sua essência, a precarização do emprego diz respeito à deterioração das condições de trabalho e à instabilidade no vínculo empregatício. As características precárias do emprego podem abarcar salários baixos, jornadas de trabalho irregulares, falta de benefícios sociais, insegurança no emprego, entre outros aspectos (Ansoleaga, 2020). Essa realidade afeta principalmente os trabalhadores inseridos em setores vulneráveis da economia, como trabalhadores informais, temporários e autônomos, podendo, entretanto, afetar aos empregos formais com a flexibilização das garantias sociais presentes nos seus contratos de trabalho, na multiplicidade de modelos de contratos atípicos como a terceirização, trabalho intermitente, a tempo parcial, etc. além da redução ou supressão de direitos decorrentes de procedimentos negociais, decorrente do que ficou conhecido como a prevalência do negociado sobre o legislado.

A extenuação do emprego é impulsionada por uma série de fatores interligados. O avanço tecnológico e a automação têm modificado a natureza do trabalho, com a substituição de postos de trabalho por máquinas e algoritmos. A globalização e a abertura dos mercados impõem maior competição e pressão por redução de custos, levando empresas a adotarem práticas de flexibilização laboral para se manterem competitivas (Carvalho, 2018). O impulsionamento de uma dinâmica neoliberal e a prevalência desta como fonte material do direito leva a uma postura abstencionista do Estado como instrumento de mediação do conflito de interesses entre os sujeitos da relação de trabalho.

Além disso, a adoção frequente de reformas trabalhistas e políticas de austeridade em contextos de crise econômica tem desempenhado um papel significativo na crescente precarização do emprego. A flexibilização das leis trabalhistas muitas vezes resulta em uma erosão da proteção social e na ampliação da disseminação de acordos contratuais mais precários, expondo os trabalhadores a uma maior vulnerabilidade. A flexibilização excessiva pode minar os fundamentos de segurança no trabalho, colocando em risco não apenas os direitos dos trabalhadores, mas também a estabilidade geral da força de trabalho (Blanchard, 2014).

Existe uma relação de causalidade quase direta entre o direito flexível do trabalho e a precarização. Em síntese, pode-se compreender que a precarização é um trabalho com baixas garantias sociais, em que o trabalhador se vulnera integralmente ao prestar os serviços: desde um meio ambiente do trabalho insatisfatório às condições mínimas de segurança e medicina do trabalho, passando por salário baixos que não atendem às finalidades constitucionais, jornadas além das ordinárias ou dialeticamente jornadas tão baixas que não atendem à continuidade, ademais a assunção do risco da atividade empresarial, sem que haja aqui qualquer pretensão de fechar o leque de condições de vulnerabilidade ao ser humano, mas que na prática servem como elemento de redução do custo do fator trabalho e por consequência, ferem o princípio da dignidade humana e estabelecem uma verdadeira remercantilização da mão de obra.

A precariedade laboral transcende a esfera meramente econômica, estendendo-se para impactos profundos nas dimensões social e psicológica. A insegurança inerente ao trabalho precário e a incerteza em relação ao futuro podem desencadear uma série de desafios para a saúde mental e física dos trabalhadores. Além disso, essa realidade contribui para a perpetuação das disparidades sociais, minando as oportunidades de mobilidade ascendente e enfraquecendo a construção de uma sociedade mais equitativa (Frey, 2019).

Confrontar os desafios decorrentes da precarização do trabalho constitui uma empreitada complexa e multifacetada. Nesse contexto, a implementação de políticas públicas que fomentem o trabalho digno e valorizem a educação e qualificação profissional emerge como um elemento essencial para atenuar os efeitos adversos da precariedade. Paralelamente, a salvaguarda abrangente dos direitos trabalhistas e a garantia de condições laborais adequadas ganham proeminência como etapas cruciais na busca por uma sociedade mais inclusiva e sustentável. Como ressalta Antunes (2018), tais medidas não apenas influenciam positivamente a vida dos trabalhadores, mas também moldam a própria estrutura de uma sociedade mais equitativa e justa.

Em suma, a inconsistência do emprego é um fenômeno que demanda atenção e ação por parte de governos, empresas e sociedade como um todo. A compreensão de suas causas e consequências é essencial para o desenvolvimento de estratégias que visem a construção de um mercado de trabalho mais justo, inclusivo e sustentável (Castells, 2019) e do ponto de vista legal, com segurança jurídica.

### *2.2. O empregado intermitente: definição e características*

O empregado intermitente, como uma das modalidades de contrato de trabalho mais recentes, tem despertado interesse e discussões no cenário laboral contemporâneo. Sua definição abrange uma forma de contratação flexível, na qual o trabalhador é convocado pelo empregador para trabalhar em períodos alternados, de acordo com a demanda da empresa (Machado, 2018). Esse modelo de contrato introduzido pela Reforma Trabalhista de 2017 tem suas particularidades, que requerem um olhar aprofundado para compreender suas características e implicações.

Uma das principais características do contrato de trabalho intermitente é a flexibilidade temporal, que permite ao empregador ajustar a força de trabalho conforme a necessidade do negócio (Lima, 2019). Essa flexibilidade torna-se vantajosa para setores sujeitos a variações sazonais ou flutuações na demanda, proporcionando uma gestão mais eficiente dos recursos humanos. No entanto, essa dinâmica pode afetar a previsibilidade da renda do trabalhador, gerando insegurança financeira (Souza, 2019). De igual modo, a imprevisibilidade de horários e dias para o modelo de trabalho intermitente, que por si só já é uma descaracterização do modelo de trabalho típico e ordinário, que se baseia na continuidade, é a incerteza das relações sociais do trabalhador em virtude da demanda patronal para o serviço a ser prestado.

Outra característica distintiva da relação jurídico-laboral intermitente é a remuneração por hora trabalhada, em que o empregado recebe apenas pelas horas efetivamente trabalhadas. Essa forma de remuneração variável pode acarretar flutuações significativas na renda do trabalhador e, em alguns casos, dificultar o acesso a benefícios sociais relacionados a uma renda fixa. Tal condição pode reforçar a fragilização do vínculo empregatício e dificultar a construção de uma vida financeira estável (Machado, 2018).

A legislação trabalhista brasileira assegura que o empregado intermitente possua os mesmos direitos trabalhistas dos demais trabalhadores, como férias proporcionais, 13º salário e recolhimento do Fundo de Garantia por Tempo de Serviço (FGTS), como se tem do art. 452-A da CLT. No entanto, a intermitência do trabalho pode dificultar o acesso a alguns benefícios, como licença-maternidade e auxílio-doença, o que pode impactar a segurança social do empregado (Lima, 2019).

É flagrante ainda o fato de a percepção dos valores de natureza salarial, além das férias e do décimo terceiro proporcional, desvirtuando a natureza desses institutos e impondo uma realidade inexistente para o gozo do período de férias sem percepção extra e o fracionamento dos valores da verba natalina, sendo na prática valores pagos que não terão a finalidade dos respectivos institutos.

A adoção do empregado intermitente por parte das empresas pode trazer benefícios como a redução de custos e maior flexibilidade na gestão da força de trabalho. No entanto, essa modalidade de contratação também suscita questões e desafios para os trabalhadores, principalmente em relação à garantia de uma renda mínima e a estabilidade no emprego (Souza, 2019). A instabilidade do vínculo empregatício pode gerar insegurança e impactar negativamente a qualidade de vida do trabalhador.

De igual forma, a inaptidão para tarefas contínuas do dia a dia do trabalho podem ser elementos que dificultem a produtividade do empregado nessa modalidade contratual, visto que as poucas horas em longos lapsos de tempo pode gerar disfunções e desconhecimentos da estrutura da empresa, com necessidade de retrabalho e aumento do número de acidentes de trabalho.

### *2.3. Legislação trabalhista brasileira e o empregado intermitente*

O panorama das relações de trabalho no Brasil tem sido moldado por constantes mudanças e, dentre elas, desponta o empregado intermitente como uma das inovações trazidas pela Reforma Trabalhista de 2017 (CLT, 2017). Essa nova modalidade de contrato introduziu um cenário de maior flexibilidade nas contratações, permitindo que o trabalhador seja convocado para prestar serviços apenas quando há demanda por parte do empregador (Lima, 2019). Contudo, essa transformação também suscita questionamentos e desafios que requerem uma abordagem criteriosa para compreender suas características e impactos no mundo do trabalho.

O obreiro intermitente se destaca pela sua característica central de flexibilidade temporal, o que possibilita em teoria uma gestão mais dinâmica da mão de obra por parte das empresas, ajustando-a conforme a demanda sazonal ou flutuante (Machado, 2018). Essa flexibilidade, embora apresente vantagens para empregadores, pode gerar insegurança financeira para o trabalhador, uma vez que a renda pode variar significativamente de um período para outro (Souza, 2019).

A legislação trabalhista brasileira procura assegurar que os empregados intermitentes tenham direitos trabalhistas similares aos demais, como férias proporcionais e 13º salário (CLT, 452-A). No entanto, a possibilidade de oscilações na carga de trabalho pode dificultar o acesso a alguns benefícios, como licença-maternidade e auxílio-doença, impactando a segurança social do empregado (Lima, 2019).

A adoção do empregado intermitente também suscita questões sobre a formalização do trabalho e a qualidade do emprego. A flexibilidade dessa modalidade pode aumentar a informalidade no mercado de trabalho, afetando a estabilidade e os direitos dos trabalhadores (Castells, 2019). Para garantir a inclusão social e a proteção adequada aos empregados intermitentes, faz-se necessário promover políticas públicas que estimulem a formalização do trabalho e assegurem a proteção social.

Da mesma forma, a precariedade e a instabilidade de renda decorrentes do modelo intermitente de trabalho podem não ser atrativo para o trabalhador que presta serviços na informalidade para adentrar no mercado formal de trabalho, sendo um verdadeiro paradoxo que exista emprego, mas de tão precário não seja interessante ter a sua carteira de trabalho assinada e os respectivos benefícios sociais.

Especialistas estrangeiros também têm abordado a precarização do trabalho e suas implicações, trazendo contribuições valiosas para o entendimento desse fenômeno global. De acordo com Standing (2011), o surgimento de novas formas de trabalho precário, como o empregado intermitente, está diretamente relacionado à ascensão do que ele denomina de "precariado". Esse termo refere-se a uma classe emergente de trabalhadores que enfrentam a insegurança, a falta de proteção social e a ausência de perspectivas de futuro em suas ocupações.

Segundo Sengenberger e Cazes (2010), o crescimento do trabalho intermitente e outras formas atípicas de emprego é um reflexo das transformações no mercado de trabalho em escala global. As políticas de flexibilização laboral, adotadas por diversos países, têm contribuído para a disseminação da precarização e o enfraquecimento das proteções sociais para os trabalhadores. Nesse sentido, eles ressaltam a importância de políticas públicas que busquem garantir a segurança e a dignidade do trabalho, mesmo diante das mudanças econômicas e tecnológicas.

Portanto se vê que, a introdução do empregado intermitente trouxe consigo uma nova dinâmica para a realidade do trabalho formal no Brasil, demandando um equilíbrio entre a flexibilidade buscada pelas empresas para a competitividade e a preservação dos direitos e bem-estar dos trabalhadores. A compreensão dos desafios e implicações dessa modalidade de contrato é crucial para a construção de uma legislação trabalhista mais justa, inclusiva e adequada às demandas da sociedade contemporânea.

# 3. VANTAGENS E DESAFIOS DO EMPREGADO INTERMITENTE

## *3.1. Flexibilidade para Empregadores e Trabalhadores*

O obreiro intermitente surge como um elemento de destacada flexibilidade, uma dádiva que acaricia tanto os anseios dos empregadores quanto as aspirações dos colaboradores. Em conformidade com as palavras perspicazes de Machado (2018), essa variante contratual outorga às empresas a capacidade de moldar sua força laboral conforme os ditames das demandas sazonais e oscilantes, engendrando, por conseguinte, uma administração de recursos humanos enriquecida em eficácia. Tal sinergia se converte em um catalisador exímio para a enfrentar as marés oscilantes do mercado e do fluxo produtivo, conferindo benefícios competitivos de envergadura significativa.

Do ponto de vista teórico os trabalhadores eventualmente podem se beneficiar dessa flexibilidade, já que têm a possibilidade de conciliar diferentes empregos ou atividades, adaptando sua carga horária de acordo com suas necessidades e interesses (Lima, 2019). Essa autonomia na gestão de sua jornada de trabalho pode ser atrativa para aqueles que buscam maior equilíbrio entre vida profissional e pessoal ou ainda um "bico" formalizado para complementar a renda, visto a instabilidade de horários e jornada de trabalho.

Observa-se que na realidade a autonomia do referente labor não traz os benefícios almejados pelos obreiros, ocorrendo muitas vezes a tentativa de burlar a legislação e tentar fazer com que a relação de vínculo seja desfigurada.

Entretanto, apesar das vantagens, o empregado intermitente enfrenta desafios relacionados à instabilidade financeira. Como leciona (Souza, 2019), a renda variável associada ao trabalho intermitente pode gerar insegurança econômica para o empregado, tornando difícil o planejamento financeiro e a garantia de um padrão de vida estável. Em períodos de menor demanda, a redução da renda pode ser significativa, impactando negativamente a qualidade de vida do trabalhador e de sua família.

A falta de previsibilidade na renda também pode prejudicar o acesso a benefícios sociais e direitos trabalhistas, como férias remuneradas e licença-maternidade, uma vez que muitos desses benefícios são calculados com base na média salarial (Lima, 2019) e pagos após a prestação dos serviços. Isso pode expor o empregado intermitente a uma situação de maior vulnerabilidade social e econômica, demandando uma atenção especial das políticas públicas.

## *3.2. Impactos na Saúde Física e Mental do Trabalhador*

A dinâmica mutável e fluida do emprego intermitente não se limita apenas ao âmbito profissional, mas também se estende ao domínio da saúde física e mental do trabalhador. A incerteza que permeia essa forma de emprego pode resultar em efeitos profundos sobre o bem-estar dos indivíduos, suscitando preocupações que ecoam além do local de trabalho. A imprevisibilidade do fluxo de renda causada pela irregularidade das oportunidades laborais pode gerar ansiedade e estresse (Standing, 2011). As implicações desses fatores sobre a saúde mental são cruciais, evidenciando a necessidade de considerar um enfoque mais holístico nas políticas laborais.

A incerteza relativa à disponibilidade de trabalho pode engendrar um ambiente de apreensão constante, alicerçado na falta de perspectivas futuras, minando gradualmente o equilíbrio emocional do trabalhador. As repercussões dessa realidade são notáveis, especialmente em um cenário em que a saúde mental é cada vez mais reconhecida como um componente essencial do bem-estar geral. A interação entre insegurança laboral e saúde mental é complexa, merecendo uma análise profunda e sensível que aborde as dimensões psicológicas da relação entre emprego intermitente e saúde do trabalhador.

Adicionalmente, a flexibilidade inerente à jornada de trabalho do empregado intermitente pode reverberar em ritmos laborais irregulares e extenuantes. A ausência de uma rotina estável e previsível pode ter implicações significativas para a saúde física do trabalhador, gerando desafios na recuperação adequada e no descanso necessário para uma jornada laboral saudável (Sengenberger; Cazes, 2010). A ausência de momentos predefinidos de pausa e repouso pode comprometer a vitalidade do trabalhador, ressaltando a importância de considerar os aspectos ergonômicos e de qualidade de vida no desenho de políticas relacionadas ao emprego intermitente.

### 3.3. *Desafios para a Organização do Trabalho*

A adoção do emprego intermitente traz consigo desafios significativos para a organização do trabalho nas empresas. A gestão de horários e a coordenação das atividades de trabalhadores com contratos intermitentes podem ser complexas, exigindo uma maior capacidade de planejamento e organização por parte dos empregadores (Machado, 2018).

Ademais, a convivência de trabalhadores com contratos intermitentes com os demais empregados da empresa, que possuem vínculos de trabalho tradicionais, pode gerar desigualdades e tensões no ambiente laboral (Castells, 2019). É necessário, portanto, buscar um equilíbrio na gestão dos diferentes tipos de contratos para garantir uma convivência harmoniosa e justa no local de trabalho.

De igual forma, as características do modelo sindical estiveram pautadas na solidariedade de interesses. Havendo inconstância de jornada e de horários, cizânias no ambiente de trabalho, tanto o coletivismo interno quanto a permeabilidade do movimento sindical se veem limitadas ou mesmo impedidas de estabelecer uma condição de estabilidade mínima para essa coletivização dos interesses.

# 4. A PRECARIZAÇÃO DO EMPREGO E SEUS IMPACTOS SOCIOECONÔMICOS

## *4.1. Aumento da Desigualdade Social*

A precarização do emprego tem sido um fator significativo no aumento das desigualdades sociais em diversos países. Conforme apontado por Standing (2011, p. 65), o crescimento do trabalho precário tem criado uma nova classe social vulnerável, conhecida como "precariado", caracterizada pela insegurança econômica e falta de proteção social. A ampliação dessa classe pode resultar em um maior abismo entre os trabalhadores precários e aqueles que possuem empregos mais estáveis, comprometendo a coesão social e a estabilidade econômica.

Observando o pensamento de Castells, 2019, essa crescente desigualdade social é reforçada pelas mudanças no mercado de trabalho, com uma oferta crescente de empregos precários e de baixa remuneração. Esses trabalhadores, muitas vezes, encontram-se excluídos das garantias e benefícios trabalhistas básicos, o que pode perpetuar um ciclo de desigualdade intergeracional, afetando não apenas o presente, mas também o futuro desses indivíduos.

## *4.2 Redução da Proteção Social*

A precarização do emprego tem implicações diretas na proteção social dos trabalhadores. Com a adoção de contratos de trabalho menos estáveis e mais flexíveis, muitos empregados têm acesso limitado a benefícios e direitos trabalhistas (BRASIL, 2017). Isso pode levar a uma redução no acesso a seguridade social, como previdência, saúde e auxílio-desemprego, deixando os trabalhadores em uma posição de maior vulnerabilidade diante de adversidades econômicas e sociais.

A falta de proteção social pode aumentar o risco de pobreza e exclusão para os trabalhadores precários (Sengenberger; Cazes, 2010,). A ausência de benefícios como seguro saúde e licença remunerada pode expor esses trabalhadores a maiores dificuldades financeiras em casos de doença ou acidente, resultando em um ciclo de desvantagens econômicas.

## *4.3. Impactos no Mercado de Trabalho e Produtividade*

A precarização do emprego pode ter impactos significativos no mercado de trabalho e na produtividade econômica. Conforme destacado por Sengenberger e Cazes, (2010), a proliferação do trabalho precário pode levar à segmentação do mercado de trabalho, com trabalhadores em diferentes níveis de proteção e salários. Isso pode criar um ambiente de maior competição entre os trabalhadores, com possíveis consequências negativas na qualidade do emprego e na remuneração.

Além disso, a precarização do emprego pode afetar a produtividade das empresas e da economia como um todo. A falta de segurança e estabilidade no emprego pode diminuir a motivação e o comprometimento dos trabalhadores, resultando em uma redução na eficiência e no desempenho das organizações (Castells, 2019). A rotatividade de trabalhadores também pode gerar custos adicionais para as empresas, o que pode impactar negativamente sua competitividade.

O contexto do trabalho intermitente se encaixa perfeitamente nessa realidade de tamanha incerteza e descontinuidades das relações profissionais e inexoravelmente humanas, visto que o empregado necessariamente é um ser humano.

De acordo com o economista Standing, (2011), a falta de segurança no emprego e de perspectivas futuras pode levar os trabalhadores precários a aceitarem condições de trabalho degradantes e salários baixos, reforçando ainda mais a precarização do trabalho em um ciclo vicioso, desencadeando resultados danosos não só ao trabalhador em penosa situação, mas afetando adicionalmente a economia corrente do país, onde o capital não irá girar de maneira a mover normalmente a economia local.

### *4.4. Precarização e Desafios para a Organização Sindical*

A precarização do emprego também representa um desafio para a organização sindical e para a negociação coletiva. A natureza fragmentada do trabalho precário pode dificultar a representação e a mobilização desses trabalhadores por parte dos sindicatos (Castells, 2019). A falta de uma unidade de local de trabalho e de uma jornada regular pode afetar a formação de uma identidade coletiva entre os trabalhadores precários.

No contexto laboral da construção e manutenção do modelo de trabalho nas sociedades democráticas, os sindicatos emergem como atores cruciais na busca pela salvaguarda dos direitos e interesses dos trabalhadores e empregadores, em especial na representação dos obreiros, à luz do cenário caracterizado por contratos precários e o advento do trabalhador intermitente. Entretanto, esse protagonismo sindical encontra-se entrelaçado com desafios inerentes à sua missão, e aqui repousa uma complexa interação entre as disposições da Consolidação das Leis do Trabalho (CLT), as prerrogativas sindicais e a legislação que regula o direito de greve.

Conforme salientado por Brasil (2017), a dinâmica dos contratos precários, incluindo o obreiro intermitente, pode potencialmente minar os esforços dos sindicatos ao encurtar a efetividade de suas ações de negociação. A agilidade que as empresas detêm para recorrer a esses trabalhadores em situações de greve pode não apenas enfraquecer a força da ação grevista, mas também impactar a capacidade dos sindicatos de atuar como representantes legítimos dos interesses dos trabalhadores (Brasil, 2017).

A legislação trabalhista, notadamente a CLT, busca estabelecer um delicado equilíbrio entre os direitos dos sindicatos e as prerrogativas das empresas. A Lei de Greve (Lei n. 7.783/1989), por sua vez, estabelece os parâmetros para a realização das greves e a negociação coletiva, oferecendo uma estrutura normativa que visa conciliar a liberdade de ação sindical com a manutenção da ordem pública e a continuidade dos serviços essenciais. Nesse contexto, a atuação dos sindicatos enfrenta o desafio de manter sua relevância e efetividade diante das táticas de substituição de trabalhadores grevistas por obreiros intermitentes ou outras formas de contratação precária.

A interação entre os sindicatos, os contratos precários e a legislação trabalhista é complexa e multifacetada. Os desafios que os sindicatos enfrentam ao tentar negociar em nome dos trabalhadores com contratos precários refletem a necessidade de uma análise aprofundada e sensível das nuances legais e práticas que permeiam as relações laborais contemporâneas. A compreensão desses desafios é crucial para uma avaliação completa das dinâmicas atuais do mercado de trabalho e para a busca de soluções que equilibrem os interesses das partes envolvidas, promovendo relações laborais justas e sustentáveis.

Ademais e como informado alhures, as dificuldades de efetividades gremiais por meio de uma série elementos de conflitos internos entre os trabalhadores e a falta de pertencimento à categoria dissuadem o sentido de solidariedade presente nas associações sindicais.

### *4.5. Precarização e Segurança no Trabalho*

A precarização do emprego pode ter sérias consequências para a segurança e saúde dos trabalhadores. Segundo Castells (2019, p. 85), a falta de proteção trabalhista pode levar a condições de trabalho inseguras e a uma maior exposição a riscos ocupacionais.

A ausência de treinamentos e capacitações adequadas também pode afetar a segurança no trabalho, aumentando a probabilidade de acidentes e lesões. A precarização do emprego pode, assim, comprometer o bem-estar físico e mental dos trabalhadores, além de elevar os custos para a sociedade em termos de saúde pública.

A falta de continuidade no exercício das atividades profissionais por meio do contrato de trabalho intermitente igualmente leva a uma "falta de empatia" com o negócio e suas ferramentas, dada a relação de trabalho descartável que àquelas horas de trabalho significam para o ser humano, não havendo a internalização no aspecto psicológico da necessidade do serviço e todos os elementos consectários de medicina, higiene e segurança do trabalho, podendo ser entendido pelo trabalhador apenas como um "bico" legalizado, cuja fidúcia do contrato é tão precária quanto a própria e fugaz relação temporal existente para e por aquela empresa.

### *4.6. O Desafio da Precarização para o Futuro*

A precarização do emprego representa um desafio significativo para o futuro do trabalho e da sociedade como um todo. A crescente adoção de contratos precários pode levar a um cenário de maior insegurança e vulnerabilidade para os trabalhadores, afetando a coesão social e a qualidade de vida.

Para enfrentar esses desafios, é fundamental buscar soluções que promovam uma abordagem mais justa e inclusiva do emprego, garantindo o respeito aos direitos trabalhistas e a proteção adequada aos trabalhadores (Sengenberger; Cazes, 2010). Políticas públicas e iniciativas do setor privado que visem à promoção do trabalho digno e seguro são essenciais para construir uma sociedade mais sustentável e igualitária.

Ademais, a busca por uma solução eficaz para a precarização do emprego requer uma sintonia com a agenda do trabalho decente estabelecida pela Organização Internacional do Trabalho (OIT). A promoção do trabalho decente, pautada em quatro pilares fundamentais - oportunidades de trabalho produtivo, direitos no trabalho, proteção social e diálogo social - oferece um arcabouço abrangente e coerente para guiar ações que enfrentem a crescente precariedade. Adaptar o emprego precário a esses princípios da OIT exige esforços coordenados entre governos, empresas e organizações sindicais, visando assegurar que as práticas de contratação se alinhem com os padrões internacionais de trabalho e direitos humanos (OIT, 2019).

# 5. ESTUDOS DE CASO: O EMPREGADO INTERMITENTE NA PRÁTICA

## *5.1. Setores com Maior Incidência de Empregados Intermitentes*

O empregado intermitente tem sido adotado em diversos setores da economia, com maior incidência em atividades que apresentam demandas sazonais ou variações na produção (Martins, 2022, p. 45). Setores como turismo, eventos, comércio varejista e agronegócio têm sido os mais propensos a utilizar esse tipo de contrato de trabalho. Essas indústrias, muitas vezes, enfrentam flutuações na demanda de mão de obra e encontram no empregado intermitente uma forma de flexibilizar a contratação de pessoal de acordo com as necessidades específicas de cada período.

## *5.2. Experiências e Percepções dos Trabalhadores*

A experiência dos trabalhadores empregados de forma intermitente pode ser diversa e ambígua (González, 2021). Por um lado, alguns relatam apreciar a flexibilidade que esse tipo de contrato oferece, permitindo-lhes conciliar outras atividades ou estudos. Por outro lado, muitos trabalhadores enfrentam incertezas financeiras devido à natureza irregular dos contratos, o que pode levar a dificuldades na gestão do orçamento familiar e na busca por estabilidade financeira.

A percepção dos trabalhadores sobre o empregado intermitente também varia de acordo com a segurança e a garantia de seus direitos trabalhistas. Alguns relatam preocupações com a falta de acesso a benefícios e a proteção social, enquanto outros se sentem satisfeitos com os acordos flexíveis que podem ser estabelecidos com os empregadores.

## *5.3. Impactos nas Empresas e na Economia Local*

Para as empresas, a adoção do empregado intermitente pode trazer benefícios em termos de flexibilidade na gestão de recursos humanos (Rodríguez, 2020). A possibilidade de contratar trabalhadores apenas quando há demanda real pode contribuir para a redução de custos com pessoal e para a eficiência operacional. Além disso, em alguns casos, o empregado intermitente pode ser uma alternativa para evitar demissões em períodos de baixa atividade econômica.

No entanto, a utilização excessiva do empregado intermitente pode gerar impactos negativos nas empresas, como a falta de continuidade e o comprometimento dos trabalhadores. A rotatividade constante de funcionários pode afetar a qualidade dos produtos ou serviços prestados e prejudicar o relacionamento com os clientes. Além disso, a ausência de uma equipe estável pode dificultar a construção de uma cultura organizacional sólida e comprometida.

Para a economia local, os impactos do empregado intermitente podem ser mais complexos (Rodríguez, 2020). Embora esse tipo de contrato possa contribuir para a geração de empregos em alguns momentos, a falta de estabilidade e de renda regular dos trabalhadores pode afetar o consumo e a dinâmica econômica da região. A precarização do emprego também pode resultar em um cenário de maior desigualdade social, com impactos na qualidade de vida e no bem-estar da comunidade.

# 6. CONSIDERAÇÕES FINAIS

Ao longo deste estudo, foi explorada a temática da precarização do emprego e sua relação com o empregado intermitente no contexto brasileiro. Inicialmente, analisada a conceituação da precarização do trabalho como um fenômeno complexo e multifacetado, relacionado à deterioração das condições de trabalho e à instabilidade no vínculo empregatício.

Foram abordadas as características do empregado intermitente, compreendendo-o como uma modalidade de contrato de trabalho flexível, marcada pela alternância de períodos de atividade e inatividade laboral. Identificamos que essa forma de contratação tem sido adotada em diversos setores da economia, principalmente em atividades com demandas sazonais ou variáveis.

Discutiu-se os impactos do empregado intermitente tanto para os trabalhadores como para as empresas e a economia local. Percebemos que a flexibilidade dessa modalidade pode ser percebida tanto como uma vantagem para os empregadores, na gestão de recursos humanos, quanto como uma insegurança para os trabalhadores, que enfrentam desafios financeiros e a falta de garantias trabalhistas.

Diante do cenário de mudanças no mundo do trabalho e da crescente precarização do emprego, é essencial refletir sobre o futuro do empregado intermitente no Brasil. Nesse sentido, é fundamental buscar um equilíbrio entre a flexibilidade necessária para a dinâmica econômica e a garantia dos direitos e proteções dos trabalhadores.

Para isso, políticas públicas e aprimoramentos na legislação trabalhista são necessários. É importante que o empregado intermitente seja regulamentado de forma a assegurar direitos básicos, como remuneração adequada, acesso a benefícios sociais e proteção contra a exploração laboral.

Além disso, é fundamental promover o diálogo e a negociação coletiva entre trabalhadores e empregadores, buscando acordos que garantam segurança e estabilidade para ambos os lados. A valorização do trabalho digno e a construção de uma cultura organizacional que priorize o bem-estar dos trabalhadores também são aspectos cruciais para enfrentar os desafios impostos pela precarização do emprego.

Por fim, é necessário considerar que a realidade do empregado intermitente está em constante evolução, à medida que a sociedade e a economia passam por transformações. Dessa forma, o debate e a pesquisa sobre esse tema devem ser contínuos, buscando sempre uma compreensão mais abrangente e profunda das implicações dessa modalidade de contrato de trabalho.

# REFERÊNCIAS

ALVES, Amauri C. Direito do Trabalho. 11. ed. São Paulo: Saraiva, 2019.

ALVES, Giovanni. *Trabalho e subjetividade*: O espírito do toyotismo na era do capitalismo manipulatório. O Social em Questão - Ano XIV – n. 25/26, p. 481- 488, 2011.

ANSOLEAGA, Elisa. Asociaciones entre factores de riesgos psicosociales, dimensiones organizacionales y problemas de salud mental, relacionados conlaviolencia laboral, em trabajadores de três hospitales chilenos de alta complejidad. *Cad. Saúde Pública*, 36 (3), 2020.

ANTUNES, Ricardo. *Adeus ao Trabalho?* Ensaio sobre as Metamorfoses e a Centralidade do Mundo do Trabalho. Editora Cortez, 2018.

BARROSO, Fábio Túlio. Crítica ao processo de flexibilização laboral. O contrato de trabalho por prazo determinado da Lei 9.601/98 e sua forma impositiva legal. *Revista Jus et Fides*. Natal – RN, ano 2, n. 2, p. 130-148, dezembro de 2002.

BLANCHARD, Olivier J.; JAUMOTTE, Florence; LOUNGANI, Prakash. Labor market policies and IMF advice in advanced economies during the Great Recession. IZA *Journal of Labor Policy*, v. 3, p. 1-23, 2014.

BRASIL. *Lei n. 13.429*, de 31 de março de 2017. Altera dispositivos da Lei n. 6.019, de 3 de janeiro de 1974, que dispõe sobre o trabalho temporário nas empresas urbanas e dá outras providências. Diário Oficial da União, Brasília, DF, 31 mar. 2017. Disponível em: https://www.planalto.gov.br/ccivil_03/_ato2015-2018/2017/lei/l13429.htm. Acesso em: 04 ago. 2023.

BRASIL. Lei n. 13.467, de 13 de julho de 2017. Altera a Consolidação das Leis do Trabalho (CLT), aprovada pelo Decreto-Lei n. 5.452, de 1º de maio de 1943, e as Leis ns. 10.243, de 19 de junho de 2001, 11.196, de 21 de novembro de 2005, 11.451, de 15 de junho de 2007, 11.884, de 9 de novembro de 2008, e 12.587, de 3 de janeiro de 2012. *Diário Oficial da União*, Brasília, DF, 14 jul. 2017. Disponível em: https://www.planalto.gov.br/ccivil_03/_ato2015-2018/2017/lei/l13467.htm. Acesso em: 02 ago. 2023.

CARVALHO, José de Ribamar. *O trabalho intermitente*. São Paulo: LTr, 2018.

CASTELLS, Manuel. *O poder da identidade*: a era da informação: economia, sociedade e cultura. São Paulo: Paz e Terra, 2019.

DELGADO, Maurício Godinho. *Curso de Direito do Trabalho*. 17. ed. São Paulo: LTr, 2019.

FRANÇA, Francisco G. Rodrigues. *Contrato de Trabalho Intermitente*. São Paulo: Saraiva, 2018.

FREY, Bruno. *The Tyranny of Metrics*. Princeton University Press, 2019. p. 112.

GONZÁLEZ, Laura. Precariedad laboral y trabajo intermitente em el siglo XXI. *Revista Internacional de Sociología*, v. 79, n. 2, 2021, p. 76-92.

LIMA, Renato Sérgio de Almeida. Contrato de Trabalho Intermitente: Análise da Nova Modalidade Contratual Introduzida pela Lei n. 13.467/2017. *Revista Brasileira de Direito Social*, São Paulo, v. 5, n. 2, p. 114-132, 2019.

MACHADO, Paulo Lucena de. Flexibilização das Leis Trabalhistas e o Contrato Intermitente: Reflexos e Desafios para o Trabalhador Brasileiro. *Revista Trabalho e Cidadania*, Rio de Janeiro, v. 3, n. 1, p. 32-45, 2018.

MARTINS, Ricardo. O Empregado Intermitente nos Setores Econômicos do Brasil. *Revista de Economia Contemporânea*, v. 56, n. 3, 2022, p. 40-57.

MARX, Karl. O Capital: crítica da economia política: Livro primeiro. 3. ed. São Paulo: Nova Cultural, 1988.

MÉSZÁROS, István. A crise estrutural do capital. São Paulo: Boitempo, 2009.

ORGANIZAÇÃO INTERNACIONAL DO TRABALHO (OIT). *Trabalho Decente e Agenda 2030 para o Desenvolvimento Sustentável*. OIT, 2019.

ROCHA, Cláudio Jannotti da. A reforma trabalhista e o empregado intermitente: instrumento de precarização dos direitos trabalhistas. *Revista Teoria Jurídica Contemporânea,* PPGD/UFR, ISSN 2526-0464, p. 34-61, 2019.

RODRÍGUEZ, Carlos. El trabajo intermitente y su impacto em las empresas y la economía local. *Revista de Estudios Económicos,* v. 62, n. 4, 2020, p. 110-125.

SENGENBERGER, Werner; CAZES, Sandrine. The Impact of Globalization on Employment: The Quality of Workand the Social Dimension of Globalization. *International Labour Organization,* 2010.

SOUZA, Marcelo Augusto de. O Trabalho Intermitente no Brasil: Aspectos Jurídicos e Sociais. *Revista de Direito do Trabalho,* São Paulo, v. 40, n. 3, p. 175-195, 2019.

STANDING, Guy. *The Precariat*: The New Dangerous Class. Bloomsbury Academic, 2011.

# TRABALHO HUMANO ACIONADO POR PLATAFORMAS DIGITAIS: O PRIMADO DA RELAÇÃO DE EMPREGO

*Grijalbo Fernandes Coutinho*[1]

*Catherine Fonseca Coutinho*[2]

**Resumo:** O presente artigo visa apurar as transformações promovidas no seio do processo de produção capitalista com o ingresso das plataformas eletrônicas, dos aplicativos ou de outros recursos telemáticos, na qualidade de meios expropriatórios da força de trabalho que, aparentemente sofisticados, traduzem a necessidade permanente do capital da busca pelo aumento das taxas de mais-valor. Para tanto, avaliar-se-á o recente aparato tecnológico pela ótica da supressão de atividades humanas e da precarização das relações de trabalho. Nesse sentido, é parte desta investigação o papel da burguesia na dinâmica produtiva em que o trabalho humano é realizado a partir de comandos eletrônicos teleguiados, sobre o qual se verifica a inarredável desproteção das relações de trabalho correspondentes. Embora seja, de fato, uma novidade dos últimos anos, quando colocada frente aos postulados do Direito do Trabalho, a atividade laboral executada por comandos eminentemente eletrônicos parece não escapar da regulação do contrato de emprego assegurada pela Constituição da República, pela CLT e pelo primado do trabalho digno normatizado no âmbito do Direito Internacional do Trabalho.

**Palavras-chave:**

- Uberização;
- Relação de Emprego e Direito Constitucional do Trabalho;
- O Direito Achado na Rua

**Sumário:**



(1) Desembargador do Trabalho do TRT 10. Mestre e Doutor em Direito pela Faculdade de Direito da Universidade Federal de Minas Gerais (UFMG).

(2) Advogada do escritório Mauro Menezes & Advogados. Mestre pelo Programa de Pós-Graduação em Direitos Humanos (PPGDH) da Universidade de Brasília (UnB) e Pesquisadora do Grupo O Direito Achado na Rua.

# 1. TRABALHO GUIADO POR INTERMÉDIO DE RECURSOS TELEMÁTICOS: MECANISMO DE PRODUÇÃO CAPITALISTA VOLTADO PARA AUMENTAR A LUCRATIVIDADE E OS NÍVEIS DE DESREGULAÇÃO LABORAL

Desde a fase da acumulação primitiva, ou seja, muito antes de sua estruturação como sistema econômico dominante, o capital sempre arrancou do trabalho a sua fonte de riqueza nuclear, fazendo-o persistentemente por meios expropriatórios violentos. Na primeira etapa, destaque-se, os pequenos camponeses foram expulsos de suas terras, transformadas em latifúndios comerciais; logo depois, restaram proletarizados em centros urbanos, ao serem eles obrigados a vender a sua força de trabalho pelo miserável preço oferecido como único meio de subsistência. A segunda etapa da acumulação primitiva capitalista envolveu as grandes navegações europeias voltadas para a exploração econômica das colônias e de seus povos, com a escravização de trabalhadores negros e indígenas, além do roubo do ouro e pilhagem de outras riquezas naturais existentes nas terras "descobertas"(3).

Inegavelmente, extrair mais-valia sempre foi a razão de ser do sistema capitalista de produção, pouco importando as consequências sociais advindas de uma superexploração da classe trabalhadora. Assim o é porque a força de trabalho, como a mais miserável mercadoria é fundamental para garantir a grandeza da produção, em uma relação inversa, portanto, entre a miséria obreira e a robustez do capitalista, a ponto de o trabalhador se tornar mais pobre quanto mais riqueza produz, quanto mais a produção aumenta em poder e extensão(4).

Sustentado pela mais-valia, o sistema capitalista possui uma relação umbilical com a tecnologia e o seu contínuo desenvolvimento.

Os avanços tecnológicos ao longo da vigência do sistema capitalista de produção jamais representaram o oferecimento de melhores condições de trabalho à classe operária. Ao contrário, desde a passagem da manufatura para o tempo das invenções mecânicas da maquinaria ou da grande indústria, até a fase atual de revolução cibernética, tais incrementos sempre foram utilizados pela burguesia como eficaz instrumento para exponenciar as taxas de mais-valor e impor maiores embaraços ao trabalho humano, quer do ponto de vista da intensificação da jornada de trabalho e dos acidentes de trabalho, quer sob a ótica da exclusão social e da remuneração reduzida a cada salto tecnológico.

Contrastando John Stuart Mill, que defendia o revolucionamento industrial como fator de alívio à dureza do trabalho, Marx considerava a maquinaria o meio para a produção de mais-valia, com maior exploração da classe trabalhadora(5).

De maneira contundente, o pensador alemão enfatiza que

> Se a maquinaria é o meio mais poderoso de incrementar a produtividade do trabalho, isto é, de encurtar o trabalho necessário à produção de uma mercadoria, ela se converte, como portadora do capital nas indústrias de que imediatamente se apodera, no meio mais poderoso de prolongar a jornada de

---

(3) HUBERMAN, Léo. *História da riqueza do homem*. Rio de Janeiro: LTC, 1986, p.98-100.

(4) MARX, Karl. *Manuscritos econômico-filosóficos*. São Paulo: Boitempo, 2008, p.80.

(5) MARX, Karl. *O Capital- Livro I-*. São Paulo: Boitempo, 2017, p. 445.

trabalho para além de todo limite natural. Ela cria, por um lado, novas condições que permitem ao capital soltar as rédeas dessa sua tendência constante e, por outro, novos incentivos que aguçam sua voracidade por trabalho alheio[6].

O problema para a burguesia é que o uso da cibernética ou da robótica, apesar de reduzir a necessidade do dispêndio de força de trabalho humana em destacadas atividades produtivas, é, por si só, insuficiente para gerar mais-valor absoluto, a fonte de riqueza primordial do capital, tendo em vista que o trabalho cristalizado nas máquinas, o trabalho morto, apenas responde com mais-valia relativa, segundo se extrai da teoria do valor-trabalho[7] ainda não superada nos marcos da sociedade capitalista.

A força motriz do processo produtivo ainda é o trabalho vivo, não sendo possível gerar progresso industrial sem a mão humana, muito menos a partir do aparato tecnológico fazê-lo funcionar sem a intervenção humana. Aliás, "como qualquer outro componente de capital constante, a maquinaria não cria valor nenhum, mas transfere seu próprio valor ao produto, cuja produção ela serve".[8]

Daí porque, seguindo a tradição do acúmulo de riquezas materiais advindo de exploração do trabalho vivo e do revolucionamento industrial, é vital para o sistema econômico dominante aprofundar todas as formas de domínio tecnológico no processo produtivo sustentado pela geração de mais-valor.

Não é demais relembrar, contudo, que em um curto espaço de tempo, por força de peculiares fatores econômicos e políticos, e apenas nos países do centro do capitalismo, no pós-guerra, entre 1945 e 1973, foi possível conciliar alto desenvolvimento tecnológico, no curso do desenvolvimento da 3ª Revolução Industrial, com a existência de conquistas sociais para a classe trabalhadora, incluindo o direito ao trabalho e o direito do trabalho.

O modelo fordista-keynesiano, contudo, começou a ruir no início dos anos 1970, por força da crise de lucratividade do sistema econômico, com especial destaque para o caso norte-americano, e foi completamente dilacerado nas duas últimas décadas com o avanço do denominado padrão toyotista de acumulação flexível de capital e de desregulação radical das relações de trabalho.

Na atual etapa de desenvolvimento das forças produtivas, a reestruturação do capital passa necessariamente pela criação de novas e mais modernas tecnologias aptas, com efeito, a legitimar o processo político de desregulação e precarização de todas as relações de trabalho, conferindo-se, desse modo, dimensão objetiva ao ideário neoliberal de retomada da agenda de defesa da liberdade total dos agentes econômicos, tanto no plano das condições laborais quanto sob a seara da expansividade de seus raios para a disputa internacional por domínio de mercados.

A revolução da microeletrônica ou da robótica, intensificada nas duas últimas décadas, em um movimento sem precedentes na história do aperfeiçoamento tecnológico, insere-se como uma necessidade do sistema econômico para aumentar a precarização do trabalho e não para melhorar a vida da classe trabalhadora. Segundo Giovanni Alves, esta "é condição histórico-estrutural do desenvolvimento do próprio capitalismo global"[9].

---

(6) MARX, Karl. *O Capital- Livro I-*. São Paulo: Boitempo, 2017, p. 475-476.
(7) MARX, Karl. *O capital: crítica de economia política*. São Paulo: DIFEL, 1985, p. 712-752.
(8) MARX, Karl. *O Capital- Livro I-*. São Paulo: Boitempo, 2017, p. 460.
(9) ALVES, Giovanni. *Dimensões da precarização do trabalho* - Ensaios de Sociologia do Trabalho-. Bauru: Projeto Editorial Práxis, 2013, p. 29.

Nos moldes industriais capturados e aplicados pela burguesia ao longo da história, a convivência não harmoniosa entre revolucionamento tecnológico e trabalho digno é objeto de análise incisiva por parte do Professor de Ciências Sociais da Unesp:

> Na medida em que o "novo saber" assume um papel estratégico na produção do capital constante, constituído cada vez mais pelo "trabalho morto" inteligente- diga-se de passagem, "inteligência artificial"-, abre-se um campo de luta, de tensão entre formalização do "trabalho vivo" criador do "trabalhador morto", pela captura da subjetividade da força de trabalho como trabalho vivo, trabalho vivo reduzido, mas indispensável (e ineliminável)-à produção do capital, com a tentativa perpétua de formalização do trabalho vivo reduzido ou do trabalho imaterial, adequando-o à materialidade do trabalho abstrato. O que explica, portanto, a recorrente de novas formas de gestão de pessoas nos locais de trabalho[10].

No contexto da maquinofatura desta 4ª Revolução Industrial, a robótica ou a cibernética, como se queria denominar o caráter atual da proeminência dos recursos da microeletrônica, assume papel de relevo na acumulação capitalista, cujos novos equipamentos intensificam a divisão do trabalho, o estranhamento, a obsolescência de algumas atividades laborais e a precarização do conjunto do trabalho humano vivo.

Inúmeras tarefas laborais são executadas a partir de instrumentos eletrônicos programados para a emissão de ordens e outros comandos inerentes a uma cadeia produtiva bastante hierarquizada, com especial destaque para as denominadas plataformas eletrônicas oferecedoras dos serviços de transporte urbano de pessoas e mercadorias.

Trata-se, inegavelmente, de engenhoso meio de prestação laboral, na área de serviços, que tenta refutar a existência da figura do capital no comando de todas as ações. Por isso mesmo, os aplicativos eletrônicos pertencentes a conglomerados econômicos são apresentados como generosos facilitadores da vida moderna em sociedade, embora a razão de sua existência repouse na extração de ganhos monetários a partir do trabalho alheio.

Estamos diante de mais um salto tecnológico projetado com o intuito de aumentar a potencialidade destrutiva laboral inerente ao sistema capitalista de produção, como assim o foram tantos outros avanços industriais ao longo dos dois últimos séculos, nenhum deles, registre-se, conseguindo apagar da história o ardente conflito entre as classes sociais da burguesia e do proletariado.

Em outras palavras, sob a perspectiva crítica, sociológica ou econômica, os comandos estritamente eletrônicos, programados para o controle de cada um dos atos da parte trabalhadora no desenvolvimento de suas atividades, não são suficientes para fazer desaparecer do mundo real e concreto o sujeito capital na exploração do trabalho humano.

Em esclarecedora análise, o sociólogo Ricardo Antunes destaca que, aproveitando-se dos tempos de pandemia da Covid-19, a burguesia, nacional e internacional, intensificou o uso de formas precárias de trabalho, notadamente a partir do fenômeno da "*uberização*" como método de trabalho para muito além do aplicativo de transportes. Cuida-se da utilização de ferramentas eletrônicas com o intuito de abocanhar trabalho vivo (humano) informal e por preço irrisório. Hoje, essa modalidade

(10) Ibidem, p. 58.

de precarização das relações de trabalho já alcançou inúmeras atividades e categorias profissionais, todas elas sem direitos do trabalho. Para o Professor da Unicamp,

> Como as corporações globais sabem melhor do que ninguém que a força de trabalho é uma mercadoria especial, uma vez que é a única capaz de desencadear e impulsionar o complexo produtivo presente nas cadeias produtivas globais que hoje comandam o processo de criação de valor e de riqueza social, os capitais aprenderam bem, ao longo destes quase três séculos de dominação, a lidar com (e contra) o trabalho. Sabedores de que, se efetivassem a completa eliminação do labor, eles se veriam na incômoda posição de extinguir seu próprio ganha-pão, sua alquimia diária, cotidiana e ininterrupta está voltada indelevelmente para reduzir ao máximo o trabalho humano necessário à produção. E assim se faz por meio da introdução compensadora do arsenal maquínico-informacional-digital disponível, ou seja, pelo uso das tecnologias de informação e comunicação (TIC), "internet das coisas", impressão 3D, *big data*, inteligência artificial, tudo isso enfeixado, em nossos dias, na mais do que emblemática proposta da indústria 4.0[(11)].

Ao se servirem do trabalho alheio para a obtenção de ganhos econômicos, seja sob a forma de lucros ou de mais-valor, independentemente do método aplicado para o controle do labor humano, os donos dos respectivos empreendimentos são capitalistas em sua expressão mais fiel de acumulação de riquezas calcada naquele pressuposto inicial do uso de trabalho vivo de terceiros para o sucesso do negócio.

Não há, por assim dizer, grande novidade na inserção das plataformas eletrônicas nas relações de trabalho, pois apenas um instrumento da tecnologia para condensar ainda mais "trabalho morto" no processo produtivo e elevar o grau de precariedade de todas as formas de labor humano.

Tal como ocorrera em outras revoluções tecnológicas, a era da cibernética introduz elementos novos no processo produtivo, sem desnaturar, contudo, as relações sempre identificadas a partir de polos rasgadamente distintos. De um lado, portanto, a corporificação da riqueza material concentrada nas mãos dos proprietários dos meios de produção e, do outro, o sujeito que precisa vender a sua força de trabalho ao capital para sobreviver.

O capital e o trabalho continuam, desse modo, entrelaçados em todas e quaisquer atividades realizadas por intermédio de plataformas, aplicativos ou por outros instrumentos eletrônicos.

Na verdade, o velho modo de exploração capitalista apenas se vestiu de novo com as plataformas eletrônicas, tentando escamotear a sua verdadeira face(ação) humana ou não humana com miúdos dispositivos da robótica, elementos da microeletrônica os quais não acumulam riquezas materiais, nem ficam com parte do valor decorrente da ausência de remuneração do trabalho vivo, muito menos desfrutam depois do paraíso construído pela opulência burguesa em tempos de revolução da microeletrônica.

Sob a órbita jurídica, é necessário tensionar a realidade advinda do trabalho executado por intermédio de plataforma eletrônica frente ao Direito Constitucional do Trabalho.

---

(11) ANTUNES, Ricardo. *Como se trama a uberização total.* Disponível em: https://www.diariodocentrodomundo.com.br/como-se-trama-a-uberizacao-total-por-ricardo-antunes/. Acesso em: 07 jul. 2021.

## 2. RELAÇÃO DE EMPREGO INTACTA NO VÍNCULO EXISTENTE ENTRE OS PROPRIETÁRIOS DOS NEGÓCIOS ELETRÔNICOS E O SEGMENTO DA CLASSE TRABALHADORA QUE LHES PRESTA SERVIÇOS: RESPEITO AO TRABALHO REGULADO ESTABELECIDO NA CONSTITUIÇÃO DA REPÚBLICA; DIREITO DO TRABALHO E O DIREITO ACHADO NA RUA

Se, para a Sociologia crítica, há capital e trabalho vivo nas relações desenvolvidas por intermédio de plataformas digitais ou aplicativos eletrônicos, no campo do Direito do Trabalho, frise-se, há necessidade de realizar outras incursões complementares aos apontamentos sociológicos, análises essas dotadas de conteúdo jurídico, para se aferir a existência ou não da relação de emprego protegida pelo ordenamento constitucional, supralegal e legal em vigor.

Embora o paradigma guardado pelo simples encontro do capital com o trabalho em uma determinada relação devesse ser motivo suficiente para atrair a proteção juslaboralista por parte do ordenamento jurídico nacional e internacional, considerando a própria origem do Direito do Trabalho como resultado material da luta de classes de caráter econômico, a ótica predominante dos juristas, contudo, exige a satisfação de outros pressupostos e requisitos.

Com efeito, impõe-se tensionar a questão do labor desenvolvido por meio do acionamento de plataformas digitais a partir dos fundamentos do Direito Constitucional do Trabalho, que incorporam, inescapavelmente, elementos da Sociologia em diálogo com valores e princípios jurídicos, estejam eles normatizados ou não pelo sistema vigente.

E no espectro do reconhecimento da relação de emprego, nenhum tema parece ter merecido tanto destaque no âmbito da literatura do Direito do Trabalho e de pronunciamentos judiciais, ao menos no Brasil de 2017 a 2021, do que o embate visto entre os donos de plataformas digitais e os trabalhadores que lhes prestam serviços fazendo uso dos acionamentos eletrônicos disponíveis em tais aplicativos.

Inicialmente, torna-se imprescindível reiterar que a inserção da microeletrônica nas relações de trabalho no século XXI, mediante o uso acelerado da automação e da inteligência artificial, isto é, com a predominância dos recursos da Tecnologia da Informação e Comunicação (TIC), encontra-se fundada no propósito da classe detentora do meios de produção de refutar a existência do próprio assalariamento como estratégia de gestão capitalista, quando, na verdade, a submissão obreira é ainda mais elevada nesse modelo de controle laboral cercado de invisibilidade social. Em tempos de "*Gig-economy, platform economy, sharing economy, crowdsourcing, on-demand economy*, uberização, *crowdwork,* trabalho digital", Antunes e Filgueiras desnudam o objetivo nuclear das plataformas eletrônicas voltado para escamotear o assalariamento e a exploração capitalista, conforme trecho a seguir destacado:

> Em nosso entendimento, entretanto, a chamada uberização do trabalho somente pode ser compreendida e utilizada como expressão de *modos de ser* do trabalho que se expandem nas plataformas digitais, onde as relações de trabalho são cada vez mais individualizadas (sempre que isso for possível) e invisibilizadas, de modo a assumir a *aparência* de prestação de serviços. Mas, os traços constitutivos

de sua concretude, como veremos a seguir, são expressão de formas diferenciadas de assalariamento, comportando tanto obtenção de lucro, exploração do mais valor e também espoliação do trabalho, ao transferir os custos para seus/suas trabalhadores/as que passam a depender diretamente do financiamento de suas despesas, que são imprescindíveis para a realização de seu labor.

[...]

Conjugando o rótulo do trabalho autônomo (ou a negação da própria relação de trabalho) com o contrato por tarefa, o/as trabalhadores/as, além de não terem salário, renda ou jornada garantida em seus contratos, não gozam de qualquer direito, mesmo quando conseguem um serviço. Assim, a grande novidade na organização do trabalho introduzida pelas novas TIC é, além de potencializar exponencialmente as formas de obtenção de lucros e até mesmo de extração do mais valor, é o de permitir que as empresas utilizem essas ferramentas como instrumental sofisticado de controle da força de trabalho, de que são exemplos o registro em tempo real da realização de cada tarefa, velocidade, local e movimentos realizados; a mensuração das avaliações; tudo sob o aparente comando dos algoritmos.

E este novo fetiche do mundo tecnológico do capital permite, ao mesmo tempo, que se expanda o ideário fetichizado de que tudo está sob impulsão de uma neutra tecnologia, autônoma, quando é a engenharia informacional do capital que tem de fato o comando do algoritmo e, portanto, dos ritmos, tempos, produtividade e eficiência no universo microcósmico do trabalho individual, tendência que não para de se acentuar com a proposta da chamada Indústria 4.0., como se esta fosse um imperativo inexorável da tecnologia [(12)].

O assalariamento e o controle rigoroso de todas as atividades laborais desenvolvidas por intermédio de plataformas digitais integram a rotina de trabalhadoras e trabalhadores, não apenas pela obtenção de renda decorrente da venda da força de trabalho ao capital cibernético, mas também, por características comuns marcadas pela extrema submissão obreira aos verdadeiros donos do negócio.

Entre tantas outras condições de trabalho de motoristas, entregadores ciclistas, motociclistas e de outros profissionais prontos para cumprir a rotina determinada e rigorosamente controlada por plataformas, os proprietários dos aplicativos eletrônicos selecionam quem está apto a trabalhar; delimitam de modo exaustivo o que pode ser feito ou não pelo contratado no exercício de suas atividades laborais, fixando as suas tarefas, obrigações e responsabilidades; impedem a captação de cliente pelo trabalhador contratado, prerrogativa exclusiva da empresa; descrevem de forma pormenorizada todas as atividades do contratado; fixam o prazo máximo a ser executado, quanto à entrega do serviço oferecido ao cliente; estabelecem de forma unilateral os valores a serem recebidos; aplicam promoções e sanções aos trabalhadores, por força do uso do algoritmo; impõem regras de convivência entre os trabalhadores e clientes e entre aqueles e as suas gerências; exigem assiduidade laboral; pressionam os trabalhadores

---

(12) ANTUNES, Ricardo; FILGUEIRAS, Vitor. *Plataformas digitais, Uberização do trabalho e regulação no Capitalismo contemporâneo*. Contracampo, Niterói, v. 39, n. 1, p. 27-43, abr./jul. 2020.

pelo aumento da jornada; realizam ameaças aos seus trabalhadores contratados e promovem dispensas sem quaisquer justificativas(13).

Além disso, os donos dos aplicativos são responsáveis pelo controle mais absoluto de todo o processo de trabalho, sem que a parte obreira contratada possa interferir em qualquer uma de suas etapas senão adequar-se silenciosamente ao padrão extremamente rigoroso orientado pela nova dinâmica, no âmbito do capitalismo cibernético ávido por apagar do cenário a figura da pessoa trabalhadora e, consequentemente, o conflito social de natureza trabalhista.

O capitalismo, nos seus primórdios, desde os tempos de acumulação primitiva, conseguiu pela primeira vez na história separar o trabalhador dos meios de produção, quando a emergente burguesia apoderou-se como nova proprietária de todos os instrumentos de trabalho, da terra aos equipamentos agrícolas, dos apetrechos dos artesãos à maquinaria da grande indústria, mediante expropriação compulsória e depois, registre-se, como resultado do acumulo de riquezas materiais advindas das altas taxas de mais-valia extraída.

Agora, no século, XXI, no tempo da indústria 4.0, da robótica e do algoritmo como método de seleção de opções mais rentáveis, já não basta ao sistema econômico dominante arrancar da classe trabalhadora os seus instrumentos de trabalho em nome da sagrada mercantilização da vida material e imaterial.

Impõe-se, na atual quadra, para o sistema econômico, a despersonalização completa da figura do trabalhador, praticamente desaparecendo ele, por exemplo, no ato das terceirizações cujas pessoas jurídicas contra quem reivindica são frágeis ficções ou correias de transmissão da mais-valia sem sobressaltos, verdadeiros anteparos fantasmagóricos da realidade de um capital que se esconde com o receio do conflito social, daquele tênue embate do dia a dia por salário digno ou respeito à jornada contratual ao acirramento classista mais agudo.

No trabalho por plataformas digitais o quadro de tentativa de apagamento social obreiro se agrava consideravelmente: o trabalhador uberizado tem igual importância àquela conferida ao veículo novo por ele comprado em longas prestações como condição para ser admitido pelo serviço de transportes de uma determinada empresa da *Gig-economy*. Sim, porque esta força de trabalho humana, pela lógica uberista, não é detentora de direito social inerente a qualquer pessoa que dispende o seu labor por conta alheia, além de ser tratada como algo autômato, uma espécie de sujeito cuja direção da vida profissional e social possui os seus caminhos traçados por quem manipula e controla a tecnologia.

A invisibilidade da pessoa trabalhadora como método uberista voltado ao lucro e à produção de mais-valor não deve, contudo, ser chancelada pelo Direito, notadamente pelo Direito do Trabalho avesso a todas e quaisquer formas de mistificação da realidade de relações laborais ainda guardadas por gigantescas assimetrias entre os donos dos meios de produção e os vendedores da força de trabalho.

Nessa senda, a premissa inicial, considerando o modelo de relação existente entre os proprietários das plataformas digitais e os trabalhadores que lhes prestam serviços, bem como as características declinadas anteriormente, resulta no reconhecimento de

---

(13) ANTUNES, Ricardo; FILGUEIRAS, Vitor. *Plataformas digitais, Uberização do trabalho e regulação no Capitalismo contemporâneo*. Contracampo, Niterói, v. 39, n. 1, p. 27-43, abr./jul. 2020.

dois polos muito bem definidos, quais sejam, os tomadores de serviços e os seus respectivos prestadores.

O aplicativo não é um meio neutro no serviço oferecido a clientes diversos. Trata-se tão somente de dispositivo eletrônico apropriado e manipulado exclusivamente pelo dono deste capital cibernético. Do outro lado, a força motriz do serviço prestado não é o veículo utilizado para transportar pessoas e produtos, muito menos a plataforma digital, senão a figura da pessoa trabalhadora detentora de direitos sociais assegurados pela Constituição da República, pelo Direito Internacional do Trabalho e pela legislação infraconstitucional.

Os proprietários das plataformas digitais, por intermédio de contrato composto de cláusulas por eles previamente definidas, admitem e assalariam trabalhadoras e trabalhadores com a finalidade de oferecer serviços por custo financeiro reduzido aos seus clientes, sendo estas pessoas, donas dos aplicativos e prestadores de serviços, partes nítidas de uma relação jurídica de caráter assalariado.

Com as partes definidas – donos dos aplicativos e trabalhadores contratados sob a lógica uberista -, o passo seguinte importa na análise do tratamento constitucional e do direito internacional dispensado ao trabalho regulado, assim como a avaliação da presença ou não dos supostos da relação de emprego no trabalho prestado pela gente trabalhadora por intermédio de plataformas digitais.

Nunca é demais relembrar que a Constituição brasileira de 1988, resultante do processo político condutor do fim da ditadura militar (1964-1985) e de seu próprio processo constituinte umbilicalmente vinculado ao desmonte das estruturas autoritárias e socialmente excludentes fincadas por governos ilegítimos assentados no poder por um golpe militar (1964), embora repleta de contradições inerentes à tensionada sociedade de classes, possui rasgado compromisso com o direito ao trabalho, o direito do trabalho, a organização sindical livre, o trabalho digno e o trabalho regulado.

Se não bastassem os primados da dignidade da pessoa humana e do valor social do trabalho como princípios fundamentais da República ou, na qualidade de fundamentos do Estado Democrático de Direito (CRFB, artigo 1º, incisos III e IV), o texto constitucional, no Título do Direitos e Garantias Fundamentais, reconhece o trabalho como direito social fundamental (art.6º) para, logo em seguida, realçar o seu compromisso inarredável com o trabalho regulado pelo Estado, apto a assegurar aos trabalhadores urbanos e rurais elenco considerável de garantias, sem prejuízo de outras que visem à melhoria de sua condição social (artigo 7º).

O trabalho formal e regulado é objeto de cuidadosa normatização, a ponto de a Constituição da República identificar extenso rol de direitos sociais a serem usufruídos pela classe trabalhadora frente aos sujeitos do capital ou de entes sem fins lucrativos que do trabalho alheio se aproveitam.

Não é do trabalho sem proteção social que a Constituição brasileira trata. É da proteção social a qualquer tipo de trabalho humano desenvolvido por pessoa natural em prol de empresas ou pessoas as quais recorrem à força de trabalho alheia para o desenvolvimento de suas atividades.

Por isso mesmo, toda vez que estiver em debate a existência ou não da relação de emprego entre uma pessoa física trabalhadora e determinada empresa (ou outra forma de organização social) que fez uso dessa força de trabalho em seu benefício, de forma direta ou indireta, há que se ter em mente o caráter compromissório da Constituição brasileira de 1988 com o contrato de trabalho formal e regulado.

Em tal perspectiva contramajoritária às forças dominantes na sociedade de classes, ou seja, na qualidade da gênese de um texto jurídico bastante avançado, capaz de não ignorar as acentuadas assimetrias econômicas, políticas e sociais entre o capital e o trabalho, cuja premissa da liberdade do funcionamento do mercado capitalista sem regulação estatal, portanto, esvaziaria por completo todas as normas de conteúdo protetivo ao hipossuficiente, a Constituição da República, em caráter de complementariedade à exigência de trabalho regulado e formal, assegura a organização sindical sem a interferência do Estado e dos patrões (artigo 8º), garante o exercício do direito de greve pela classe trabalhadora (artigo 9º) e proclama finalmente, no Título da Ordem Econômica e Financeira, mais especificamente quando cuida dos Princípios Gerais da Atividade Econômica, que a ordem econômica é fundada na valorização do trabalho humano e na livre iniciativa (artigo 170).

É forçoso concluir que as tentativas vistas no seio da sociedade brasileira, notadamente nos últimos anos sob a condução das classes empresariais e das instituições públicas representadas pelos poderes constituídos da República, voltadas à desregulação das relações de trabalho, seja sob a forma de "uberização", "pejotização" "empreendedorismo do trabalhador" ou lastreada em outros pressupostos da economia de mercado avessa à regulação e formalização das relações de emprego com trabalhadores os quais lhes prestam serviços, expressam, sem nenhuma dúvida, a refutação veemente do texto constitucional de 1988.

Em outras palavras, o Direito Constitucional de 1988 deveria ser o suficiente para rechaçar formas fraudulentas de contratação e absorção de mão de obra em prol de atividade empresarial permanente e lucrativa cujo desempenho prescinde inexoravelmente da força de trabalho humana, sendo a plataforma digital tão somente o instrumento eletrônico ou a máquina dos novos tempos para teleguiar todas as ações a serem empreendidas pela parte obreira.

A Constituição da República não proíbe o uso de ferramentas eletrônicas nas relações de trabalho, incluindo as plataformas digitais. Apenas veda a criação de subterfúgios econômicos e jurídicos capazes de colocar em xeque o trabalho regulado e formal nela assegurado, a exemplo do método uberista em voga no Brasil, mas que boa parte do mundo, registre-se, começa a despertar para os seus efeitos sociais profundamente perversos com a classe trabalhadora e com o conjunto de cada sociedade organizada sob a modalidade da democracia constitucional formal burguesa.

Com efeito, o trabalho prestado por pessoa física, de maneira pessoal, em prol de atividade econômica permanente na área de transporte de gente ou mercadorias e também no oferecimento de outros serviços igualmente acionados a partir de plataformas digitais, em terra Brasil, é inexoravelmente regulado e protegido pela Constituição da República, sendo inconstitucionais todos e quaisquer atos privados e públicos consistentes na subtração a tais trabalhadores de direitos como limitação da jornada, pagamento de horas extras, adicional noturno, adicionais de periculosidade, insalubridade e de penosidade, férias anuais remuneradas, 13º salário anual, adoção de medidas contra adoecimentos laborais e acidentes de trabalho outros, FGTS, seguro-desemprego e tantas outras garantias tratadas com zelo no artigo 7º do documento jurídico mais importante da nação brasileira.

A prática uberista de relação de trabalho, sem a concessão de quaisquer direitos a trabalhadoras e trabalhadores submetidos à rotina programada pelos donos das plataformas eletrônicas, é notoriamente ofensiva à Constituição da República de 1988 (artigos 1º, incisos III e IV; 6º, 7º, 8º, 9º e 170).

De igual maneira, a *uberização* viola o Direito Internacional do Trabalho incorporado ao ordenamento jurídico brasileiro (CRFB, artigo 5º, §2º e §3º; caput do artigo 7º; CLT, artigo 8º), tanto por tratados e normas internacionais ratificados pelo Brasil, quanto pelo uso do Direito Comparado, naquilo que não tenha sido objeto de ratificação expressa.

As Convenções da OIT - Organização Internacional do Trabalho, como expressão da mais elevada representatividade atinente à incorporação de normas internacionais de proteção ao trabalho humano ao ordenamento jurídico brasileiro, em semelhante perspectiva à Constituição brasileira de 1988, têm como ponto fulcral de sua atividade, a partir da observância do caráter tripartite de seus atos decisórios - patrões, classe trabalhadora e Estados, o respeito ao trabalho regulado e formal.

Não por acaso, o objeto central da atuação da OIT é assegurar o exercício de direitos sociais pela classe trabalhadora, entre tantos outros não nomeados aqui, os seguintes: a Abolição do Trabalho Forçado (Convenção n. 29); a Organização do Serviço de Emprego (Convenção n. 88); a proteção ao Trabalho Noturno das Mulheres na Indústria (Convenção n. 89); a Proteção do Salário (Convenção n. 95); o Direito de Sindicalização e de Negociação Coletiva (Convenção n. 98); o Salário Igual para Trabalho de Igual Valor entre o Homem e a Mulher (Convenção n. 100); o Amparo à Maternidade (Convenção n. 103); a Abolição das Sanções Penais no Trabalho Indígena (Convenção n. 104); a Abolição do Trabalho Forçado (Convenção n. 105); o Repouso Semanal no Comércio e nos Escritórios (Convenção n. 106); a vedação à Discriminação em Matéria de Emprego e Ocupação (Convenção n. 111); a Proteção Contra as Radiações (Convenção n. 115); a Política de Emprego (Convenção n. 115); a Fixação de Salários Mínimos, Especialmente nos Países em Desenvolvimento (Convenção n. 131); as Férias Anuais Remuneradas (Convenção n. 132); a Idade Mínima para Admissão no Emprego (Convenção n. 138); a Licença Remunerada para Estudos (Convenção n. 140); a Segurança e Saúde na Construção (Convenção n. 167); a Promoção do Emprego e Proteção Contra o Desemprego (Convenção n. 168) e o Trabalho Noturno (Convenção n. 171). Quase todas as Convenções da OIT foram ratificadas pelo Brasil, sendo consideradas como as principais não ratificadas apenas as seguintes: 87, 90, 102, 128, 150, 151, 157, 158 e 173 [(14)].

Para além da proteção ao trabalho regulado assegurador do exercício de direitos sociais pela classe trabalhadora, frente aos seus empregadores e tomadores de serviço, incluindo a proteção do emprego, a garantia de salário-mínimo, a não discriminação entre homens e mulheres, a adoção de medidas para o afastamento dos acidentes de trabalho, a proibição de trabalho forçado, o veto ao trabalho infantil, as férias anuais remuneradas, a política de emprego e contra o desemprego, entre tantos outros limites civilizatórios a serem observados nas relações de trabalho, a Organização Internacional do Trabalho exige o trabalho decente em quaisquer atividades humanas, modalidade que não se compactua com nenhuma opressão ao trabalho humano e a sua forma de organização coletiva, muito menos com a supressão dos patamares mínimos estabelecidos em algumas de suas Convenções.

---

(14) SÜSSEKIND, Arnaldo. *Convenções da OIT e Outros Tratados*. São Paulo: LTr, 2007.

Sobre o trabalho decente como princípio estabelecido pela OIT, Ericson Crivelli compreende que esta

> É uma ideia-chave que articula, ao mesmo tempo, a noção do direito do trabalho, a proteção de direitos básicos, a equidade no trabalho, segurança social, uma representação dos interesses dos trabalhadores e, ainda, que o trabalho esteja envolto num ambiente social e político adequado à noção de liberdade e dignidade humana. Segundo a proposta implícita ao relatório de 1999, posteriormente acatada pela conferência e pelo Conselho de Administração, a promoção do trabalho decente no mundo – observados os objetivos estratégicos e as condições de sua realização – passou a ser a proposta central da OIT e a ela devem se adequar todos os seus programas de cooperação técnica, a política normativa e até mesmo o seu sistema de controle de normas[15].

Ofendendo a Constituição da República, as normas internacionais e o primado do trabalho decente estabelecido pela OIT para quaisquer relações de trabalho, massacrando, ainda, a dignidade humana laboral, a uberização, implantada pelo detentor do capital cibernético como método de trabalho alérgico ao mais remoto direito de natureza trabalhista a ser desfrutado pela gente obreira dos aplicativos digitais, constitui-se em flagrante instrumento de corrosão social e de inegável aprofundamento da miséria decorrente das desigualdades brasileiras, contra o ordenamento jurídico nacional e internacional.

No plano interno normativo infraconstitucional, a uberização não consegue escapar de nenhum dos supostos da relação de emprego estabelecidos pelo artigo 3º, da Consolidação das Leis do Trabalho, nem encontra a engenhosa fórmula abrigo jurídico para a fuga da principiologia orientadora do Direito do Trabalho.

Como vimos antes a partir das características gerais do modo de contratação, organização e direção das atividades empreendidas pelos trabalhadores guiados por plataformas digitais programadas mediante a ação humana, somente pessoas físicas podem ser selecionadas para cumprir as tarefas indelegáveis afetas ao atendimento de clientes das tais empresas de aplicativos eletrônicos, indo da prestação de serviços de motorista ao atendimento à distância de pacientes por médicas, reunindo-se, assim, os requisitos iniciais do contrato de trabalho, quais sejam, o labor executado por pessoa física e com pessoalidade (*intuitu personae*) aferida rigorosamente no ato de cada admissão e intransferível para outrem, segundo as normas empresariais de dinâmica produtiva.

A não eventualidade da prestação laboral decorre do próprio caráter permanente da atividade central das plataformas digitais, não se admitindo, por exemplo, que uma trabalhadora "uberista" acione o sistema eletrônico uma ou duas vezes por ano.

Aliás, o trabalho é contratado para a execução de uma atividade permanente e jamais enxertado como mero labor de natureza eventual, cuja política empresarial é focada na valorização desse vínculo estabelecido por fração da classe trabalhadora que o tem como único meio de subsistência familiar, apesar de envolto pela mais rasgada precariedade das condições de trabalho, quando não muito próximo o referido regime daquele análogo à de escravo assim tipificado na condição de crime pela legislação penal brasileira(CP, artigo 149), dada a absoluta ausência de concessão de quaisquer direitos trabalhistas a esse grupo de pessoas trabalhadoras.

---

(15) CRIVELLI, Ericson. *Direito Internacional do Trabalho Contemporâneo*. São Paulo: LTr, 2010, p.175.

Eventual é o trabalho prestado uma vez ou outra, sem caráter de permanência, com longas pausas entre um dia e outro de serviço, na maioria das vezes, trabalho executado muito distante da razão de ser de determinado negócio capitalista. A espécie sob o manto de labor eventual não se coaduna com as atividades obreiras desenvolvidas nas plataformas digitais voltadas ao atendimento de clientes das empresas do ramo cibernético.

O assalariamento encontra-se presente na forma de retribuição monetária satisfeita segundo critério do proprietário da plataforma digital pelo labor desenvolvido, a título de comissões (comissionista puro) extraídas percentualmente dos valores satisfeitos por seus clientes, não desnaturando o caráter salarial o fato de a maior parte do pagamento feito pela cliente do aplicativo eletrônico ser repassada depois à trabalhadora.

Ora, o dono da plataforma digital ingressa na relação jurídico-laboral com o seu capital cibernético acumulado, com os rígidos e inflexíveis métodos de trabalho a serem respeitados pelo conjunto de seus trabalhadores, sem dispender valor algum para a aquisição e manutenção dos meios e instrumentos de trabalho utilizados, não arcando, portanto, com o ônus próprio de qualquer empreendimento capitalista para o desenvolvimento de sua atividade econômica.

Seja qual for o percentual abocanhado ao final da operação pela empresa, em um serviço oferecido a custo baixo para atrair clientes e arrasar a vida financeira do trabalhador, a única pessoa vitoriosa na relação é a proprietária da plataforma digital, que expandiu os seus negócios, ampliou a sua margem de lucros sem a necessidade de aportar diretamente capital algum para iniciar e realizar cada nova empreitada decorrente da contratação de mão de obra humana para a consecução de seus objetivos e de seu intuito de lucrar.

Quanto à subordinação jurídica, o relato inicial sobre as condições de trabalho no sistema uberista atestam que apesar da aparência de autonomia do trabalhador, no desenvolvimento de suas atividades, os recursos da robótica rasgam o véu da liberdade individual obreira e expõem o mais absoluto e rigoroso controle de sua vida profissional.

Somente para realçar a total ingerência empresarial na organização do trabalho, as empresas proprietárias de plataformas digitais estabelecem previamente à contratação obreira todas as condições de labor, fiscalizando-as pelos sistemas eletrônicos; definem unilateralmente a forma de remuneração dos trabalhadores; aplicam punições diversas, incluindo suspensões, aos descumpridores do seu código ou manual de trabalho; promovem aqueles membros da equipe atenciosos com os clientes, assim como é contemplado com o benefício quem não hesita em prolongar a jornada de trabalho; controlam a subjetividade obreira e dispensam sumariamente, sem possibilidade de reversão do ato, todas as pessoas que não se encaixam no padrão fixado.

Trata-se do controle mais sistemático da vida profissional e pessoal, do controle que alcança o corpo e alma do trabalhador, infinitamente mais elevado do que o quadro visto na era fordista-taylorista, que o fazia em menor extensão ou profundidade, sem o encobrimento sofisticado dos recursos da microeletrônica.

Nas plataformas eletrônicas, portanto, há uma subordinação jurídica clássica por demais evidente, formatada sob matriz jurídica do juslaboralismo, com todo o processo de trabalho fixado, fiscalizado e cobrado de maneira rigorosa por quem é detentora dos recursos tecnológicos mais avançados da indústria 4.0.

Manifestações outras de subordinação no encontro do capital com o trabalho, habilmente escamoteadas pela burguesia na era da revolução da cibernética, quando rasgadas as aparências da forma, apenas reforçam a presença do mais destacado pressuposto para a configuração da relação de emprego entre proprietários das plataformas digitais e os trabalhadores por eles contratados.

Em magnífica obra clássica de Direito do Trabalho, mirando o seu olhar para desenvolvimento de teorias jurídicas originárias da Itália, Paulo Emílio Ribeiro de Vilhena percebia nos anos 1970 que o capital, a tecnicidade, o crescimento do trabalho intelectual e a revolução tecnológica muito embrionária quando comparada com a robótica dos dias de hoje, estavam alterando a forma de controle empresarial do trabalho humano, saindo do passo a passo físico, do controle presencial de jornada ou de outras ordens a serem cumpridas pelos empregados, para novas maneiras de fiscalização com o intuito de mascarar a relação de emprego. Por isso mesmo, compreendeu o juslaboralista mineiro que a subordinação não estava desaparecendo das relações de trabalho, mas precisava ser olhada também a partir de novas lentes, conforme trecho escolhido para ser aqui destacado:

> Abertura de vivas consequências traz De Ferrari, quando sustenta que devemos defender-nos de outro(conceito) que confunde a subordinação com o cumprimento de horário e convivência de empregado e empregador, porque este modo de ver concederia a uma das partes a possibilidade material de dar ordenas e controlar diretamente seu cumprimento, o que a rigor, não tem importância. Na dinâmica e na estrutura da empresa, que pressupõe integração e coordenação de atividades. A exteriorização da subordinação em atos de comando é fenômeno de ocorrência irregular, variável, muitas vezes imperceptível e esses atos sofrem um processo de diluição, até quase desaparecem, à medida em que o trabalho se tecniciza e se intelectualiza. A pesquisa jurídica incumbe vencer, tanto quanto possível, a barreira do aleatório, do aparente, e localizar um ponto de intersecção, a partir do qual se pode afirmar, com um mínimo de arbítrio, a existência de subordinação. Muito feliz a expressão de De Ferrari, ao aludir à subordinação como poder cujo exercício é contingente. [16]

Independente da nomenclatura conferida à subordinação, integrativa ou estrutural como aquela "que se manifesta pela inserção do trabalhador na dinâmica do tomador de seus serviços, independentemente de receber (ou não) suas ordens diretas, mas acolhendo, estruturalmente, sua dinâmica de organização e funcionamento"[17], o fato é que qualquer atividade laboral submetida às diretrizes traçadas para a consecução dos objetivos da empresa, por si só, configura trabalho subordinado, independentemente do seu desenvolvimento à distância ou por qualquer meio telemático. Aliás, no particular, a CLT não realiza qualquer distinção entre o controle presencial das atividades obreiras e o realizado pelos meios telemáticos, para fins de configuração da subordinação e dos limites da jornada de trabalho (artigo 6º, parágrafo único).

---

(16) RIBEIRO DE VILHENA, Paulo Emílio. *Relação de Emprego - Estrutura Legal e Supostos* – São Paulo: Saraiva, 1975, p. 233.

(17) DELGADO, Maurício Godinho. Direitos fundamentais na relação de trabalho. In: Revista LTr 70-06/667. São Paulo: LTr, 2009.

Trabalho prestado por pessoa física, de maneira pessoal, mediante assalariamento, em caráter não eventual e com subordinação jurídica clássica ou integrativa/estrutural compõem a realidade das relações de trabalho desenvolvidas no âmbito das plataformas digitais, daí ressaindo a conclusão de que as práticas uberistas sonegadoras de direitos trabalhistas, depois de violarem a Constituição da República e o Direito Internacional do Trabalho, também desafiam o Direito infraconstitucional brasileiro.

# 3. SUJEITOS COLETIVOS DE DIREITO: A CATEGORIA DOS TRABALHADORES POR APLICATIVO E O CONTEXTO NACIONAL

O legislador ordinário brasileiro ainda não cuidou de regular as relações de trabalho ocorridas no seio das plataformas digitais, medida efetivamente desnecessária, considerando, como antes avençado, que o arcabouço constitucional, supralegal e legal em vigor é suficiente para dar conta de qualquer conduta empresarial tendente a fraudar relações de emprego. É preciso examinar a questão, portanto, pela ótica de burla do empresariado, no mínimo, ao ordenamento jurídico, ao mesmo passo em que nele mesmo sendo regularizado, ao se trazer aspecto ou maquiagem de legalidade aos atos ilícitos dos grandes empreendimentos do capital.

O aperfeiçoamento da relação de onde o empregado precisa ser visto – inclusive aos olhos da sociedade em geral – como empreendedor de si mesmo, empresário de sua própria força de trabalho despendida para um negócio do qual não é parte beneficiada, mas dependente, propõe a mentalidade da inevitável escassez de empregos e da existência de crise que atinge a todos igualmente[(18)]. Por outro ângulo, diante dos dados da grave conjuntura da pandemia, o Brasil registrou naquele período recente que mais da metade da população estava cercada da insegurança alimentar, ao passo em que havia o aumento de 44% de bilionários no país, totalizando riqueza que basicamente corresponde ao PIB brasileiro[(19)].

Nada obstante, o trabalho por aplicativo aparece ao público mais como uma pretensa alternativa àqueles que querem trabalhar do que como necessidade à própria subsistência alimentar antes mencionada. Urge colocar em pauta o conceito de autonomia presente no imaginário social, já que neste momento há entendimento quase generalizado da existência de autônomos os quais optam pelo trabalho desvinculado de uma jornada pré-determinada. No entanto, a ideia de liberdade para o trabalho parece necessariamente se contrapor à realidade desses empregados informais, inicialmente, porque o mercado de trabalho expõe a alta demanda do trabalho por aplicativo, encerrando o espaço de emprego formalizado, tornando-o excessivamente oneroso a todo e qualquer empregador pela densidade da disputa da livre iniciativa. "A precarização torna-se fundamental para que assim a mercadoria e o serviço fiquem cada vez mais baratos e o consumo cresça"[(20)].

A autonomia inexiste, assim, desde a concepção do trabalho em plataformas digitais em si, já que torna obrigatória a condução dos pequenos empresários e da massa trabalhadora para a suposta mera prestação de serviços via aparatos digitalizados. O estudo não pode, nesse espaço, mensurar quais são e como se (des)equilibram os benefícios e prejuízos dessa nova e vigente modalidade de contratação para os intermediadores (tais como bares e restaurantes), mas deixa em evidência o fato de que a conta sai mais cara para o trabalhador informal, consoante examina o Professor Ricardo Antunes na série de estudos por ele desenvolvida.

---

(18) ANTUNES, Ricardo. *Coronavírus:* o trabalho sob fogo cruzado. 1. ed. São Paulo: Boitempo, 2020.

(19) BRASIL DE FATO. *Enquanto fome avança, número de bilionários cresce no Brasil, e seu patrimônio dobra.* Disponível em: https://www.brasildefato.com.br/2021/04/06/enquanto-fome-avanca-numero-de-bilionarios-cresce-no-brasil-e-seu-patrimonio-dobra. Acesso em: 16 jul. 2021.

(20) ROCHA, Cláudio Jannotti da. *A uberização e a jurisprudência trabalhista estrangeira das revoluções industriais.* Belo Horizonte: Conhecimento Editora, 2021, p.28.

De que liberdade estamos falando, portanto? Que escolhas são essas movidas pelo desespero, pela sobrevivência, contra a fome e o desalento?

Também o falso discurso de liberdade ao trabalho – aqui chamado de falso porque o parâmetro de liberdade é isolado à dignidade da parte mais vulnerabilizada na relação de trabalho – apresenta-se como a própria contraposição à concepção de direito do trabalho, o que acontece de maneira mais escancarada no contexto pandêmico, em que o número de mortos pela Covid-19 chega a 540 mil pessoas no país (dados de julho de 2021) e o então ocupante do cargo de presidente da República sinaliza que "só temos um caminho: deixar o povo trabalhar" (21).

O estado de exceção vivido no auge da pandemia do coronavírus, conjuntura na qual foram editadas Medidas Provisórias para, segundo discurso governamental, manter a economia funcionando, a estabilidade de empregos e a redução dos encargos empresariais, em verdade, representa a sustentação da crise pela parte mais indefesa e desprotegida de todo o contexto: a classe trabalhadora. Ainda, as deliberações tomadas com caráter provisório no momento da grave crise instalada - as quais preservam e favorecem o empresariado de baixa representatividade quantitativa, porém, de grande expressão financeira - vêm se formando enquanto discurso, tal como já fora verbalizado por Paulo Guedes, então ministro da Economia, para justificar a permanência de medidas que debilitam os trabalhadores e favorece apenas os grandes empresários(22).

Em panorama global da precariedade laboral na contemporaneidade, a Quarta Revolução Industrial apresenta a ampliação do uso de aparatos digitais no cotidiano da vida em sociedade, a expressiva presença dos meios de comunicação no espaço digital (com construção em plano horizontal da produção de informações pela participação ativa dos usuários em tal esquema) e, ainda, o armazenamento de todos os tipos de dados nas redes, permite pensarmos na atualidade em um "capital digital"(23).

No caso do Brasil, Cláudio Jannotti da Rocha revela e avalia:

O Brasil é o segundo país no mundo onde o mercado de aplicativos mais cresce, ficando atrás somente da Indonésia, e a estimativa é que este setor movimentará, até final de 2021, cerca de US$ 6,3 trilhões de dólares no mundo. Além disso, somente de 2020 para 2021, a quantidade de trabalhadores nos aplicativos cresceu mais de 500%. Em 2019, o aglutinamento da Uber, 99, Ifood e a Rappi as tornaram o maior empregador no território nacional, ultrapassando 35 vezes o número de empregados dos Correios, que é a estatal que mais emprega – 109 mil servidores. No cenário global, os aplicativos já significam 80% de todo o tempo que os usuários gastam seu tempo no smarthphone, e no brasileiro este percentual alcança 85%, ficando em terceiro lugar mundial, atrás somente da China e da Indonésia.(24)

---

(21) O TEMPO. Bolsonaro critica isolamento: Só temos um caminho: deixar o povo trabalhar. Disponível em: https://www.otempo.com.br/politica/bolsonaro-critica-isolamento-so-temos-um-caminho-deixar-o-povo-trabalhar-1.2466387. Acesso em: 16 jul. 2021.

(22) PAIXÃO, Cristiano et al. Os Mundos do Trabalho no Brasil: desconstrução e resistência. *O Direito Achado na Rua: Introdução crítica ao direito como liberdade*. Organizador: José Geraldo de Sousa Junior et al. Brasília: OAB Editora; Editora Universidade de Brasília, 2021, p. 655-667.

(23) ROCHA, Cláudio Jannotti da. *A uberização e a jurisprudência trabalhista estrangeira das revoluções industriais*. Belo Horizonte: Conhecimento Editora, 2021, p.16.

(24) ROCHA, Cláudio Jannotti da. *A uberização e a jurisprudência trabalhista estrangeira das revoluções industriais*. Belo Horizonte: Conhecimento Editora, 2021, p.19

Isto posto, a responsabilidade empresarial e o poder estatal seguem de mãos dadas no rumo para o qual estes entes guiam as diferentes civilizações. O oligopólio das grandes empresas especializadas na "economia do compartilhamento" é ampliado ou reduzido diante do acolhimento em menor ou maior grau por parte do Estado e de suas instituições, tal qual o Poder Judiciário.

Essa economia do compartilhamento pode parecer inofensiva no primeiro momento, ao envolver uma multiplicidade de sujeitos na equação das relações de consumo, dando ares de negócio propulsor da sustentabilidade ao meio ambiente envolvido (por não criar diretamente novos bens materiais), da autonomia financeira àqueles que necessitam de trabalho e da participação coletiva do gerenciamento da plataforma, mas que, em verdade, pretende descaracterizar o seu papel de empregadora face àqueles que prestam os serviços envolvidos de maneira, essencialmente, precarizada e, ainda, utilizar os dados dos consumidores para retroalimentar esta relação doentia à sociedade civil[25].

Compartilhar é o mesmo que arcar conjuntamente, induz a quem se utiliza ou observa o termo pensar numa relação horizontal, entre iguais, ou ao menos na troca minimamente justa entre as partes envolvidas na relação. A chamada "economia do compartilhamento", fruto da Quarta Revolução Industrial, na realidade, não guarda qualquer relação com a fantasia de seu nome, já que o intento deste modelo econômico é viabilizar o capital para poucos em detrimento da exploração de muitos[26].

Da interpretação que fazem os autores desta pesquisa, a uberização, como chave central da economia mencionada, expressa-se como mecanismo de automatização dos serviços, com o uso de adventos tecnológicos em diversas atividades de trabalho, junto à desvinculação da relação de trabalho em si, substituída pela leitura do trabalhador como prestador de serviços, autônomo ou empresário de sua força de trabalho, sujeito ao empreendedorismo inafastável do mundo do trabalho para as sociedades contemporâneas.

Diante dos termos "*platform work, gig economy, collaborative economy, crowdfunding, sharingeconomy, on-demand economy e crow employment*"[27], a uberização parece comportar todas as espécies de trabalhos subordinados às empresas voltadas para a economia imaterial (com uso substancial da tecnologia), atualmente disfarçados de empreendedorismo autônomo, sendo, assim, termo genérico cuja "principal característica (...) é o fato do trabalhador desenvolver uma atividade através de uma plataforma digital (...) permanecendo disponível para toda e qualquer pessoa, independentemente do local que ela se encontra e do horário que ela demanda"[28].

É evidente que a uberização, enquanto fenômeno no mundo do trabalho, atinge a classe trabalhadora em geral, não somente os atuais trabalhadores por aplicativo, funcionando quase como um presságio para os empregados de todas as áreas de serviço, até mesmo para aqueles cujas atividades pareçam demandar notável capacidade intelectual. Dada a proposta para o presente estudo, todavia, comporta neste espaço a

---

(25) Ibidem.
(26) GUSMÃO, Xerxes. Trabalhador de plataformas digitais: empregado ou autônomo? *Revista Fórum Justiça do Trabalho*, v. 446, p. 33-46, 2021.
(27) ROCHA, Cláudio Jannotti da. *A uberização e a jurisprudência trabalhista estrangeira das revoluções industriais*. Belo Horizonte: Conhecimento Editora, 2021, p.104.
(28) ROCHA, Cláudio Jannotti da. *A uberização e a jurisprudência trabalhista estrangeira das revoluções industriais*. Belo Horizonte: Conhecimento Editora, 2021, p.03

tentativa de explicitar a questão à vista da situação do trabalho em plataforma digital, sem esgotá-la, certamente.

Apesar de sujeitos ao contexto local, o cenário apresentado pelos entregadores e motoristas de aplicativo, no que diz respeito às condições de trabalho, é, em certa medida, semelhante nos diferentes contextos nacionais e internacionais dadas as similaridades próprias dos fenômenos da globalização (diante de um universalismo que rejeita alternativas ao plano do capital) e da uberização (com a sofisticação tecnológica que leva à debilidade obreira em seu mais atenuado desequilíbrio ou descompasso). Contudo, as formas com as quais são apreciadas e recepcionadas as demandas trabalhistas no âmbito judicial se mostram divergentes em plano globalizado.

> (...) no que diz respeito ao enquadramento profissional do trabalhador uberizado, percebe-se que a falta de uniformidade também se opera na jurisprudência, porquanto na Alemanha (Bundesarbeitsgericht), na Espanha (Tribunal Supremo) e na França (Cour de Cassation) estes trabalhadores foram considerados como empregados, enquanto que na Itália (Corte di Cassazione), na Holanda (Gerechtshof) e no Reino Unido (The Supreme Court) foram ditos como trabalhadores subordinados recebendo somente alguns direitos trabalhistas e previdenciários[29].

Muito atrás do panorama internacional, em específico da Europa, diante da análise do autor por último citado, o Brasil sequer engatinha no caminho de reconhecer a subordinação do trabalhador por aplicativo; ao contrário, anda na contramão ao tratá-lo como autônomo, em relação civilista onde são pares todas as partes envolvidas na discussão jurídica. No panorama sobre o qual a Justiça do Trabalho mais se debruçou nos últimos anos, quanto ao reconhecimento do vínculo de emprego, a uberização pode ser lida como uma espécie de terceirização ainda mais escamoteada, da qual se pretende a todo intento o afastamento de qualquer traço de reconhecimento da relação empregatícia, agora, por parte das empresas de aplicativo como uber, cabify, 99, ifood ou rappi.

Os entregadores de aplicativo, alguns deles antes motoboys com vínculo empregatício reconhecido, hoje podem ser comparados aos empregados terceirizados, os quais prestam serviços à empresa tomadora com a intermediação de outra interessada. Neste caso, ambas as empresas envolvidas podendo ser vislumbradas ora como tomadoras ora como prestadoras de serviços: se a tomadora tem como atividade meio a entrega de produtos, tratam-se dos restaurantes e bares, já se a tomadora tem como atividade fim a entrega de produtos, tratam-se das empresas donas das plataformas digitais. Já os motoristas de aplicativo seriam a nova ilustração dos representantes comerciais, ambos sujeitos cujo labor se expõe à clientela da empresa contratante, em relação formalizada como mera prestação de serviços, mas com nítida disparidade entre as partes envolvidas no pacto contratual.

A conjectura jurisprudencial do Tribunal Superior do Trabalho assinalava a ilicitude da terceirização em duas oportunidades, quando da execução laboral por terceirizado na atividade principal da empresa tomadora final e, ainda, quando da identificação do vínculo empregatício ao que registrado no artigo 3º da CLT, por configuração do liame trabalhista inexoravelmente com a empresa contratante. Por

---

(29) Ibidem, p.105

essas duas vias seria possível a configuração da relação de emprego diretamente com a tomadora de serviços.

Com as decisões do Supremo Tribunal Federal, apreciadas no Tema 725 de repercussão geral, entendeu-se pela licitude da contratação por intermédio da terceirização na atividade principal da empresa contratante, reformando a jurisprudência constante na Súmula 331 do TST. Ou seja, efetivamente indicou a regularidade do desempenho do empregado no objeto social ou atividade-fim da empresa para qual presta serviços como terceirizado, todavia, não inviabilizou o reconhecimento do vínculo de emprego acaso constatados os elementos de sua caracterização, quais sejam, o exercício da atividade por pessoa física, a onerosidade, a não eventualidade, a pessoalidade e a subordinação.

De todo modo, ainda que em debate as saídas jurídicas para aqueles em situação de fragilidade trabalhista, no que concerne ao Supremo Tribunal Federal, a atuação judiciária nacional é direcionada para um processo de desconstitucionalização da constituição[(30)]. Acerca dos direitos trabalhistas, verificamos serem preteridas as proteções mínimas à pessoa física vulnerabilizada em prol da pessoa jurídica, do ente despersonalizado, melhor, dos "direitos do mercado". Isso pois, a Constituição Federal de 1988 é marcada, na temática, pelo deslocamento da discussão trabalhista da seara econômica da Carta Magna para a seara de direitos sociais, modificação que chancela -no contexto quase mundial- o alcance de direitos civilizatórios irrenunciáveis, destaque-se, o reconhecimento da vulnerabilidade obreira e a primordialidade do trabalho digno[(31)].

No entanto, ao considerarmos as decisões do Supremo desde o ano de 2016, vê-se, de forma muito bem delineada, a elaboração de argumentações jurídicas voltadas para a proteção do mercado, quase que em um malabarismo de onde o tribunal nacional guardião da constituição se exibe elaborando cálculos matemáticos para salvaguardar o empresariado em detrimento do direito constitucional do trabalho.

Por outro lado, existem relevantes decisões isoladas proferidas pela Justiça do Trabalho reconhecendo a existência de vínculo de emprego entre os proprietários das plataformas digitais e trabalhadores que lhes prestam serviços, quase sempre sentenças do Primeiro Grau de Jurisdição quando não reformadas pelos Tribunais Regionais e cassadas pelo Tribunal Superior do Trabalho.

Os trabalhadores de aplicativo, sujeitos protagonistas deste artigo, simbolizam e talvez pressagiam o rumo dos assalariados no país e no mundo, com piores condições de trabalho em seio informalizado. Ao mesmo tempo, essa categoria - não reconhecida - de empregados super explorada, sem direitos trabalhistas assegurados, com alta exposição no contexto de contágio viral e letal, sem direito à refeição tampouco lugar para repouso, sem acesso a banheiro ao longo da jornada, enfim, ainda assim, mostra-se como coletividade organizada, com as greves realizadas e com as estratégias de sobrevivência e reivindicação coordenadas.

---

(30) PAIXÃO, Cristiano et al. Os Mundos do Trabalho no Brasil: desconstrução e resistência. *O Direito Achado na Rua:* Introdução crítica ao direito como liberdade. Organizador: José Geraldo de Sousa Junior et al. Brasília: OAB Editora; Editora Universidade de Brasília, 2021, p. 655-667.

(31) PAIXÃO, Cristiano et al. Os Mundos do Trabalho no Brasil: desconstrução e resistência. *O Direito Achado na Rua:* Introdução crítica ao direito como liberdade. Organizador: José Geraldo de Sousa Junior et al. Brasília: OAB Editora; Editora Universidade de Brasília, 2021, p. 655-667.

Ao tratarmos de entregadores e motoristas de aplicativos, estamos diante de personagens reais que combinam - notadamente na atualidade - a essencialidade e a precariedade laboral, mas invisibilizados e esquecidos pela comoção popular, fato que também os conduz a se exporem frente aos ainda pequenos e disputados holofotes das redes sociais e de outros meios de comunicação.

A caracterização do serviço enquanto essencial é completamente insuficiente para retirá-los das condições indignas de trabalho[(32)], mas nos rememora ao fato, qual seja, os motoristas e entregadores de aplicativo transportam o que há de mais essencial: gente e comida. Tal expressão de materialidade não é capaz de comportar a hipersofisticação imaterial da digitalização, por ser este elemento o que traduz a impessoalidade maquinária.

Paulo Lima, conhecido como Galo, ex-entregador de aplicativo (desligado de todas as plataformas em vista de sua movimentação política), representa a expressão de uma categoria invisível aos olhos da formalidade, mas expoente e presente na disputa política, ao reivindicar melhores condições de trabalho e pensar a criação de cooperativa de entregadores, a fim de fugir da entrega via aplicativos[(33)].

É preciso ressaltar, todavia, que a mobilização desses trabalhadores é organizada de maneira não hierarquizada, com vistas à primazia de condições dignas de trabalho para essa classe. O movimento de greve dos entregadores de delivery ("breque aos apps") propõe a paralisação das atividades, de modo a ir - inclusive- contra a argumentação da falta de uma categoria de entregadores própria, demonstrando, pois, que sem a força de trabalho desta classe não há o funcionamento da máquina.

O Direito Achado na Rua, nesse sentido, convida-nos a pensar os sujeitos protagonistas das atuações que os impelem a reivindicações contra a ordem posta, ora normalizada pela sociedade civil e pelo Poder Público, na busca contínua pelo exercício e existência de um controle jurídico e extrajurídico capaz de enxergar o panorama social em sua completude e diante dos grupos vulnerabilizados pelo capital. Não há regulamentação, não há esconderijo e não há dissimulação que não possa ser agora desnudada pelos trabalhadores de aplicativos, em especial na atuação do coletivo dos entregadores antifascistas, basta escutá-los.

Em contraposição ao novo liberalismo responsável pela quebra da indivisibilidade dos direitos humanos, torna-se imprescindível construir alternativa política consistente, a ponto de desmascarar a suposta neutralidade do projeto político do grande capital globalizado, bem como superá-lo por lutas organizadas[(34)].

---

(32) LEMOS, Eduardo Xavier et al. Olha o Breque! O Direito Achado na Rede e a Greve dos Entregadores de Aplicativo. *O Direito Achado Na Rua: questões emergentes, revisitações e travessias*. Coleção Direito Vivo, Volume 5. Organizador: José Geraldo de Sousa Junior et al. Brasília: Lumen Juris, 2021. p. 263-286.

(33) LEMOS, Eduardo Xavier et al. Olha o Breque! O Direito Achado na Rede e a Greve dos Entregadores de Aplicativo. *O Direito Achado na Rua: questões emergentes, revisitações e travessias*. Coleção Direito Vivo, Volume 5. Organizador: José Geraldo de Sousa Junior et al. Brasília: Lumen Juris, 2021. p.263-286.

(34) BRINGAS, Asier Martínez de. *Hacia un estatuto crítico para la teoria social.* Biopolítica e derechos humanos. Disponível em: http://aulavirtual.upo.es:8900/webct/urw/lc102116011.tp0/cobaltMainFrame.dowebct. Acesso em: 07. jul. 2021.

# 4. CONCLUSÃO

Embora as reviravoltas no mundo do trabalho não sejam diminutas, as novas formas de repartição ou de gestão do processo produtivo, aquelas guiadas pelos instrumentos da revolução cibernética, estão longe de apagar da cena das relações os conflitos sociais permanentes entre o capital e o trabalho.

Na sociedade dividida entre as classes sociais é imprescindível para a burguesia manter velhas formas de exploração do trabalho baseadas na extração da mais-valia e do lucro, embora o faça em tempos da proeminência da cibernética com o intuito de esconder a mão humana do trabalho vivo e a mão também humana do dono do capital que se apropria e controla toda a riqueza tecnológica em nome do acúmulo de riquezas materiais.

Por isso mesmo, as inovações no campo da tecnologia são apresentadas como fruto de uma modernidade avessa ao reconhecimento de direitos sociais de natureza trabalhista à classe trabalhadora, a ponto de o trabalho humano ser o detalhe irrelevante do que se sucede no âmbito das plataformas digitais e de seus aplicativos eletrônicos.

A plataforma digital passa a ser o bem a ser protegido em detrimento dos direitos sociais da massa trabalhadora que presta serviços ao rentável negócio explorado em escala mundial sem responsabilidade empresarial, social, trabalhista e ambiental, no mundo do *faz de conta* do desaparecimento da espécie humana obreira.

Quando a venda é retirada dos olhos resistentes à realidade, nota-se que o truque do trabalhador sem direitos trabalhistas é extremamente frágil, manobra capaz de enganar quem quer ser enganado pela cegueira da ideologia dominante.

E assim o é também porque existe no Brasil uma Constituição da República comprometida com o trabalho regulado, integrada por auspicioso conjunto de princípios protetivos ao trabalho humano, além de extenso rol de direitos sociais, documento jurídico avesso, portanto, ao neoliberalismo como projeto político implantado para soterrar conquistas históricas da classe trabalhadora.

Na mesma esteira, o Direito Internacional do Trabalho incorporado ao ordenamento jurídico brasileiro e o Direito infraconstitucional repelem as tentativas de fraudar as relações de emprego presentes nas relações existentes entre os proprietários de plataformas eletrônicos e os trabalhadores que lhes prestam serviços.

Quando as tensões se avolumam em torno da precarização do trabalho, métodos uberistas de gestão da atividade laboral devem ser colocados em xeque frente ao compromisso inarredável do sistema jurídico brasileiro com o primado dos direitos sociais trabalhistas e do trabalho digno, seja ele desenvolvido pela forma tradicional de apropriação do trabalho alheio, seja agora pelo uso dos recursos eletrônicos, até porque, frise-se, não existe recurso meramente tecnológico capaz de revogar o Direito Constitucional do Trabalho assegurado pelo texto de 1988.

# 5. REFERÊNCIAS


ALVES, Giovanni. *Dimensões da precarização do trabalho* - Ensaios de Sociologia do Trabalho-. Bauru: Projeto Editorial Práxis, 2013

ANTUNES, Ricardo. *Como se trama a uberização total.* Disponível em:https://www.diariodocentrodomundo.com.br/como-se-trama-a-uberizacao-total-por-ricardo-antunes/. Acesso em: 07 jul. 2021.

ANTUNES, Ricardo. *Coronavírus:* o trabalho sob fogo cruzado. 1ª edição. São Paulo: Boitempo, 2020.

ANTUNES, Ricardo; FILGUEIRAS, Vitor. *Plataformas digitais, Uberização do trabalho e regulação no Capitalismo contemporâneo.* Contracampo, Niterói, v. 39, n. 1, p. 27-43, abr./jul. 2020

BRASIL DE FATO. *Enquanto fome avança, número de bilionários cresce no Brasil, e seu patrimônio dobra.* Disponível em: https://www.brasildefato.com.br/2021/04/06/enquanto-fome-avanca-numero-de-bilionarios-cresce-no-brasil-e-seu-patrimonio-dobra. Acesso em: 16 jul. 2021.

BRINGAS, Asier Martínez de. *Hacia un estatuto crítico para la teoria social.* Biopolítica e derechos humanos. Disponível em: http://aulavirtual.upo.es:8900/webct/urw/lc102116011.tp0/cobaltMainFrame.dowebct. Acesso em: 07-jul. 2021.

CRIVELLI, Ericson. *Direito Internacional do Trabalho Contemporâneo.* São Paulo: LTr, 2010

DELGADO, Maurício Godinho. Direitos fundamentais na relação de trabalho. In: *Revista LTr.* São Paulo: LTr, 2009.

GUSMÃO, Xerxes. Trabalhador de plataformas digitais: empregado ou autônomo? *Revista Fórum Justiça do Trabalho,* v. 446, p. 33-46, 2021.

HUBERMAN, Léo. *História da riqueza do homem.* Rio de Janeiro: LTC, 1986.

LEMOS, Eduardo Xavier et al. Olha o Breque! O Direito Achado na Rede e a Greve dos Entregadores de Aplicativo. *O Direito Achado na Rua:* questões emergentes, revisitações e travessias. Coleção Direito Vivo, Volume 5. Organizador: José Geraldo de Sousa Junior et al. Brasília: Lumen Juris, 2021. p. 263-286.

MARX, Karl. *Manuscritos econômico-filosóficos.* São Paulo: Boitempo, 2008.

MARX, Karl. *O capital -Livro I.* São Paulo: Boitempo, 2017.

MARX, Karl. *O capital.* Rio de Janeiro: Guanabara, 1982.

MARX, Karl. *O capital:* crítica de economia política. São Paulo: DIFEL, 1985.

O TEMPO. Bolsonaro critica isolamento: *'Só temos um caminho: deixar o povo trabalhar.* Disponível em: https://www.otempo.com.br/politica/bolsonaro-critica-isolamento-so-temos-um-caminho-deixar-o-povo-trabalhar-1.2466387. Acesso em: 16 jul. 2021.

PAIXÃO, Cristiano et al. Os Mundos do Trabalho no Brasil: desconstrução e resistência. *O Direito Achado na Rua: Introdução crítica ao direito como liberdade.* Organizador: José Geraldo de Sousa Junior et al. Brasília: OAB Editora; Editora Universidade de Brasília, 2021, p. 655-667.

RIBEIRO DE VILHENA, Paulo Emílio. *Relação de Emprego* - Estrutura Legal e Supostos. São Paulo: Saraiva, 1975

ROCHA, Cláudio Jannotti da. *A uberização e a jurisprudência trabalhista estrangeira das revoluções industriais.* Belo Horizonte: Conhecimento Editora, 2021, p.28.

SÜSSEKIND, Arnaldo. *Convenções da OIT e Outros Tratados.* São Paulo: LTr, 2007.

# CONJUNTURA MODERNA DO ESTADO, DIREITO E ECONOMIA

*José Affonso Dallegrave Neto*[1]

**Resumo:** O texto se propõe a contribuir para uma análise de conjuntura socioeconômica e jurídica, com destaque para a transição do Welfare State para o Neoliberalismo, o Neoconstitucionalismo e as crises econômicas e sanitária.

**Palavras-chave:**

- Conjuntura socioeconômica;
- Neoconstitucionalismo;
- *Welfare State;*
- Neoliberalismo.

**Sumário:**



(1) Advogado; Mestre e Doutor em Direito das Relações Sociais pela UFPR; Pós-Doutor em Direito pela Universidade de Lisboa (FDUNL); Especialista em Ciências Humanas: História, Sociologia e Filosofia pela PUC-RS; membro da ABDT – Academia Brasileira de Direito do Trabalho e da JUTRA – Associação Luso-Brasileira de Juristas do Trabalho.

# 1. A IMPORTÂNCIA DA CONSTITUIÇÃO FEDERAL

Hoje é sabido que a análise da regra jurídica não pode dispensar a investigação do modo de produção e do modelo de Estado subjacente. O estudo do Direito deve ser multi e interdisciplinar, conforme adverte Michel Miaille:

> Ora, o que eu me proponho mostrar é que direito e economia, mas também política e sociologia, pertencem a um mesmo \`continente', estão dependentes da mesma teoria, a da história. Para admitir esta nova perspectiva é necessário abandonar o mito da divisão natural do saber(2).

Neste passo, evidenciou-se insuficiente, ao longo do século XIX e até o fim da Segunda Guerra, a construção meramente individual e positivista dos direitos fundamentais. Até porque não se pode falar em liberdade para aquele que sequer dispõe de recursos mínimos, daí a importância dos direitos sociais e das prestações positivas do Estado, enaltecidas nos moldes da Democracia substantiva e das Constituições Dirigentes(3).

Desde então, prevalece no campo jurídico a vertente *Neoconstitucional*, que tem como marco filosófico a centralidade dos direitos fundamentais e a reaproximação do Direito com a ética, além da expansão da força normativa, jurisdicional e da interpretação conforme a Constituição(4). Neste modelo Pós-Positivista, a Carta da República não serve apenas para limitar o poder do Estado ou garantir direitos individuais (civis e políticos), mas ganha força para atuar de modo proativo, fomentando valores mais largos, como o solidarismo, a dignidade e a valorização do trabalho humano(5).

Por outro lado, verifica-se que o campo ideológico da economia neoliberal não guarda qualquer simpatia com esta opção moral, aberta e solidarista. Ao contrário, para os capitalistas do mercado o direito deve ser positivista, abstrato, literal e dogmático, resistindo qualquer interpretação social ou que instigue alguma crítica ao sistema *(status quo ante)*. Contudo, há certos momentos curiosos em que convém a esses mesmos defensores do mercado utilizar argumentos sociopolíticos, a exemplo do que ocorreu para justificar a aprovação das Reformas da legislação trabalhista e previdenciária. No primeiro caso, o *slogan* usado pelos neoliberais era: a flexibilização da norma trabalhista

---

(2) MIAILLE, Michel. *Introdução crítica ao direito*. 2. ed. Tradução de Ana Prata. Lisboa: Editorial Estampa, 1989, p. 62.

(3) FONSECA, Ricardo Tadeu Marques da. *O trabalho da pessoa com deficiência. Lapidação dos Direitos Humanos:* o direito do trabalho, uma ação afirmativa. São Paulo: LTr, 2006, p. 60.

(4) BARROSO, Luís Roberto. Neoconstitucionalismo e constitucionalização do Direito. O triunfo tardio do Direito Constitucional no Brasil. *Revista Eletrônica Sobre a Reforma do Estado*, n. 9, 2007. Disponível em: http://www.direitodoestado.com.br/artigo/luis-robertobarroso/neoconstitucionalismo-e-constitucionalizacao--do-direitoo-triunfo-tardio-dodireito-constitucional-no-brasil. Acesso em: 02/2023. Embora a Constituição não possa, por si só, realizar nada, ela pode impor algumas tarefas, transformando-se em força ativa caso exista "disposição de orientar a própria conduta segundo a ordem nela estabelecida", observa o jurista alemão: HESSE, Konrad: *A força normativa da constituição. Título do original: Die normative Kraft der Verfassung*. Tradução de Gilmar Ferreira Mendes. Porto Alegre: Sérgio Antonio Fabris Editor. 1991, p. 18 e 19.

(5) Se no positivismo da Idade Moderna o direito confundia-se com o próprio texto da lei, prevalecendo a interpretação literal, agora, no pós-positivismo da Idade Pós-moderna, a melhor interpretação não é a gramatical, mas a sistêmica; aquela que busca nos princípios e valores da Constituição o embasamento para a solução dos casos concretos. A isto denomina-se Neoconstitucionalismo, modelo que estimula a efetivação das promessas da Modernidade, prestigiando o interesse coletivo a partir de uma vinculação ética, solidária e compromissada. Se antes o operador jurídico aplicava o direito apenas pela subsunção dos fatos à norma abstrata, doravante há uma filtragem constitucional que busca a construção de uma democracia alinhada aos princípios da Constituição.

é necessária para reduzir os encargos sobre a folha de pagamento e "estimular as ofertas de emprego", enquanto que para justificar a reforma previdenciária o mantra era de que ela era fundamental diante do déficit insustentável nas contas do governo "a fim de se evitar a alocação de outros recursos sociais como da educação e da saúde"[(6)]. Aliás, dois discursos um tanto chantagista. Senão vejamos.

Não se pode ignorar que o capitalismo é um jogo dinâmico que produz riquezas materiais e, em certa medida, cumpre um incipiente avanço civilizatório e de índices essenciais relativos à educação, saúde, mortalidade, qualidade de vida, crescimento do PIB e da renda. Todavia, o problema se inicia a partir de sua endógena obstinação pelo lucro, sobretudo quando a expansão do capital avança sem qualquer regulação, aumentando a concentração de renda nas mãos de pouquíssimos bilionários. Dito de outro jeito: sem um mínimo de políticas públicas de distribuição de renda, aposentadoria e desenvolvimento social, o que se vê é um aumento sensível do número de excluídos e miseráveis. Ainda é de se afirmar que sem garantia de direitos trabalhistas, a exploração só aumenta. O próprio Fórum Mundial de Davos de 2023 reconheceu que *a riqueza extrema cresceu junto com a desigualdade extrema* (e vice-versa)[(7)].

Ao se permanecer assim, o resultado será a continuidade desta plutocracia avessa a qualquer regulação ética, que implica injustiça social, formação de periódicas bolhas e problemas de consumo. Foi o que aconteceu, por exemplo, na crise da *Bolsa de NY em 1929*, ou mesmo na crise do crédito *subprime* de 2008, ocasião em que a eficiência do capitalismo voltou a ser posta em xeque, motivada desta vez pela queda do índice *Down Jones* e a concessão desenfreada de empréstimos de alto risco. Tal fato levou a quebra e insolvência de vários bancos mundo afora. O mesmo se diga do caos da pandemia da Covid-19, forte nos anos 2020-2022, quando a iniciativa privada e a "mão invisível" do mercado demonstraram total fragilidade de resposta socioeconômica, reforçando a ideia de que o modelo neoliberal está longe de ser aquela prometida panaceia. Não fosse a mão visível do Estado para aplacar a aguda instabilidade, o número de vítimas seria multiplicado.

(6) Refiro-me à Lei n. 13.467 que reduziu direitos trabalhistas ao entrar em vigor em novembro de 2017, e a Reforma da Previdência ocorrida em novembro de 2019 por força da Emenda Constitucional 103.

(7) *Davos: a desigualdade extrema cresceu junto com a riqueza extrema.* Por Francesca d'Amato. Publicado no Portal Vatican News em 17 de janeiro de 2023. Disponível em: https://www.vaticannews.va/pt/mundo/news/2023-01/relatorio-oxfam-desigualdes-davos-pobreza-riqueza.html. Acesso em: 23 mar. 2023. Da matéria constou: "Segundo o Banco Mundial, provavelmente estamos testemunhando o maior aumento da desigualdade e pobreza global desde a Segunda Guerra Mundial. Desde 2020, o 1% da população mais rica já possui 63% da riqueza global. Estas são as conclusões de um novo relatório Oxfam publicado por ocasião do Fórum Econômico Mundial em Davos, que se realiza na Suíça".

## 2. O SURGIMENTO E O IMPACTO DO *WELFARE STATE*

É sabido que a lei de proteção ao trabalhador se consolidou no início do século XX, como forma de aplacar os conflitos sociais que se instauraram com duas sucessivas Revoluções Industriais. Nesta época de gritante e injusta exploração do trabalho, o sistema capitalista recuou em sua sanha lucrativa para assegurar os primeiros direitos trabalhistas, dentre eles a limitação de jornada, Salário Mínimo, férias e descansos semanais remunerados. E assim o fez premido pelas ideias socialistas que seduziam a Europa e a América. Aliás, a História registra que sempre que a sanha lucrativa do Liberalismo Econômico foi questionada os direitos sociais se fortaleceram; resultado lógico da equação de forças entre o capital e o trabalho.

Neste contexto do Estado Social (ou Estado do Bem-Estar), que sucedeu ao Liberalismo clássico, surgiram inúmeras leis tutelares como o Direito do Trabalho, Proteção ao Consumidor, Estatuto do Idoso e de Portadores de necessidades especiais, Criança e Adolescente, dentre outras. A partir de então, a compreensão de que todos são iguais perante a lei (isonomia) deixou de se limitar ao aspecto meramente formal para abranger a dimensão material. Ou seja, a lei passou a proteger os vulneráveis, pobres, hipossuficientes, e a tratar de forma igual somente os contratantes de relações simétricas, a exemplo de alguns contratos comerciais e civis. Esta opção de aparar a desigualdade se chama *equidade* (ou princípio da igualdade material). Neste sentido cabe transcrever a fundamentação utilizada pelo Ministro Edson Fachin, em recente julgamento do Supremo Tribunal Federal:

> "Pluralidade e igualdade são duas faces da mesma moeda. O respeito à pluralidade não prescinde do respeito ao princípio da igualdade. E *na atual quadra histórica, uma leitura focada tão somente em seu aspecto formal não satisfaz a completude que exige o princípio*. Assim, a igualdade não se esgota com a previsão normativa de acesso igualitário a bens jurídicos, mas engloba também a previsão normativa de medidas que efetivamente possibilitem tal acesso e sua efetivação concreta"[8].

Sublinhe-se que a preocupação com esta igualdade (material e concreta), que identifica e protege o vulnerável, já havia sido corretamente alertada por Henri Lacordaire, quando da célebre *Conférence de Notre-Dame* de 1848: "Entre os fortes e fracos, entre ricos e pobres, entre senhor e servo é a liberdade que oprime e a lei que liberta"[9].

A conclusão deste religioso francês restaria atestada em menos de um século adiante com a crise do Liberalismo econômico, propiciada pela aludida queda da Bolsa de NY, em 1929. Contagiado pela intensa onda de consumo e o jeito americano de viver (*american way of life*), o capitalismo entrou em crise pela superprodução da indústria, o excesso de crédito e a bolha especulativa dos valores das empresas. Assim, a Grande Depressão dos anos trinta pôs em xeque a consagrada teoria de Adam Smith, que defendia a prosperidade da sociedade pela *mão invisível do mercado*. Como enfrentamento deste caos iniciado nos EUA, coube ao governo democrata de Franklin Delano Roosevelt elaborar novo plano; desta vez com a *mão visível do Estado*. Assim,

---

(8) Trata-se do julgamento da Ação Direta de Inconstitucionalidade (ADI) n 5357, Plenário, publicada no DJe em 11.11.2016.

(9) No original francês: *Entre le fort et le faible, entre le riche et le pauvre, entre le maître et le serviteur, c'est la liberté qui opprime et la loi qui affranchit.*

o *New Deal* surgiu em posição contrária à economia clássica, adotando, doravante, a teoria intervencionista de Keynes.

Adam Smith (1723 – 1790) e John Maynard Keynes (1883 – 1946) foram dois economistas britânicos com concepções opostas. O primeiro defendendo o *laissez faire* (ou abstenção estatal), enquanto o segundo propugnando pela ampliação de gastos do Estado por meio de iniciativas financiadas pelo governo, a exemplo da construção de estradas e outras obras públicas capazes de incrementar a Economia e gerar empregos. Aliado a isso, sobreveio sensível injeção de capital para assegurar liquidez aos bancos, sob a condição de facilitar novos empréstimos em setores estratégicos, como aqueles ligados à produção agrícola.

Ainda neste período, vimos outro plano de resgate emergencial e também estratégico do governo norte-americano. Assim, se no *New Deal*, iniciado em 1933, o objetivo era conter a insatisfação popular diante da Grande Depressão, agora, no Plano *Marshall*, iniciado três anos após os austeros Acordos de Bretton Woods, de 1944, que criaram o FMI e o Banco Mundial com novas regras monetárias, o alvo era consolidar a hegemonia dos EUA no Velho Continente, a exemplo da paridade fixa ouro-dólar. Sob o pretexto de restaurar a Europa do pós-Guerra, o plano de ajuda financeira visava reforçar o padrão da moeda americana, além de enfraquecer a inimiga União Soviética (URSS) neste início de Guerra Fria, em 1947. Essa substituição do mito liberal pelo mito do desenvolvimento social criou um ciclo de prosperidade de três décadas, sendo certo que os dois planos mencionados (*New Deal* e *Marshall*) contribuíram, respectivamente, para o surgimento e consolidação do *Welfare State*. Mas afinal, o que é este modelo de Bem-Estar Social ou Estado Providência?

Na observação de Esping-Andersen[(10)], a recorrente definição ("responsabilidade estatal para assegurar bem-estar básico dos cidadãos") acaba por não responder questões relevantes, como a de saber se as políticas sociais são emancipadoras; se servem para legitimar o sistema capitalista; se ajudam ou contradizem a noção de mercado. Para este sociólogo dinamarquês há diferentes tipos de *Welfare State*, que variam conforme o papel em cada sociedade analisada. Mais do que o modo ou a intensidade de gastar ou tributar, há que considerar a causa que levou os agentes históricos (sobretudo a classe média) a se unirem e lutarem por este modelo capitalista de Estado Social.

Assim, nos regimes corporativistas (a exemplo da Alemanha) foi decisivo o papel da previdência social para cimentar a lealdade da classe média; nos regimes liberais (a exemplo dos EUA, Canadá e Grã-Bretanha) as classes médias "casaram-se institucionalmente com o mercado"; na social-democracia (dos países escandinavos) a aliança se deu porque o mercado previdenciário privado tornou-se um concorrente pífio e o modelo edificou um *Welfare State* com traços sofisticados, que atenderam às necessidades de um "público mais diferenciado", o que explica o seu custo tão elevado[(11)].

Na mesma esteira, Behring e Boschetti observam que a aludida expressão "*Welfare State*" teve origem na Inglaterra, sendo usada de modo genérico para designar os países que adotam políticas sociais sob orientação keynesiano-fordista. Contudo, as

---

(10) ESPING-ANDERSEN, Gosta. *As três economias políticas do `welfare state`*. Lua Nova: Revista de Cultura e Política. Publicado em 21 de janeiro de 2011. Disponível em: https://www.scielo.br/j/ln/a/99DPRg4vVqLrQ4XbpBRHc5H#. Acesso em: 25 abr. 2023.

(11) ESPING-ANDERSEN, Gosta. *As três economias políticas do `welfare state`*. Lua Nova: Revista de Cultura e Política. Publicado em 21 de janeiro de 2011. Disponível em: https://www.scielo.br/j/ln/a/99DPRg4vVqLrQ4XbpBRHc5H#. Acesso em: 25 abr. 2023.

autoras sublinham a existência de peculiaridades em cada nação, conforme o tipo de regulação estatal na área social e econômica, a exemplo do já mencionado caso francês (*Etat-Providence* - Estado-providência) e alemão (*Sozialstaat* - Estado Social)[(12)].

Pode-se dizer que em qualquer modelo de *Welfare* a legislação social se alarga, prestando o Estado sensível assistência em questões como a da saúde, previdência, segurança, emprego e educação. O resultado é um círculo virtuoso na Economia, a exemplo do conhecido *"30 Anos Gloriosos"*, expressão de Jean Fourastié ao se referir ao período de 1945 até o endividamento mundial de 1973. Apesar deste caos ter sido causado por fatores diversos, os capitalistas não perderam a chance de imputar ao modelo do *Welfare State* a causa desse momento de crise. Não por coincidência, nesse mesmo ano o ditador chileno, Augusto Pinochet, convocaria um grupo de economistas neoliberais (*Chicago Boys)* para implementar o retorno ao modelo de mercado total (o novo Liberalismo). Alguns anos depois, tal regime neoliberal também iria ser seguido pelo governo americano de Reagan e o britânico de Thatcher, respectivamente em 1979 e 1981.

(12) BEHRING, Elaine R. BOSCHETTI, Ivanete. *Política Social:* fundamentos e história. São Paulo: Cortez, 2010.

## 3. A TRANSIÇÃO DO ESTADO SOCIAL PARA O ESTADO NEOLIBERAL

Como aversão ao espectro socialista de Marx, e agora também como reação ao ideal de Keynes, ganhou força a proposta de um novo Liberalismo (ou Neo-Liberalismo), sobretudo a partir da alegada crise do *Welfare State*, quando do endividamento interno e externo das nações, alta inflação dos países do Terceiro Mundo e desfavorável conjuntura econômica provocada pela crise do petróleo de 1973.

Ressalte-se que essa desarrumação mundial se espraiou para além do plano econômico. Tudo teve início com o encontro de alguns países, principalmente das nações árabes pertencentes a OPEP (Organização dos Países Exportadores de Petróleo), decidindo pelo embargo ao fornecimento de petróleo aos EUA e potências europeias. A medida foi tomada em represália ao apoio que tais países deram à ocupação de territórios palestinos por Israel, durante a Guerra do Yom Kippur (1973), fato que implicou severa recessão não só destes países (americanos e europeus), mas também das economias deles dependentes (Brasil, México, Argentina, por exemplo), as quais se viram imediatamente afetadas. O drástico aumento do petróleo não pode ser subestimado, nomeadamente porque se tratava da principal fonte energética do mundo. Aliás, as decorrentes crises da dívida externa, da desvalorização cambial e da ausência de investimentos estrangeiros iriam colapsar os países da América Latina até meados da década de 1980 (a 'década perdida')[(13)].

A partir de então, como reação a este caos econômico mundial dois grupos de economistas se destacaram na defesa absoluta do mercado e da sensível redução do Estado. O primeiro, chamado *Escola de Chicago*, encabeçado por Milton Friedman e George Joseph Stigler, parte da análise empírico-histórica que leva em conta elementos da macroeconomia. O segundo, chamado *Escola de Viena*, teve como destaque a dupla austríaca Ludwig von Mises e Friedrich Hayek, que parte da análise lógica-empírica, sem maiores considerações macroeconômicas[(14)]. As duas correntes neoliberais enaltecem o livre mercado, a redução de impostos e a submissão do social ao econômico, defendendo outrossim a privatização das estatais, austeridade fiscal e tributária, esvaziamento do movimento sindical e redução dos direitos trabalhistas. Uma briga declarada contra o desenvolvimentismo keynesiano.

Antes de adentrarmos na descrição deste novo modelo neoliberal, cabe sublinhar que Keynes nunca foi socialista, vez que a sua defesa de protagonismo estatal foi sempre pontual, visando o aquecimento da economia e o alcance do *pleno emprego* da população economicamente ativa. Tudo dentro do jogo liberal. Vale dizer: o modelo keynesiano sempre foi refratário à estatização completa da Economia, propondo apenas reformas pacíficas dentro do capitalismo, ao acreditar que, mantidas as regras democráticas, múltiplos atores políticos atuariam em igualdade de condições no contexto de um conflito regulado. Tal estratégia de Estado Social, no olhar crítico da esquerda marxista, não produz transformação, vez que são meras reformas reversíveis que não

---

(13) In: "*A Crise do Petróleo*". Publicado no Portal da Universidade do Cotidiano. Redação, em 11/03/2016. Disponível em: https://universidadedocotidiano.catracalivre.com.br/o-que-foi/a-crise-do-petroleo/. Acesso em: 25 abr. 2023. Registre-se que a Guerra do Yom Kippur (1973) foi uma continuação de outro conflito ocorrido em 1967 (a Guerra dos Seis dias).

(14) O austríaco Friedrich von Hayek é autor da obra *O caminho da servidão*, publicada em 1944, enquanto o americano Milton Friedman escreveu *Capitalismo e liberdade*, publicada em 1962.

alteram a correlação de forças entre as classes sociais, assinala Adam Przeworski[15]. Como se vê, o *Welfare* é criticado tanto pela esquerda (comunista) quanto pela direita (neoliberal); jamais foi revolucionário, mas apenas reformista social.

Não se pode ignorar que a nossa Constituição Federal, em vigor desde 1988, sofreu forte influência do ideal de Keynes, conforme se vê dos princípios da ordem econômica, dentre eles o da função social da propriedade, valorização do trabalho humano e busca do pleno emprego[16]. Não por acaso o seu primeiro artigo, inciso quarto, diz que a República do Brasil tem como fundamento "os valores sociais do trabalho e da livre iniciativa". Barroso e Barcellos, ao comentarem este dispositivo, dizem que a sua interpretação não pode ser extraída isoladamente, do valor social do trabalho *ou* da livre-iniciativa, pois a técnica conferida pelo constituinte demonstra a importância da inter-relação dos dois valores. Vale dizer: "a Constituição garante a liberdade de iniciativa como uma forma de valorizar o trabalho humano", pois aquela só é exercida legitimamente "se der ao trabalho seu devido valor"[17].

Ainda, dentro desta visão social keynesiana, caberia aos empregadores trazerem compensações materiais aos seus subalternos, a fim de melhorar as condições de trabalho e reduzir as tensões decorrentes do desequilíbrio de forças. Ou seja, havia uma preocupação social, ainda que estratégica e dentro dos objetivos capitalistas. Deveras, os direitos trabalhistas sempre foram concedidos com o propósito de aplacar conflitos decorrentes das condições históricas existentes. Tudo como estratagema para se obter ambiente propício à produção e à manutenção de uma determinada maneira de organização da sociedade, que embasaria um *modo de vida;* uma maneira de existir[18].

Hoje em dia, em razão da ideologia neoliberal e da escassez de emprego provocada pela Revolução Digital, o que se vê é a classe trabalhadora desesperada para obter alguma ocupação remunerada, o que a faz aceitar qualquer subemprego ou condição de trabalho precarizado. O pior de tudo é que a classe patronal se aproveita desta vulnerabilidade, preferindo aumentar sua margem de lucro a oferecer compensação para mitigar a tensão social. Isso quando não opta pela rescisão em massa, conforme vem ocorrendo até mesmo com as valorizadas *big techs* como: Amazon, Google, Microsoft, Twitter, Meta e Spotify[19].

---

(15) PRZEWORSKI, Adam. *Capitalismo e socialdemocracia.* São Paulo, Companhia das Letras, 1985. Neste sentido é a atenta observação crítica de Cesar BENJAMIN: *Caminhos da transformação (*uma abordagem teórica*).* Publicado em setembro de 2004. Disponível em: http://resistir.info/brasil/cesar_benjamin_set04.html. Acesso em: 7 jan. 2023.

(16) Com o passar do tempo, esta expressão (pleno emprego) contida no art. 170 da Constituição se aperfeiçoou para também ser vista como antítese do subemprego ou trabalho precarizado. Assim, o *pleno emprego* é, pois, o atingimento ou conquista (em pouco tempo) de um trabalho digno em que o empregado (ex-desempregado) tem assegurado direitos sociais.

(17) BARROSO, Luís Roberto, BARCELLOS, Ana Paula. Os valores sociais da livre-iniciativa. In CANOTILHO, J. J. Gomes [et all.] (Org)., *Comentários à Constituição do Brasil.* 2. ed. São Paulo: Saraiva Educação, 2018 (Série IDP), p. 137.

(18) Em igual sentido: RAMOS FILHO, Wilson. *Direito capitalista do trabalho:* história, mitos e perspectivas no Brasil. São Paulo: LTr, 2012, p. 94.

(19) "Demissão em massa: o que os 200 mil funcionários desligados das big techs nos ensinam?". Por Giovanna Figueredo. Publicado em 26/01/2023 no Portal Money Times. Disponível em: https://www.moneytimes.com.br/demissao-em-massa-o-que-os-200-mil-funcionarios-desligados-das-big-techs-nos-ensinam-lbrdgf094-tsts/. Acesso em: 21 mar. 2023. A matéria diz que "só nos últimos 3 meses, gigantes da tecnologia como a Amazon, Google, Microsoft, Twitter e Meta (dona do Facebook, Instagram e WhatsApp) demitiram mais de 50 mil funcionários".

Não se pode ignorar que a sanha exploratória do capitalismo está sempre avançando, conforme revelam os sucessivos fenômenos das Revoluções Industriais, Globalização da Economia e inovações tecnológicas inseridas no atual Capitalismo de Plataforma. A centralidade do sistema está cada vez mais na conjugação dos elementos: produtividade, consumidor segmentado, valorização da marca comercial (grife e fetiche do produto), precarização do trabalho. Os infaustos números estatísticos da desigualdade social reforçam esta ilação. Aliás, nunca se viu tanta denúncia de exploração de trabalho análogo à escravidão como nos emblemáticos casos, reportados pela mídia, que envolveram três grandes vinícolas rio-grandenses[20].

Hoje, apesar do menor contingente de trabalhadores na fábrica, nos bancos e nos escritórios temos maior produtividade e lucro para o empresário situado no ápice da pirâmide corporativa. Além disso, verifica-se verdadeiro fosso salarial entre os comandantes e os comandados das empresas. Em pesquisa do *The New York Times* revelou-se que o salário dos CEOs é 275 vezes maior que a média dos demais funcionários que lideram[21]. Da mesma forma, a CVM (Comissão de Valores Mobiliários) determinou a divulgação dos proventos dos Diretores das empresas, desvendando a discrepância salarial na mesma toada da lista das empresas americanas[22]. Além desta iníqua concentração de riqueza, o que se vê hoje é o agravamento do desemprego, o aviltamento da classe trabalhadora e um movimento sindical progressivamente desarticulado e sem verba de custeio; cenário ideal para os capitalistas avançarem em seu ímpeto rentável em detrimento do prestador de serviço, cada vez mais explorado, conforme já alertava o próprio Keynes há um século (1931)[23].

O modelo neoliberal prevalecente não é apenas uma ideologia que defende a não interferência do Estado na vida econômica dos particulares. É bem mais do que isso. Se o Liberalismo de Adam Smith tinha seus postulados delimitados pelo incentivo às trocas comerciais e a abstinência estatal (*laissez-faire*[24]); se o posterior Estado Social keynesiano avançou em relação ao patamar civilizatório de desenvolvimento humano e social; o atual Neoliberalismo (Pós-Muro) se revela um modelo

---

(20) "Enólogos temem repercussão do caso de trabalho análogo à escravidão para reputação do vinho brasileiro". Da Redação com informações de Francielli Xavier. Publicado em 27/02/2023 no *Portal do Jornal Gazeta do Povo*. Disponível em: https://www.gazetadopovo.com.br/bomgourmet/denuncia-de-trabalho-escravo-nas-vinicolas-do-sul-preocupa-especialistas/. Acesso em: 24 mar. 2023.

(21) Em maio de 2018, o The New York Times publicou a 12ª edição de sua pesquisa anual 'Equilar 200', divulgando o valor recebido em média pelos CEOs de todas as empresas com faturamento acima de US$ 1 bilhão. Foi de US$ 6,9 milhões em média o valor do ano fiscal de 2017. Além do alto valor, alguns fatos chamaram atenção. Os CEOs receberam um aumento médio de 14% em relação aos anos anteriores e, pela primeira vez as empresas foram obrigadas a divulgar a relação entre o salário de seu CEO e o salário médio dos funcionários. Disponível em: "Os CEOs mais bem pagos em 2017. A remuneração média dos 200 presidentes de empresa mais bem pagos foi de US$ 17,5 milhões". Matéria publicada na Revista Época Negócios, em 26 de maio de 2018. Disponível em: https://epocanegocios.globo.com/Dinheiro/noticia/2018/05/o-ceos-mais-bem-pagos-em-2017.html. Acesso em: 25 abr. 2023.

(22) Dentre as trinta maiores empresas brasileiras, o salário médio dos CEOS atinge R$ 1 Milhão por mês. Sobre o tema, consultar: "Executivo ganha até R$ 40,9 milhões ao ano; veja lista dos maiores salários. Confira a lista com as remunerações dos diretores das grandes empresas brasileiras". Matéria publicada em 26 de junho de 2018. Disponível em: https://www1.folha.uol.com.br/mercado/2018/06/saiba-quanto-ganham-os-presidentes-de-empresas-como-itau-vale-e-bradesco.shtml. Acesso em: 25 abr. 2023.

(23) "Nossa descoberta dos meios de economizar o uso do trabalho ultrapassa o ritmo no qual podemos encontrar novos usos para o trabalho", acrescentou ele em 1931. KEYNES, John Maynard. *Economic Possibilities for our Grandchildren*. Essays in Persuasion, Harcourt Brace, 1931.

(24) *Laissez-faire* é uma expressão francesa que marca o Liberalismo econômico em sua vertente mais genuína; com o sentido de "deixar fazer" traduz o livre mercado sem qualquer interferência do Estado, exceto aquela suficiente para proteger os direitos de propriedade. O modelo de liberdade econômica nasceu em contraposição ao modelo monopolista anterior (Mercantilismo).

que visa facilitar o grande capital, a ponto de exigir que o próprio Estado ajuste sua política econômica para propiciar maior satisfação aos seus negócios, a exemplo das privatizações das estatais e da reforma da legislação trabalhista e previdenciária. Menos impostos, menos investimento social e maior ambiência de competitividade para que as grandes corporações continuem a engolir as pequenas[25].

Ainda nesta esteira, verifica-se que a reivindicação dos grandes empresários não se limita à redução de tributos e encargos sociais sobre a folha salarial, mas antes exige vantagens, como a do fornecimento de infraestrutura para sua logística[26]. O discurso é quase sempre o mesmo: para instalarmos nossa fábrica em sua cidade queremos "incentivos fiscais, juros reduzidos e isenções de taxa". A propósito, a manchete publicada na Folha de S.Paulo: "*Coca-Cola ameaça deixar Brasil se não recuperar subsídio na Zona Franca*"[27]. Isso tudo sem falar do já tradicional perdão anual do governo com juros e multa de dívidas tributárias, que beneficia empresas inadimplentes mediante ações como o *Refis* - Programa de Refinanciamento de Dívidas Tributárias.

Eis a lógica neoliberal que atende aos interesses do capital em detrimento dos trabalhadores e aposentados, conforme bem evidenciou o debate sobre a Reforma da Previdência Social[28]. O resultado desta engenharia, como vimos, é o aumento da desigualdade social, da precarização do trabalho e do desemprego. E sem trabalho não existe sequer cidadania. Na atenta observação do Ministro Godinho Delgado, a centralidade do trabalho é o epicentro de organização da vida social e da economia; instrumento de afirmação do ser humano[29]. Não por coincidência, que a Declaração Universal dos Direitos Humanos (DUDH de 1948) já contemplava a todo ser humano o direito ao trabalho com condições justas e favoráveis.

---

(25) A atual ideologia neoliberal defende a redução do tamanho do Estado e o alargamento da iniciativa privada. Ocorre que a iniciativa privada só se interessa por atividades lucrativas, deixando para o Terceiro Setor (e suas ONGs) a causa dos índios, refugiados, aidéticos e favelados. Assim, a ordem capitalista deixa caminho aberto para o Segundo Setor das corporações faturarem alto com telefonia, mídia aberta, transação bancária, etc.

(26) O mesmo se diga dos inúmeros lobbies dos empresários do agronegócio junto ao governo brasileiro.

(27) "Empresa produz concentrado do refrigerante e perdeu incentivo após greve dos caminhoneiros". Matéria editada por Julio Wikiack e Maeli Prado. Publicada em 21 de agosto de 2018. Disponível em: https://www1.folha.uol.com.br/mercado/2018/08/coca-cola-ameaca-deixar-brasil-se-nao-recuperar-subsidio-na-zona-franca.shtml. Um dos maiores exemplos de incoerência ideológica veio da postura do governo Donald Trump. De um lado, altamente regulador quando o assunto era atender aos anseios do capital norte-americano, a exemplo da guerra comercial travada com a China que resultou na aplicação de tarifas de importação. De outro lado, para reduzir programas sociais mobilizou-se para por fim ao *Obamacare*, que obrigava as médias e grandes empresas a pagarem plano de saúde para seus funcionários, sob pena de multa.

(28) *"Reforma da Previdência ignora 426 bilhões devidos por empresas ao INSS. Dívida é o triplo do déficit anual calculado pelo governo. Entre as devedoras, estão as maiores do país, como Bradesco, Caixa, Marfrig, JBS e Vale"*. Matéria publicada por Repórter Brasil. Revista Carta Capital, publicada 02/03/2017. Disponível em: https://www.cartacapital.com.br/economia/reforma-da-previdencia-ignora-426-bilhoes-devidos-por-empresas-ao-inss. Acesso em: 25 abr. 2023. Quanto ao REFIS, o Programa foi criado pela Receita em 2000 (Lei n. 9.964/2000) com o objetivo de regularizar débitos que as empresas e empreendimentos do Brasil têm com a União ou Receita.

(29) DELGADO, Maurício Godinho. *Capitalismo, trabalho e emprego*: entre o paradigma da destruição e os caminhos da reconstrução. São Paulo: LTr, 2005, p. 28.

# 4. A ATUAL CULTURA DO *SELF* NEOLIBERAL

Com a queda do Muro de Berlim (1989) e o fim da URSS (1991) surgiu um novo ciclo na ordem mundial, o qual Francis Fukuyama chamaria de "o fim da história", diante da consolidação da hegemonia neoliberal capitalista sobre a utopia comunista(30). Na esteira do desfecho da Guerra Fria, este economista nipo-estadunidense defendeu que qualquer sociedade que pretenda ser moderna precisa combinar instituições políticas democráticas com economia de mercado(31). Ocorre que a radical versão capitalista neoliberal não tornou o mundo mais justo, fraterno e igualitário. Além disso, com a crescente força do socialismo de mercado da China (e da própria União Europeia) sequer há que falar em unipolaridade dos Estados Unidos(32).

A verdade é que os ideólogos do mercado perceberam que para se perpetuarem no poder era preferível incutir ideias triunfalistas no psicológico de cada indivíduo. Não por coincidência, a dama de ferro neoliberal, Margareth Thatcher, certa vez, em entrevista para o *Sunday Times*, em 1981, confessou: "a economia é o método; o objetivo é mudar o coração e a alma".

Por conseguinte, o individualismo se exacerbou e com ele o egoísmo e a repulsa a qualquer espírito solidário ou coletivo. Na observação de Mihaly Koltai, toda essa agitação foi retroalimentada pelo crescimento de movimentos políticos autodestrutivos, baseados na competitividade e no ódio pelo outro, seja ele imigrante, 'parasita', feminista ou refugiado. Para consolidar este *self* neoliberalismo, "três verdades" da ideologia burguesa foram difundidas: - que somos avessos a qualquer política tributária redistributiva, reforçando a austeridade da gestão da crise; - que somos consumidores soberanos; - que podemos ser um empreendedor de sucesso(33).

---

(30) Neste sentido, consultar: BRESSER-PEREIRA, Luiz Carlos. Modernidade neoliberal. *Revista Brasileira de Ciências Sociais. RBCS* Vol. 29 n. 84 fevereiro/2014, p. 91. Disponível em: https://www.scielo.br/pdf/rbcsoc/v29n84/05.pdf. Acesso em: 20 abr. 2023. FOUCAULT, Michel. *Segurança, território e população*. Trad.: Eduardo Brandão. São Paulo: Martins Fontes, 2008, p. 143-144. OLIVEIRA, Lorena Silva. O conceito de governamentalidade em Michel Foucault. *Revista da UFRJ*, Ítaca 34, agosto de 2019, Disponível em: https://revistas.ufrj.br. Acesso em: 12 jan. 2023.

(31) Fukuyama ficou rico com a repercussão desta polêmica publicação na *Revista The National Interest*, em 1989. Em entrevista concedida ao DW, em 2014, ratificou o que disse vinte e cinco anos antes: "O conceito de fim da história era a questão: em que rumo a história aponta? Para o comunismo – que era o ponto-de-vista de muitos intelectuais, antes – ou na direção da democracia liberal? E acho que, neste ponto, ainda estou certo. (...) Qualquer sociedade que pretenda ser moderna ainda precisa ter uma combinação de instituições políticas democráticas com uma economia de mercado. E eu não acho que a China, a Rússia ou qualquer outro concorrente invalidem esse argumento. In: "Ainda tenho razão", afirma Francis Fukuyama, filósofo do "fim da história". Entrevista em 29/6/2014. Fonte: www.dw.com/pt-br/ainda-tenho-raz%C3%A3o-afirma-francis-fukuyama-fil%C3%B3sofo-do-fim-da-hist%C3%B3ria/a-17730414. Mais sobre o tema: SCALDAFERRO, Maikon Chaider Silva. *Hegel e o fim da História*. Fortaleza: Polymatheia, vol. V, n. 8, 2009, p. 223.

(32) Em relação ao imperativo democrático, mencionado por Fukuyama, este sim é fundamental. Lamenta-se apenas assistir perigosa ameaça por parte de governos que entram pelo caminho do voto, mas, depois, ao gostarem do poder, tentam achar atalhos de perpetuação que beiram o autoritarismo. São governos de esquerda e de direita que alteram a tradição e a Constituição, a exemplo dos casos da Venezuela e Rússia; que repelem com violência as manifestações populares, como é o caso da China; que tentam resistir ao resultado das urnas, no famoso caso de Donald Trump nos EUA, e no Brasil de Bolsonaro no triste dia 8 de janeiro de 2023; ou mesmo aqueles que ultimaram o Golpe de Estado após derrota eleitoral, conforme o caso de Mianmar (ex-Birmânia). Os de esquerda são: Coréia do Norte, China, Vietnã, Cuba, Nicarágua ou Venezuela. Os de direita são: Hungria, Turquia, Polônia, Filipinas.

(33) Mais sobre o tema: KOLTAI, Mihaly. "O eu neoliberal: algumas observações sobre a psicologia do neoliberalismo contemporâneo". Publicado no Eszmelet.hu e no Lefteast.org, em 7 de abril de 2016. Fonte: <https://lefteast.org/the-neoliberal-self-some-observations-on-the-psychology-of-contemporary-

Sobre isto, Foucault[(34)] observou que essa coisa de ver o *homo economicus* como um agente empresarial é tão verdadeira que todas as análises neoliberais vêm substituindo o seu objeto. Vale dizer: o *homo economicus*, antes visto como *parceiro da troca comercial* (viés liberal), agora é visto como um "*empresário de si mesmo*" (viés neoliberal). Neste *status*, ao trabalhador é incutido que ele próprio é o capital, produtor e fonte de renda (para si mesmo), a exemplo do modelo de produção uberista que prescinde qualquer anotação de Carteira de Trabalho ou garantia de direitos trabalhistas. Afinal, observa Karl Polanyi[(35)], a economia de mercado necessita, estrategicamente, de uma sociedade de mercado; de pessoas que se sintam, ideologicamente, protagonistas no jogo capitalista. Outro exemplo disso é o processo de tudo se converter em mercadoria (inclusive o homem, a informação, os desejos e a religião), além da substituição do conceito de território pelo de territorialidade, visto este como novo modo dinâmico de agir dentro de um espaço efêmero, virtual e ubíquo (o mercado turbinado e globalizado)[(36)].

Nesta perspectiva, o poder da empresa não está apenas na possibilidade de identificar o perfil do consumidor, ou de controlar seus empregados, mas antes no poder de forjar o mundo em que todos existem. Assim, tanto os aparelhos ideológicos de reprodução do sistema quanto os setores de *marketing* surgem para sequestrar e seduzir a nossa subjetividade à lógica do capital, seja agregando valores afetivos e lúdicos ou forjando representações e *status* aos produtos de grifes[(37)].

Por sua vez, as referências sociais da coletividade também passam a se vincular a esta forma mercadológica. Destarte, cada vez que o sistema econômico entra em crise, as operações internas do seu núcleo reordenam os elementos de sua estrutura, mantendo sempre vivo o valor do capital enquanto valor indiscutível (*axio*). Vale dizer, as cíclicas crises do capitalismo não questionam o regime, mas apenas apresentam operações e alternativas para amenizá-lo temporariamente (até a próxima crise). Ocorre que, conforme observa Michael Löwy, as atuais crises econômica e ecológica são parte de uma conjuntura histórica imbricada e geral:

> "estamos enfrentando uma crise do presente modelo de civilização, a civilização ocidental moderna capitalista/industrial, baseada na expansão e acumulação ilimitada de capital, na 'mercantilização de tudo', na intensa exploração do

---

-neoliberalism/. Acesso em: 26 jul. 2023. O autor é editor do Jornal trimestral húngaro "Eszmélet". Neste artigo acrescenta: "Um exemplo particularmente assustador é a enorme popularidade do programa de TV de Donald Trump, O Aprendiz , onde o tom orgástico de cada episódio é o bilionário dispensando (demitindo) um dos competidores latindo para eles sua frase de marca registrada ' Você está demitido'. Milhões de trabalhadores americanos que provavelmente experimentaram o mesmo (ou têm medo de fazê-lo), gostaram freneticamente desse show e muitos foram aparentemente atraídos para apoiar a campanha de Trump especificamente por causa desse aspecto da personalidade do Sr. Trump, que é realmente um assunto para psicanálise.

(34) FOUCAULT, Michel. *O nascimento da biopolítica:* curso dado no Collège de France (1978-1979). 1 ed. São Paulo: Martins, 2008, p. 311.

(35) POLANYI, Karl. *A grande transformação*. 2ed. Rio de Janeiro: Elsevier, 2000, p. 94.

(36) Neste sentido: FOUCAULT, Michel. *O nascimento da biopolítica*: curso dado no Collège de France (1978-1979). 1 ed. São Paulo: Martins, 2008. p. 311. POLANYI, Karl (1886 – 1964). *A grande transformação.* 2ed. Rio de Janeiro: Elsevier, 2000, p. 94. Na crítica deste economista húngaro: "permitir que o mecanismo de mercado seja o único dirigente do destino dos seres humanos e do seu ambiente natural, e até mesmo o árbitro da quantidade e do uso do poder de compra, resultaria no desmoronamento da sociedade".

(37) LAZZARATO, M. *Créer des mondes.* Capitalisme contemporain et guerres esthétiques. *In* Multitudes, 15, Art Contemporain. La recherche du dehor. Paris: Hiver, 2004. Em igual sentido: COSTA, Pedro Henrique Ferreira. GODOY, Paulo Roberto Teixeira de. *O capitalismo contemporâneo e as mudanças no mundo do consumo.* Trabalho apresentado no X Colóquio Internacional de Geocrítica, Barcelona, 26 – 30 de mayo de 2008. Disponível em: http://www.ub.edu/geocrit/-xcol/330.htm. RAFFESTIN, C. *Por uma geografia do poder.* São Paulo: Ática, 1993. Acesso em: 20 abr. 2023.

trabalho e da natureza, no individualismo e competição brutais, e na destruição massiva do meio ambiente"[38].

Por tais motivos, na análise da esquerda, a exemplo dos ecossocialistas, não basta o espanto do caos econômico (extrativista e desigual), mas antes um caminho que escape à lógica monetarista, e que acople num mesmo horizonte as crises: ecológica, capitalista e civilizacional.

(38) LÖWY, Michael. *Ecossocialismo e planejamento democrático.* Crítica Marxista, São Paulo, n. 28, p. 35-50, 2009, p. 50. Em igual sentido: DALY, Herman E. *Crescimento sustentável? Não, obrigado.* Ambiente e Sociedade v. II (2), p. 197- 201, jul-dez, 2004). Disponível em: http://www.scielo.br/scielo.php?script=sci_arttext&pid=S1414-753X2004000200012. Acesso em: 20 abr. 2023. SILVA, Diogo de Oliveira da. Capitalismo, autopoiese e a crise do capital: encruzilhada do político. Disponível em: https://sep.org.br/anais/2019/Sessoes-Ordinarias/Sessao4.Mesas31_40/Mesa39/393.pdf. Registre-se que o movimento o movimento ecologista possui quatro posições na classificação de Eduardo Viola: Ecologistas Fundamentalistas; Ecologistas Realistas; Ecocapitalistas; Ecossocialistas. VIOLA, Eduardo O movimento ecológico no Brasil 1974-1986. In: VIOLA, Eduardo e Outros. Ecologia e política no Brasil, Org. José A. Pádua, Rio de Janeiro: Espaço e Tempo: IUPERJ, 1987

## 5. MARX *VERSUS* MISES; LULA *VERSUS* BOLSONARO

Após a queda do muro de Berlim, em 1989, a adesão ao modelo neoliberal foi intensa e geral[39]. O Brasil e demais países da América Latina a ele aderiram quando, endividados, buscaram empréstimos junto ao Fundo Monetário Internacional (FMI) e ao Banco Mundial (em especial o BIRD – Banco Internacional para a Reconstrução e Desenvolvimento). A liberação da verba restou condicionada ao cumprimento de uma receita austera, elaborada por economistas de mercado, em famosa reunião realizada em 1989, a qual ficaria conhecida como *Consenso de Washington*[40]: privatização de empresas estatais; queda das barreiras alfandegárias; livre circulação de bens, serviços e trabalhadores; facilitação ao capital especulativo internacional; desregulamentação progressiva de direitos sociais; disciplina fiscal e tributária.

Nesse momento histórico, o Brasil apresentava um cenário inusitado: de um lado a Constituição Social e Cidadã (recém-promulgada em 5 de outubro de 1988), de outro uma inflação altíssima (na casa dos 80% ao mês), a qual impeliu o recém-eleito Presidente da República a buscar socorro financeiro perante as aludidas instituições financeiras (FMI e Banco Mundial), sob a tácita condição de acolher a aludida cartilha neoliberal. Tal fato deu ensejo a um Plano de ortodoxa política econômica que carregava o seu nome (Plano Collor: 1990 a 1992). Nesse momento exsurgiria um impasse: de um lado uma novíssima Constituição Dirigente de viés social, de outro uma austera economia de mercado. Não sem motivo, Lênio Streck[41] observou que enquanto o neoliberalismo aponta para desregulamentação, a Constituição aponta para a construção de um Estado Social de índole intervencionista, pautado em "políticas públicas distributivistas".

A partir de então, o que se viu foi um verdadeiro caos, sobretudo pelo abuso na edição de Medidas Provisórias e de instrumentos de *revisão constitucional* por meio de sucessivas Emendas[42]. Cada governante que chegava ao poder inseria um texto à sua imagem e semelhança, ao que Luís Roberto Barroso apelidou de *narcisismo constitucional*[43]; período em que o Brasil e o mundo passaram a viver momentos de

---

(39) Há quem diga que o governo Obama tentou ressuscitar alguns itens da cartilha social de Keynes, a exemplo do popular plano de saúde *Obamacare*, o qual restou revogado já no início do governo neoliberal de Donald Trump "Câmara dos EUA revoga Obamacare e dá vitória apertada a Trump". Matéria publicada no dia da revogação em 4/5/2017 no Portal UOL. Disponível em: https://noticias.uol.com.br/internacional/ultimas-noticias/2017/05/04/camara-dos-eua-revoga-obamacare-e-da-vitoria-apertada-a-trump.htm. Acesso em: 25 abr. 2023.

(40) O Consenso de Washington foi uma recomendação internacional elaborada em 1989, a partir de um encontro de economistas, convocado pelo *Institute for International Economics*, que visava a propalar a conduta econômica neoliberal com a intenção de combater as crises e misérias dos países subdesenvolvidos, sobretudo os da América Latina. Sua elaboração ficou a cargo do economista norte-americano John Williamson. Apesar do Brasil não ter feito a adesão formal foi um dos países que mais rapidamente aplicou a referida cartilha neoliberal. Disponível em: mundoeducacao.bol.uol.com.br/geografia/consenso-washington.htm. Acesso em: 8 jan. 2023.

(41) STRECK, Lênio Luiz. *Jurisdição constitucional e hermenêutica. Uma nova crítica do direito.* Porto Alegre: Livraria do Advogado Editora, 2002, p. 116.

(42) Conforme observa Marcello Cerqueira, a Constituição de 1988 não acrescentou novidade ao sistema de reforma constitucional praticado pelo direito brasileiro, permanecendo a uniconceptualidade da revisão ou mudança, cabendo ao Presidente a iniciativa de propor emendas, ampliando os limites circunstanciais ao poder de reforma, além de ampliar a abrangência das cláusulas pétreas (art. 60, § 4º). *Revisão, reforma constitucional e plebiscito.* CERQUEIRA, Marcello.: Direito Constitucional. Estudos em homenagem a Paulo Bonavides. São Paulo: Malheiros, 2001. Org: Eros Roberto Grau e Willis Santiago Guerra Filho, p. 135.

(43) BARROSO, Luís Roberto. A segurança jurídica na era da velocidade e do pragmatismo. In: *Temas de direito constitucional.* Rio de Janeiro: Renovar, 2001, p. 53.

sensível tensão, impulsionados por uma virada paradigmática. Desta vez, o caminho teria direção inversa daquele verificado nos *Trinta Gloriosos*. Agora o mito do Estado Social seria forçado a ceder espaço político para o mito do Estado Neoliberal, período histórico de mercado total, o qual perduraria até o fim do governo Fernando Henrique Cardoso (FHC).

Posteriormente, com a primeira eleição do sindicalista Lula da Silva, a economia, até então neoliberal, volta a seguir o modelo desenvolvimentista. Não se pode ignorar que o primeiro mandato do governo Lula foi o que melhor apresentou números socioeconômicos em nossa história, nomeadamente diante do amplo acesso ao micro crédito, financiamento estudantil, programas sociais bem sucedidos, aumento do poder de compra da população e número de empregos plenos. O país cresceu e prosperou, obtendo até projeção internacional, a ponto do Presidente dos EUA, Barack Obama, em roda de líderes mundiais, em 2014, dizer que Lula era o político mais popular da Terra (*"Lula é o cara!"*, disse ele em expressão elogiosa aos números do governo brasileiro).

Depois disso, tivemos duas denúncias de corrupção generalizada. A primeira do *Mensalão,* depois a da *Lava-Jato da Petrobrás.* Lula foi acusado, preso e mais tarde teria o julgamento anulado pela falta de imparcialidade do juiz Sergio Moro na condução do processo judicial. Neste meio tempo, diante dos fracos índices econômicos do governo Dilma Roussef que o sucedeu, os neoliberais, capitaneados por Michel Temer, aproveitaram-se da turbulência política e retomaram o poder, não sem antes provocarem o *impeachment* da Presidente (ao que muitos chamam de *golpe de Estado).* Neste período, Dilma viveu momentos de instabilidade provocada pelo impacto do fim do ciclo de alta das *commodities.* Sem apresentar eficiente reação, o seu governo chegou à recessão econômica. Desgastada, Dilma foi forçada a deixar o cargo para o mandato tampão de Michel Temer com início no segundo semestre de 2016 até o final de 2018.

Some-se a isso as históricas mobilizações de rua, conhecidas como Jornadas de Junho de 2013, ocasião em que o Movimento Brasil Livre (MBL) ergueram diversas faixas, dentre elas a emblemática: "*Mais Mises, menos Marx*". Ora, Karl Marx, como se sabe, foi o grande inspirador da Revolução socialista russa do início do século XX. Ludwig von Mises, ao contrário, foi o grande defensor do Neoliberalismo na metade deste mesmo século. Se para Marx o lucro da produção, que impulsiona a acumulação, é uma espécie de *mais valia* da burguesia (valor excedente do trabalho realizado pelo proletário), para Mises é inapropriado o uso do rótulo "*excessivo*" em relação aos lucros do empreendedor, vez que, em suas lentes, é sempre certo e adequado transferir o controle do capital para aqueles que "sabem empregá-lo da melhor maneira possível para a satisfação do público"[(44)]. Esse embate de posição (Marx e Mises) serviu para descrever mais uma mudança de rumo na economia brasileira, sobretudo porque Temer iria patrocinar as reformas trabalhista e previdenciária, alinhadas com um modelo de Estado mais enxuto.

Após todos esses episódios e com o fim do curto mandato de Temer, as novas eleições foram vencidas pelo candidato da ultra direita, Jair Messias Bolsonaro, o qual nomearia o próprio Sergio Moro para o seu Ministério da Justiça. O então juiz desiste da carreira da magistratura e aceita o novo cargo integrante do poder Executivo. A lua de mel durou pouco, pois, alguns meses depois, Moro abandonou o governo com graves acusações éticas ao então Presidente. Para a pasta da Economia, o escolhido de

---

(44) MISES, Ludwig von. *Lucros e perdas*. Trad. Claudio A. Téllez. São Paulo: LVM, 2017, p. 80.

Bolsonaro foi o banqueiro Paulo Guedes, formado na linha ideológica dos *Chicago Boys*. O Brasil voltava a adotar a cartilha neoliberal.

Depois de quatro anos de um mandato trágico no enfrentamento da pandemia, beligerante com a mídia e isolado internacionalmente, o ciclo político e econômico da gestão Bolsonaro foi tido como pífio e controvertido, um governo sem agenda, que estremeceu gratuitamente a sua relação com o maior parceiro comercial (China). A perda das eleições, ainda que por uma margem mínima, trouxe de volta o seu arqui--inimigo, agora solto pelo STF (não sem antes cumprir pena de aproximadamente 600 dias em regime fechado).

Reeleito, Lula da Silva retorna ao poder com uma postura socioeconômica diametralmente oposta à dos seus antecessores. A legislação do trabalho, que desde Temer estava desprestigiada e reformada, volta a ganhar fôlego sob a promessa de reequilibrar a relação capital e trabalho e de combater a precarização do trabalho, a exemplo da proposta de regulação legal dos entregadores motoboys, e do aumento do piso salarial da enfermagem. Em seu discurso de posse, o novo Presidente também promete diálogo tripartite (que envolva governo, centrais sindicais e empresariais), proteção social combinada com a liberdade de empreender, além de uma política que retome a valorização permanente do Salário-mínimo. Nos primeiros meses emplacou a reforma tributária, propôs taxar os bilionários e voltou a ser protagonista no tabuleiro internacional. Lula também cometeu erros desnecessários, a exemplo do tratamento VIP conferido ao ditador da Venezuela. Por outro lado, acerta ao apresentar como um governo preocupado com a agenda verde, ao defender uma economia de baixo carbono. Tal discurso, aliás, faz o agronegócio torcer o nariz, pois sequer imagina a hipótese de ser controlado em relação ao uso exagerado que faz dos defensivos agrícolas.

# 6. CONSIDERAÇÕES FINAIS

Do século XX para cá a sociedade sofreu vários processos de transformação e mudança de humor. Assim, se nas primeiras décadas ela foi otimista quanto ao futuro e revolucionária quanto às artes, nos anos 1930-1940 tornou-se descrente do progresso e estigmatizada pelo conflito mundial (fascismo e nazismo), consoante denunciou a Escola de Frankfurt[45]. Somente após a Segunda Guerra o otimismo retornaria com a geração *baby boomers*, acreditando-se desta vez na emancipação humana por meio de um Estado-Providência, o que ensejou uma Era de Ouro marcada pela prosperidade coletiva. Conforme já descrito, após este *Golden Age* do capitalismo (1945 - 1973), sobreveio nova recessão influenciada pela crise do petróleo e o consequente endividamento das nações, ocasião em que os capitalistas passaram a defender um modelo de mercado total. Ocorre que o viés egoísta do neoliberalismo só fez aumentar a desigualdade social.

A recente pandemia da Covid-19 escancarou o fracasso deste modelo como resposta à crise sanitária e econômica. Não fosse a liberação dos benefícios emergenciais do Estado, ou mesmo a regulação para proteger a manutenção dos contratos de trabalho, a crise teria proporções ainda mais deletérias. Aludido período de caos também revelou a concorrência de duas correntes opostas de pensamento. De um lado, líderes ultranacionalistas defendendo a contenção de entrada de pessoas e mercadorias ("riscos de contágio"), de outro o que se viu foi a defesa dos princípios desenvolvimentistas do *Welfare State*, uma espécie de *vingança de Keynes* na expressão de Laura Carvalho[46].

Estou convencido de que a melhor opção para a ordem mundial é aquela pautada na preocupação ética com o espaço público e privado. São bem-vindas, ainda que não exaustivas, as diretrizes neoconstitucionais e aquelas internacionais que promovem a reflexão e a capacidade de *acolhimento de todos*, inclusive e sobretudo *do diverso*. Urge, pois, uma nova postura menos soberba em relação ao outro que nos é diferente ou minoritário, lembrando aqui que "ser diferente" não é (ou não deveria ser) sinônimo de *inferior*. Logo, na esteira da modernidade reflexiva não há espaço nem razão para qualquer Estado-Nação, indivíduo ou grupo social se sentir superior aos demais. Em essência somos todos iguais e estamos no mesmo barco que singra os mares (poluídos e perigosos) do planeta Terra.

Na observação de Castoriadis, há que prevalecer em nós o *espírito dos artistas* (seja ele do circo, da praça ou do espetáculo); aquele que transmite algo que não é da ordem de uma posição superior, mas da ordem da *sensação* que atribui a todos dignidade e importância[47]. Algo como uma estética ética em que se reduza o consumismo ególatra e recrudesça o respeito, a contemplação e a alteridade. Um encontro do

(45) BRESSER-PEREIRA, Luiz Carlos. Modernidade neoliberal. *Revista Brasileira de Ciências Sociais*. RBCS Vol. 29 n. 84 fevereiro/2014, p. 91. Disponível em: https://www.scielo.br/pdf/rbcsoc/v29n84/05.pdf. Acesso em: 20 abr. 2023.

(46) CARVALHO, Laura. *Curto-circuito. O vírus e a volta do Estado*. SP: Editora Todavia. 2020, p. 123.

(47) CASTORIADIS, C. Encruzilhadas do labirinto V: feito e a ser feito. Rio de Janeiro: DPA, 1999. p. 66. Apud: VALLE, Lílian do. O idiota, o especialista e o diplomata: reflexões sobre o cosmopolitismo e sobre a prática de formação humana. *Revista Educação e Sociedade*, Campinas, vol. 40, e 0223225, 2019. Acesso em: 19 maio 2020. Fonte: http://www.scielo.br/scielo.php?script=sci_arttext&pid=S0101-73302019000100804&lng=en&nrm=iso. Epub Dec 09, 2019. https://doi.org/10.1590/es0101-73302019223225.

homem com si próprio, com o outro e com o Divino, conforme falou o filósofo Soren Kierkgaard há quase dois séculos[48].

Leonardo Boff traz interessante reflexão ao ligar duas palavras gregas: *ethos*, com o sentido de morada habitável, e *daimon*, com o significado de anjo bom e protetor. Assim, tudo que fizermos para que juntos se more bem (e sermos felizes) será "ético e bom", e o contrário disso será "antiético e mau". Boff, neste ponto, reporta-se à expressão de Heráclito (500 a.C.): "o *ethos* é o *daimon* do ser humano"[49]. Algo como identificar a ética com o cuidado que devemos ter com a nossa morada comunitária; um sentido inverso do *homo economicus* que usa da sua razão apenas para acumular riqueza ou para justificar o jogo capitalista que poucos ganham e muitos perdem.

---

(48) KIERKEGAARD, Soren. *Temor e tremor*. (Original: Fryt o Boeven, 1843). Tradução: Elisabete M. de Souza. Lisboa: Relógio D'Água Editores, 2009. Obra original publicada em 1843.

(49) BOFF, Leonardo. *Ética e moral*: a busca dos fundamentos. Petrópolis, RJ: Vozes, 2003. p. 32 a 35. Diante desse sujeito abstratamente idealizado pelos economistas, Leonardo Boff alerta para a necessidade de resgatarmos o *daimon*, o qual foi substituído pelos filósofos quando aproximaram os sistemas éticos do conceito de normas e leis universais. Se a ética passou a seguir o destino da razão, pode-se dizer que "o *ethos* que ama funda um novo sentido de viver; amar o outro é dar-lhe razão de existir. In:" BOFF, Leonardo. *Idem*. p. 42 e 47

# REFERÊNCIAS

BARROSO, Luís Roberto, BARCELLOS, Ana Paula. Os valores sociais da livre-iniciativa. In CANOTILHO, J. J. Gomes [et all.] (Org)., *Comentários à Constituição do Brasil*. 2. ed. São Paulo: Saraiva Educação, 2018.

BARROSO, Luís Roberto. A segurança jurídica na era da velocidade e do pragmatismo. In: *Temas de direito constitucional*. Rio de Janeiro: Renovar, 2001.

BARROSO, Luís Roberto. Neoconstitucionalismo e constitucionalização do Direito. O triunfo tardio do Direito Constitucional no Brasil. *Revista Eletrônica Sobre a Reforma do Estado*, n. 9, 2007. Disponível em: http://www.direitodoestado.com.br/artigo/luis-robertobarroso/neoconstitucionalismo-e-constitucionalizacao-do-direitoo-triunfo-tardio-dodireito-constitucional-no-brasil. Acesso em: 02/2023.

BEHRING, Elaine R. BOSCHETTI, Ivanete. *Política Social:* fundamentos e história. São Paulo: Cortez, 2010.

BOFF, Leonardo. ***Ética e moral***: a busca dos fundamentos. Petrópolis, RJ: Vozes, 2003.

BRESSER-PEREIRA, Luiz Carlos. Modernidade neoliberal. *Revista Brasileira de Ciências Sociais. RBCS Vol. 29 n. 84 fevereiro/2014, p. 91.* Disponível em: https://www.scielo.br/pdf/rbcsoc/v29n84/05.pdf . Acesso em: abr. 2023.

CARVALHO, Laura. *Curto-circuito.* O vírus e a volta do Estado. SP: Editora Todavia. 2020.

CASTORIADIS, C. *Encruzilhadas do labirinto V:* feito e a ser feito. Rio de Janeiro: DPA, 1999.

CERQUEIRA, Marcello.: *Direito Constitucional.* Estudos em homenagem a Paulo Bonavides. Org: Eros Roberto Grau e Willis Santiago Guerra Filho. São Paulo: Malheiros, 2001.

COSTA, Pedro Henrique Ferreira. GODOY, Paulo Roberto Teixeira de. O capitalismo contemporâneo e as mudanças no mundo do consumo. Trabalho apresentado no *X Colóquio Internacional de Geocrítica, Barcelona,* 26 – 30 de mayo de 2008. Disponível em: http://www.ub.edu/geocrit/-xcol/330.htm.

DALY, Herman E. *Crescimento sustentável? Não, obrigado.* Ambiente e Sociedade v. II (2), p. 197- 201, jul-dez, 2004). Disponível em: http://www.scielo.br/scielo.php?script=sci_arttext&pid=S1414-753X2004000200012. Acesso em: abr. 2023.

DELGADO, Maurício Godinho. *Capitalismo, trabalho e emprego:* entre o paradigma da destruição e os caminhos da reconstrução. São Paulo: LTr, 2005.

ESPING-ANDERSEN, Gosta. As três economias políticas do `welfare state`. Lua Nova: *Revista de Cultura e Política.* Publicado em 21 de janeiro de 2011. Disponível em: https://www.scielo.br/j/ln/a/99DPRg4vVqLrQ4XbpBRHc5H#. Acesso em: 25 abr. 2023.

FONSECA, Ricardo Tadeu Marques da. *O trabalho da pessoa com deficiência. Lapidação dos Direitos Humanos:* o direito do trabalho, uma ação afirmativa. São Paulo: LTr, 2006.

FOUCAULT, Michel. *O nascimento da biopolítica:* curso dado no Collège de France (1978-1979). 1 ed. São Paulo: Martins, 2008.

FOUCAULT, Michel. *Segurança, território e população.* Trad.: Eduardo Brandão. São Paulo: Martins Fontes, 2008.

HESSE, Konrad: *A força normativa da constituição. Título do original: Die normative Kraft der Verfassung.* Tradução de Gilmar Ferreira Mendes. Porto Alegre: Sérgio Antonio Fabris Editor. 1991.

KEYNES, John Maynard. *Economic Possibilities for our Grandchildren.* Essays in Persuasion, Harcourt Brace, 1931.

KIERKEGAARD, Soren. *Temor e tremor.* (Original: Fryt o Boeven, 1843). Tradução: Elisabete M. de Souza. Lisboa: Relógio D´Água Editores, 2009.

KOLTAI, Mihaly. *O eu neoliberal:* algumas observações sobre a psicologia do neoliberalismo contemporâneo. Publicado no Eszmelet.hu e no Lefteast.org, em 7 de abril de 2016. Fonte: https://lefteast.org/the-neoliberal-self-some-observations-on-the-psychology-of-contemporary-neoliberalism/. Acesso em: 26 jul. 2023.

LAZZARATO, M. Créer des mondes. Capitalisme contemporain et guerres esthétiques. *In Multitudes, 15, Art Contemporain. La recherche du dehor.* Paris: Hiver, 2004.

LÖWY, Michael. *Ecossocialismo e planejamento democrático.* Crítica Marxista, São Paulo, n. 28, p. 35-50, 2009

MIAILLE, Michel. *Introdução crítica ao direito.* 2. ed. Tradução de Ana Prata. Lisboa: Editorial Estampa, 1989, p. 62.

MISES, Ludwig von. *Lucros e perdas.* Trad. Claudio A. Téllez. São Paulo: LVM, 2017.

OLIVEIRA, Lorena Silva. O conceito de governamentalidade em Michel Foucault. *Revista da UFRJ,* Ítaca 34, agosto de 2019, Disponível em: https://revistas.ufrj.br. Acesso em: 12 jan. 2023.

POLANYI, Karl. *A grande transformação.* 2 ed. Rio de Janeiro: Elsevier, 2000.

PRZEWORSKI, Adam. *Capitalismo e socialdemocracia.* São Paulo, Companhia das Letras, 1985. Neste sentido é a atenta observação crítica de Cesar BENJAMIN: *Caminhos da transformação (uma abordagem teórica).* Publicado em setembro de 2004. Disponível em: http://resistir.info/brasil/cesar_benjamin_set04.html. Acesso em: 7 jan. 2023.

RAFFESTIN, C. *Por uma geografia do poder.* São Paulo: Ática, 1993.

RAMOS FILHO, Wilson. *Direito capitalista do trabalho:* história, mitos e perspectivas no Brasil. São Paulo: LTr, 2012.

SCALDAFERRO, Maikon Chaider Silva. *Hegel e o fim da História.* Fortaleza: Polymatheia, vol. V, n. 8, 2009, p. 223.

SILVA, Diogo de Oliveira da. *Capitalismo, autopoiese e a crise do capital:* encruzilhada do político. Disponível em: https://sep.org.br/anais/2019/Sessoes-Ordinarias/Sessao4.Mesas31_40/Mesa39/393.pdf.

STRECK, Lênio Luiz. *Jurisdição constitucional e hermenêutica. Uma nova crítica do direito.* Porto Alegre: Livraria do Advogado Editora, 2002.

VALLE, Lílian do. *O idiota, o especialista e o diplomata:* reflexões sobre o cosmopolitismo e sobre a prática de formação humana. Revista Educação e Sociedade, Campinas, vol. 40, e 0223225, 2019. Acesso em: 19 maio 2020. Fonte: http://www.scielo.br/scielo.php?script=sci_arttext&pid=S0101-73302019000100804&lng=en&nrm=iso. Epub Dec 09, 2019. https://doi.org/10.1590/es0101-73302019223225.

VIOLA, Eduardo e Outros. *Ecologia e política no Brasil.* Org. José A. Pádua, Rio de Janeiro: Espaço e Tempo: IUPERJ, 1987.

# INTELIGÊNCIA ARTIFICIAL E O TRABALHO NO BRASIL: PREOCUPAÇÕES EMERGENTES E POSSÍVEIS SOLUÇÕES

*Larissa Matos*[1]

**Resumo:** A inteligência artificial (IA) é uma tecnologia disruptiva que tem impactado diversos setores da sociedade, e o campo do trabalho não é exceção. No Brasil e no mundo, a relação entre inteligência artificial e trabalho tem-se tornado cada vez mais relevante devido ao aumento da adoção de tecnologias automatizadas e uso de algoritmos. Em razão disso, com base na pesquisa bibliográfica e consulta a sites que abordam matérias atuais sobre o uso da inteligência artificial, este artigo busca explorar o cenário atual dessa interação, discutir as preocupações emergentes no contexto da legislação trabalhista brasileira e apresentar possíveis soluções. Como resultados, são apresentadas soluções nos planos das políticas públicas, acadêmico, legislativo e empresarial.

**Palavras-chave:**

- Inteligência artificial;
- Trabalho;
- Tecnologia.

**Sumário:**



(1) Advogada do Sales Matos Advocacia. Pós-doutoranda em Direito (USP). Doutora em Direito do Trabalho pela Universidade de São Paulo (USP), aprovada com láurea (*cum laude*). Doutorado sanduíche pela Universidade de Barcelona. Mestra em Direito pela Universidade de Palermo. Integrante do corpo docente da ABRAT. Pesquisadora do grupo de pesquisa O Direito do Trabalho além do trabalho (USP), coordenado pelo professor Guilherme Guimarães Feliciano. Pesquisadora do grupo de pesquisa Proteção do Trabalho e Promoção das Relações de Trabalho (USP), coordenado pelo professor Otavio Pinto e Silva. Pesquisadora do grupo de pesquisa Meio Ambiente do Trabalho (USP), coordenado pelo professor Guilherme Guimarães Feliciano. Natal-RN. E-mail: larissamatos@salesmatos.adv.br. Instagram: @direitolarissamatos.

# 1. INTRODUÇÃO

As empresas têm adotado sistemas automatizados para gerenciar a folha de pagamento, computar horas de trabalho, acompanhar o desempenho dos trabalhadores, analisar níveis de produtividade, monitorar empregados, entre outras situações[(2)], no intuito de otimizar tarefas rotineiras, agilizar processos e aumentar a eficiência na produção de bens e serviços[(3)]. Por exemplo, a utilização de *softwares* de gerenciamento de folha de pagamento pode reduzir erros de cálculos e processar grandes volumes de informações em tempo reduzido[(4)].

Essa automação pode aumentar a eficiência operacional[(5)] e levantar questões acerca da transparência e do controle sobre decisões algorítmicas que afetam os direitos trabalhistas. Por exemplo, a IA é frequentemente utilizada em processos de recrutamento para analisar currículos e realizar triagens de candidatos. Nesse modelo, os algoritmos podem analisar informações dos candidatos, como experiência profissional e habilidades, para classificá-los com base em critérios predefinidos.

No entanto, a preocupação principal reside no viés algorítmico[(6)], que pode ocorrer quando o algoritmo é treinado em dados históricos que refletem desigualdades existentes na sociedade[(7)] e, assim, perpetuar desigualdades sociais e discriminações, afetando grupos minoritários e pessoas com características específicas,

---

(2) FENACON. *Transformação digital otimiza a gestão de Recursos Humanos.* Disponível em: https://fenacon.org.br/noticias/transformacao-digital-otimiza-a-gestao-de-recursos-humanos/. Acesso em: 26 jul. 2023.

(3) A inteligência artificial é uma das principais tendências para 2023, segundo Ynara Mattos (MATTOS, Ynara. A inteligência artificial é uma das principais tendências para 2023. Jornal Jurid. Disponível em: https://www.jornaljurid.com.br/noticias/a-inteligencia-artificial-e-uma-das-principais-tendencias-para-2023. Acesso em: 19 jul. 2023).

(4) A Stefanini Group elenca no seu site 7 principais aplicações de inteligência artificial nas empresas: 1. Chatbots, que utilizam a linguagem para conversar com as pessoas de maneira natural e pré-programada; 2. Aplicações de gestão, úteis para identificar quais trabalhadores estão desempenhando as tarefas com mais eficiência; 3. Assistente pessoal; 4. Mecanismos de segurança; 5. Predições, para prever diferentes cenários e possíveis resultados; 6. Vendas e marketing; 7. Ensino (STEFANINI GROUP. *As 7 principais aplicações de inteligência artificial nas empresas!* Disponível em: https://stefanini.com/pt-br/insights/artigos/as-7-principais-aplicacoes-de-inteligencia-artificial-nas-empres. Acesso em: 20 jul. 2023)

(5) TERRA. *Como a inteligência artificial pode auxiliar as pessoas no trabalho.* Disponível em: https://www.terra.com.br/economia/dinheiro-em-dia/meu-negocio/como-a-inteligencia-artificial-pode-auxiliar-as-pessoas-no-trabalho,31551bbfaa685e013f5695681c2cbd3bl43kc8xi.html. Acesso em 26 jul. 2023.

(6) De acordo com Otavio Brissant: "O viés algorítmico ocorre quando os algoritmos utilizados em processos decisórios reproduzem preconceitos e discriminações presentes na sociedade. Isso pode ocorrer de diferentes maneiras, como a utilização de dados históricos que contenham preconceitos, a seleção de variáveis que estão correlacionadas com características discriminatórias e a ausência de dados de grupos minoritários. Um exemplo de viés algorítmico ocorreu em um sistema utilizado para avaliar a probabilidade de reincidência de presos nos Estados Unidos. Esse sistema utilizava dados históricos que mostravam que pessoas negras e pobres tinham uma maior probabilidade de cometer novos crimes, o que levou o algoritmo a recomendar sentenças mais longas para esses grupos. Esse sistema foi considerado inconstitucional pela Suprema Corte dos Estados Unidos em 2021. O viés algorítmico pode ter diversas implicações jurídicas, dependendo da área em que é utilizado. Na saúde, pode levar a diagnósticos incorretos ou a falta de tratamentos para grupos minoritários. Na segurança pública, pode levar a abordagens discriminatórias e a violações de direitos humanos" (BRISSANT, Otavio. *Viés algorítmico:* o uso de algoritmos em processos decisórios tem gerado preocupações acerca da possibilidade de discriminação. Disponível em: https://legalbytes.hurb.com/vies-algoritmico-o-uso-de-algoritmos-em-processos-decisorios-tem-gerado-preocupacoes-acerca-da-possibilidade-de-discriminacao/. Acesso em: 19 jul. 2023.).

(7) BRISSANT, Otavio. *Viés algorítmico: o uso de algoritmos em processos decisórios tem gerado preocupações acerca da possibilidade de discriminação.* Disponível em: https://legalbytes.hurb.com/vies-algoritmico-o-uso-de-algoritmos-em-processos-decisorios-tem-gerado-preocupacoes-acerca-da-possibilidade-de-discriminacao/. Acesso em: 19 jul. 2023.

conforme já ocorreu com a Amazon, que decidiu descartar um algoritmo desenvolvido para a seleção e recrutamento de novos funcionários para a empresa porque ele estava sendo misógino[(8)].

Da mesma forma, algumas empresas têm adotado sistemas de monitoramento de trabalhadores[(9)], como ferramentas de rastreamento de localização ou análise de produtividade, monitoramento de comunicações por e-mail e outros sistemas que coletam dados sobre o comportamento dos trabalhadores.

Nesse contexto, é necessário equilibrar e alinhar os interesses da empresa em melhorar a eficiência e produtividade com os direitos fundamentais dos trabalhadores[(10)], notadamente o direito à proteção de dados (art. 5º, LXXIX, CF/88) e o direito à privacidade (art. 5º, X, CF/88), que estão relacionados ao princípio da dignidade da pessoa humana (art. 1º, III, CF/88).

Portanto, é crucial estabelecer limites claros para o monitoramento e garantir que os trabalhadores sejam informados (art. 2º, II, LGPD) sobre quais dados estão sendo coletados, como serão utilizados, a extensão da coleta de dados e por quanto tempo serão armazenados.

De acordo com uma pesquisa encomendada pela IBM, a adoção global de inteligência artificial cresceu em todo o mundo, com 41% das empresas no Brasil indicando que implementaram ativamente a tecnologia[(11)].

Outros dados da Global AI Adoption Index 2022, conduzido pela Morning Consult para IBM, revelaram que, no Brasil, a adoção está sendo impulsionada por avanços que tornam a IA mais acessível às empresas (56%), sua crescente incorporação em aplicativos de negócios padrão (48%) e a necessidade de reduzir custos e automatizar processos-chave (39%)[(12)].

O Brasil lidera uso de inteligência artificial na América Latina, segundo estudos do SAS, feito pelo IDC[(13)]. No território nacional, 63% das empresas utilizam aplicações

---

(8) OLHAR DIGITAL. *Inteligência artificial da Amazon exercitava preconceito.* Disponível em: https://olhardigital.com.br/2018/10/10/noticias/inteligencia-artificial-da-amazon-exercitava-preconceito/. Acesso em: 20 jul. 2023.

(9) TURBIANI, Renata. Sou constantemente observada: como é a rotina de funcionários que trabalham sob vigilância. *Época Negócios.* Disponível em: https://epocanegocios.globo.com/colunas/futuro-do-trabalho/noticia/2023/05/sou-constantemente-observada-como-e-a-rotina-de-funcionarios-que-trabalham-sob-vigilancia.ghtml. Acesso em: 20 jul. 2023.

(10) MATOS, Larissa. *Direito Digital no Trabalho*: a proteção de dados e o monitoramento corporal no contexto das relações de trabalho. São Paulo: Thomson Reuters, 2022.

(11) IBM. *Estudo IBM: 41% das empresas no Brasil já implementaram ativamente Inteligência Artificial em seus negócios.* Disponível em: https://www.ibm.com/blogs/ibm-comunica/estudo-ibm-41-das-empresas-no-brasil-ja-implementaram-ativamente-inteligencia-artificial-em-seus-negocios/#:~:text=Como%20exemplo%2C%2066%25%20dos%20profissionais,tem%20planos%20de%20faz%C3%AA%2Dlo.&text=Hoje%2C%2041%25%20das%20empresas%20no,explorando%20o%20uso%20de%20IA. Acesso em: 23 jul. 2023.

(12) IBM. *Estudo IBM: 41% das empresas no Brasil já implementaram ativamente Inteligência Artificial em seus negócios.* Disponível em: https://www.ibm.com/blogs/ibm-comunica/estudo-ibm-41-das-empresas-no-brasil-ja-implementaram-ativamente-inteligencia-artificial-em-seus-negocios/#:~:text=Como%20exemplo%2C%2066%25%20dos%20profissionais,tem%20planos%20de%20faz%C3%AA%2Dlo.&text=Hoje%2C%2041%25%20das%20empresas%20no,explorando%20o%20uso%20de%20IA. Acesso em: 23 jul. 2023.

(13) AIOT BRASIL. *Brasil é o país mais avançado da América Latina em IA.* Disponível em: https://aiotbrasil.com.br/ia/pesquisa-aponta-que-o-brasil-e-o-pais-mais-avancado-da-america-latina-no-uso-de-inteligencia-artificial/. Acesso em: 23 jul. 2023.

baseadas nessa tecnologia, ante uma média de 47% em toda a região. Os setores mais avançados em soluções de IA são o financeiro, o varejo e o de manufaturas[14].

Tudo isso levanta preocupações em relação à violação de direitos trabalhistas, diante da falta de regulamentação específica para o uso de inteligência artificial no ambiente de trabalho, o que pode levar a abusos por parte dos empregadores, como o monitoramento excessivo e o uso de algoritmos que desconsideram questões humanas – isso pode ensejar maior pressão por resultados e afetar negativamente a saúde mental das pessoas.

Outrossim, o desemprego tecnológico aparece também como uma das preocupações, pois a automação impulsionada pela inteligência artificial pode levar à substituição de empregos tradicionais por máquinas[15], o que pode resultar em desemprego e requerer uma adaptação dos trabalhadores para novas funções[16].

Dentro dessa dinâmica, o respeito ao direito fundamental à proteção de dados e à privacidade, bem como alguns postos de trabalho, parecem estar na berlinda.

Diante disso, é imperativo que governo, órgãos reguladores, sindicatos e empregadores atuem de modo dialógico e cooperativo para estabelecer uma regulamentação adequada que proteja os direitos dos trabalhadores, promova a transparência nos processos algorítmicos e garanta uma adoção responsável da inteligência artificial no ambiente de trabalho, pois, somente com um equilíbrio adequado entre tecnologia e proteção dos direitos humanos, será possível colher os benefícios da IA sem comprometer a dignidade e o bem-estar dos(as) trabalhadores(as) brasileiros(as).

---

(14) VASCONCELOS, Eduardo. Brasil lidera uso de inteligência artificial na América Latina, aponta pesquisa. Disponível em: https://www.telesintese.com.br/brasil-lidera-uso-de-inteligencia-artificial-na-america-latina-aponta-pesquisa/. Acesso em 23 jul. 2023.

(15) Segundo o professor LuliRadfahrer, "a automação implica na implantação de sistemas que desempregam enormes massas de pessoas, para as quais torna-se muito difícil obter um outro emprego." (JORNAL DA USP. *Revolução tecnológica, sinônimo de desemprego em massa.*https://jornal.usp.br/atualidades/revolucao-tecnologica-sinonimo-de-desemprego-em-massa/. Acesso em: 19 jul. 2023).

(16) AGÊNCIA BRASIL. *Inteligência artificial pode afetar futuro mercado de trabalho.* Disponível em: https://agenciabrasil.ebc.com.br/geral/noticia/2023-05/inteligencia-artificial-pode-afetar-futuro-mercado-de-trabalho. Acesso em: 26 jul. 2023.

## 2. CENÁRIO ATUAL DA INTELIGÊNCIA ARTIFICIAL E O TRABALHO NO BRASIL

A adoção de tecnologias de inteligência artificial no contexto trabalhista tem o potencial de impactar diversos aspectos, desde a análise jurídica até a gestão de recursos humanos, uma vez que a inteligência artificial vem sendo empregada para automatizar processos repetitivos e burocráticos no mundo do trabalho e, consequentemente, isso afeta o mundo do trabalho e o próprio Direito do Trabalho, tais como sistemas automatizados podem auxiliar na triagem de documentos, análise de jurisprudência, gerenciamento de contratos e gestão de prazos processuais(17).

Por exemplo, *chatbots* e assistentes virtuais estão sendo utilizados por escritórios de advocacia(18), inclusive em defensorias públicas(19), e empresas para fornecer informações básicas, responder a perguntas frequentes e orientar os procedimentos legais(20).

Além disso, como a inteligência artificial permite a análise de grandes volumes de dados, inclusive os dados trabalhistas, ela é útil para empresas monitorarem indicadores de produtividade,(21) rotatividade de funcionários, satisfação dos trabalhadores e outros aspectos relevantes.

Nessa diretriz, a inteligência artificial também vem sendo aplicada na gestão de recursos humanos, auxiliando na seleção de candidatos, avaliação de desempenho, treinamento e desenvolvimento de habilidades(22).

Do mesmo modo, a inteligência artificial é utilizada para auxiliar empresas a monitorar o cumprimento das normas trabalhistas e regulamentações, evitando potenciais infrações e passivos trabalhistas, ou mesmo a análise de grandes volumes de dados jurídicos, incluindo jurisprudência, decisões judiciais e leis trabalhistas, a fim de

---

(17) Sobre a aplicabilidade da inteligência artificial ao processo do trabalho, Samantha Caroline Ferreira Moreira e Ricardo Augusto Fernandes afirmam: "É mister que entendamos como se dá a aplicação de IA ao processo trabalhista e os riscos de que sejam proferidas decisões parciais, acerca das informações que estarão inseridas no sistema que simulará o comportamento humano, por serem subjetivas e poderem, sim, influenciar um procedimento decisório. Para muitos, o acesso à justiça poderá sofrer uma limitação maior e não ser satisfatório, já que, para leigos, determinados avanços tecnológicos, como é o caso da IA, podem ser complexos e incompreensíveis. Por isso, é importante entender como se dá a criação desses algoritmos e como garantir a segurança jurídica respeitando os princípios constitucionais do processo" (MOREIRA, Samantha Caroline Ferreira; FERNANDES, Ricardo Augusto. A aplicabilidade da inteligência artificial ao processo do trabalho e a segurança jurídica. *Revista do Tribunal Superior do Trabalho,* São Paulo, v. 86, n. 4, p. 267-280, out./dez. 2020).

(18) JURISTAS. *Inteligência artificial para advogados:* como a IA está transformando o setor jurídico. Disponível em: https://juristas.com.br/2023/05/07/inteligencia-artificial-para-advogados/. Acesso em: 19 jul. 2023.

(19) CERIONI, Clara. Assistentes virtuais aceleram modernização tecnológica nas Defensorias Públicas. Disponível em: https://www.jota.info/coberturas-especiais/inova-e-acao/assistentes-virtuais-modernizacao-defensorias-publicas-05012021. *JOTA.* Acesso em: 19 jul. 2023.

(20) INGIZZA, Carolina. ChatGPT:11% dos departamentos jurídicos de empresas usam ou planejam usar IA. Disponível em: https://www.jota.info/tributos-e-empresas/mercado/chatgpt-11-dos-departamentos-juridicos-de-empresas-usam-ou-planejam-usar-ia-28062023. *JOTA.* Acesso em: 19 jul. 2023.

(21) ABRIL, Danielle. Here's what your boss might be able to see while you're at work. Disponível em: https://www.washingtonpost.com/technology/2023/06/07/work-monitoring-tools-surveillance-home-in-person/. *Washington Post.* Acesso em: 19 jul. 2023.

(22) TERRA. *Inteligência artificial influencia as relações no trabalho.* Disponível em: https://www.terra.com.br/noticias/inteligencia-artificial-influencia-as-relacoes-no-trabalho,bf1a678473386d6e79c052020654064a15mq6sxm.html. Acesso em: 21 jul. 2023.

identificar tendências e padrões, auxiliando advogados(as) e empresas a tomar decisões mais embasadas e prever possíveis resultados de litígios trabalhistas.

Dessa forma, percebem-se pontos positivos e negativos em relação ao uso da inteligência artificial. Por exemplo, alguns empregos podem ser substituídos ou reconfigurados[23], enquanto novas oportunidades[24] surgem em áreas relacionadas à tecnologia.

Sobre os benefícios, o relatório da McKinsey Global Institute[25], intitulado IA generativa e o futuro do trabalho na América, aponta que:

> Para obter todos os benefícios, os empregadores e os formuladores de políticas precisariam estabelecer diretrizes e proteções para o uso responsável da IA generativa. As empresas precisam pensar através de como os trabalhos e responsabilidades poderiam evoluir, e os trabalhadores precisariam ver essas ferramentas não como destruidores de empregos, mas como intensificadores de trabalho. Quando as máquinas assumem tarefas monótonas ou desagradáveis, as pessoas podem ficar com um trabalho mais interessante que requer criatividade, resolução de problemas e colaborando com os outros (Anexo 16).
>
> É importante ressaltar que os trabalhadores precisariam se tornar proficientes no uso da IA - e usar o tempo que é liberado até se concentrar em atividades de maior valor. Os líderes podem dedicar mais tempo ao pensamento estratégico e coaching quando automatizam mais tarefas administrativas e de geração de relatórios. Pesquisado responderia acelerar projetos contando com ferramentas de automação para classificar e sintetizar grandes conjuntos de dados. Os escritores podem usar IA generativa para produzir os primeiros rascunhos e, em seguida, passar o tempo refinando e modelando a saída[26].

Nesse contexto, a qualificação profissional e a requalificação dos trabalhadores tornam-se cruciais para garantir a empregabilidade em um ambiente de trabalho em transformação.

---

(23) FORBES. *Futuro do trabalho:* 23% das profissões devem se modificar até 2027. Disponível em: https://forbes.com.br/carreira/2023/05/futuro-do-trabalho-23-das-profissoes-devem-se-modificar-ate-2027/. Acesso em: 19 jul. 2023.

(24) O GLOBO. *IA movimenta mercado de trabalho, e empresas buscam profissionais capazes de aplicar tecnologia.* Disponível em: https://oglobo.globo.com/economia/tecnologia/noticia/2023/07/16/ia-movimenta-mercado-de-trabalho-e-empresas-buscam-profissionais-capazes-de-aplicar-tecnologia.ghtml. Acesso em: 26 jul. 2023.

(25) MCKINSEY GLOBAL INSTITUTE. *Generative IA and the future of work in America.* 2023. Disponível em: https://www.mckinsey.com/mgi/our-research/generative-ai-and-the-future-of-work-in-america. Acesso em: 27 jul. 2023.

(26) Tradução livre. O texto original é "To capture the full benefits, employers and policy makers would need to establish clear guidelines and guardrails for the responsible use of generative AI. Businesses will need to think through how jobs and responsibilities could evolve, and workers would need to see these tools not as job destroyers but as work enhancers. When machines take over dull or unpleasant tasks, people can be left with more interesting work that requires creativity, problem solving, and collaborating with others (Exhibit 16).

Importantly, workers would need to become proficient in using AI—and use the time that is free dup to focus on higher-value activities. Leaders can spend more time on strategic thinking and coaching when they automate more of their administrative and reporting tasks. Researchers could speed up projects by relying on automation tools to sort and synthesize large data sets. Writers can use generative AI to produce first drafts, then spend time refining and shaping the output."

De modo geral, o avanço da inteligência artificial no mundo do trabalho levanta questões éticas[27] e requer regulamentação adequada para garantir que a tecnologia seja utilizada de forma justa, transparente e responsável.

Ou seja, muitos algoritmos de inteligência artificial são considerados caixas-pretas[28]. Isso pode criar desafios em relação ao entendimento das decisões tomadas pela inteligência artificial, especialmente em questões importantes que afetam os trabalhadores, sem dizer que ela é falível e está sujeita a erros e, assim, pode apresentar decisões erradas[29], que podem levar a consequências graves para os trabalhadores e empresas.

Portanto, a adoção da inteligência artificial deve ser feita considerando princípios éticos[30] e de responsabilidade social[31]. Nesse sentido, as empresas devem comprometer-se em garantir o uso justo e seguro da tecnologia, protegendo os direitos fundamentais e o bem-estar dos trabalhadores.

Para tanto, a introdução da inteligência artificial no ambiente de trabalho deve envolver a consulta e a participação dos trabalhadores por meio de negociações coletivas e mecanismos de diálogo, para garantir que as mudanças sejam feitas de forma justa e consensual.

Afinal, questões como proteção e privacidade dos dados dos trabalhadores, viés algorítmico, desigualdade de acesso à tecnologia, impacto na empregabilidade e segurança no emprego são algumas das preocupações emergentes que precisam ser enfrentadas, a fim de garantir uma adoção ética e responsável da inteligência artificial no ambiente de trabalho.

A compreensão e o enfrentamento dessas preocupações são essenciais para assegurar que a inteligência artificial seja uma aliada, promovendo a justiça social[32], a igualdade (art. 5º, caput, CF/88) e o bem-estar dos trabalhadores (art.7º, CF/88), ao mesmo tempo que impulsiona a eficiência e a inovação no mundo do trabalho.

### *2.1 Impacto social e humano da inteligência artificial no Brasil*

A inteligência artificial tem o potencial de automatizar tarefas repetitivas e burocráticas, o que pode levar a mudanças no mercado de trabalho. Assim, é possível que algumas atividades sejam substituídas por máquinas, enquanto novas oportunidades

---

(27) Em razão disso, a UNESCO publicou, em 2021, um guia com Recomendação sobre a Ética da Inteligência Artificial.

(28) TEIXEIRA, Leonardo Ávila. *Efeito 'caixa-preta' da inteligência artificial não a isenta de responsabilidades, diz especialista.* Disponível em: https://gq.globo.com/tecnologia/noticia/2023/04/efeito-caixa-preta-inteligencia--artificial.ghtml. Acesso em: 20 jul. 2023.

(29) G1. *Advogado usa casos inventados pelo ChatGPT em processo judicial e leva 'puxão de orelha' de juiz.* Disponível em: https://g1.globo.com/tecnologia/noticia/2023/05/29/advogado-usa-casos-inventados-pelo--chatgpt-em-processo-judicial-e-leva-puxao-de-orelha-de-juiz.ghtml. Acesso em: 20 jul.2023.

(30) UNESCO. *Recomendação sobre a Ética da Inteligência Artificial.* 2021. Disponível em: https://unesdoc.unesco.org/ark:/48223/pf0000381137_por. Acesso em: 20 jul. 2023.

(31) KROST, Oscar; GOLDSCHMIDT, Rodrigo. Inteligência artificial (I.A.) e o direito do trabalho: possibilidades para um manejo ético e socialmente responsável = Artificial inteligence (A.I.) and the right of work: possibilities for na ethical and socially responsible way. *Revista do Tribunal Superior do Trabalho,* São Paulo, v. 87, n. 2, p. 55-71, abr./jun. 2021.

(32) A Organização Internacional do Trabalho (OIT) define justiça social como o meio pelo qual todo trabalhador ou trabalhadora pode reivindicar livremente e com base na igualdade de oportunidades sua justa parte da riqueza que ajudou a gerar (TST. *A Justiça do Trabalho como Justiça Social.* Disponível em: https://www.tst.jus.br/justica-social. Acesso em: 26 jul. 2023).

podem surgir, o que exige a requalificação dos trabalhadores e políticas que promovam a inclusão digital e a empregabilidade em um ambiente de trabalho em transformação.

Além disso, a adoção da inteligência artificial poderá aprofundar desigualdades sociais, especialmente se houver falta de acesso equitativo à tecnologia. Pessoas com menor acesso à educação e infraestrutura podem ser excluídas das oportunidades geradas pela inteligência artificial. Portanto, é fundamental implementar políticas que promovam a inclusão digital[33] e garantam que os benefícios da tecnologia sejam distribuídos de forma justa.

Contudo, ela pode ser aplicada na área da saúde para melhorar o diagnóstico, tratamento e prevenção de doenças[34]. Com a utilização de algoritmos avançados, é possível analisar grandes volumes de dados médicos e auxiliar médicos a tomar decisões mais precisas. Isso pode levar a avanços significativos na saúde e bem-estar da população.

Igualmente, como ponto positivo, a inteligência artificial tem o potencial de transformar a educação, permitindo o desenvolvimento de sistemas de ensino mais personalizados e adaptativos. Por exemplo, plataformas de aprendizagem baseadas em inteligência artificial podem identificar as necessidades individuais dos alunos e oferecer recursos e atividades adequadas para cada estudante, de modo personalizado[35]– o que melhora a qualidade da educação.

Não obstante, a adoção da inteligência artificial levanta preocupações em relação à segurança cibernética, à proteção de dados e à privacidade das pessoas. A coleta e o processamento de grandes quantidades de dados podem aumentar o risco de violações de segurança e uso indevido de informações pessoais.[36]Nesse sentido, é fundamental

---

(33) De acordo com a OIT: "A economia digital está rapidamente a transformar o panorama do emprego em todos os setores, incluindo o dos serviços financeiros, saúde, entretenimento, transportes e, obviamente, das tecnologias de informação e comunicação (TIC). Um número crescente de decisores dos setores público e privado no mundo inteiro procura promover os elementos fundamentais da economia digital, o que inclui aumentar o número de jovens de ambos os sexos com competências digitais. Isto comprova que as competências digitais, especialmente as de alto nível, estimulam a inovação numa economia digital e apoiam as infraestruturas de que o setor privado, os governos e os clientes dependem. As competências digitais são cada vez mais necessárias em locais de trabalho em todo o mundo. Nos países em desenvolvimento, em média, um terço dos trabalhadores de zonas urbanas utiliza tecnologias digitais no trabalho, enquanto em muitos países desenvolvidos as competências digitais interpõem-se [sic] nos ambientes de trabalho, na medida em que se tornaram quase necessárias para o emprego. Cerca de 90 por cento dos empregos na União Europeia (UE) exigem, pelo menos, algum nível de competências digitais, aumentando para 98 por cento quando se trata de cargos de gestão. Além disso, nos próximos anos haverá dezenas de milhões de empregos para pessoas com competências digitais avançadas, havendo em algumas economias a previsão de uma lacuna de talentos dos trabalhadores com competências digitais avançadas, ao passo que noutras os especialistas em TIC serão colocados entre os trabalhadores cujas funções registam um crescimento mais rápido" (OIT. *Competências Digitais preparar os jovens para o futuro do trabalho na economia digital.* Disponível em: https://www.ilo.org/wcmsp5/groups/public/---europe/---ro-geneva/---ilo-lisbon/documents/publication/wcms_779090.pdf. Acesso em: 26 jul. 2023).

(34) MINISTÉRIO DA SAÚDE. *Revolução da inteligência artificial:* uso na saúde traz novas possibilidades. Disponível em: https://bvsms.saude.gov.br/revolucao-da-inteligencia-artificial-uso-na-saude-traz-novas-possibilidades/. Acesso em: 26 jul. 2023.

(35) AWARI. *Inteligencia Artificial y Educación:* O Impacto da IA na Educação e nas Práticas de Ensino. https://awari.com.br/inteligencia-artificial-y-educacion-o-impacto-da-ia-na-educacao-e-nas-praticas-de-ensino/#:~:text=Os%20sistemas%20de%20IA%20podem,%C3%A0s%20necessidades%20individuais%20dos%20alunos. Acesso em: 26 jul. 2023.

(36) LAMELLAS, Paulo. *Alguns pontos positivos e riscos associados ao uso da Inteligência Artificial na cibersegurança.* Disponível em: https://pt.linkedin.com/pulse/alguns-pontos-positivos-e-riscos-associados-ao-uso-da-paulo-lamellas#:~:text=O%20uso%20da%20IA%20no,levanta%20quest%C3%B5es%20%C3%A9ticas%20e%20legais. Acesso em: 19 jul. 2023.

implementar medidas robustas para proteger os dados e garantir a confidencialidade das informações.

Da mesma forma, os algoritmos de inteligência artificial podem refletir preconceitos e discriminações presentes nos dados utilizados para treiná-los(37). Isso pode levar a decisões discriminatórias, por exemplo, em áreas como trabalho, oferta de crédito por bancos ou mesmo busca de criminosos, reforçando desigualdades sociais existentes. Logo, é necessário desenvolver estratégias para mitigar o viés algorítmico e assegurar a equidade nas decisões tomadas pela inteligência artificial.

Ademais, a introdução da inteligência artificial no ambiente de trabalho pode resultar em profundas transformações nas relações de trabalho(38). Isso inclui mudanças na organização do trabalho, novas formas de emprego, como o trabalho remoto e o trabalho por projetos, bem como a redefinição dos papéis dos trabalhadores no contexto das tecnologias automatizadas.

Além disso, a automação e a inteligência artificial podem afetar de forma desigual diferentes grupos sociais. Por exemplo, trabalhadores com menor acesso à educação e habilidades digitais podem ficar excluídos das oportunidades de emprego relacionadas à tecnologia, aumentando as desigualdades socioeconômicas(39).

Somada a isso, a introdução da inteligência artificial pode acentuar a chamada divisão digital, ou seja, a separação entre aqueles que têm acesso e conhecimento para utilizar a tecnologia e aqueles que não têm. Isso pode resultar em exclusão de grupos vulneráveis, como trabalhadores de baixa renda ou com deficiências, que podem enfrentar barreiras para se adaptarem às novas demandas tecnológicas.

Em relação ao monitoramento, a utilização de sistemas de inteligência artificial para monitorar o desempenho dos trabalhadores pode gerar um aumento na vigilância no ambiente de trabalho e, assim, criar um ambiente de controle excessivo, afetando a autonomia, a proteção de dados e a privacidade dos trabalhadores.

Diante desse cenário, a automação de tarefas pode levar à reconfiguração tanto da identidade dos trabalhadores quanto do significado atribuído ao trabalho. E a perda de certas tarefas para máquinas pode afetar a autoestima dos trabalhadores e a percepção de seu valor na sociedade.

Portanto, a introdução da inteligência artificial no ambiente de trabalho pode criar desafios para os sindicatos e a representação dos trabalhadores. Afinal, as novas formas de emprego, como trabalho por aplicativo, podem dificultar a organização sindical e a negociação coletiva – e isso precisa ser analisado, avaliado e estrategicamente pensado, para que não haja mais ainda o enfraquecimento da atuação sindical.

---

(37) BARBOSA, Tales Schmidke. Inteligência artificial e discriminação algorítmica. *JOTA*. Disponível em: https://www.jota.info/coberturas-especiais/inova-e-acao/inteligencia-artificial-e-discriminacao-algoritmica-10012021. Acesso em: 19 jul. 2023.

(38) KROST, Oscar; GOLDSCHMIDT, Rodrigo. Inteligência artificial (I.A.) e o direito do trabalho: possibilidades para um manejo ético e socialmente responsável = Artificial inteligence (A.I.) and the right of work: possibilities for na ethical and socially responsible way. *Revista do Tribunal Superior do Trabalho*, São Paulo, v. 87, n. 2, p. 55-71, abr./jun. 2021.

(39) AGÊNCIA CÂMARA DE NOTÍCIAS. *Inteligência artificial e robótica pode aumentar desigualdade social, diz professor*. Disponível em: https://www.camara.leg.br/noticias/546261-inteligencia-artificial-e-robotica-podem-aumentar-desigualdade-social-diz-professor/. Acesso em: 19 jul. 2023.

# 3. CONCEITOS E NORMAS JURÍDICAS PERTINENTES

A inteligência artificial, segundo o Cambridge, é o termo relacionado ao desenvolvimento de sistemas de computador capazes de realizar tarefas que exigem inteligência humana. Ou seja, é a área da ciência da computação que busca criar sistemas e algoritmos capazes de executar tarefas que incluem o aprendizado, o raciocínio, a tomada de decisões, a resolução de problemas, o reconhecimento de padrões, a linguagem natural[(40)].

O objetivo da inteligência artificial é simular a inteligência humana em máquinas, permitindo que elas realizem atividades complexas, muitas vezes superando as capacidades humanas em termos de velocidade, precisão e volume de dados processados.

Nesse complexo de atuações, há o *machinelearning* –uma técnica que permite que as máquinas aprendam com base em dados e experiências passadas. Ou seja, os algoritmos de aprendizado de máquina são treinados com conjuntos de dados para identificar padrões e fazer previsões ou tomar decisões com base nessas informações. Conforme explica Amanda Lemos, "é como se o computador aprendesse com exemplos e experiências anteriores para melhorar seu desempenho"[(41)].

Além disso, existem as redes neurais artificiais (ANN), que são inspiradas no funcionamento do cérebro humano. Trata-se de técnicas computacionais que apresentam um modelo matemático inspirado na estrutura neural de organismos inteligentes e adquirem conhecimento por meio da experiência. São um tipo de algoritmo de aprendizado de máquina que utiliza camadas de neurônios interconectados, para processar informações e reconhecer padrões complexos[(42)].

Outrossim, há o processamento de linguagem natural (NLP), que é uma subárea da IA focada em permitir que as máquinas entendam e interajam com a linguagem humana de forma natural. Ou seja, é um ramo da inteligência artificial que permite aos computadores compreender, gerar e manipular a linguagem humana[(43)].

Ademais, há a visão computacional, que trata de capacitar as máquinas a ver e interpretar imagens e vídeos, permitindo que reconheçam objetos, rostos, movimentos e outros elementos visuais. A visão computacional é o processo de modelagem e replicação da visão humana usando *software* e *hardware*. Consiste, portanto, em "uma disciplina que estuda como reconstruir, interromper e compreender uma cena 3d a partir de suas imagens 2d em termos das propriedades da estrutura presente na cena"[(44)].

Tudo isso precisa ser regulado no Brasil, que ainda não tem lei específica sobre o tema, apesar de haver o Projeto de Lei n. 2338, de 2023, que dispõe sobre o uso da inteligência artificial, e o PL n. 21/20, que estabelece os fundamentos, princípios e diretrizes para o desenvolvimento e a aplicação da inteligência artificial no Brasil e dá

---

(40) LEMOS, Amanda. Inteligência Artificial: o que é e como funciona. *Exame*. Disponível em: https://exame.com/inteligencia-artificial/inteligencia-artificial-o-que-e-e-como-funciona/. Acesso em: 26 jul. 2023.

(41) LEMOS, Amanda. Inteligência Artificial: o que é e como funciona. *Exame*. Disponível em: https://exame.com/inteligencia-artificial/inteligencia-artificial-o-que-e-e-como-funciona/. Acesso em: 26 jul. 2023.

(42) REDES NEURAIS ARTIFICIAIS. Disponível em: https://sites.icmc.usp.br/andre/research/neural/. Acesso em: 26 jul. 2023.

(43) ORACLE. *O que é Processamento de Linguagem Natural?* Disponível em: https://www.oracle.com/br/artificial-intelligence/what-is-natural-language-processing/. Acesso em: 26 jul. 2023.

(44) DATA SCIENCE ACADEMY. *O Que é Visão Computacional?* Disponível em: https://blog.dsacademy.com.br/o-que-e-visao_computacional/. Acesso em: 19 jul. 2023.

outras providências. Contudo, nenhum deles é voltado para o Direito do Trabalho, apesar de poderem ser aplicados à seara trabalhista.

No Direito do Trabalho, a Consolidação das Leis do Trabalho (CLT)estabelece diversos direitos e deveres para empregados e empregadores que podem ser aplicados ao uso da IA no ambiente de trabalho, mas não o faz com detalhamento suficiente para dirimir peculiaridades.

Em especial, no tocante à proteção de dados, o sistema trabalhista socorre-se da Lei Geral de Proteção de Dados (LGPD), que ainda tem muitas lacunas em relação ao tema.

Dentro do sistema laboral, existem as Normas Regulamentadoras (NRs), emanadas do Ministério do Trabalho e Emprego, com o objetivo de garantir a segurança, saúde e bem-estar dos trabalhadores, porém nenhuma trata especificamente da inteligência artificial.

Contudo, por exemplo, a NR-17 (ergonomia) pode atender a alguns pontos no contexto da utilização da IA no ambiente de trabalho, já que estabelece diretrizes e requisitos que permitem a adaptação das condições de trabalho às características psicofisiológicas dos trabalhadores, para proporcionar conforto, segurança, saúde e desempenho eficaz no trabalho.

No que concerne aos princípios do Direito do Trabalho, é possível aplicar o princípio da proteção e da continuidade da relação de emprego para tutelar os trabalhadores no contexto do uso da IA.

Não obstante, nesse cenário, é preciso valorizar sobremaneira os acordos e convenções coletivas de trabalho, pois essas negociações podem abordar questões específicas relacionadas à inteligência artificial no ambiente de trabalho, estabelecendo regras e garantias para a proteção dos trabalhadores, com muito mais agilidade e eficiência.

### *3.1. Regulamentação da IA no Brasil*

Como visto, o Brasil ainda não possui uma legislação específica voltada exclusivamente para a regulamentação da inteligência artificial. No entanto, existem algumas iniciativas e discussões, a exemplo do Projeto de Lei da Inteligência Artificial (PL n. 21/2020), que visa estabelecer normas para o uso da inteligência artificial no Brasil.

O projeto abrange diversas áreas, incluindo a proteção dos dados pessoais, segurança e prevenção, transparência e explicabilidade dos algoritmos, responsabilidade. Além disso, define inteligência artificial como o sistema baseado em processo computacional que, mediante um conjunto de objetivos definidos por humanos, pode, por meio do processamento de dados e de informações, perceber e interpretar o ambiente externo, bem como interagir com ele, fazendo predições, recomendações, classificações ou decisões, e utiliza técnicas, sem a elas se limitar, tais como: sistemas de aprendizagem de máquina (*machinelearning*), inclusosa aprendizagem supervisionada, não supervisionada e por reforço, sistemas baseados em conhecimento ou em lógica, abordagens estatísticas, inferência bayesiana, métodos de pesquisa e de otimização[(45)].

---

(45) CÂMARA DOS DEPUTADOS. *Estabelece fundamentos, princípios e diretrizes para o desenvolvimento e a aplicação da inteligência artificial no Brasil; e dá outras providências.*Disponível em: https://legis.senado.leg.br/sdleg-getter/documento?dm=9023442&ts=1689259287838&disposition=inline&_gl=1*1f15a6u*_ga*MzM4MjI2ODkuMTY2MDA2NzIyNw..*_ga_CW3ZH25XMK*MTY5MDM5MzMyNS4xLjEuMTY5MDM5Mzc4MC4wLjAuMA. Acesso em: 26 jul. 2023.

Além dele, como já apontado, existe o Projeto de Lei n. 2338/2023, que, inclusive, foi analisado pela Autoridade Nacional de Proteção de Dados (ANPD)[(46)].

Nesse ponto, vale ressaltar que a LGPD ensejou a criação da Autoridade Nacional de Proteção de Dados (ANPD), que é responsável por fiscalizar e regulamentar a proteção de dados pessoais no Brasil, incluindo aqueles coletados e processados no contexto de aplicações de inteligência artificial.

Embora ainda não haja uma legislação específica sobre a inteligência artificial, percebe-se que o Brasil tem buscado acompanhar a evolução tecnológica e suas implicações por meio de debates, consultas públicas e projetos de lei.

À medida que a tecnologia avança e as aplicações de inteligência artificial se tornam mais amplas, é provável que novas regulamentações e políticas públicas específicas sejam desenvolvidas no Brasil.

Nesse sentido, o debate contínuo sobre a ética, privacidade, transparência e impactos sociais da inteligência artificial é fundamental para garantir que a tecnologia seja utilizada de forma responsável e em benefício da sociedade como um todo.

E esse debate deve envolver todos os interessados. Sobre isso, por exemplo na Europa, Thomas Schneider, Presidente do CAI (Comitê de Inteligência Artificial) do Conselho da Europa, deixou clara a importância de somar as opiniões e experiências de todas as partes interessadas, incluindo organizações intergovernamentais, universidades, empresas e sociedade civil, em suas respectivas funções, na norma geral que tratará da inteligência artificial[(47)].

Esse engajamento de diferentes setores é fundamental para garantir uma abordagem equilibrada que considere diferentes perspectivas e busque soluções que beneficiem a sociedade como um todo, notadamente em relação a políticas que promovam a inclusão digital e a educação em tecnologia, pois é essencial que a população tenha acesso à tecnologia e esteja preparada para lidar com os desafios e oportunidades da inteligência artificial e evitar a exclusão digital e o aprofundamento de desigualdades.

Afinal, a regulamentação da inteligência artificial no Brasil enfrenta desafios, como a necessidade de atualização constante devido ao ritmo acelerado da tecnologia, o que demanda um diálogo multissetorial, que inclui governos, sindicatos, empresas, acadêmicos, organizações da sociedade civil e outros atores relevantes.

O diálogo contínuo entre todos os atores sociais envolvidos é essencial para construir um ambiente regulatório adequado ao uso responsável e seguro da inteligência artificial em benefício da sociedade brasileira.

### *3.2 Como o tema é enfrentado na perspectiva ética*

A ética exige que os sistemas de inteligência artificial sejam transparentes e explicáveis, pois os(as) trabalhadores(as) têm o direito de entender o modo pelo qualela toma decisões que podem afetar sua vida e carreiras, ou seja, eles precisam

---

(46) MINISTÉRIO DA JUSTIÇA E SEGURANÇA PÚBLICA. *ANPD publica análise preliminar do Projeto de Lei n. 2338/2023, que dispõe sobre o uso da Inteligência Artificial.* Disponível em: https://www.gov.br/anpd/pt-br/assuntos/noticias/anpd-publica-analise-preliminar-do-projeto-de-lei-no-2338-2023-que-dispoe-sobre-o-uso-da-inteligencia-artificial. Acesso em: 26 jul. 2023.

(47) COUNCIL OF EUROPE. *Word of the chair.* Disponível em: https://www.coe.int/en/web/artificial-intelligence/cai. Acesso em: 27 jul. 2023.

compreender as bases das decisões que afetam suas condições de trabalho, até mesmo em face do poder de autodeterminação informativa (art. 2º, II, LGPD).

Além disso, como já dito, a inteligência artificial pode perpetuar preconceitos e discriminações existentes na sociedade, pois os algoritmos são treinados em dados históricos que podem conter vieses.

Para mitigar e evitar o viés algorítmico, garantindo que os sistemas de inteligência artificial não discriminem os trabalhadores com base em características como gênero, raça, origem étnica ou deficiência, a coleta e o processamento de dados dos trabalhadores devem ser realizados de forma ética e respeitosa aos direitos fundamentais, pois a ética impõe que a inteligência artificial seja usada para melhorar a vida dos trabalhadores, e não para restringir sua autonomia e controlar suas atividades ou discriminá-los.

Afinal, a tecnologia não deve ser usada para impor ritmos excessivos, criar condições insalubres ou gerar estresse e ansiedade desnecessários aos trabalhadores. Nesse sentido, dois dos valores pregados pela Unesco são 1) respeito, proteção e promoção dos direitos humanos, das liberdades fundamentais e da dignidade humana; 2) garantia da diversidade e inclusão[(48)].

Para a Unesco:

> A inviolável e inerente dignidade de cada ser humano constitui a base para o sistema de direitos humanos e liberdades fundamentais, que é universal, indivisível, inalienável, interdependente e inter-relacionado. Portanto, respeito, proteção e promoção da dignidade e dos direitos humanos, conforme estabelecido pelo direito internacional, incluindo as leis internacionais relativas aos direitos humanos, é essencial ao longo do ciclo de vida dos sistemas de IA. A dignidade humana se relaciona com o reconhecimento do valor intrínseco e igual de cada ser humano, independentemente de raça, cor, ascendência, gênero, idade, língua, religião, opinião política, nacionalidade, origem étnica, social, econômica ou social, condição de nascimento, deficiência ou quaisquer outros motivos.
>
> Nenhum ser humano ou comunidade humana deve ser prejudicado ou subordinado, seja em termos físicos, econômicos, sociais, políticos, culturais mentais durante qualquer fase do ciclo de vida dos sistemas de IA. Ao longo do ciclo de vida desses sistemas, a qualidade de vida dos seres humanos deve ser reforçada, enquanto a definição de "qualidade de vida" deve ser deixada aberta para indivíduos ou grupos, desde que não ocorra nenhuma violação ou abuso de direitos humanos ou fundamentais liberdades, ou da dignidade humana nos termos desta definição[(49)].

Igualmente, a distribuição de benefícios e riscos associados à inteligência artificial no ambiente de trabalho deve ser ética e justa. Portanto, os benefícios da automação não devem ser concentrados apenas nas empresas, mas compartilhados com os(as) trabalhadores(as) por meio de melhores condições de trabalho, formação e segurança no emprego.

---

(48) UNESCO. *Recomendação sobre a Ética da Inteligência Artificial.* 2021. Disponível em: https://unesdoc.unesco.org/ark:/48223/pf0000381137_por. Acesso em: 10 jul. 2023.
(49) UNESCO. *Recomendação sobre a Ética da Inteligência Artificial.* 2021. Disponível em: https://unesdoc.unesco.org/ark:/48223/pf0000381137_por. Acesso em: 10 jul. 2023.

Além disso, a ética exige que os responsáveis pelo desenvolvimento e uso da inteligência artificial no Direito do Trabalho sejam responsabilizados por suas decisões e ações. Isso inclui os desenvolvedores de algoritmos, as empresas empregadoras e os tomadores de decisão no ambiente de trabalho. Nessa diretriz, um dos princípios éticos imposto pela Unesco é a responsabilidade e prestação de contas(50).

Para a Unesco:

> Os atores de IA e os Estados-membros devem respeitar, proteger e promover os direitos humanos e as liberdades fundamentais, devendo também promover a proteção do meio ambiente e dos ecossistemas, assumindo suas respectivas responsabilidades éticas e jurídicas, em conformidade com o direito nacional e internacional, especialmente com as obrigações relativas a direitos humanos dos Estados-membros, e orientação ética em todo o ciclo de vida dos sistemas de IA, inclusive no que diz respeito aos atores de IA em seu efetivo território e controle. A responsabilidade e a imputabilidade ética pelas decisões e ações de alguma forma baseadas em um sistema de IA devem sempre ser atribuíveis aos atores correspondentes ao seu papel no ciclo de vida desses sistemas.
>
> Devem ser desenvolvidos mecanismos adequados de supervisão, avaliação de impacto, auditoria e devida diligência, incluindo proteção de denunciantes, para garantir a responsabilização pelos sistemas de IA e seu impacto ao longo de seu ciclo de vida. Os projetos técnicos e institucionais devem garantir a auditabilidade e a rastreabilidade do (funcionamento dos) sistemas de IA, especialmente para resolver conflitos com as normas e os padrões dos direitos humanos, assim como com as ameaças ao bem-estar do meio ambiente e dos ecossistemas(51).

Por fim, a perspectiva ética requer um diálogo inclusivo com os trabalhadores, os sindicatos e a sociedade em geral, pois as decisões relacionadas à inteligência artificial no ambiente de trabalho devem ser tomadas de forma colaborativa e democrática, considerando os interesses de todas as partes envolvidas.

---

(50) UNESCO. *Recomendação sobre a Ética da Inteligência Artificial*. 2021. Disponível em: https://unesdoc.unesco.org/ark:/48223/pf0000381137_por. Acesso em: 10 jul. 2023.

(51) UNESCO. *Recomendação sobre a Ética da Inteligência Artificial*. 2021. Disponível em: https://unesdoc.unesco.org/ark:/48223/pf0000381137_por. Acesso em: 10 jul. 2023.

# 4. CONCLUSÃO: ALGUMAS SOLUÇÕES PRÁTICAS PARA OS PROBLEMAS EXISTENTES

Para lidar com os desafios e impactos sociais da inteligência artificial no Brasil, é fundamental implementar soluções que busquem maximizar os benefícios da tecnologia, ao mesmo tempo que mitigam seus riscos e promovam a inclusão e a equidade.

No plano de políticas públicas, investir em políticas que promovam a inclusão digital é essencial para garantir que todas as camadas da sociedade tenham acesso à tecnologia e se beneficiem das oportunidades criadas pela inteligência artificial. Isso pode incluir programas de capacitação tecnológica, acesso à internet em áreas remotas e ações para redução da exclusão digital.

Desse modo, investir na educação em tecnologia desde os primeiros anos de formação é crucial para preparar a população para os desafios da era digital. Uma forma de fazer isso é incluir noções de inteligência artificial, ética e responsabilidade digital nos currículos escolares, o que pode ajudar a formar cidadãos(ãs)/trabalhadores(as) mais conscientes e capacitados(as) para lidar com a tecnologia de forma crítica.

Para enfrentar os desafios da automação e da inteligência artificial no mercado de trabalho, é necessário investir em programas de requalificação profissional e educação contínua. O governo, em parceria com empresas e instituições educacionais, pode desenvolver programas que ofereçam treinamento em habilidades digitais e tecnológicas para trabalhadores afetados pela automação.

Além disso, políticas que incentivem a criação de novas oportunidades de trabalho e de novas profissões no campo da inteligência artificial e da tecnologia podem ser implementadas.

Para reduzir a desigualdade no acesso à tecnologia, é fundamental expandir o acesso à *internet* em áreas rurais e comunidades de baixa renda. Programas de inclusão digital, como a distribuição de dispositivos e a oferta de cursos de capacitação em tecnologia, podem contribuir para que mais pessoas tenham acesso aos benefícios da inteligência artificial.

Também é importante garantir que as políticas de inteligência artificial sejam desenvolvidas de forma a levar em conta as necessidades e perspectivas das populações mais vulneráveis.

No plano acadêmico, é preciso incentivar a pesquisa e o desenvolvimento de inteligência artificial com foco em ética e responsabilidade é essencial para o avanço responsável da tecnologia – financiar projetos que busquem soluções para os desafios sociais da inteligência artificial pode gerar inovações alinhadas com os valores da sociedade.

No plano legislativo, é preciso desenvolver uma legislação clara e atualizada para regulamentar o uso da inteligência artificial, pois isso é fundamental para garantir a proteção dos direitos humanos e dos valores sociais, o que impõe que sejam abordadas e enfrentadas, minimamente, questões como proteção de dados, privacidade, segurança, responsabilidade e transparência, assegurando que a tecnologia seja utilizada de forma ética e segura.

A criação de regulamentações claras para o uso da inteligência artificial, com mecanismos de governança que envolvam diferentes partes interessadas, é fundamental para consolidar a ética e responsabilidade no desenvolvimento e aplicação da tecnologia. O diálogo multissetorial pode levar a políticas públicas mais abrangentes e alinhadas com os interesses da sociedade.

A implementação de mecanismos de segurança robustos é essencial para proteger os dados pessoais dos cidadãos. A LGPD representa um passo importante nesse sentido, mas é necessário efetivar a aplicação da lei e o cumprimento das normas de proteção de dados por parte das empresas e órgãos governamentais que utilizam a inteligência artificial.

No plano empresarial, as empresas que desenvolvem e utilizam tecnologias de inteligência artificial devem adotar práticas de responsabilidade social corporativa. Isso inclui a consideração dos impactos sociais de suas soluções, a proteção dos dados dos usuários e a adoção de medidas para evitar discriminação e desigualdades.

Outrossim, implementar mecanismos de auditoria e supervisão dos sistemas de inteligência artificial pode ajudar a identificar e corrigir possíveis vieses e falhas nos algoritmos.

Para mitigar o viés algorítmico, é importante realizar análises constantes dos algoritmos utilizados para identificar e corrigir possíveis desvios. A diversidade na equipe de desenvolvimento de algoritmos pode ajudar a evitar preconceitos inconscientes na criação das soluções de inteligência artificial.

Também é essencial estabelecer regras e normas que evitem a discriminação em sistemas de inteligência artificial que afetem diretamente as pessoas, como vem ocorrendo nos processos seletivos de emprego.

Além disso, desenvolver e adotar algoritmos com maior transparência e explicabilidade pode ajudar a mitigar o viés algorítmico e garantir que as decisões tomadas pela inteligência artificial sejam compreendidas e justificadas, o que é essencial no mundo do trabalho.

Por fim, promover um diálogo aberto e inclusivo entre governos, empresas, academia, sociedade civil e outros atores é fundamental para entender os impactos da inteligência artificial e desenvolver soluções eficazes. A colaboração entre diferentes partes interessadas pode levar a políticas mais bem informadas e abrangentes que atendam ao interesse de todos.

# REFERÊNCIAS


AGÊNCIA BRASIL. *Inteligência artificial pode afetar futuro mercado de trabalho.* Disponível em: https://agenciabrasil.ebc.com.br/geral/noticia/2023-05/inteligencia-artificial-pode-afetar-futuro-mercado-de-trabalho. Acesso em: 26 jul. 2023.

AGÊNCIA CÂMARA DE NOTÍCIAS. *Inteligência artificial e robótica pode aumentar desigualdade social, diz professor.* Disponível em: https://www.camara.leg.br/noticias/546261-inteligencia-artificial-e-robotica-podem-aumentar-desigualdade-social-diz-professor/. Acesso em: 19 jul. 2023.

AIOT BRASIL. *Brasil é o país mais avançado da América Latina em IA.* Disponível em: https://aiotbrasil.com.br/ia/pesquisa-aponta-que-o-brasil-e-o-pais-mais-avancado-da-america-latina-no-uso-de-inteligencia-artificial/. Acesso em: 23 jul. 2023.

ABRIL, Danielle. Here's what your boss might be able to see while you're at work. Disponível em: https://www.washingtonpost.com/technology/2023/06/07/work-monitoring-tools-surveillance-home-in-person/. *Washington Post.* Acesso em: 19 jul. 2023.

AWARI. *Inteligencia Artificial y Educación:* O Impacto da IA na Educação e nas Práticas de Ensino. https://awari.com.br/inteligencia-artificial-y-educacion-o-impacto-da-ia-na-educacao-e-nas-praticas-de-ensino/#:~:text=Os%20sistemas%20de%20IA%20podem,%C3%A0s%20necessidades%20individuais%20dos%20alunos. Acesso em: 26 jul. 2023.

BARBOSA, Tales Schmidke. Inteligência artificial e discriminação algorítmica. *JOTA.* Disponível em: https://www.jota.info/coberturas-especiais/inova-e-acao/inteligencia-artificial-e-discriminacao-algoritmica-10012021. Acesso em: 19 jul. 2023.

BRISSANT, Otavio. *Viés algorítmico:* o uso de algoritmos em processos decisórios tem gerado preocupações acerca da possibilidade de discriminação. Disponível em: https://legalbytes.hurb.com/vies-algoritmico-o-uso-de-algoritmos-em-processos-decisorios-tem-gerado-preocupacoes-acerca-da-possibilidade-de-discriminacao/. Acesso em: 19 jul. 2023.

CÂMARA DOS DEPUTADOS. *Estabelece fundamentos, princípios e diretrizes para o desenvolvimento e a aplicação da inteligência artificial no Brasil; e dá outras providências.* Disponível em: https://legis.senado.leg.br/sdleg-getter/documento?dm=9023442&ts=1689259287838&disposition=inline&_gl=1*1f15a6u*_ga*MzM4MjI2ODkuMTY2MDA2NzIyNw..*_ga_CW3ZH25XMK*MTY5MDM5MzMyNS4xLjEuMTY5MDM5Mzc4MC4wLjAuMA. Acesso em: 26 jul. 2023.

CERIONI, Clara. Assistentes virtuais aceleram modernização tecnológica nas Defensorias Públicas. Disponível em: https://www.jota.info/coberturas-especiais/inova-e-acao/assistentes-virtuais-modernizacao-defensorias-publicas-05012021. *JOTA.* Acesso em 19 jul. 2023.

COUNCIL OF EUROPE. *Word of the chair.* Disponível em: https://www.coe.int/en/web/artificial-intelligence/cai. Acesso em: 27 jul. 2023.

DATA SCIENCE ACADEMY. *O Que é Visão Computacional?* Disponível em: https://blog.dsacademy.com.br/o-que-e-visao_computacional/. Acesso em: 19 jul. 2023.

FENACON. *Transformação digital otimiza a gestão de Recursos Humanos.* Disponível em: https://fenacon.org.br/noticias/transformacao-digital-otimiza-a-gestao-de-recursos-humanos/. Acesso em: 26 jul. 2023.

FORBES. *Futuro do trabalho: 23% das profissões devem se modificar até 2027.* Disponível em: https://forbes.com.br/carreira/2023/05/futuro-do-trabalho-23-das-profissoes-devem-se-modificar-ate-2027/. Acesso em: 19 jul. 2023.

G1. *Advogado usa casos inventados pelo ChatGPT em processo judicial e leva 'puxão de orelha' de juiz.* Disponível em: https://g1.globo.com/tecnologia/noticia/2023/05/29/advogado-usa-casos-inventados-pelo-chatgpt-em-processo-judicial-e-leva-puxao-de-orelha-de-juiz.ghtml. Acesso em: 20 jul. 2023.

IBM. *Estudo IBM: 41% das empresas no Brasil já implementaram ativamente Inteligência Artificial em seus negócios.* Disponível em: https://www.ibm.com/blogs/ibm-comunica/estudo-ibm-41-das-empresas-no-brasil-ja-implementaram-ativamente-inteligencia-artificial-em-seus-negocios/#:~:text=Como%20exemplo%2C%20

66%25%20dos%20profissionais,tem%20planos%20de%20faz%C3%AA%2Dlo.&text=Hoje%2C%20 41%25%20das%20empresas%20no,explorando%20o%20uso%20de%20IA. Acesso em: 23 jul. 2023.

INGIZZA, Carolina. ChatGPT:11% dos departamentos jurídicos de empresas usam ou planejam usar IA. Disponível em: https://www.jota.info/tributos-e-empresas/mercado/chatgpt-11-dos-departamentos-juridicos-de-empresas-usam-ou-planejam-usar-ia-28062023. *JOTA*. Acesso em: 19 jul. 2023.

JORNAL DA USP. *Revolução tecnológica, sinônimo de desemprego em massa.*https://jornal.usp.br/atualidades/revolucao-tecnologica-sinonimo-de-desemprego-em-massa/. Acesso em: 19 jul. 2023.

JURISTAS. *Inteligência artificial para advogados:*como a IA está transformando o setor jurídico. Disponível em: https://juristas.com.br/2023/05/07/inteligencia-artificial-para-advogados/. Acesso em: 19 jul. 2023.

LAMELLAS, Paulo. *Alguns pontos positivos e riscos associados ao uso da Inteligência Artificial na cibersegurança.* Disponível em: https://pt.linkedin.com/pulse/alguns-pontos-positivos-e-riscos-associados-ao-uso-da-paulo-lamellas#:~:text=O%20uso%20da%20IA%20no,levanta%20quest%C3%B5es%20%C3%A9ticas%20 e%20legais. Acesso em: 19 jul. 2023.

LEMOS, Amanda. Inteligência Artificial: o que é e como funciona. *Exame.* Disponível em: https://exame.com/inteligencia-artificial/inteligencia-artificial-o-que-e-e-como-funciona/. Acesso em: 26 jul. 2023.

MATOS, Larissa. *Direito Digital no Trabalho:* a proteção de dados e o monitoramento corporal no contexto das relações de trabalho. São Paulo: Thomson Reuters, 2022.

MATTOS, Ynara. A inteligência artificial é uma das principais tendências para 2023. Jornal Jurid. Disponível em: https://www.jornaljurid.com.br/noticias/a-inteligencia-artificial-e-uma-das-principais-tendencias-para-2023. Acesso em: 19 jul. 2023.

MCKINSEY GLOBAL INSTITUTE. *Generative IA and the future of work in America.* 2023. Disponível em: https://www.mckinsey.com/mgi/our-research/generative-ai-and-the-future-of-work-in-america. Acesso em 27 jul. 2023.

MINISTÉRIO DA SAÚDE. *Revolução da inteligência artificial:* uso na saúde traz novas possibilidades. Disponível em: https://bvsms.saude.gov.br/revolucao-da-inteligencia-artificial-uso-na-saude-traz-novas-possibilidades/. Acesso em: 26 jul. 2023.

MINISTÉRIO DA JUSTIÇA E SEGURANÇA PÚBLICA. *ANPD publica análise preliminar do Projeto de Lei n.º 2338/2023, que dispõe sobre o uso da Inteligência Artificial.* Disponível em: https://www.gov.br/anpd/pt-br/assuntos/noticias/anpd-publica-analise-preliminar-do-projeto-de-lei-no-2338-2023-que-dispoe-sobre-o-uso-da-inteligencia-artificial. Acesso em: 26 jul. 2023.

MOREIRA, Samantha Caroline Ferreira; FERNANDES, Ricardo Augusto. A aplicabilidade da inteligência artificial ao processo do trabalho e a segurança jurídica. *Revista do Tribunal Superior do Trabalho,* São Paulo, v. 86, n. 4, p. 267-280, out./dez. 2020.

MPT. *Inteligência artificial, tecnologia digital e discriminação no trabalho. Direitos e conceitos básicos.* Uma cartilha elaborada pelo Grupo de Estudos Diversidade e Tecnologia. Disponível em: https://mpt.mp.br/pgt/publicacoes/cartilhas/inteligencia-artificial-tecnologia-digital-e-discriminacao-no-trabalho/@@display-file/arquivo_pdf. Acesso em: 26 jul. 2023.

OLHAR DIGITAL. *Inteligência artificial da Amazon exercitava preconceito.* Disponível em: https://olhardigital.com.br/2018/10/10/noticias/inteligencia-artificial-da-amazon-exercitava-preconceito/. Acesso em: 20 jul. 2023.

O GLOBO. *IA movimenta mercado de trabalho, e empresas buscam profissionais capazes de aplicar tecnologia.* Disponível em: https://oglobo.globo.com/economia/tecnologia/noticia/2023/07/16/ia-movimenta-mercado-de-trabalho-e-empresas-buscam-profissionais-capazes-de-aplicar-tecnologia.ghtml. Acesso em: 26 jul. 2023.

OIT. *Acordos coletivos contribuem para combater a desigualdade,* diz OIT. 2022. Disponível em: https://www.ilo.org/brasilia/noticias/WCMS_844340/lang--pt/index.htm. Acesso em: 16 jul. 2023.

OIT. Competências Digitais preparar os jovens para o futuro do trabalho na economia digital. Disponível em: https://www.ilo.org/wcmsp5/groups/public/---europe/---ro-geneva/---ilo-lisbon/documents/publication/wcms_779090.pdf. Acesso em: 26 jul. 2023.

ORACLE. *O que é Processamento de Linguagem Natural?* Disponível em: https://www.oracle.com/br/artificial-intelligence/what-is-natural-language-processing/. Acesso em: 26 jul. 2023.

STEFANINI GROUP. *As 7 principais aplicações de inteligência artificial nas empresas!* Disponível em: https://stefanini.com/pt-br/insights/artigos/as-7-principais-aplicacoes-de-inteligencia-artificial-nas-empres. Acesso em: 20 jul. 2023.

TEIXEIRA, Leonardo Ávila. *Efeito 'caixa-preta' da inteligência artificial não a isenta de responsabilidades, diz especialista.* Disponível em: https://gq.globo.com/tecnologia/noticia/2023/04/efeito-caixa-preta-inteligencia-artificial.ghtml. Acesso em: 20 jul. 2023.

TERRA. *Como a inteligência artificial pode auxiliar as pessoas no trabalho.* Disponível em: https://www.terra.com.br/economia/dinheiro-em-dia/meu-negocio/como-a-inteligencia-artificial-pode-auxiliar-as-pessoas-no-trabalho,31551bbfaa685e013f5695681c2cbd3bl43kc8xi.html. Acesso em: 26 jul. 2023.

TERRA. *Inteligência artificial influencia as relações no trabalho.* Disponível em: https://www.terra.com.br/noticias/inteligencia-artificial-influencia-as-relacoes-no-trabalho,bf1a678473386d6e79c052020654064al5mq6sxm.html. Acesso em: 21 jul. 2023.

TST. *A Justiça do Trabalho como Justiça Social.* Disponível em: https://www.tst.jus.br/justica-social. Acesso em: 26 jul. 2023.

TURBIANI, Renata. Sou constantemente observada': como é a rotina de funcionários que trabalham sob vigilância. *Época Negócios.* Disponível em: https://epocanegocios.globo.com/colunas/futuro-do-trabalho/noticia/2023/05/sou-constantemente-observada-como-e-a-rotina-de-funcionarios-que-trabalham-sob-vigilancia.ghtml. Acesso em: 20 jul. 2023.

UNESCO. *Recomendação sobre a Ética da Inteligência Artificial.* 2021. Disponível em: https://unesdoc.unesco.org/ark:/48223/pf0000381137_por. Acesso em: 10 jul. 2023.

VASCONCELOS, Eduardo. Brasil lidera uso de inteligência artificial na América Latina, aponta pesquisa. Disponível em: https://www.telesintese.com.br/brasil-lidera-uso-de-inteligencia-artificial-na-america-latina-aponta-pesquisa/. Acesso em: 23 jul. 2023.

KROST, Oscar; GOLDSCHMIDT, Rodrigo. Inteligência artificial (I.A.) e o direito do trabalho: possibilidades para um manejo ético e socialmente responsável = Artificial inteligence (A.I.) and the right of work: possibilities for na ethical and socially responsibleway. *Revista do Tribunal Superior do Trabalho,* São Paulo, v. 87, n. 2, p. 55-71, abr./jun. 2021.

REDES NEURAIS ARTIFICIAIS. Disponível em: https://sites.icmc.usp.br/andre/research/neural/. Acesso em: 26 jul. 2023.

# ADOECIMENTOS LABORAIS NA INDÚSTRIA DO ALUMÍNIO

*Olimpio Paulo Filho*[1]

**Resumo:** Este artigo tem como objetivo demostrar as condições penosas e agressivas à corporeidade do labor prestado pelos trabalhadores na indústria do alumínio, exposto a altas temperaturas, a vapores de soda cáustica, a ruído excessivo, a inalação de pó de bauxita e a pó de alumina, com exigência de intensos movimentos e esforços repetitivos. Os adoecimentos são frequentes, e os médicos peritos sempre descartam a concausalidade entre as patologias e o labor penoso e insalubre, inclusive nas ações judiciais. Quando o trabalhador conta com um bom assistente técnico médico, às vezes, consegue o reconhecimento do nexo concausal, mas é muito difícil. Via de regra os juízes entendem que o perito é de confiança, e embora o laudo seja frágil, o acolhe assim mesmo. A luta contínua pelo resgate da dignidade do trabalhador tem sido o cotidiano da advocacia obreira na defesa dos trabalhadores portadores de patologias laborais, tanto na indústria do alumínio quanto nos demais seguimentos da atividade industrial ou comercial.

**Palavras-chave:**

- Alumina;
- Alumínio;
- Doenças Laborais;
- Nexo concausal.

**Sumário:**



---

(1) Advogado trabalhista em Curitiba, PR, membro efetivo do IAB – Instituto dos Advogados Brasileiros e Diretor da Associação dos Advogados Trabalhistas do Paraná – AATPR. Disponível em: https://www.paho.org/pt/noticias/16-9-2021-omsoit-quase-2-milhoes-pessoas-morrem-por-causas-relacionadas-ao-trabalho-cada. Acesso em: 30 jul. 2023.

# 1. INTRODUÇÃO

Em setembro de 2021, a OMS (Organização Mundial da Saúde) e a OIT (Organização Internacional do Trabalho) divulgaram relatório informando ter ocorrido quase 2 milhões de mortes de pessoas relacionadas ao trabalho.

Diante desse quadro pavoroso, o diretor geral da OMS, Tedros Adhanom Ghebreysus, declarou:

> "É chocante ver tantas pessoas literalmente sendo mortas por seus empregos. Nosso relatório é um alerta para os países e empresas melhorarem e protegerem a saúde e a segurança dos trabalhadores, honrando seus compromissos de fornecer cobertura universal de serviços de saúde e segurança ocupacional."

Esse horroroso quadro faz parte do cotidiano laboral dos trabalhadores nas indústrias brasileiras, e neste artigo se fará uma pequena abordagem sobre o tema.

## 2. PATOLOGIAS LABORAIS NA INDÚSTRIA DO ALUMÍNIO

A indústria do alumínio no Brasil, em 2021, respondeu por 22,2% do Produto Interno Bruto (PIB) e por 71,8% das exportações brasileiras; gerou mais de 420 mil postos de trabalho e faturou em torno de R$ 88 bilhões.

A empresa ALBRÁS, localizada em Barcarena, no Estado do Pará, "é *a maior produtora de alumínio primário no Brasil e alimenta os mercados interno e externo com lingotes de alta pureza*"[(2)].

(2) Disponível em: https://revistaaluminio.com.br/dia-da-industria-a-importancia-do-setor-produtivo--do-aluminio-brasileiro. Acesso em: 30 jul. 2023

# 3. MEIO AMBIENTE INSALUBRE NA INDÚSTRIA DO ALUMÍNIO

Na cadeia do alumínio em Barcarena, duas empresas do mesmo grupo (ALBRÁS – Alumínio Brasileiro S/A; ALUNORTE – Alumina do Norte do Brasil), mantêm o oligopólio da indústria do alumínio.

No processo de produção, a matéria-prima, a bauxita, chega carregada em navios ao Porto da Vila do Conde, em Barcarena, onde é descarregada e transportada. Os trabalhadores da ALUNORTE, maior refinaria de alumina do mundo[3], fazem a logística de atracação/desatracação dos navios e o descarregamento de bauxita e soda cáustica; a inspeção da rota; o abastecimento de silos; a operação recuperadora de minérios; a operação de posicionamento de empilhadeira de minério; as manobras de campo na área e a transferência dos silos. Nas fases da transformação da bauxita em alumina, a bauxita passa pela fase da britagem, moagem, e redução controlada das partículas de minério; depois pela fase chamada **Digestão**, onde o minério é combinado à soda cáustica em condições de alta temperatura e pressão, resultando uma solução de aluminato de sódio misturada com resíduos insolúveis de impureza; depois passa pela fase de **Decantação e Lavagem**, onde os resíduos são separados do aluminato de sódio por um processo de decantação e filtragem, onde a soda cáustica é separada dos resíduos por um processo de lavagem; e depois vem a fase da **Precipitação**, onde "*a alumina é precipitada por um processo de cristalização da solução através da filtragem e resfriamento. A transformação da alumina em alumínio consiste em colocá-la em banho eletrolítico dentro de um forno onde se utilizam correntes elétricas contínuas. A alumina é dissolvida em um banho de criolita derretida a 950ºC, em grandes fornos, por meio de uma corrente elétrica que passa através do banho entre os anodos de carbono (polo positivo) e catodos (polo negativo). O alumínio se junta ao corpo do cátodo e se precipita no fundo do forno. Posteriormente, é aspirado por um cadinho a vácuo pronto para ser ligado e fundido a outros metais*"[4]. Depois, a fase da **Calcinação**, "*onde os cristais de alumina são aquecidos a alta temperatura, removendo a água, e formando a alumina propriamente dita*"; e todo do esse trabalho é sempre realizado em alta temperatura (entre 75º a 110º centígrados) como mostra o diagrama simplificado do processo Bayer para a produção de alumina a partir da bauxita[5]:

(3) Disponível em: https://www.hydro.com/pt-BR/aluminium/products/bauxita-e-alumina/. Acesso em: 30 jul. 2023.

(4) CASTRO, Hermano A. A saúde dos trabalhadores na cadeia do produtiva do alumínio, in *Alumínio na Amazônia, saúde do trabalhador, meio ambiente e movimento social*, p. 60, Fórum Carajás, São Luís, 2009.

(5) Disponível em: https://www.linkedin.com/pulse/um-resumo-sobre-o-processo-bayer-carlos-henrique--lara/?originalSubdomain=pt. Acesso em: 30 jul. 2023.

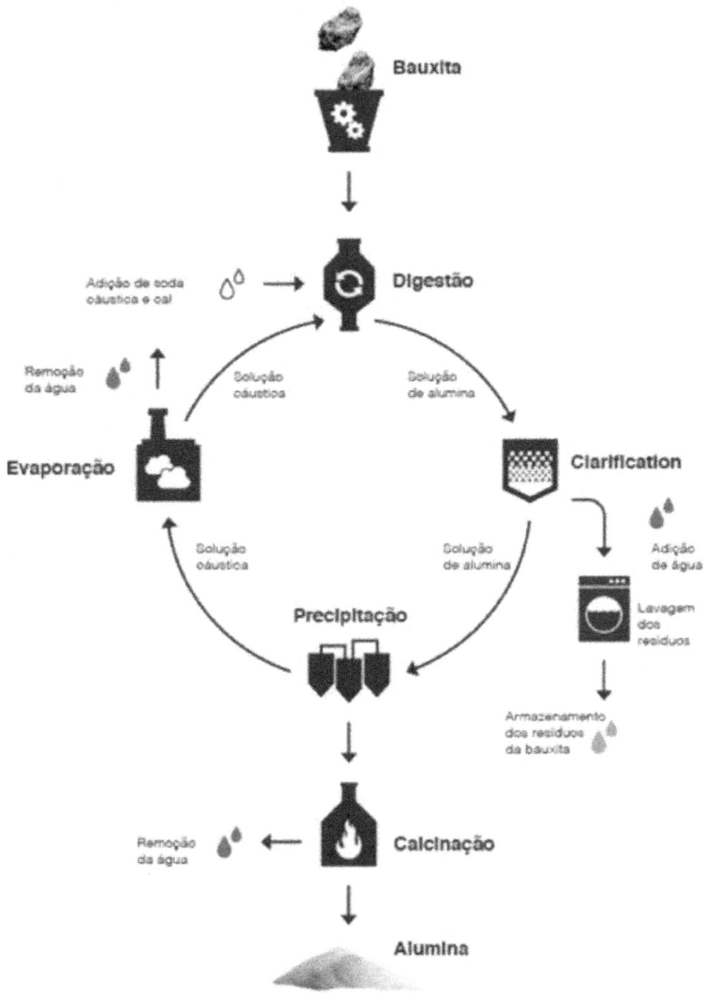


Todas as fases do processo de produção, a partir da recepção do minério de bauxita e da soda cáustica no Porto, são insalubres.

Na fase da Precipitação, o minério chega com temperatura elevadíssima e passa por um processo de filtragem, resfriamento e lavagem, e nesse processo de produção, na área branca de precipitação e classificação, o trabalhador fica exposto a vapores de soda cáustica, a calor excessivo, insuportável, a ruído excessivo, a inalação de pó de bauxita e pó de alumina, em área alagada de soda cáustica, com exigência de intensos movimentos e esforços repetitivos.

A bauxita é a matéria-prima para a produção de alumina. Uma vez produzida a alumina, o produto é encaminhado para a ALBRÁS, instalada no mesmo complexo, para a produção de alumínio.

Quem se submete a esse tipo de trabalho, por um processo de resiliência, até suporta por certo tempo o desgaste, com graves consequências para a sua corporeidade e a seu capital de vida.

Se o trabalhador permanecer exposto durante alguns anos a vapores tóxicos, gases, inclusive com soda cáustica e de benzeno (utilizado na produção de coque), poeira de alumina, poeira de bauxita, poeira de carvão mineral, pode vir a desenvolver câncer de pulmão, porque esses elementos, presentes no meio ambiente laboral são cancerígenos(6).Os EPIs podem neutralizar parte da insalubridade durante certo tempo, dependendo da capacidade imunológica do indivíduo, mas o risco é permanente.

O trabalho nessas condições deveria ser remunerado com o acréscimo do adicional de insalubridade de 40% sobre o salário mínimo, com suporte nos artigos 189 e 192 das CLT(7).

O trabalhador, que labora próximo à boca do forno, tem como EPIs óculos, máscara, avental de couro cru, luva de couro cru, e bota. A temperatura, como constatado em processos trabalhistas, varia de 70º a 100º/110º centígrados, e trabalhador não consegue permanecer ali mais de 5 minutos; tem que ser substituído, porque é impossível suportar mais; é substituído, e tem que retornar várias vezes, até completar a sua jornada de oito horas, que às vezes é prorrogada por mais duas, três horas ou mais.

A essa temperatura, somam-se os vapores tóxicos, inclusive de soda cáustica.

Numa temperatura de 100ºC, a água ferve. Se ferve a 100º Centígrados, o que acontece com o corpo humano que é constituído de 2/3 de líquido(8)?

As perícias formais e as judiciais sempre procuraram dourar a pílula, e minimizar a penosidade do ambiente. Até 2012, a empresa pagava adicional de insalubridade de 40%, e a partir de 2012 passou a pagar apenas 20% sobre o salário mínimo, embora as condições de trabalho e do meio ambiente continuassem iguais.

Os peritos, particulares e ou judiciais, engenheiros ambientais, só têm reconhecido 20% de insalubridade, e a queixa dos trabalhadores é de que, quando há perícia, as atividades são bem reduzidas, porque as perícias são agendadas previamente e dá tempo de preparar o ambiente. Mas, mesmo para quem não trabalha junto aos fornos, o adicional deveria ser de 40%, devido aos vapores tóxicos, à alta concentração de soda cáustica, além de componentes químicos tóxicos dos anodos, piches. Basta que se permaneça uns 20 minutos do lado de fora em frente ao portão de qualquer das empresas, para que os olhos comecem a lacrimejar, as fossas nasais umedeçam e poros fiquem irritados diante da nocividade do meio ambiente.

---

(6) Disponível em: https://medicinaemalerta.com.br/carvao-mineral/o-carvao-e-a-saude/#:~:text=H%C3%A1%20um%20risco%20eminente%20de,e%20baixo%20peso%20ao%20nascer. Acesso em: 30 jul. 2023.

(7) Art. 189 - Serão consideradas atividades ou operações insalubres aquelas que, por sua natureza, condições ou métodos de trabalho, exponham os empregados a agentes nocivos à saúde, acima dos limites de tolerância fixados em razão da natureza e da intensidade do agente e do tempo de exposição aos seus efeitos. Art. 192 - O exercício de trabalho em condições insalubres, acima dos limites de tolerância estabelecidos pelo Ministério do Trabalho, assegura a percepção de adicional respectivamente de 40% (quarenta por cento), 20% (vinte por cento) e 10% (dez por cento) do salário mínimo da região, segundo se classifiquem nos graus máximo, médio e mínimo.

(8) Disponível em: https://www2.ibb.unesp.br/Museu_Escola/2_qualidade_vida_humana/Museu2_qualidade_corpo_renal1.htm. Acesso em: 30 jul. 2023.

# 4. DOENÇAS LABORAIS

Para os trabalhadores que não têm contato direto com os produtos químicos, ou não tenham proximidade com os fornos, os peritos ambientais sequer reconhecem o direito a adicional de insalubridade. E quando esses trabalhadores adoecem, com sintomas que evidenciam a exposição a meio ambiente impróprio, os peritos médicos negam sistematicamente o nexo causal/concausal, embora a Lei n. 11.430/2006 e anexos do Decreto n. 3.048 e Instrução Normativa INSS/PRES n. 31, de 10/09/2008, autorize o reconhecimento do nexo concausal por cruzamento do CNAE da empresa (Classificação Nacional de Atividades Econômicas) com o CID (Código Internacional de Doenças) da doença ou das doenças.

No processo **ROT** n. **0000683-91.2017.5.08.0002 movido pela viúva** de um trabalhador exposto durante 19 anos a meio ambiente insalubre na indústria do alumínio, que veio a óbito por câncer de pulmão, a perícia médica negou a ocorrência de nexo concausal, e a ação foi julgada improcedente. Mas, em grau de recurso ordinário, o TRT da Oitava Região, diante da farta prova dos autos, reconheceu o nexo concausal e deferiu à viúva do trabalhador falecido indenização por dano moral e material:

> "COMPROVAÇÃO DO NEXO CAUSAL ENTRE A DOENÇA E A ATIVIDADE REALIZADA NO TRABALHO. INDENIZAÇÃO POR DANOS MORAIS E MATERIAIS. Ante a existência de provas contundentes capazes de desqualificar e desconstituir o laudo pericial, reconhece-se que a doença do de cujus foi adquirida em razão das atividades laborais, estando configurado o nexo de causalidade entre o trabalho prestado e a doença diagnosticada, sendo cabível a indenização por danos morais e materiais."
>
> Processo 0000683-91.2017.5.08.0002 (ROT). Rel. Des. ROSITA DE NAZARÉ SIDRIM NASSAR. DEJT: 03/06/2020.

No desempenho das atividades laborais diárias na indústria do alumínio, conforme PPRA (Programa de Prevenção de Riscos Ambientais) da empresa, o operador tem que fazer o seu trabalho em pisos irregulares, tarefas em pé, com risco acentuado de lesões no tornozelo, no joelho, e lecionar a coluna vertebral ou o joelho; há necessidade de diariamente subir e descer escadas metálicas, estreitas, e de fazer esforços físicos, como: 1) manobras rotineiras, com utilização de batedor de válvulas, parafusadeira, marreta de 2 quilos, chave de impacto e chave combinada para raquetes de 2" a 24", espátula, alavanca de ferro, cunha de ferro, juntas e parafusos; 2) raquete de ferro de 2" a 24"; 3) preparar as ferramentas para as tarefas e inspecionar mangueiras de ar, conexão e ferramentas; 4) fazer energia zero no circuito onde a raquete será invertida, travando válvulas, com uso de chave F ou batedor de ferro, drenando linhas; 5) checar e inspecionar o local onde irá trabalhar, fazendo a folga dos parafusos da raquete de ferro, iniciando sempre pelos inferiores, usando marreta, chave de impacto e parafusadeira; 6) retirar a raquete de ferro, com alavanca e ou cunha de ferro, e usar espátulas para limpar resíduos impregnados nos flandres, e os descartando; 7) conectar parafusos e os apertar em forma de cruz, com parafusadeira, marreta e chave de impacto; 8) fechar os drenos, isolar a área, e testar a linha onde foi invertida ou trocada a raquete de ferro; 9) abrir válvulas, para fazer o enchimento gradativo do circuito, evitando vazamentos de licor cáustico, por rompimento de juntas, e consequentemente evitar queimaduras químicas ou contaminação ambiental.

Essas são apenas algumas, exemplificativamente, das inúmeras atividades que exigiam intensos movimentos repetitivos de mãos, braços, ombros, coluna cervical, coluna dorsal, quadril, pernas, joelhos, tendo que subir e descer escadas metálicas em alturas, diariamente. Quando o trabalhador/operador não está subindo, ou descendo escadas, está fazendo outras atividades, como, por exemplo, fechamento de válvula de soda cáustica.

Com o tempo, depois de dois, três ou quatro anos de trabalho nessas condições extremamente penosas, o trabalhador vai comprometendo a unidade físio-dínamo-psico-espiritual, perdendo o equilíbrio dinâmico, e desenvolvendo patologias laborais limitadoras, como, por exemplo, cervicalgia (CID M54.2), dorsalgia (CID M54), síndrome do túnel do carpo (CID G56.0), artrose dos joelhos (CID 10. M17), transtornos de discos lombares e de outros discos intervertebrais com radiculopatia (CID 10, M51.10), outros deslocamentos discais intervertebrais especificados (M51.2), lumbago com ciática (CID M54.4), dor lombar baixa (M54.5), polineuropatia devida a outros agentes tóxicos (G62.2).

Na indústria do alumínio há um contingente expressivo de trabalhadores afastados, e uma boa parte de demitidos, com patologias laborais subnotificadas.

O pesquisador Hermano Castro afirma:

> "A indústria do alumínio está devolvendo para a sociedade trabalhadores doentes, em plena faixa produtiva. A média de idade, em torno de 40 anos, deixa claro a sobrecarga de trabalho a que esses trabalhadores são submetidos.
>
> Um fator que expressa esta sobrecarga, nesta parcela de trabalhadores atendidos na Casa do Trabalhador é o pouco tempo de trabalho. O pouco tempo de trabalho ou de exposição demonstra a precariedade do processo e a falta de políticas de saúde e segurança na cadeia produtiva que visassem a melhoria das condições de trabalho"(9).

Afirma também que ser frequente a ocorrência de doenças osteomuscular e lesões por esforços repetitivos na indústria do alumínio:

> "Doença Osteomuscular e Lesão de Esforço Repetitivo (LER): um dos problemas também identificados na cadeia produtiva do alumínio é a presença de alterações musculoesqueléticas em trabalhadores da indústria. Um estudo realizado em 2.000, por Morken e Cols, mostrou uma elevada prevalência de distúrbios músculos esqueléticos, entre 5.654 trabalhadores da indústria do alumínio"(10).

Constatado que o trabalhador está ou foi exposto a essas condições laborais penosas, e com amparo na lista de doenças relacionadas ao trabalho, contida na Portaria n. 1339-MS e no Manual de Doenças Relacionadas ao Trabalho do Ministério da Saúde, Capítulo 18 (18.3 Lista de Doenças do Sistema Osteomuscular e do Tecido Conjuntivo Relacionadas ao Trabalho), não se pode excluir a chamada concausa das patologias osteomusculares, por força do art. 21-I da Lei n. 8.213/1991, e por incidência do Nexo Técnico Epidemiológico, autorizado pela Lei n. 11.430/2006 e anexos do Decreto n. 3.048 e Instrução Normativa INSS/PRES n. 31, de 10/09/2008, o que impõe o reconhecimento de doença laboral, por cruzamento do CNAE da empresa (Classificação Nacional de

---

(9) CASTRO, Hermano A. Op. cit. p. 73-74

(10) CASTRO, Hermano A. Op. Cit. p. 67.

Atividades Econômicas) com o CID (Código Internacional de Doenças) da doença ou das doenças, conforme artigos 3º, I, II e IV, e 4º da IN INSS/PRES n. 31/2008.

Ao fazer o cruzamento do CNAE com os CIDs das patologias, é importante que o perito avalie o universo de trabalhadores da empresa portadores dos mesmos sintomas/patologias.

O trabalhador na indústria do alumínio é sempre candidato a patologias incapacitantes como:

– Anemia microlítica hipocrômica refratária ao tratamento com ferro;

– Alterações ósseas e renais;

– Anorexia e consequente fraqueza e até psicoses, o que se agrava em crianças com dificuldades de eliminação desse metal devido a problemas renais e crônicos;

– Sintomas clínico e doenças da intoxicação por adultos;

–Dormência e paralisia em membros inferiores;

– Seborreia intensa no couro cabeludo, acompanhada de queda de cabelos;

– Envelhecimento precoce;

– Esclerose cerebral (doença de Alzheimer);

– Conjuntivite crônica;

– Dificuldade no metabolismo do cálcio;

– Osteomalácia.(11)

As lesões da imensa maioria dos trabalhadores afastados e subnotificados têm como fator causal, ou concausal, os traumas, os esforços para efetuar as tarefas laborais diárias.

Os discos intervertebrais se rompem pelos frequentes micros traumas durante o progredir da idade, e se rompem bem mais rapidamente, se danificam, se houver trauma repetitivo, realização de esforço e movimentação de cargas, acelerando o processo, durante atividade laboral que exija esse agravante, chamado de concausalidade.

O trabalho que exige movimentos repetitivos, variabilidade de movimentos, centrados em braços, ombros, coluna cervical e coluna dorsal, agravado pelo ambiente extremamente quente, carregado de vapores tóxicos, exigindo flexão do tronco, coluna vertebral, lombar, cervical, ombros, braços, mãos, joelhos, pernas, inegavelmente produzem lesões, tanto que qualquer médico, mesmo não sendo ortopedista, recomenda cuidados especiais nos movimentos de abaixar, levantar, carregar ou levantar peso, porque há efetivo risco de contrair lesões, e ocorre não só na indústria do alumínio, mas também em outros seguimentos, como os de digitadores bancários, trabalhadores em frigoríficos, metalúrgicos, motoristas, cortadores de cana, enfermeiras, etc.

O quadro denominado ciclo-lesão, em um estudo realizado, *é bem* representativo dessa realidade(12):

---

(11) CASTRO, Hermano A. Op. Cit. p. 67/68.
(12) GROSS, Jeffrey; FETTO, Josef; ROSEN, Elaine. *Exame Musculoesquelético*. Artmed Editora, 2000.

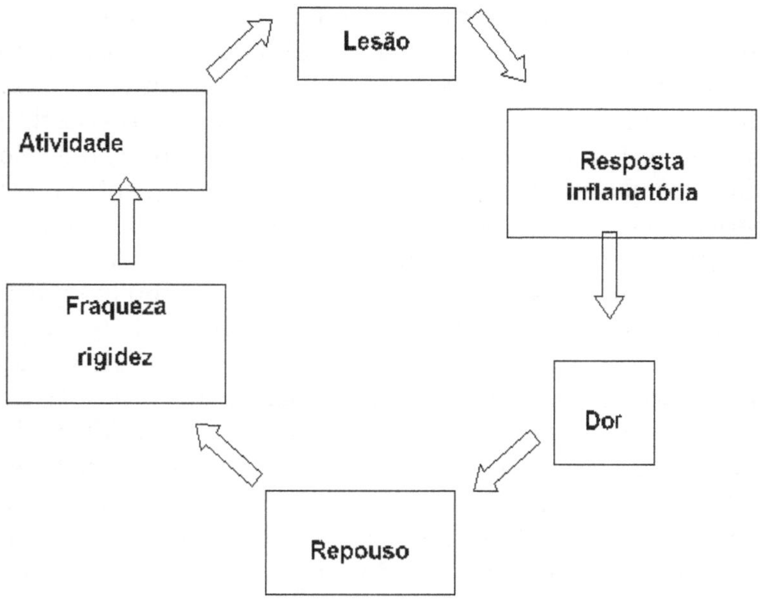


O diagrama mostra que uma lesão, mesmo degenerativa, pode gerar um quadro de inflamação e dor, que leva o indivíduo a deixar o membro em repouso. Esse repouso gera fraqueza muscular e rigidez articular. Quando o indivíduo vai solicitar novamente seus músculos e articulações para realizar a atividade (por exemplo, subir escadas, mover o tronco, os ombros, os braços, etc.), novas lesões podem ocorrer e o ciclo se reiniciar, e é o que ocorre com os trabalhadores na indústria do alumínio. Consequentemente incide a chamada concausa laboral, mesmo porque as lesões osteomusculares nunca têm causa única, e são sempre multicausais, como já ensinava Bernardino Ramazzini, o chamado pai da medicina do trabalho, em meados do Século XVII, de modo que é sempre preciso examinar a concorrência de outras causas, as condições agressivas do trabalho, como concausa das lesões.

Para os médicos "peritos" do INSS e alguns peritos judiciais já se tornou senso comum atribuir causas das patologias osteomusculares ao vocábulo degenerativo, palavra mágica para suprimir direitos e onerar a sociedade como um todo, uma vez o ônus é arcado por toda sociedade, e não pela empresa que forneceu o meio ambiente impróprio para o trabalho. Para esses peritos, não importa que haja um universo extremamente representativo de trabalhadores lesionados, para eles tudo é degenerativo.

O Protocolo de Procedimentos Médicos Periciais n. 13, VI do Ministério da Previdência e Assistência Social (**Resolução n. DC 10, de 23/12/1999**) estabelece os procedimentos para o reconhecimento técnico do Nexo Causal entre a doença e o trabalho:

> *"Procedimentos médico-periciais para o "reconhecimento técnico do Nexo causal entre a Doença e o trabalho" (Art. 337 Decreto 3.048/99).* De acordo com a Resolução 1488/98 do Conselho Federal de Medicina, aplicável a todos os *Médicos* em exercício profissional no país, "para o estabelecimento do Nexo causal entre os transtornos de Saúde e as atividades do trabalhador, além do exame clínico (físico e mental) e os exames complementares, quando necessários, deve o médico considerar: A História clínica e ocupacional, decisiva em qualquer Diagnóstico e/ou investigação de Nexo causal; **O estudo do local de Trabalho**;

**O estudo da organização do Trabalho**; Os dados epidemiológicos; A literatura atualizada; **A ocorrência de quadro clínico ou subclínico em trabalhador exposto a condições agressivas**; **A Identificação** de riscos físicos, químicos, biológicos, **mecânicos, estressantes**, e outros; **O depoimento e a experiência dos trabalhadores**; Os conhecimentos e as práticas de outras disciplinas e de seus profissionais, sejam ou não da Área de Saúde." (Artigo 2o da Resolução CFM 1488/98). Recomenda-se, ademais, incluir nos procedimentos e no raciocínio médico-pericial, a resposta a dez questões essenciais, a saber: Natureza da exposição: o "agente patogênico" é claramente identificável pela História ocupacional e/ou pelas **informações colhidas no local de Trabalho** e/ou de fontes idôneas familiarizadas com o Ambiente ou local de Trabalho do Segurado?; "**Especificidade" da relação causal e "força" da associação causal: o "agente patogênico" ou o "fator de risco" podem estar pesando de Forma** importante entre os fatores causais da doença?; Tipo de relação causal com o Trabalho: o Trabalho é Causa necessária (Tipo I)? **Fator de Risco** contributivo de **Doença** de **Etiologia** multicausal (Tipo II)? **Fator desencadeante ou Agravante** de **Doença** pré-existente (Tipo III)?; No Caso de doenças relacionadas com o trabalho, do Tipo II, foram as outras causas gerais, não ocupacionais, devidamente analisadas e, no Caso concreto, excluídas ou colocadas em hierarquia Inferior às causas de natureza ocupacional?; Grau ou intensidade da exposição: é ele compatível com a produção da doença?; Tempo de exposição: é ele suficiente para produzir a doença?; Tempo de Latência: é ele suficiente para que a Doença se desenvolva e apareça?; Há o registro do "estado anterior" do trabalhador segurado?; O conhecimento do "estado anterior" favorece o estabelecimento do Nexo causal entre o "estado atual" e o trabalho?; Existem outras evidências epidemiológicas que reforçam a hipótese de relação causal entre a Doença e o Trabalho presente ou pregresso do segurado?; A resposta positiva à maioria destas questões irá conduzir o raciocínio na direção do Reconhecimento técnico da relação causal entre a Doença e o Trabalho".[13]

Mas nas perícias médicas, judiciais ou administrativas, dificilmente o perito medico faz visita ao local de trabalho, ora por entendê-la desnecessária, ora por alegar já ter feito outras perícias e conhecer as condições de trabalho, e suas conclusões envolvendo trabalhadores com doenças osteomusculares são sempre no sentido de se tratar de lesões degenerativas. Não importa que as condições de trabalho sejam penosas, não importa que haja um universo extremamente representativo de trabalhadores lesionados. Para a maioria dos peritos médicos, as lesões têm causa única e são degenerativas, e não aceitam sequer que o trabalho possa ser concausa, pouco importando as evidências.

Atribuir a causa das lesões osteomusculares à degeneração de músculos, cartilagens e tendões tornou-se tão corriqueiro que o Dr. Paulo Roberto Kaufmann[14], em estudo sobre o tema, adverte:

"Tornou-se ***senso comum*** – ou de fato um ***nonsense***, especialmente quando se transformou em regra para negar causas de degeneração diferentes das ***naturais*** ou, diferentes da natureza humana e próprias de ***histórias naturais*** de doenças de doenças – debitar ***degeneração*** ao envelhecimento ou torna-los sinônimos.

---

(13) Disponível em: https://www.legisweb.com.br/legislacao/?id=97218. Acesso em: 30 jul. 2023.
(14) KAUFMANN, Paulo Roberto. *Sobre o conceito de degeneração e sua etiologia*. In: Instituto Síntese Saúde e Trabalho. Artigo publicado em: 18/06/2007

> Tenho observado até a valorização de quando parte de um laudo de exame complementar de tomografia ou de ressonância de coluna, interpreta como ***degeneração*** de disco. Essa transposição de uma parte da interpretação do laudo de exame complementar, como equivalente ao diagnóstico clínico e etiológico, mais ainda, é inadequado para uma conclusão correta e justa".

Embora o universo de trabalhadores afastados, em tratamento, ou demitidos, com subnotificações acidentárias, seja bem expressivo, os peritos médicos têm essa estranha tendência de atribuir causas degenerativas às lesões. E, em se tratando de laudo médico judicial, para contrariá-lo, e demonstrar as incoerências, com alguma possibilidade de êxito, é recomendável que o trabalhador contrate um perito médico assistente, que faça um laudo consistente, e que o advogado faça uma impugnação detalhada, demonstrando a fragilidade do laudo pericial.

O juiz, ao julgar, não está adstrito ao laudo; pode e deve desconsiderá-lo, se houver elementos para tanto, e o artigo 479 do Código de Processo Civil[(15)] o autoriza a desconsiderar as conclusões do laudo médico.

Embora o juiz não se encontre vinculado ao laudo pericial, no dia a dia da justiça obreira esses laudos superficiais têm sido acolhidos, por mais incoerentes que sejam as conclusões, sempre sob a justificativa de que os peritos médicos teriam a confiança do juízo, ignorando os atestados e laudos juntados pela parte, e só resta ao trabalhador recorrer, tentar a reforma no tribunal.

(15) Art. 479. O juiz apreciará a prova pericial de acordo com o disposto no art. 371, indicando na sentença os motivos que o levaram a considerar ou a deixar de considerar as conclusões do laudo, levando em conta o método utilizado pelo perito. Art. 371. O juiz apreciará a prova constante dos autos, independentemente do sujeito que a tiver promovido, e indicará na decisão as razões da formação de seu convencimento.

# 5. CONCLUSÃO

Esse tem sido o cotidiano da advocacia obreira na defesa dos trabalhadores portadores de patologias laborais, tanto na indústria do alumínio quanto nos demais seguimentos, uma luta incessante para tornar efetivos os fundamentos do Estado Democrático Brasileiro, cristalizados na Constituição Federal de 1988, consistentes no princípio da dignidade do ser humano (art. 1º, III), no valor social do trabalho (art. 1º, IV), na construção de uma sociedade livre, justa e solidária (art. 3º, ) na promoção do bem de todos, sem preconceitos de origem, raça, sexo, cor, idade quaisquer outras formas de discriminação (art.3º, IV), na prevalência dos direitos humanos (art. 4º, II), na função social da propriedade (art. 5º, XXIII), e no direito à saúde (art. 6º).

O operador do direito tem o dever de tentar alcançar a justiça possível, com a consciência de que justiça é sempre paisagem no horizonte do direito. É preciso tentar alcançar a verdade possível, e a verdade é sempre o resultado do conhecimento acumulado pela humanidade, que, num determinado momento, conceitua o que é verdade. Amanhã a verdade pode ser outra, o existente oculto pode se revelar, e o conhecimento se transforma. Mas, hoje, a verdade possível é a de que alguém que seja portador de tão graves lesões, não tem condições de trabalhar em condições penosas. Se trabalhar, as lesões podem ser agravadas.

Neste artigo se enfocou apenas os adoecimentos laborais na indústria do alumínio, mas o quadro se repete praticamente em toda a atividade industrial e até mesmo comercial.

Um dia esse quadro de adoecimentos vai mudar, vai melhorar, porque na Terra, já dizia o filósofo Heráclito, "*nada é permanente, só é permanente a permanente mudança*".

# REFERÊNCIAS

CASTRO, Hermano A. A saúde dos trabalhadores na cadeia do produtiva do alumínio, In: *Alumínio na Amazônia, saúde do trabalhador, meio ambiente e movimento social,* Fórum Carajás, São Luís, 2009.

Corpo humano – 2/3 de líquido: https://www2.ibb.unesp.br/Museu_Escola/2_qualidade_vida_humana/Museu2_qualidade_corpo_renal1.htm.

FAUFMANN, Paulo Roberto. Sobre o conceito de degeneração e sua etiologia. In: Instituto Síntese Saúde e Trabalho. Artigo publicado em: 18 jun. 2007.

GROSS, Jeffrey; FETTO, Josef; ROSEN, Elaine. *Exame Musculoesquelético.* Artmed Editora, 2000.

O carvão e a saúde: https://medicinaemalerta.com.br/carvao-mineral/o-carvao-e-a--saude/#:~:text=H%C3%A1%20um%20risco%20eminente%20de,e%20baixo%20peso%20ao%20nascer. Acesso em: 30 jul. 2023.

Página virtual da Hydro/Alunorte: https://www.hydro.com/pt-BR/aluminium/products/bauxita-e--alumina/.

Processo Bayer: https://www.linkedin.com/pulse/um-resumo-sobre-o-processo-bayer-carlos-henrique--lara/?originalSubdomain=pt.

Protocolo de Procedimentos Médicos Periciais: https://www.legisweb.com.br/legislacao/?id=97218. Revista alumínio –20/05/2022: https://revistaaluminio.com.br/dia-da-industria-a-importancia-do-setor-produtivo--do-aluminio-brasileiro/.

Revista alumínio –20/05/2022: https://revistaaluminio.com.br/dia-da-industria-a-importancia-do-setor--produtivo-do-aluminio-brasileiro/.

# CLT 80 ANOS E O PROCESSO DO TRABALHO CONTEMPORÂNEO

---

*Otavio Pinto e Silva*[1]

**Resumo:**O presente artigo analisa os oitenta anos de vigência da CLT, examinando a criação da Justiça do Trabalho no Brasil, seu desenvolvimento e as inúmeras transformações que passou ao longo do período. Avalia ainda a evolução das normas do processo do trabalho nos últimos anos, diante da entrada em vigor do CPC/2015, da Lei n. 13.467/2017 e da pandemia do Coronavírus, sob a ótica dos advogados.

**Palavras-chave**:

- Justiça do Trabalho;
- Processo do Trabalho;
- Advogados trabalhistas.

- **Sumário:**



---

(1) Advogado; Professor Associado do Departamento de Direito do Trabalho e Seguridade Social da Faculdade de Direito da Universidade de São Paulo – USP; Ex-Presidente da ABRAT – Associação Brasileira de Advogados Trabalhistas (gestão 2020/2022); Conselheiro da OAB/SP; Membro da Academia Paulista de Direito do Trabalho (Cadeira 9, Patrono Pedro Vidal Neto)

# 1. INTRODUÇÃO

Refletir sobre os 80 anos da CLT e o processo do trabalho que vivenciamos nos tempos atuais nos exige abordar a história da criação da Justiça do Trabalho no Brasil, seu desenvolvimento e as transformações pelas quais passou nesse período.

O conceito de "jurisdição" envolve a função de "dizer o direito" aplicável ao caso concreto, sendo certo que pelo mundo afora encontramos diferentes modelos de jurisdição trabalhista, que podem, grosso modo, ser reunidos em três:

a) Justiça comum ou administrativa

b) Justiça do Trabalho como ramo da Justiça comum

c) Justiça do Trabalho como Justiça especializada

O Brasil optou por esse terceiro modelo e os advogados, então, ao longo desses oitenta anos precisaram moldar a sua atuação levando em conta as características de uma justiça especializada, seja para defender os interesses dos trabalhadores, seja para atuar na representação dos empregadores.

O processo do trabalho foi concebido justamente para propiciar a solução dos conflitos trabalhistas por meio de normas específicas, adequadas às peculiaridades de uma relação jurídica assimétrica. Mas é evidente que, em oitenta anos, muita coisa mudou e ainda seguirá mudando.

O desafio atual, assim, é o de lidar com a nova realidade das relações de trabalho e da justiça especializada a quem compete lidar com os conflitos laborais.

## 2. CRIAÇÃO DA JUSTIÇA DO TRABALHO, DESENVOLVIMENTO E TRANSFORMAÇÕES

Para entender a criação da Justiça do Trabalho no Brasil, vale fazer uma rápida digressão histórica. Ainda no período do Império há registro de leis publicadas nos anos de 1830 e 1842, prevendo que demandas relativas à prestação de serviços deveriam ser apreciadas pelos juízes comuns.

Mas é necessário salientar que o trabalho em regime de escravidão é a marca desse período, o que deixava em segundo plano a preocupação com o funcionamento de órgãos especializados para conflitos trabalhistas.

A partir da abolição da escravatura e da Proclamação da República a situação passa a se alterar, em razão do crescimento do trabalho livre e dos fortes fluxos migratórios, com trabalhadores estrangeiros vindo ocupar o lugar dos antigos escravos.

Com o Decreto n. 979, de 1903, surge então pela primeira vez em nosso ordenamento jurídico a menção a organizações sindicais rurais (que tinham basicamente as funções de intermediação de crédito agrícola, compra de equipamentos, venda de produção).

No governo de Afonso Pena é editado o Decreto n. 1.637, de 1907, prevendo o funcionamento de Conselhos Permanentes de Conciliação e Arbitragem e admitindo também a criação de sindicatos urbanos, além dos rurais.

Uma experiência paulista surge em 1922: foram os Tribunais Rurais do Estado de São Paulo, introduzidos no governo de Washington Luiz, prevendo um juiz de paz presidente de órgão colegiado encarregado de dirimir conflitos de trabalho e produção no campo.

Em 1923 é criado o Conselho Nacional do Trabalho, ligado ao Ministério da Agricultura, Indústria e Comércio: era um órgão consultivo em matéria trabalhista e instância recursal em matéria previdenciária, além de controlador das dispensas de trabalhadores estáveis (ferroviários – Lei Elói Chaves)

Com a Revolução de 1930 e a ascensão de Getúlio Vargas ao poder, tivemos a criação do Ministério do Trabalho (que foi separado da Agricultura). A partir de então, várias medidas foram adotadas: em 1931, surgiu o Departamento Nacional do Trabalho; em 1932, foram criadas as Comissões Mistas de Conciliação (encarregadas de conflitos coletivos) e as Juntas de Conciliação e Julgamento (incumbidas de apreciar os conflitos individuais).

Mas esses ainda eram órgãos administrativos, vinculados ao Poder Executivo, de modo que a solução dos conflitos ficava sujeita ao eventual exercício do poder de avocatória do Ministro do Trabalho. Havia a representação classista paritária e a previsão do *jus postulandi* aos empregados sindicalizados.

Após a Revolução Constitucionalista de 1932, a pressão pela elaboração de uma nova Constituição levou Getúlio Vargas a convocar uma Assembleia Constituinte, de modo que em 1934 já se debatia a necessidade de criação da Justiça do Trabalho e de sua previsão no texto da Constituição. Mas então ainda se cogitava de uma atividade de caráter administrativo: segundo o Deputado Levi Carneiro, a mentalidade judiciária seria "inadequada à solução dos conflitos trabalhistas"[(2)].

Esse período é marcado pelos intensos debates travados por Waldemar Ferreira e Oliveira Vianna. Assessorando o Ministério do Trabalho, Oliveira Vianna havia elaborado um anteprojeto de Justiça do Trabalho, enviado para análise na Câmara dos Deputados em 1936. O anteprojeto previa uma justiça especial, separada da Justiça Comum, com representação classista e paritária, além de dotada do poder normativo.

A previsão do poder normativo gerou enorme polêmica e uma divisão no parlamento, com duas posições bem distintas sobre qual deveria ser o papel dos tribunais trabalhistas: de um lado, estavam os deputados de tradição civilista, liderados por Waldemar Ferreira, advogado e professor de Direito Comercial na Faculdade de Direito do Largo de São Francisco; do outro, os que seguiam Oliveira Vianna e entendiam a necessidade da Justiça do Trabalho como uma justiça especial, com a prerrogativa de julgar os conflitos coletivos por meio de decisões que deveriam ter caráter normativo, de forma a regular valores de salários e estipular outras condições de trabalho.

Um dos motivos invocados por Getúlio Vargas para outorgar a Constituição de 1937 e instituir o Estado Novo foi exatamente a "resistência do Poder Legislativo à aprovação do projeto de lei da Justiça do Trabalho".

Ligia Lopes Fornazieri faz as seguintes observações sobre os debates que precederam a criação da Justiça do Trabalho:

> O que se pode perceber das ideias de Oliveira Vianna, em contraposição àquelas apresentadas por Waldemar Ferreira, era que a construção do Direito Social no Brasil estava ligada com a formação de um novo pensamento jurídico e político que levava em conta a necessidade de mudança na interpretação do Direito para a harmonização das relações de trabalho no país, além de acreditar que o Estado deveria ser o responsável por intervir nessas relações, levando-as para o campo público. Era essa mudança de postura que Vianna exigia de Waldemar Ferreira e de seus companheiros de Comissão de Justiça para a avaliação de seu anteprojeto. Para Vianna, sem esse pensamento atrelado à realidade social, não seria possível a criação da Justiça do Trabalho.[(3)]

É assim, então, que no ano de 1939 são editados decretos presidenciais que reorganizam o Conselho Nacional do Trabalho (CNT) e institucionalizam a Justiça do Trabalho (oficialmente instalada em 1941). Inicialmente, foi composta pelo CNT, oito Conselhos Regionais e trinta e seis Juntas de Conciliação e Julgamento

Em 1946, após a queda de Getúlio Vargas, já no governo de Eurico Gaspar Dutra, a Justiça do Trabalho passa a integrar a estrutura judicial, com a conversão do CNT em TST e dos Conselhos Regionais em Tribunais Regionais, previsão de formação de magistrados de carreira (com ingresso por concurso e providos das garantias da magistratura), que atuariam em órgãos colegiados, ao lado dos juízes classistas.

---

(2) SÜSSEKIND, Arnaldo Lopes. O Cinqüentenário da Justiça do Trabalho. *Revista do TST*, São Paulo: LTr, 1991, p. 16

(3) FORNAZIERI, Ligia Lopes. *Um projeto de Justiça do Trabalho no Brasil*: o debate entre Oliveira Vianna e Waldemar Ferreira (1934-1938). Disponível em: http://www.snh2013.anpuh.org/resources/anais/27/1371311117_ARQUIVO_LigiaFornazieri.pdf. Acesso em: 18 jan. 2022.

Com pouco tempo de funcionamento a Justiça do Trabalho já sofria críticas daqueles que eram contrários ao órgão especializado e defendiam sua extinção, como aponta reportagem do jornal "O Dia", de 09 de março de 1954, que entrevistou o professor Cesarino Júnior[4]. Afirmou o professor:

> Acho injusta a acusação de patronal para a Justiça do Trabalho, a qual também tem sido vítima de muitas outras acusações injustas, inclusive de decidir sempre a favor dos empregados. Aqui as acusações variam conforme o lado de que partem. É claro e nem podia ser por menos que, como obra humana que é, ela não é perfeita. Eu mesmo, profissional que defendo indistintamente empregados ou empregadores, exigindo apenas para aceitar uma causa que esta seja apenas justa, tenho criticado, em recursos aos tribunais superiores, muitas das decisões da Justiça do Trabalho. Nego, porém, e desafio prova em contrário que se possa afirmar haver na Justiça do Trabalho 'orientação' marcadamente patronal ou operária

Em 1988, após o término do tenebroso período da Ditadura Militar, o Congresso Constituinte debateu a reorganização das instituições brasileiras e do órgão especializado, tendo havido até quem novamente defendesse a sua extinção, proposta que não vingou.

Com a entrada em vigor da nova Constituição, ficou assegurada a existência da Justiça do Trabalho, com a manutenção da representação classista, além da previsão de um TRT por Estado, o que deu grande impulso ao crescimento e desenvolvimento do órgão especializado em todo o Brasil.

Em 1999 foi aprovada a Emenda Constitucional n. 24, que após intensos debates definiu a extinção da representação classista.

Finalmente, em 2004 foi aprovada a Emenda Constitucional n. 45, com importantes alterações na competência e na estrutura da Justiça do Trabalho, que propiciaram a consolidação do quadro atualmente existente, segundo os dados do ano de 2022: 1.587 unidades judiciárias em 1º grau (representando 10,7% de toda a estrutura do Poder Judiciário no Brasil), 24 Tribunais Regionais do Trabalho (sendo cinco deles de grande porte) e o Tribunal Superior do Trabalho (com seus 27 Ministros).

Uma força de trabalho composta por 50.932 pessoas (entre elas, 3.614 magistrados e magistradas), a demonstrar a relevância adquirida pelo Judiciário Trabalhista no contexto nacional[5].

Saudada como uma "revolução competencial", a Emenda Constitucional n. 45 foi vista como um instrumento que serviria para a construção de um novo Poder Judiciário mais eficiente e de uma sociedade cada vez mais justa[6].

Muitos anos depois, por ocasião do debate no Congresso Nacional da reforma trabalhista, em 2017, a Justiça do Trabalho era duramente criticada, chegando ao ponto

---

(4) CARDONE, Marly A. *Professor Cesarino, o anticonformista*. São Paulo: Ed. da autora, 2017, p. 154

(5) Relatório Justiça em Números do CNJ, Disponível em: https://www.cnj.jus.br/wp-content/uploads/2022/09/justica-em-numeros-2022-1.pdf. Acesso em: 20 jul. 2023.

(6) COUTINHO, Grijalbo Fernandes e FAVA, Marcos Neves. *Nova Competência da Justiça do Trabalho*. São Paulo: LTr, 2005, p. 13.

do então presidente da Câmara dos Deputados, deputado Cesar Maia, dizer que "não deveria existir".[7]

Mas ela existe e, nos tempos atuais, segue com a importante missão constitucional de processar e julgar as ações oriundas da relação de trabalho e as demais controvérsias arroladas no artigo 114 da Constituição Federal de 1988.

(7) Disponível em: https://www1.folha.uol.com.br/mercado/2017/03/1864822-justica-do-trabalho-nao-deveria-nem-existir-diz-deputado-rodrigo-maia.shtml. Acesso em: 20 jul. 2023.

# 3. TEMPOS CONTEMPORÂNEOS: CPC/2015, A REFORMA TRABALHISTA E A PANDEMIA

Amauri Mascaro Nascimento ensinava que "da necessidade de disciplinar a solução dos conflitos trabalhistas, perante órgãos judiciais, nasceu o direito processual do trabalho, cujo fim é atuar o direito do trabalho"[(8)].

Ocorre que nos últimos anos o processo do trabalho precisou se adaptar a novas condições que foram impostas pela lei e pela vida prática, tais como: a) entrada em vigor do Código de Processo Civil, em 2015, aplicável de forma subsidiária e supletiva às causas trabalhistas (art. 15 do CPC, combinado com o artigo 769 da CLT); b) reforma trabalhista implantada por meio da Lei n. 13.467/2017, que trouxe significativas alterações não apenas no direito material do trabalho, mas também no processual e, por fim, c) chegada do famigerado SARS-Cov-2 em território nacional, no início de 2020, que levou o Brasil a reconhecer a ocorrência do estado de calamidade pública[(9)]; com a necessidade de uma rápida adaptação aos novos tempos.

Regras específicas do processo eletrônico já haviam sido criadas pelo Conselho Superior da Justiça do Trabalho (CSJT) para regulamentar a aplicação da Lei n. 11.419/06 no âmbito da justiça especializada, disciplinando o uso de meio eletrônico na tramitação de processos judiciais, na comunicação de atos e na transmissão de peças processuais.

Como bem observaram Nelson Nery Jr. e Rosa Maria de Andrade Nery, a total digitalização do processo ainda encontrava alguns desafios de ordem técnica, daí a relevância de unificação dos procedimentos[(10)].

Em pesquisa publicada no ano de 2013 eu já havia apontado a necessidade de reflexão sobre modificações práticas pelas quais deveria passar o direito processual do trabalho, "sob a perspectiva ideológica da informatização do processo judicial como mecanismo para a produção de decisões justas, fundamentadas na aplicação adequada da lei e amparadas na verdade dos fatos".[(11)]

A ampla disponibilidade do processo entrou definitivamente em nossas vidas, à vista do disposto no artigo 213 do CPC/2015, segundo o qual a prática eletrônica de ato processual pode ocorrer em qualquer horário até as 24 (vinte e quatro) horas do último dia do prazo.

Sendo assim, o sistema de processo judicial eletrônico (PJe) deve ficar disponível 24 horas por dia, ininterruptamente, ressalvados os períodos de manutenção (sempre informados com antecedência mínima de cinco dias e realizados, preferencialmente, das 0h dos sábados às 22h dos domingos, ou entre 0h e 06h nos demais dias da semana).

De acordo com o artigo 197 do CPC/2015, os tribunais divulgarão as informações constantes de seu sistema de automação em página própria na rede mundial de computadores, gozando a divulgação de presunção de veracidade e confiabilidade. O parágrafo único desse dispositivo assegura que nos casos de problema técnico do sistema e de erro ou omissão do auxiliar da justiça responsável pelo registro dos

---

(8) NASCIMENTO, Amauri Mascaro. *Curso de Direito Processual do Trabalho*, São Paulo: Saraiva, 1990.
(9) Decreto Legislativo n. 6/2020.
(10) NERY Jr, Nelson e NERY, Rosa Maria de Andrade. *Comentários ao CPC*, São Paulo: Revista dos Tribunais, 2016, p. 710.
(11) SILVA, Otavio Pinto e. *Processo Eletrônico Trabalhista*. São Paulo: LTr, 2013, p. 237.

andamentos, poderá ser configurada a justa causa (prevista no artigo 223, *caput* e §1º), para demonstração da existência de evento alheio à vontade da parte e que a impediu de praticar o ato por si ou por mandatário

Com a pandemia, passamos ainda a lidar com o funcionamento do Poder Judiciário em regime de trabalho à distância, longe dos fóruns. Audiências e sessões de julgamentos telepresenciais entraram na rotina da advocacia e de uma hora para outra nos vimos diante de questões processuais decorrentes do uso de novas tecnologias, com suas virtudes e seus defeitos, surgindo problemas a que não estávamos habituados.

Afinal, como lidar com a realidade que se impôs, levando à realização de atos processuais *on-line* com advogados, juízes, partes, testemunhas e servidores da Justiça em lugares diferentes, unidos apenas por telas de computadores ou de smartphones?

Esses assuntos chamaram a atenção da Associação Brasileira dos Advogados Trabalhistas (ABRAT), como a entidade que congrega as associações de advogados e advogadas trabalhistas existentes em todos os Estados da Federação e que, de acordo com o art. 2º dos seus estatutos, visa a promoção e defesa dos direitos sociais, das garantias e direitos fundamentais, do estado social democrático de direito, da justiça social e do devido processo legal, bem como o bom funcionamento da Justiça do Trabalho, propondo medidas para o seu aperfeiçoamento.

Uma das questões que mais despertou interesse para a advocacia foi a realização de audiências telepresenciais para instrução de reclamações trabalhistas.

Tivemos que debater temas como a necessidade de assegurar para a advocacia ampla privacidade de contato com o cliente; o acesso do cidadão jurisdicionado e da advocacia aos sistemas eletrônicos de processamento de ações judiciais, com a garantia de que nenhum profissional pudesse ser responsabilizado pela queda ou instabilidade do sinal de internet; o atendimento à advocacia, mesmo que à distância; a observância da garantia constitucional de que todas as audiências são públicas.

Fomos ao Conselho Superior da Justiça do Trabalho para a defesa dos interesses da advocacia trabalhista nas audiências telepresenciais, envolvendo o registro dos atos processuais e a necessidade de transcrição dos depoimentos em conjunto com a sua gravação audiovisual(12).

A OAB e a ABRAT sustentaram a existência de obstáculos legais intransponíveis para a dispensa da transcrição ou degravação dos depoimentos colhidos em audiência, a saber:

a) o artigo 828, parágrafo único da CLT, segundo o qual "os depoimentos das testemunhas serão resumidos, por ocasião da audiência, pelo secretário da Junta ou funcionário para esse fim designado", o que garante às partes a redução a termo das audiências;

b) o artigo 851 da CLT, quando prevê que os trâmites de instrução e julgamento da reclamação sejam resumidos em ata, sendo que o § 1º do mesmo dispositivo legal estipula que será dispensável, a juízo do magistrado, o resumo dos depoimentos, somente nos processos de exclusiva alçada da primeira instância (o chamado rito sumário).

---

(12) processo CSJT-AN-1901-46.2021.5.90.0000

Vale dizer: o processo do trabalho possui normas legais próprias!! Ato administrativo não pode se sobrepor a lei. Tanto assim é que a Resolução CNJ n. 105 de 06/04/2010 invoca apenas dispositivos do Código de Processo Penal (artigo 405, parágrafos 1º e 2º; artigo 217, artigo 185, § 2º, incisos I, II, III e IV).

Nem se alegue que o art. 460, §2º, do CPC, estaria a autorizar apenas a gravação, sem a transcrição dos depoimentos, uma vez que o artigo 769 da CLT prevê expressamente que a aplicação da norma processual comum somente é cabível em caso de omissão da norma trabalhista e de compatibilidade com o processo do trabalho.

Sustentamos que a gravação da audiência tem vantagens intrínsecas, como a de refletir toda a complexidade do depoimento, captando as expressões, as dúvidas, as certezas e outros aspectos importantes, e não apenas a impressão que o juiz instrutor teve do depoimento e, de forma subjetiva, transmitiu para o papel, sob a fiscalização dos advogados presentes na audiência.

A gravação audiovisual viabiliza ao Tribunal Regional do Trabalho, soberano na apreciação da matéria fática e probatória, como instância recursal, a apreensão visual e auditiva imediata dos depoimentos, de modo a se conectar diretamente com os fatos ocorridos na audiência.

A gravação audiovisual contribui ainda para a redução das desavenças entre advogados e magistrados em audiências: basta rever as imagens para saber o que efetivamente aconteceu.

Enfim, os pontos positivos são inúmeros no uso da tecnologia; mas, na perspectiva da advocacia, as formas de registro dos atos praticados em audiência devem se somar, não se justificando a eliminação das atas escritas ou a não degravação dos depoimentos.

Lembre-se ainda que a regra do parágrafo 5º do artigo 357 do CPC/2015 autoriza a gravação integral da audiência em imagem e em áudio, em meio digital ou analógico, desde que assegure o rápido acesso das partes e dos órgãos julgadores, observada a legislação específica. No parágrafo 6º, prevê ainda que a gravação pode ser realizada diretamente por qualquer das partes, independentemente de autorização judicial.

A gravação pelas unidades do Judiciário é uma medida capaz de propiciar maior agilidade nos procedimentos de audiência e de garantir fidelidade no registro das ocorrências, com vantagens para a futura revisão por parte das instâncias superiores e redução do nível de tensão entre as partes e o juiz.

Wagner Giglio, em artigo publicado em 1962, já clamava por reformas nos métodos de registros dos atos em audiência, criticando a transcrição datilografada dos depoimentos e propondo a gravação sonora, em fitas eletromagnéticas[13].

Mas as mudanças no processo do trabalho não se limitaram ao tema da informatização: a questão do acesso à justiça sofreu substanciais alterações com a Lei n. 13.467/2017 (aprovada em meio a uma grave crise política e econômica, após o impeachment da Presidente Dilma Roussef), tendo trazido expressiva repercussão na diminuição do número de casos novos ajuizados perante a Justiça do Trabalho nos anos subsequentes.

---

(13) GIGLIO, Wagner. *Mundo novo* – novas idéias – novo direito. Legislação do Trabalho, São Paulo, n. 293, jan./fev.1962, p. 5-10.

No ano de 2021 aconteceu o julgamento pelo STF da ADI 4766, em que por maioria a Suprema Corte reconheceu a inconstitucionalidade de algumas das alterações legais inseridas na CLT pela reforma trabalhista de 2017 (a saber, aquelas que representavam restrições no acesso à Justiça do Trabalho, ao impor o pagamento de honorários de sucumbência e periciais até mesmo aos beneficiários de justiça gratuita).

Foram objeto do debate os temas das custas processuais e dos honorários advocatícios e periciais (despesas que, de acordo com a nova legislação, poderiam ser exigidas até mesmo do beneficiário de justiça gratuita).

O artigo 790, §3º da CLT facultou aos juízes, órgãos julgadores e presidentes dos tribunais do trabalho de qualquer instância conceder, a requerimento ou de ofício, o benefício da justiça gratuita, inclusive quanto a traslados e instrumentos, àqueles que perceberem salário igual ou inferior a 40% (quarenta por cento) do limite máximo dos benefícios do Regime Geral de Previdência Social. Abandonou-se, assim, o critério anterior, que aludia a "salário igual ou inferior ao dobro do mínimo legal".

O §4º do mesmo artigo 790 consolidado passou a exigir, para a concessão do benefício da justiça gratuita, a comprovação da insuficiência de recursos para o pagamento das custas do processo (quando o texto anterior se limitava a impor a apresentação de declaração, sob as penas da lei, de que o trabalhador não estava em condições de pagar as custas do processo sem prejuízo do sustento próprio ou de sua família).

O art. 790-B da CLT passou a ter nova redação, estabelecendo que a responsabilidade pelo pagamento dos honorários periciais é da parte sucumbente na pretensão objeto da perícia, ainda que beneficiária da justiça gratuita.

Já o §4º do mesmo artigo veio prever que somente no caso em que o beneficiário da justiça gratuita não tenha obtido em juízo créditos capazes de suportar a despesa referida no caput, ainda que em outro processo, a União responderia pelo encargo.

A Lei n. 13.467/2017 ainda introduziu no processo do trabalho a responsabilidade pelo pagamento de honorários advocatícios de sucumbência, impondo-os até mesmo aos beneficiários da justiça gratuita (o que gerou muitas críticas, além de questionamentos quanto à inconstitucionalidade da novidade).

Nesse sentido, a nova redação do artigo art. 791-A da CLT estabeleceu que ao advogado, ainda que atue em causa própria, seriam devidos honorários de sucumbência, fixados entre o mínimo de 5% (cinco por cento) e o máximo de 15% (quinze por cento) sobre o valor que resultar da liquidação da sentença, do proveito econômico obtido ou, não sendo possível mensurá-lo, sobre o valor atualizado da causa.

Ao fixar os honorários, o juízo deverá observar: I - o grau de zelo do profissional; II - o lugar de prestação do serviço; III - a natureza e a importância da causa; IV - o trabalho realizado pelo advogado e o tempo exigido para o seu serviço.

A ideia de impor à parte vencida o ônus de pagar os honorários advocatícios em favor do patrono da parte vencedora pode até ser saudada como benéfica por assegurar ao trabalhador o recebimento integral de seu crédito, sem a necessidade de sacrificar parte dos rendimentos para remunerar o trabalho de seu advogado.

Mas o ponto questionado era a repercussão que essa norma pode gerar quanto à garantia fundamental de acesso à justiça, em especial quando se fala do trabalhador com insuficiência de recursos e, portanto, beneficiário do direito constitucional de assistência jurídica integral e gratuita (artigo 5º, inciso LXXIV, CF).

O §4º do art. 791-A passou a prever que se o beneficiário da justiça gratuita for vencido, as obrigações decorrentes de sua sucumbência ficarão sob condição suspensiva de exigibilidade, desde que não tenha obtido em juízo, ainda que em outro processo, créditos capazes de suportar a despesa.

Essas obrigações somente poderiam ser executadas se, nos dois anos subsequentes ao trânsito em julgado da decisão que as certificou, o credor demonstrasse que deixou de existir a situação de insuficiência de recursos que justificou a concessão de gratuidade. Desse modo, tais obrigações do beneficiário se extinguiriam após passado esse prazo.

Outro dispositivo polêmico trazido pela reforma trabalhista foi a previsão de pagamento de custas processuais pelo reclamante, na hipótese de sua ausência à audiência que levasse ao arquivamento da reclamação trabalhista (§2º do artigo 844 da CLT).

Nesse caso, a norma previu que o reclamante seria condenado ao pagamento das custas (calculadas na forma do artigo 789 da Consolidação), ainda que beneficiário da justiça gratuita, salvo se comprovasse, no prazo de quinze dias, que a ausência ocorreu por motivo legalmente justificável.

De acordo ainda com o §3º do referido artigo 844 da CLT, o pagamento das custas a que se refere o §2º passou a ser condição para a propositura de nova demanda.

Assim, deve o juiz, em caso de ausência injustificada do reclamante, que leve ao arquivamento da ação, abrir prazo de quinze dias para a apresentação de justificativa, sendo cabível a condenação no pagamento de custas apenas se esta não for apresentada. Sendo o reclamante beneficiário de justiça gratuita, no entanto, ficava a dúvida: poderia o juiz condená-lo no pagamento dessas custas?

O então procurador-geral da República, Rodrigo Janot, ajuizou Ação Direta de Inconstitucionalidade (ADI) no Supremo Tribunal Federal (STF) em agosto de 2017: foi a ADI 5766, fundamentada no entendimento de que as alterações introduzidas na CLT impunham "restrições inconstitucionais à garantia de gratuidade judiciária aos que comprovem insuficiência de recursos, na Justiça do Trabalho".

Segundo a tese defendida pelo procurador, as normas impugnadas violavam as garantias constitucionais de amplo acesso à jurisdição e a assistência judiciária integral aos necessitados.

A ADI requereu a declaração de inconstitucionalidade do artigo 790-B da CLT (*caput* e parágrafo 4º), que responsabiliza a parte sucumbente pelo pagamento de honorários periciais, ainda que beneficiária da justiça gratuita.

Na redação anterior da norma, os beneficiários da justiça gratuita estavam isentos; mas com a nova redação, a União somente poderia custear a perícia quando o beneficiário não tivesse auferido créditos capazes de suportar a despesa, "ainda que em outro processo". Na ADI o procurador assinalou que o CPC/15 não deixa dúvida de que a gratuidade judiciária abrange custas, despesas processuais e honorários advocatícios.

O procurador-geral também o impugnou o artigo 791-A, que considera devidos honorários advocatícios de sucumbência por beneficiário de justiça gratuita, sempre que tenha obtido em juízo, ainda que em outro processo, créditos capazes de suportar a despesa.

A seu ver, a gratuidade judiciária ao trabalhador pobre equivale à garantia inerente ao mínimo existencial compatível com o princípio constitucional da dignidade humana (artigo 1º, inciso III, CF), de modo que ao pleitear na Justiça do Trabalho o adimplemento de direitos trabalhistas, os trabalhadores com baixo padrão salarial buscam satisfazer prestações materiais indispensáveis à sua sobrevivência e à da família.

A ação ainda questionou o dispositivo que responsabiliza o beneficiário da justiça gratuita pelo pagamento de custas caso o processo seja arquivado em razão de sua falta à audiência, até como condição para ajuizar nova demanda (artigo 844, parágrafo 2º), sustentando que o novo CPC, ao tratar da extinção do processo sem julgamento de mérito, atribui ao demandante desistente responsabilidade pelo pagamento de custas e despesas processuais proporcionais, mas não imputa essa responsabilidade ao beneficiário da justiça gratuita.

Em 10.5.2018 o STF iniciou o julgamento com a apresentação do voto do Ministro Luis Roberto Barroso (Relator), que propôs declarar parcialmente procedente a ação direta de inconstitucionalidade, para assentar interpretação conforme a Constituição, consubstanciada nas seguintes teses:

> 1. O direito à gratuidade de justiça pode ser regulado de forma a desincentivar a litigância abusiva, inclusive por meio da cobrança de custas e de honorários a seus beneficiários.
>
> 2. A cobrança de honorários sucumbenciais do hipossuficiente poderá incidir: (i) sobre verbas não alimentares, a exemplo de indenizações por danos morais, em sua integralidade; e (ii) sobre o percentual de até 30% do valor que exceder ao teto do Regime Geral de Previdência Social, mesmo quando pertinente a verbas remuneratórias.
>
> 3. É legítima a cobrança de custas judiciais, em razão da ausência do reclamante à audiência, mediante prévia intimação pessoal para que tenha a oportunidade de justificar o não comparecimento.

Segundo a votar, o Ministro Edson Fachin abriu divergência para declarar a ineficácia dos dispositivos impugnados em razão da integral procedência da ação, quando então o julgamento foi suspenso em razão do pedido de vista dos autos apresentado pelo Ministro Luiz Fux, que somente apresentou o seu voto mais de três anos depois, tendo então acompanhado o relator, em outubro/2021.

Na sequência, votaram os Ministros Nunes Marques (que acompanhou o relator) e Ricardo Lewandowski. Este, por sua vez, acompanhou o Ministro Fachin, destacando que "a hermenêutica constitucional não pode subordinar-se a uma lógica consequencialista ou utilitarista": não cabe a imposição de obstáculos ao direito fundamental de acesso à Justiça para buscar a diminuição do número de processos trabalhistas ou aliviar o ônus do Estado com despesas processuais.

O voto seguinte veio do Ministro Alexandre de Moraes, que propôs uma posição intermediária entre o Ministro Relator e a divergência inaugurada pelo Ministro Fachin, sustentando a obrigatoriedade de tratamento diferenciado para os jurisdicionados que se encontram em situação de vulnerabilidade econômica e social.

Levantou questionamento acerca de onde está a prova de que cessou a hipossuficiência para afastar os benefícios da justiça gratuita?

Assim, propôs julgar parcialmente procedente o pedido para: a) declarar a inconstitucionalidade da expressão "ainda que beneficiária da justiça gratuita", constante do *caput* do art. 790-B da CLT; b) declarar a inconstitucionalidade do § 4º do mesmo art. 790-B da CLT; c) declarar a inconstitucionalidade da expressão "desde que não tenha obtido em juízo, ainda que em outro processo, créditos capazes de suportar a despesa", constante do § 4º do art. 791-A da CLT; e d) declarar constitucional o art. 844, § 2º, da CLT (todos os dispositivos com a redação dada pela Lei n. 13.467/2017).

Na sequência, manifestaram-se os Ministros Gilmar Mendes (acompanhou o relator), Rosa Weber (acompanhou o voto do Ministro Fachin), Dias Toffoli e Carmen Lucia (ambos acompanharam o voto do Ministro Alexandre de Moraes).

Diante desse quadro, a solução intermediária proposta acabou se sagrando vencedora, de modo que, sob a perspectiva de acesso à Justiça, pode-se concluir que o STF reconheceu, em parte, a tese de que a obrigação de pagamento de honorários periciais e de sucumbência, mesmo em relação ao beneficiário de justiça gratuita, era algo que se mostrava bastante prejudicial aos trabalhadores.

Durante todo o tempo de tramitação da ação (cujo julgamento foi retardado pelo pedido de vista do Ministro Luis Fux), compreensível o receio de muitos trabalhadores em propor reclamações trabalhistas quando em dúvida sobre a capacidade de produção das provas dos fatos alegados ou mesmo sobre a própria existência do direito (em casos que dependiam de prova técnica, tais como os que debatem a existência de periculosidade ou insalubridade e os que demandam possíveis indenizações decorrentes de doenças profissionais e acidentes de trabalho).

Nesse contexto, conclui-se que o julgamento efetuado pelo STF na ADI 5766 acabou afastando alguns dos obstáculos de acesso à justiça, em relação ao trabalhador, que tinham sido impostos pela reforma trabalhista, o que ao fim e ao cabo visou assegurar o cumprimento do comando constitucional que prevê a "assistência jurídica integral e gratuita aos que comprovarem insuficiência de recursos" (art. 5º, inciso LXXIV, CF).

# 4. CONCLUSÃO

Podemos concluir essas breves reflexões afirmando que nesses oitenta anos de vigência da CLT a Justiça do Trabalho vem cumprindo com eficiência aquela missão, proposta por Oliveira Vianna, de sempre considerar a realidade social na resolução dos conflitos trabalhistas, sendo certo que o processo do trabalho precisou mudar e se adaptar aos tempos contemporâneos.

A dinâmica das relações entre o capital e o trabalho exige a existência de uma justiça especializada, com magistrados e servidores dedicados e com o instrumental de normas processuais adequadas, visando solucionar os conflitos naturais e inerentes à convivência humana entre aqueles que trabalham e os que investem nas atividades produtivas.

As novas demandas decorrentes do uso intensivo da tecnologia trazem desafios ainda maiores a todos que lidam com o mundo contemporâneo do trabalho, de modo que tanto o direito material quanto o processual precisarão de constantes aperfeiçoamentos.

Mas não se pode deixar de observar que a antiga advertência de Wagner Giglio ainda permanece atual:

> O objetivo precípuo do Direito Processual do Trabalho é o de atuar, na prática, o Direito Material do Trabalho. Tão impregnado de idealismo quanto este, o direito instrumental também visa compensar com uma superioridade jurídica a inferioridade econômica do trabalhador, tendo por última meta a melhoria do padrão de vida deste, obtida por meio de uma distribuição da riqueza nacional de forma mais equânime [(14)]

(14) GIGLIO, Wagner D. *Direito processual do trabalho*. 15. ed. São Paulo: Saraiva, 2005, p. 90

# REFERÊNCIAS

CNJ. *Relatório Justiça em Números,* Disponível em: https://www.cnj.jus.br/wp-content/uploads/2022/09/justica-em-numeros-2022-1.pdf.

CARDONE, Marly A. *Professor Cesarino, o anticonformista.* São Paulo: Ed. da autora, 2017

COUTINHO, Grijalbo Fernandes e FAVA, Marcos Neves. *Nova Competência da Justiça do Trabalho.* São Paulo: LTr, 2005

FORNAZIERI, Ligia Lopes. *Um projeto de Justiça do Trabalho no Brasil*: o debate entre Oliveira Vianna e Waldemar Ferreira (1934-1938). Disponível em: http://www.snh2013.anpuh.org/resources/anais/27/1371311117_ARQUIVO_LigiaFornazieri.pdf.

GIGLIO, Wagner D. *Direito processual do trabalho.* 15. ed. São Paulo: Saraiva, 2005

GIGLIO, Wagner. *Mundo novo* – novas idéias – novo direito. Legislação do Trabalho, São Paulo, n. 293, jan./fev. 1962

NASCIMENTO, Amauri Mascaro. *Curso de Direito Processual do Trabalho,* São Paulo: Saraiva, 1990.

NERY Jr, Nelson e NERY, Rosa Maria de Andrade. *Comentários ao CPC,* São Paulo: Revista dos Tribunais, 2016

SILVA, Otavio Pinto e. *Processo Eletrônico Trabalhista.* São Paulo: LTr, 2013

SÜSSEKIND, Arnaldo Lopes. O Cinqüentenário da Justiça do Trabalho. *Revista do TST,* São Paulo: LTr, 1991

# ASSÉDIO MORAL NO TRABALHO: QUANDO AS ESTRUTURAS RENOVAM A VIOLÊNCIA SEMPRE PROGRAMADA

*Petilda Serva Vazquez*[1]

*"A tolerância é um crime quando o que se tolera é a maldade" (Thomas Mann).*

**Resumo:** Este capítulo objetiva analisar dois momentos históricos de marcos regulatórios e desafios enfrentados pelas lutas da classe trabalhadora. O Momento 1 reconstitui a conjuntura de implementação da Consolidação da Legislação Trabalhista (1942-1947) através do binômio Movimento Operário e Democracia. Nele, revelam-se três questões: a forma pela qual a classe trabalhadora foi incorporada ao processo de pacto social; a organização e mobilização de trabalhadores e sua identificação com a estrutura e ação do Partido Comunista; e a dimensão ideológica do debate político entre representantes da burguesia e de trabalhadores, no processo Constituinte de 1946. O Momento 2 apresenta memórias de lutas no Serviço Público da Secretaria da Fazenda do Estado da Bahia, no período de 1990-2021, quando experiências de Assédio Moral são sentidas. Segue abordagem interdisciplinar da História e da Sociologia do Trabalho e demonstra que a lógica de pressões da organização do trabalho e gestão de pessoa do neoliberalismo se inscreve também na esfera pública como gestão do sofrimento psíquico. Desse modo, desenvolve-se ações coletivas e políticas em defesa da dignidade humana no trabalho, de modo a tentar garantir as integridades física, psíquica, simbólica e material como fundamentos civilizatórios.

**Palavras-chave:**

- Assédio moral institucional;
- Movimento sindical;
- Sofrimento psíquico no trabalho;
- Reformas neoliberais;
- Democracia.

**Sumário:**



---

(1) Historiadora e socióloga do trabalho, com pós-doutorado em Ciências Sociais na Universidade Federal da Bahia (UFBA) e doutorado em Ciências Sociais pela Universidade Estadual de Campinas (Unicamp). Como professora, atua nas áreas de História do Direito, Hermenêutica, Direitos Humanos e Sociologia Jurídica. Tem como principal publicação a obra *Momento: Intervalo Democrático e Sindicalismo (1942-1947)*, publicada em 2009.

# MOMENTO 1: UM CENÁRIO POLÍTICO DA GÊNESE DA CLT

Em 1º de maio de 1943, o então Presidente da República Getúlio Vargas decreta:

> Art. 1º - Fica aprovada a Consolidação das Leis do Trabalho, que a este decreto-lei acompanha, com as alterações por ela introduzidas na legislação vigente.
>
> Art. 13º - A Carteira de Trabalho e Previdência Social é obrigatória para exercício de qualquer emprego, inclusive de natureza rural, ainda que em caráter temporário, e para o exercício por conta própria de atividade profissional remunerada.(2)

O livro *Momento: Intervalo Democrático e Sindicalismo (1942-1947)*[(3)(4)] trouxe algumas dimensões do processo de implantação de uma nova estrutura de trabalho configurada na Consolidação das Leis Trabalhistas (CLT) de 1943. Naquela oportunidade, meu objetivo voltava-se para o entendimento das experiências de lutas da classe trabalhadora no confronto e superação de um regime autoritário, nos marcos do Estado Novo, bem como no contexto da II Guerra Mundial, na perspectiva da implantação de um regime democrático no país.

Optando pelo binômio Movimento Operário e Democracia, a reconstituição da referida conjuntura revela três questões:

1. A forma pela qual a classe trabalhadora foi incorporada, no processo de construção de pacto social;

2. A estrutura de organização e mobilização da classe operária e sua identificação com a estrutura e ação do Partido Comunista;

3. A dimensão ideológica do debate político entre representantes das facções burguesas e a classe operária, no período de formulação da Constituição de 1946, e o restrito espaço que o pacto burguês viria conceder à classe trabalhadora.[(5)]

De grande relevância para o entendimento dessa conjuntura foram consideradas questões, tais como: *esforço de guerra, cooperação de classe* e *paz social*, na busca de definição de um quadro político de consenso entre os segmentos mais expressivos que compunham o corpo social[(6)(7)].

A busca do consenso social no enfrentamento ao Esforço de Guerra externo, e a luta contra o nazi-fasci-integralismo interno tornam a promulgação da CLT uma espécie de portal em direção ao paraíso, como registrado em jornal da época:

---

(2) HORTA, Guilherme. O Decreto. *In*: HORTA, Guilherme. *Assis Horta Retratos*. Rio de Janeiro: Espaço Cultural/BNDES, 2017.

(3) VAZQUEZ, Petilda Serva. *Momento:* intervalo democrático e sindicalismo (1942-1947). Salvador: Unijorge, 2009.

(4) Trata-se de pesquisa histórica realizada para elaboração de minha monografia de Mestrado defendida na pós-graduação em História Social na Faculdade de Filosofia e Ciências Humanas da Universidade Federal da Bahia (UFBA), em 1986, publicada sob o título *Momento: Intervalo Democrático e Sindicalismo (1942-1947)*.

(5) VAZQUEZ, op. cit., p. 14.

(6) VAZQUEZ, 2009, p. 18.

(7) O período estudado e as questões apresentadas aqui certamente transcendem o horizonte da Baía de Todos os Santos e se espraia pelo Brasil. O jornal *O Imparcial* se constituiu em valiosíssima fonte histórica de pesquisa, expressão exemplar da imprensa liberal da época no estado da Bahia.

O impacto das leis trabalhistas no meio operário contribuiu para consolidar a imagem de 'pai dos pobres', projetado por Getúlio. Na prática, a promulgação da CLT cumpriu o papel de sereia, fascinando os trabalhadores com salário-mínimo, direito a férias, recursos de dissídios coletivos etc. Mas, primeira tentativa de usufruir os prazeres e justezas da legislação, estes escapavam das mãos dos operários, pelo menos na conjuntura de guerra. Promulgada em primeiro de maio de 1943, a CLT só entrou em vigor em 10 de novembro do mesmo ano [...]. A tabela do salário-mínimo que deveria vigorar simultaneamente à CLT, foi adiada por um ano. Quando os trabalhadores começaram a suscitar os dissídios coletivos - importante dispositivos da Consolidação das Leis do Trabalho, à época -, obtiveram, como resposta, o Decreto-Lei, cujo primeiro artigo previa: 'Os Dissídios Coletivos, enquanto perdurar o estado de guerra, só poderão ser citados pelos sindicatos profissionais ou de empregadores, mediante prévia audiência do ministro do Trabalho Indústria e Comércio, que apreciará da sua oportunidade'.[8]

Contudo, os fundamentos para alicerçar a *cooperação de classe*, enquanto edificação de uma política de *pacto social* com vistas à redemocratização no período, contou ainda com uma robusta propaganda ideológica das vantagens de modernização do País. Isso se materializou em diversos editoriais e artigos de jornais presentes nos principais órgãos de imprensa que publicavam discursos do presidente se apresentando como árbitro e neutro nas relações entre capital e trabalho:

> Todos os parceiros sociais deviam ser iguais perante o Estado. Por isso, as leis sociais, para serem boas e adaptáveis, devem exprimir o equilíbrio de interesses da coletividade, eliminando os antagonismos, ajustando fatores de todas as atividades úteis. O trabalho assim é o primeiro dever social. Industriais, funcionários, empregados e operários são iguais, pois todos trabalham.[9]

Na Bahia, o professor de Direito Alexandre Machado se ocupava em escrever artigos baseados em princípios morais, consolidando o ideário burguês, onde ficaram registrados o seu entusiasmo e crença na modernização do processo produtivo. Clamando aos empresários uma maior conscientização referente à importância do assalariamento e das possibilidades de paz e harmonia social, escreve:

> As empresas tacanhas, ambiciosas, avaras em tudo e para todos, não conseguem nunca, o máximo de produtividade dos seus operários, nem, evitam os abusos da sabotagem do material que na verdade, tanto prejudica o resultado da produção. [...] Todo depende da honestidade dos homens e da sinceridade dos propósitos da cooperação [...] para atingir [...] tempos mais harmoniosos.
>
> Não se deve combater o rico e a riqueza, sob o pretexto de que todo rico é explorador. O que se deve procurar obter é que a riqueza chegue para todos. Do luxo de muitos vivem milhares. O capital se forma do produto do seu esforço com o sacrifício de certos prazeres imediatos [...] é na observância das leis justas que se encontra a paz social.[10]

---

(8) INFLUÊNCIA na economia pública e particular, 1943 apud VAZQUEZ, op. cit., p. 32.
(9) MATÉRIA sobre igualdade perante o Estado, 1943 apud VAZQUEZ, op. cit., p. 34.
(10) MACHADO apud VAZQUEZ, 2009, p. 34-35.

Para fortalecer o projeto de *pacto social* empreendeu-se a campanha contra o nazi-fasci-integralismo, que contou com uma frente de articulação entre liberais, "esquerda baiana" e comunistas.

No período imediato ao pós-guerra, a anistia de presos políticos e a defesa de bandeiras democráticas de eleições livres, na convocação de uma Assembleia Nacional Constituinte, passaram a ser realidades capazes de pavimentar os caminhos à um regime democrático.

Foram muitos os voos organizativos do movimento da classe trabalhadora; mais especificamente na Bahia, o movimento caminhava irmanado com o Partido Comunista do Brasil (PCB). São exemplos significativos de ação política nesse período: a criação do Movimento de Unificação dos Trabalhadores (MUT), a criação dos Comitês Democráticos Populares, e os II e III Congresso Sindical realizados em maio de 1945 e maio de 1946, respectivamente, expressões de organização dos movimentos operário e comunista. Nesse sentido, é possível entender que as ações organizativas do movimento da classe trabalhadora, suas campanhas e mobilizações se confundiam com a ação do PCB. Entretanto, no período imediato às eleições de 1945 até 1947, assiste-se à imposição de uma democracia hostil aos trabalhadores e ao PCB. Os mecanismos repressivos postos em prática pelo governo Dutra tiveram a cumplicidade majoritária do Poder Legislativo, imbuído na elaboração de uma nova carta constitucional que trouxesse ao país um regime democrático, em substituição à carta fascista de 1937.

Desse modo, a campanha anticomunista assumiu destaque na medida em que expressa, ideologicamente, os desejos e interesses necessitados pela burguesia. Todo esse cenário já nascia nas condições de sobre determinação da Guerra Fria e alinhamento com os Estados Unidos da América (EUA), levando essa classe a se opor com vigor aos chamados "*representantes soviéticos*" em nosso país. Assim, é exemplar o extraordinário debate ocorrido na Assembleia entre o deputado udenista baiano Otávio Mangabeira e o senador comunista Luís Carlos Prestes:

> *Sr. Otávio Mangabeira* – disse, há dias, desta tribuna, que o papel da minoria democrática é muito nobre; mas ao mesmo tempo muito melindroso porque se temos, de um lado a infiltração comunista há do outro, o perigo da reação, que pode tentar repetir no país as suas expansões totalitárias.
>
> *Sr. Carlos Prestes* – Que é o que o Sr. chama de infiltração comunista?
>
> *Sr. Otávio Mangabeira* – Respondo a V.Exa. e lamento ter de fazê-lo.
>
> [...] *Sr. Carlos Prestes* – Era expressão comum na época do ascenso do fascismo, mas V.Exa. homem culto, que conhece a história, pode imaginar a surpresa em que nos encontramos, ao ouvi-lo pronunciar palavras desta natureza. [...] os tanques, os canhões e as metralhadoras não foram dirigidas contra o senhor Getúlio Vargas, mas contra a sede do Partido Comunista. Foi o nosso partido o único que sofreu violência naquela noite (noite de 29 para 30 de outubro de 1945), e nos dias seguintes que se seguiram. Foi um golpe democrático, Sr. Deputado o que trouxe o governo do Sr. José Linhares? Modificou-se, por um acaso a ditadura em que vivemos? Não. A situação é a mesma. E o Sr. José

Linhares mostrou ao nosso povo que um magistrado, ou qualquer outra pessoa, quando governa ditatorialmente, procede da mesma forma. [...].(11)

Não menos importante, no denominado *intervalo democrático*, o jornal comunista *O Momento* fez, no enfrentamento do debate político, análises críticas ao alinhamento ao modelo liberal na gênese da Guerra Fria.

Em abril de 1946, o udenista Juracy Magalhães lança a famosa pergunta ao comunista Carlos Prestes, sobre qual seria a posição *dele na hipótese de o Brasil entrar em guerra contra a União Soviética, por força de acordos internacionais.* O veículo da imprensa comunista em seu editorial reagiu:

> Eis aí a perguntinha que, com tanto esforço intelectual – o esforço de quem tem Stefan ZWEIG seu autor de cabeceira – conseguiu arrumar. É clara, no entanto, a provocação e má fé encobertas nessa perguntinha escrita. Afastando-se dela o caráter imperialista e reacionário que teria qualquer tentativa de luta contra o país do socialismo – esteio máximo da democracia e de progresso em todo mundo – resta, no entanto, o que se refere aos existentes acordos internacionais, capazes de arrastar o Brasil a uma cruzada anti-soviética, coisa em que só pensam os caixeiros viajantes da guerra, comparsas e discípulos de Churchill.(12)

No âmbito da ação política parlamentar dos comunistas, na dimensão de responsabilidade social e seu caráter eminentemente democrático e popular, é importante considerar artigos e colunas do jornal *O Momento*. Destaco o mandato do então deputado constituinte comunista Carlos Marighella em defesa das demandas, greves, dissídios, desníveis salariais e os altos preços dos gêneros de subsistência. Vejamos, então, alguns exemplos de editoriais e declarações de lideranças de trabalhadores e sindicalistas (portuários, tecelões, panificadores, vidreiros, carris urbanos, entre outros) sobre o mandato desse constituinte baiano:

> O deputado Carlos Marighella continua na Bahia e desde que chegou, sem descansar um só momento, vem tendo contato íntimo com o proletariado e com o povo, realizando sabatinas e prestando contas da sua atuação na Assembléia Constituinte. [...] Como deputado comunista, militante do Partido da classe operária, está submetendo a sua atuação à apreciação do povo que o elegeu, prestando contas do que se tem feito na Constituinte.(13)
>
> A repercussão desta atitude de Marighella entre os portuários baianos, não constitui surpresa, porque atitudes como essa nesse líder popular e nesse deputado do povo são frequentes e constantes. O nosso contentamento, entretanto, é o maior possível e como gratidão a Marighella, nos reuniremos em assembléia onde constará em uma ata um voto de louvor a esse grande deputado do proletariado baiano.(14)(15)

---

(11) SOMOS contra o comunismo como seremos contra a reação,1946 apud VAZQUEZ, 2009, p. 154-157, grifo nosso.
(12) O Momento, 1946 apud Ibid., p. 158-159.
(13) PRESTAÇÃO de contas de um deputado comunista, 1946 apud VAZQUEZ, 2009, p. 150.
(14) MATÉRIA sobre as atitudes de Carlos Marighella, 1946 apud Ibid., p. 152).
(15) Manuel Bonfim, então presidente do Sindicato dos Portuários, refere-se à leitura da Tribuna Constituinte do Memorial dos Portuários feita por Marighella.

Percebe-se que Marighella atualizava, ainda, as dificuldades enfrentadas pelos 15 representantes da bancada comunista, *vistos como tipos estranhos*, dentro da Constituinte, liderados por Luís Carlos Prestes[(16)]. Esses *tipos estranhos* são degradados do modo mais implacável pela imprensa, que passa a considerar a base social comunista como fanática e alienada à medida que estabelecem paralelos difamatórios com Antônio Conselheiro, possivelmente ciosos do mesmo destino do líder do povo que lutou na Guerra de Canudos. Essa detração é evidenciada no artigo *O Retrato de Prestes:*

> O seu retrato é bem aquele traçado genialmente por Euclides, em 'Os Sertões', no qual a figura do Conselheiro é apresentada às gerações que se sucedem como advertência: os crentes acompanharam-no. Não inquiriam para onde seguiam. [...]. Mas onde Euclides da Cunha parece traçar, propositalmente, o retrato de Prestes é neste trecho de sua famosa obra: Doente grave, só lhe pode ser aplicado o conceito de Franzi e Riva. [...] É Antônio Conselheiro? É Luís Carlos Prestes? Onde, porém, revelara-se mais forte e a afinidade entre estes dois tipos, e só no trecho em que Euclides salienta: Por isso o infeliz à solicitude dos médicos veio impelido por uma potência superior, bater de encontro a uma civilização. INDO PARA A HISTÓRIA COMO PODERIA TER IDO PARA O HOSPÍCIO. Aqui temos Prestes, não no seu melhor retrato, mas em carne e osso... Noutro país qualquer, ele estaria no asilo; no Brasil, porém tem lugar de Senador na Assembléia Nacional Constituinte.[(17)]

À vista disso, a ampliação da influência de comunistas nas lutas de trabalhadores, a capacidade de formar ação política com consequências à mobilização crescente do movimento operário na perspectiva de classe, e a voz ativa em um contexto próprio e adequado aos anseios de consolidação do regime de caráter democrático ergueram Luís Carlos Prestes como líder das lutas populares.

No segundo semestre de 1946, os debates e narrativas anticomunistas são estendidas às ações repressivas contra trabalhadores. Avolumam-se as ameaças de intervenções nos sindicatos pela Delegacia Regional do Trabalho, em suas instâncias de mobilização e assembleias. É assim, então, que se constrói a história futura escrita pelos liberais: *cassação do Partido Comunista, exílios de parlamentares e líderes de trabalhadores, devassa de sindicatos, repressões às manifestações populares, entre outras ações*. Confirma-se, portanto, que *ser democrata é ser anticomunista* e que a *democracia no Brasil tem como essência ser hostil a quem vive do trabalho.*

Vale trazer aqui a resposta síntese que o professor Francisco Weffort deu, quase quatro décadas depois, quando perguntado pelo cônsul americano por que a democracia e não o socialismo como expressão dos movimentos populares e sociais contra a ditadura militar do golpe de 1964. O sociólogo e cientista político respondeu: "*Se Marx fosse brasileiro, teria dito, certamente, que a ditadura é a forma, por excelência, de dominação burguesa. E talvez dissesse também que a democracia é a forma por excelência de rebeldia popular.*"[(18)].

Esse entendimento, certamente, corresponde ao conhecimento dos processos de enfrentamentos, demandas sociais e de lutas populares por direitos, garantias e voz política da sociedade brasileira, como *intervalos democráticos* que marcam a história da nossa República.

---

(16) A esse respeito existe ampla matéria na edição de *O Momento* de 01 de maio de 1946.
(17) RETRATO de Prestes, 1946 apud VAZQUEZ, op. cit., p. 163-164.
(18) WEFFOR, C. Francisco. *Por que Democracia*. São Paulo: Brasiliense, 1984, grifo nosso.

# MOMENTO 2 : ASSÉDIO MORAL INSTITUCIONAL: NOMEANDO A VIOLÊNCIA NEOLIBERAL

> Já são 13 os contaminados pela covid-19, depois do surto ocorrido no Posto Fiscal Honorato Viana. Segundo apurou o Sindsefaz, adoeceram nove agentes de tributos, um auditor fiscal e três colegas terceirizados. O problema, que tomou contornos de gravidade, dado o número de casos, revela a omissão do Gabinete da Sefaz-BA no cuidado com a saúde e a vida dos fazendários.[19]

Neste *Momento 2*, trago o que chamo de *história viva, livre de quem guarda o que significa, mas também se dispõe a escutar e conversar sobre memórias* recentes de enfrentamentos, no quadro de capitalismo neoliberal.

No livro *Fazendo a Bahia: memórias de lutas de homens e mulheres da Fazenda Baiana*[20], de minha autoria, apresento, como autoexplica o título da obra, 33 anos (1987-2020) de experiências de lutas, percursos, sonhos e demandas de servidores e servidoras da Secretaria da Fazenda do Estado da Bahia (Sefaz). Atualmente, eles são representados pelo Sindicato dos Servidores da Fazenda do Estado da Bahia (Sindsefaz), cujas memórias serão revisitadas.

Metodologicamente, a análise está assentada em pesquisa histórica nos boletins e jornais, nos documentos arquivados no Sindsefaz e nas entrevistas realizadas com dirigentes, lideranças e funcionários/as. O escopo teórico-metodológico integra, ainda, reflexões de investigações realizadas, anteriormente, com outros segmentos de trabalhadores/as, numa *perspectiva da Sociologia do Trabalho, em tempo de reformas que precarizam e aprofundam as injustiças e sofrimentos de quem habita o mundo do trabalho.* Compõe também o texto o estudo da denominada *organização flexível do trabalho* em ambiente e cultura *da ideologia da competência,* como elemento constitutivo da nova *racionalidade da organização do trabalho e gestão de pessoa que, na perspectiva neoliberal de Estado Mínimo, realiza o assédio moral.*

Nesse contexto, o *Momento 2* tem como objetivo analisar experiências e práticas de *assédio moral* sofridas por servidores/as da Secretaria da Fazenda do Estado da Bahia no ambiente de trabalho, no meio de discussões da Reforma do Serviço Público e na reestruturação desse serviço no estado da Bahia. Entende-se que servidores e servidoras já experimentavam os danos de reformas em nome das ditas eficiência, competência e racionalidade da gestão pública, nos primórdios da década de 1990. Assim, é exemplar, no editorial do *Jornal Novo Rumo*, o vigor da maldade reeditada em pleno período de sonhos e desejos de uma nova institucionalidade democrática no país:

> O Marques de Sade ficaria enrubescido se, vivo hoje, visse a trágica dimensão social que ganhou a sua criação ficcional, o sadismo, na atual gestão do governo da Bahia. O que era ficção do lendário escritor francês virou realidade, infelizmente, na Terra de Todos os Santos. Afinal como se justifica a política de redução salarial dos servidores estaduais num momento de aumento do real da arrecadação tributária, senão como uma espécie de sadismo social. São 180 mil pessoas sofrendo diretamente e quase um milhão indiretamente por causa de

(19) BOLETIM do Sindsefaz. Salvador: Sindsefaz, n. 2403, 04 jun. 2021.
(20) VAZQUEZ, Petilda Serva. *Fazendo a Bahia:* memórias de homens e mulheres da fazenda Baiana. Salvador: Edição da Autora, 2020.

uma injusta política de arrocho salarial, que flagela famílias. Se, ao contrário, houvesse uma valorização do servidor público através de uma justa política salarial, que vinculasse os reajustes ao incremento da arrecadação, toda a sociedade seria beneficiada, pois, maior remuneração do funcionalismo permitiria o surgimento de novos empregos e na retomada do desenvolvimento. Entretanto, na prática, o governo vem preferindo investir em aplicações financeiras, do que no serviço público e na sociedade indiretamente.[21]

É possível verificar que esses processos datam praticamente dos primórdios de criação da representação sindical de servidores públicos, conquistada no período imediato à aprovação da Constituição Cidadã de 1988. Numa análise sobre o *Jornal Novo Rumo*, gênese de uma imprensa afiada *com narrativas, opiniões e novos conceitos, forjando uma política de comunicação analítica*, nascida à época das lutas por um Estado Democrático Social de Direito, afirmo que:

> [...] nos primeiros anos da década de 90, já que se trata de período de um novo quadro institucional, pós Constituição de 1988, quando associações de servidores públicos puderam se organizar, através de sindicatos, podendo assim, ressignificar as suas lutas e demandas.
>
> O Novo Rumo, (jornal do Sindifaz, nome da entidade à época), revela três questões: as políticas de ajustes neoliberais, especialmente a estruturação de Estado mínimo; arrocho salarial; a convocação do movimento sindical à luta pelo controle social para garantir o gozo dos direitos inscritos na Constituição Cidadã de 88. Nesse sentido, é editado um número especial dedicado à demanda de criação de 'Um Conselho de Justiça', já que: 'A Justiça Brasileira está desacreditada, comprometida, despreparada e a exigir sérias reformas. [...] O Conselho Especial de Justiça, órgão que seria composto por instituições da sociedade (OAB, ABI, Ministério Público, Entidades Sindicais, Igreja [...] é um dos pontos fundamentais para resolvermos o problema moral e da ética na sociedade brasileira'.[22]

Trata-se de gestão estatal fundada em práticas típicas de constrangimentos, humilhações e maus tratos que agridem a dignidade humana, as integridades física, psíquica e material de servidoras e servidores públicos.

Na obra *Banalização da Injustiça Social*[23], o psiquiatra francês Christophe Dejours demonstra como sofrimentos podem ser configurados de diversos modos, banalizando o mal-estar no ambiente e nas condições de trabalho. Esse autor desenvolve nos seus estudos e pesquisas uma metodologia capaz de fornecer *respostas significativas às grandes questões situadas na análise do sofrimento humano no trabalho ou, de acordo com a compreensão de Dejours, "nos possíveis destinos do sofrimento no trabalho"*[24].

A referência feita por Roberto Moraes Cruz acerca da Psicodinâmica do Trabalho como um campo multidisciplinar sobre Saúde, Trabalho e Psicopatologias (2007), avança, ainda, afirmando:

---

(21) *Tragédia Social em um Estado neoliberal*, 1993 apud VAZQUEZ, 2020, p. 79.

(22) JORNAL NOVO RUMO, 1993 apud VAZQUEZ, 2020, p. 75.

(23) DEJOURS, Christophe. *A Banalização da Injustiça Social*. Rio de Janeiro: Editora FGV, 2006.

(24) CRUZ, Roberto Moraes. Saúde, Trabalho e Psicopatologias. *In*: AUED, Bernadete W. (org.). *Traços do Trabalho Coletivo*. São Paulo: Casa do Psicólogo, 2005, p. 207, grifo nosso.

> [...] Dejours desafia os modelos centrados no sofrimento mental a oxigenarem suas práticas clínicas na direção aos problemas humanos no trabalho e suas implicações sobre a dinâmica psíquica. O objeto da Psicodinâmica do Trabalho, segundo Dejours, *deve ser construído em torno daquilo que os trabalhadores têm a dizer sobre seu próprio trabalho. Do ponto de vista metodológico, suas preocupações do sofrimento vinculado à racionalidade técnica do trabalho.*[(25)]

Nesse sentido, a concepção de *Assédio/Violência Moral*, aqui proposta, está colocada nos seguintes termos:

> São experiências vividas pelo sujeito individual ou coletivo no meio ambiente de trabalho no contexto da organização flexível, cuja racionalidade se sustenta na estética da ideologia da competência constituída por valores capazes de submeter o corpo, a mente e a alma de quem vive do trabalho. Os significantes de construtos do sujeito são violentados, agredidos, constrangidos, ameaçados, ou destituídos de sentidos ou de sentimentos. As experiências mais agudas de assédio moral podem levar à morte física e à falência psíquica, a exemplo do Karoche e do Burnout, respectivamente.[(26)]

Tal ponto de vista expressa uma complementaridade à visão de *práticas e comportamentos* de assédio e danos morais já consagrados e institucionalizados. A categoria *experiência* dota o sujeito da condição de portador de afetos (positivos e negativos), valores, emoções e sentimentos, legitimando, assim, suas queixas, demandas e estados de sofrimento. A *experiência de trabalho* propicia um universo de tensionamentos necessários à explicitação de demandas capazes de contribuir à realização de sentidos e de sentimentos de *constituição de identidade de sujeito individual e coletivo*[(27)].

As considerações teóricas apresentadas são resultados de aproximados 40 anos de trabalho com assessorias e pesquisas no âmbito das memórias, lutas sindicais e de sofrimentos de *quem habita o mundo do trabalho*. Dessa forma, tem relevância o conceito de *constituição de identidade de sujeito forjada na experiência de trabalho* no seu processo e modo dialético de vivência. As experiências de contradições de classe, para *quem habita esse mundo,* permitem homens e mulheres flagrarem suas angústias individuais e aquelas compartilhadas no trabalho, potencializadas social e coletivamente. É o processo de *constituição de identidade* que propicia responsabilidades e compromissos com os seus desígnios, enquanto sujeito.

Não sem sofrimento e mal-estar, esse sujeito forja demandas que possibilitam mudanças de lugar de assujeitado, de vitimizado, de subsumido e de quem vive o estranhamento e/ou alienação no trabalho. Em vista disso, *trabalho ganha centralidade na existência humana.* A tensão dialética carrega perspectivas para o enfrentamento de desafios, cujo espectro da sociedade capitalista e dos valores burgueses nos reserva, especialmente em papéis, lugares e funções. Importa, portanto, refletir acerca de concepções e relações entre o trinômio: *trabalho, demanda e constituição de identidade de sujeito individual e coletivo.*

---

(25) Ibid., p. 207, grifo nosso.

(26) VAZQUEZ, Petilda S. Apresentação. *In*: VAZQUEZ, Petilda S.; VAZQUEZ, Vanessa S. (org.). *Gênero, trabalho e saúde:* a experiência das mulheres do setor calçadista da Bahia. Salvador: Fast Design, 2007. p. 14.

(27) VAZQUEZ, Petilda Serva. *Movimento de Bancários:* possibilidades criativas de experiências de constituição de identidade. 302 f. 2001. Tese (Doutorado em Ciências Sociais) - Instituto de Filosofia e Ciências Humanas, Universidade Estadual de Campinas, Campinas, São Paulo, 2001.

A concepção de *trabalho* pressupõe experiência capaz de estabelecer o potencial dialético tanto de estranhamento do sujeito (o *sujeito estranha o que lhe é familiar*, dado o caráter de alienação no âmbito do trabalho no capitalismo), quanto à possibilidade de realização de sua humanidade; isto é, revelar a satisfação do que se faz, tal como significar e/ou ressignificar sentidos, razões e sentimentos.

*Demanda* é concebida como expressão de queixas, reclamações, sofrimentos e mal-estar através de denúncias, reivindicações e confrontações que anunciam a indignação de quem não suporta mais um determinado sofrimento, lugar ou papel; de quem se sente injustiçado, indignado, humilhado. Enfim, é um enunciado que denota a tensão dialética de quem quer mudar de grau; ou seja, de quem não suporta mais ser vítima de condições precárias e degradadas de trabalho material e simbólico. Nesse contexto, a insatisfação atinge um potencial de enfrentamento necessário e capaz de realizar mudanças de toda ordem.

A *Constituição de Identidade de Sujeito Individual e Coletivo* está orientada na perspectiva de:

> [...] uma concepção processual de experiências vividas pelo sujeito no seu devir. Como o sujeito realiza mais autonomamente a sua história. Não se trata de construção de essencialidade, nem de construção essencialmente racional, de base cognitiva. Essa é uma concepção de constituição de sujeito na sua dialogicidade, das múltiplas lógicas, que podem ser suas, ou não; colocadas pelo e/ou para o sujeito. Não se trata de busca de igualdade [...]. Nesse sentido, constituição de identidade são vivências de transformações com sentido e sentimentos de realizações próprias e/ou compartilhadas pelo sujeito.(28)

Posto isso, recorro ao mestre Paulo Freire(29) para nos ensinar que é na experimentação das nossas incertezas o único lugar de onde é possível trabalhar de novo necessárias certezas provisórias, uma vez que é nesse momento que processamos criativamente nossa humanidade. **É, pois,** *na experiência de trabalho que o humano dá sentido a sua vida/existência.*

Com isso, é o momento de análise da história que permite responder: *quem são os homens e as mulheres que constituem a família Fazendária?* Enquanto Sujeitos Instituintes construtores/as de mundo e de suas humanidades, na escuta de suas falas é possível apreender o processo de *constituição de identidade de sujeito coletivo:*

> São pessoas que não se despiram das suas origens, vivências interioranas, de famílias de muitos irmãos, de luta pela sobrevivência. Que foram íntimas das dificuldades e dos desafios de milhões de famílias nordestinas, majoritariamente pobres, mas pessoas ricas de símbolos, de coragem e de profunda solidariedade e sólidos vínculos. Gente com pés calcados na realidade de um Brasil e de uma Bahia Sertaneja, que como árvores se comunicam com suas sólidas raízes.
>
> [...] No incansável desafio pela edificação de uma vida digna, no exercício de cidadania e de luta por direitos, como fundamento essencial à consubstanciação dos Direitos Humanos, esses homens e mulheres mesclam a materialidade do seu trabalho, com o sonho de concretização de justiça e de responsabilidade social.(30)

---

(28) VAZQUEZ, 2007, p. 13.
(29) FREIRE, Paulo. *À sombra desta mangueira.* São Paulo: Editora Olhos d'água, 1995.
(30) VAZQUEZ, 2020, p. 200-201.

Dessa maneira, é possível flagrar a força e pujança da história na voz de quem a experimenta. Essa ação permite mergulhar no universo de fatos e, com brilho e/ou lágrimas nos olhos, deixa-nos visualizar suas subjetividades, seus valores, seus lugares no mundo, suas transformações, razões e emoções. Assim, a vivência revisitada outorga aos sujeitos a posse de si, através do seu trabalho e da sua existência. O compartilhamento de sua luta, em suma, avança no construto do sujeito solidário, coletivo e comunitário, materializando o mundo público mais próximo de um *bem comum*.

Nas palavras de Eliel Barbosa, fazendário e dirigente sindical:

> [...] no final de cada mês, é plenamente possível fazer o levantamento total do imposto recolhido, resultante de cada ação fiscal, especialmente na fiscalização de mercadorias em trânsito. Então, eu via no trabalho uma eficácia, que me estimulou a continuar sendo um fazendário. Mas por outro lado, não me sentia realizado em cobrar impostos. Aliás, não conheço nenhum colega que se sinta realizado, se sinta feliz, cobrando impostos. Dentro, claro, daquela defesa feita pelo poeta Gilberto Gil: 'os meninos são todos sãos!'.[(31)]

Muitas falas e testemunhos evidenciam um percurso de mais de 30 anos de história desses Servidores Públicos como exemplar de constituição de experiência coletiva, de dignidade e cidadania, na realização de trabalho estratégico, na consolidação das atribuições e responsabilidades sociais do Estado Social de Direitos. É importante, então, ressaltar a presença das mulheres fazendárias nesse processo. Para isso, vejamos o depoimento de Maria de Fátima Mota, dirigente do Sindsefaz:

> Com relação ao reconhecimento do nosso trabalho, até porque, além das diferenças, nós mulheres, no trabalho da Secretaria da Fazenda, construímos várias coisas que não existiam antes. Essa solidariedade foram as mulheres que construíram. O trabalho dentro do Trânsito foi mais humanizado. E esse retorno nós tínhamos do simples caminhoneiro. [...] 'As mulheres estão trabalhando, atendem bem a gente, estão sempre bem-humoradas, bonitas.' Acho que nesse ponto os nossos colegas homens também melhoraram. Até podemos competir mulher-mulher, como dizem por aí, mas nós somos solidárias. E acho que eles aprenderam muito conosco nesse ponto.[(32)]

O conjunto de depoimentos apresentados de fazendários e fazendárias evidencia que suas lutas, campanhas e ações, no Sindsefaz, garantem a compreensão da relevância social do seu trabalho. Tal certeza impacta sobre as questões de mérito e de natureza pública do fruto desse trabalho, isto é, o dinheiro do Estado é e tem que ser do público! Politicamente, essa é uma espécie de sentença de morte, à medida que confronta, definitivamente, o primado do arsenal ideológico da cultura e da estética do individualismo egoísta neoliberal.

## Organização Flexível do Trabalho e Degradação Humana: riscos no contexto de reformas e novas (des)razões administrativas no setor público

> Los derechos sociales por su magnitud nunca podrán ser alcanzados, que deben ser compatibilizados con las políticas económicas, que su expansión puede afectar el desarrollo y que por lo tanto, frente a la crisis es legítimo resignarse y necesario reducirlos, ideas y enunciados que debe ser permanentemente replanteado al

(31) VAZQUEZ, 2020, p. 209.
(32) MOTA apud Ibid., p. 227.

> abrigo de políticas económicas, por lo que debe ser el hombre el que se someta a las reglas del mercado.[33]

Respeito, direitos, condições de trabalho, liberdade e autonomia de organização sindical de trabalhadores/as são elementos essenciais a um ambiente de trabalho saudável, ético, democrático e humano, reclamado e reivindicado por trabalhadoras/es desde sempre. Este estudo, por sua vez, dá ênfase à natureza do Assédio Moral Coletivo de caráter Institucional, mais especificamente às práticas governamentais que, em nome de modernizações na execução de políticas de governo, apelam para uma *Nova Razão de Mundo*[34]. Este é um título de outra importante obra na explicação da perspectiva de desumanização e degradação da pulsão de vida no âmbito do capitalismo flexível, cuja lógica de eficiência funda-se num modelo corporativo neoliberal que estabelece outra *govermentalidade* assentada nos princípios empresariais, característica própria do mundo privado, agora ajustada ao domínio e controle do chamado Estado Mínimo.

A obra *Neoliberalismo como gestão do sofrimento psíquico*[35], publicação organizada por Nelson da Silva Junior, Vladimir Safatle e Christian Dunker, investiga um conjunto de práticas de gerenciamento do mal-estar, tais como: a individualização da culpa, o repúdio ao fracasso depressivo e a destituição de fazeres e saberes coletivos, no caso de Servidores Públicos, constituindo uma espécie de modalidade de Assédio Moral Institucional/Coletivo. Para esses autores, o neoliberalismo é concebido como

> [...] uma forma de vida definida por uma política para nomeação do mal-estar e por uma estratégia específica de intervenção com relação ao estatuto social do sofrimento. Essa forma de vida articula moral e psicologia, economia e direito, política e educação, religião e teologia política, propondo um tipo de individualização baseado no modelo da empresa. Uma vida que deve ser apreendida, dirigida e avaliada como se faz com uma empresa.[36]

No livro citado, os estudiosos sustentam a tese centrada na concepção de que "a noção de 'gestor' do sofrimento psíquico ganha importância em dois sentidos, a saber, como aquele que gera e aquele que gerencia"[37]. Nas análises, o neoliberalismo ainda é apresentado a partir de uma compreensão do escopo performático do universo neoliberal, nos seguintes termos:

> Podemos falar em 'instauração' porque a força do neoliberalismo é performativo. Ela não atua meramente como coerção comportamental, ao modo de uma disciplina que regula ideais, identificações e visões de mundo. Ela molda desejos, e, nesse sentido, a performatividade neoliberal tem igualmente efeitos ontológicos na determinação e produção do sofrimento. Ela recodifica identidades, valores e modos de vida por meio dos quais os sujeitos realmente modificam a si próprios. Se admitimos que uma forma de vida tende a manter sua unidade extraindo produtividade de suas contradições, determinadas e indeterminadas, de acordo com estratégias provenientes do trabalho e do

---

(33) POMPA, Roberto Carlos. Conferência de abertura. *In*: *Associação Latino-Americana de Advogados Trabalhistas*. 11. Encontro Latino-Americano do Trabalho. Medelín, Colômbia, 11 nov. 2013.
(34) DARDOT, Pierre; LAVAL, Christian. *A nova razão do mundo:* ensaio sobre a sociedade neoliberal. São Paulo: Boitempo, 2016.
(35) SAFATLE, Vladimir; SILVA JUNIOR, Nelson da; DUNKER, Christian (org.). *Neoliberalismo como gestão do sofrimento psíquico*. 2. reimp. Belo Horizonte: Autêntica, 2021.
(36) Ibid., p. 11.
(37) Ibid., p. 10.

mercado, do desejo e da linguagem, poderemos localizar os efeitos estruturais da dimensão performativa da gestão neoliberal do sofrimento.[38]

Essa nova mentalidade de governança ajustada e regulada ao e pelo mercado significa o sequestro de direitos historicamente conquistados por *quem vive do trabalho*, rebaixando de grau, consequentemente, a sua humanidade. Escutemos, mais uma vez, o que nos diz o juiz do Trabalho Roberto Pompa, em sua Conferência Magistral sobre a relação orgânica entre Direito do Trabalho e Dignidade Humana:

> La igualdad deja de ser el inicio de las relaciones para pasar a ser su destino. El derecho del trabajo debe traer seguridad para el sujeto más débil de la relación. La seguridad es un estado de ánimo de las personas. Si yo voy a rendir un examen y estudié voy más seguro y con más possibilidades de obtener éxito. La seguridad debe poder liberarnos estado de incertidumbre y en especial de la derivada de la pérdida del empleo y de la seguridad de las condiciones y medio ambiente de trabajo.[39]

Sem dúvida, igualdade na sociedade de classes, capitalista, constitui-se, ainda, um sonho a ser realizado, visto que necessita das desigualdades sociais e de todas as formas de exclus**ões**, de discrimina**ções** e preconceitos, para se reproduzir. Assim, para cumprir os desígnios de emancipação humana, o respeito e a garantia de gozo da dignidade humana devem ser tidos como uma experiência banal e ordinária de bem-estar, como forma de superação da *banalização do mal*[40].

## Meio Ambiente de Trabalho do Serviço Público: um ambiente de realização humana e social ou de negação de responsabilidade pública?

> No dia 26 de fevereiro passado o Supremo Tribunal Federal (STF) concluiu o julgamento da Ação Direta de Inconstitucionalidade (ADI) 4233 [...] considerou constitucionais as duas leis questionadas (8.210/2002 e 11.470/2009).
>
> Desde lá, em vez de procurar construir saídas que mantenham mais de 700 fiscais exercendo suas funções de maneira digna e justa, para garantir a manutenção dos rumos da arrecadação estadual. [...] Estão sendo colocadas em prática medidas que desrespeitam a decisão do STF para retornar a uma realidade de assédio moral e apropriação de trabalho alheio que tínhamos até 2009.[41]

O Meio Ambiente de Trabalho, no campo do Serviço Público, deve ser uma espécie de antessala ou mesmo um laboratório de construto do *bem comum*, no qual os direitos humanos se realizarão. Em vista disso, importa lembrar que, dentre as atribuições da Comissão Interamericana de Direitos Humanos (CIDH), consta a possibilidade de *formular recomendações aos Governos dos Estados no sentido de que adotem medidas progressivas em prol dos direitos humanos, no âmbito de sua legislação, de seus preceitos constitucionais e de seus compromissos internacionais, bem como disposições apropriadas para promover o respeito a esses direitos.*

Muitos são os estudos e pesquisas que demonstram os impedimentos desses fundamentos basilares na perspectiva de desenvolvimento de natureza neoliberal

(38) SAFATLE; SILVA JUNIOR; DUNKER, 2021, p. 11.
(39) POMPA, 2013.
(40) ARENDT, Hannah. *Eichmann em Jerusalém*: Um relato sobre a banalidade do mal. São Paulo: Companhia das Letras, 1999.
(41) BOLETIM do Sindsefaz. Salvador: Sindsefaz, n. 2370, 19 mar. 2021.

e globalmente articulada, que compromete as dimensões sociais, a *coisa* pública, as demandas e causas públicas, a negação a tudo que é solidário e comunitário, enfim, as possibilidades de realização do *bem comum*. Seguindo essa direção, podemos nos reportar ao grande jurista baiano J. J. Calmon de Passos, quando nos ensina que a

> [...] globalização é um fenômeno de múltiplas faces, com vários campos de incidência e com consequências diferenciadas, donde a necessidade de falarmos não de uma, mas de diversas globalizações, todas incluindo homens (incluo mulheres também), que as experimentam e por elas são desafiadas.(42)

O Assédio/Violência Moral, por sua vez, vem acontecendo no contexto de políticas de gestão e da organização do trabalho. Esse fenômeno impõe às trabalhadoras/es novos riscos responsáveis por distúrbios mentais e psíquicos, causados por pressão e opressão na busca de uma produção que ultrapasse metas predeterminadas, em circunstâncias de tempo exíguo, em ritmo de trabalho intenso e de longas jornadas, num ambiente de extrema competitividade.

Na esfera dos serviços públicos, assistimos um conjunto de políticas adotadas, defendidas e cunhadas pelo neoliberalismo de Estado Mínimo, cujas narrativas se sustentam na pseudoineficiência estatal, suposto inchaço do Estado e na desqualificação de servidores públicos. Algumas destas podem ser vistas a seguir: Emenda Constitucional (EC) n. 95/2016, conhecida como a do Fim do Mundo, que congela os investimentos em políticas sociais; Reforma Trabalhista de 2017; Reforma(s) Previdenciária(s); e a temerosa proposta de Reforma Administrativa, que traz ameaças de avaliações de desempenho, abrindo a possibilidade de demissões e do fim da estabilidade de servidores públicos. No Brasil, essas políticas de gestão têm consolidado uma nova definição de organização do trabalho, marcada por experiências de ambiguidades que comprometem a dignidade e a saúde física e mental de *quem vive do trabalho*. O conhecimento da gravidade dessa concepção assediadora, e até mesmo violenta, de organização e gestão de pessoas no mundo do trabalho, diz respeito às relações de poder e dominação sobre indivíduos e coletivos, dentro dos fundamentos do pensamento ultraliberal das práticas empresariais, agora extensivas ao trabalho de servidores e servidoras no setor público, na conjuntura do Estado Mínimo Neoliberal.

Na obra *A verdade e suas formas jurídicas*(43), de Michel Foucault, o autor se reporta às advertências de Nietzsche, quando ele coloca na *raiz do conhecimento, o ódio, a luta, o amor e a relação de poder*. Foucault(44) afirma que "Se quisermos realmente conhecer o conhecimento, o saber o que ele é, apreendê-lo em sua raiz, em sua fabricação, devemos nos aproximar, não de filósofos, mas dos políticos, devemos compreender quais são as relações de luta e de poder." Por essa linha, já podemos conceber o *assédio/violência moral* no capitalismo neoliberal. É preciso uma decodificação atualizada, dada a complexidade do universo que constitui a subjetiva humana, nas suas dimensões moral, afetiva e de sofrimentos físicos e psíquicos, para então realizar uma ressignificação e adequação de ampliação e/ou correções de compreensão e conhecimento do *assédio/violência moral*. Contudo, o Direito pode e deve recorrer ao campo privilegiado da Hermenêutica Jurídica, de modo que a tutela e a justiça sejam garantidas.

---

(42) PASSOS, J. J. Calmon. Globalização, Direito e Política. *In*: LEÃO, Adroaldo; PAMPLONA FILHO, Rodolfo (org.). *Globalização e direito*. Rio de Janeiro: Forense, 2002. p. 125.

(43) FOUCAULT, Michel. *A verdade e as formas jurídicas*. Rio de janeiro: Nau Editora, 2012.

(44) Ibid., p. 22-23.

Na pesquisa realizada em 2003-2004[(45)], foram identificadas experiências de sofrimentos revelados pelo *silêncio e pelo medo de um coletivo de trabalhadores e trabalhadoras* do setor plástico do Ramo Petroquímico na Bahia, resultando no adoecimento de mais de 150 mulheres numa planta industrial. Após visita de inspeção técnica interinstitucional, o Ministério Público do Trabalho (MPT) estabelece uma nova relação de juízo naquela ocasião, quando os riscos, adoecimentos e mal-estar no meio ambiente de trabalho são flagrados. O reconhecimento e acolhimento do conjunto de queixas e demandas, nesse contexto, leva à assinatura do Termo de Compromisso de Ajuste de Conduta (TAC) e às correções dos fatores de riscos encontrados nos locais de trabalho. O TAC acordado com o segmento se constituiu numa conquista de direito relevante. Reconhecem-se as práticas de assédio moral na gestão e organização do trabalho como condutas que violentam e comprometem a integridade física, mental e moral de trabalhadoras/es, além do *uso de tecnologia (presença de câmeras no local de trabalho)* ser considerado como prática de assédio moral, registrada na *Revista do Ministério Público do Trabalho*[(46)]. Tal publicação sistematiza a capacidade de percepção, de aprendizagem, de descoberta do novo potencial de riscos, danos e crise nas relações e no meio ambiente de trabalho.

Recorro à obra *Assédio Moral no Emprego*[(47)], de autoria de Sérgio Pinto Martins, para nos lembrar que o "[...] *item 3 do art. 2º da Diretiva 76/207/ CEE*, de 9 de fevereiro de 1976, *classifica assédio como discriminação [...] [que] atinge o assédio moral a integridade moral do trabalhador.*"[(48)]. Destaco que as dimensões visíveis e objetivas podem ser acrescidas de um universo de práticas e procedimentos conhecidos ou mesmo já tipificados, a exemplos de constrangimentos, maus-tratos, humilhações e experiências, tais como: desqualificações de gênero, de religião, de idade, de orientação sexual, discriminação racial, ou a mais usual, discriminação de classe.

Muitos dos estudos sobre assédio moral vão na direção do estabelecimento de características, espécies e perfis de assédios e de sujeitos envolvidos/as nessas experiências/práticas. Ressalto, por isso e mais uma vez, as reflexões de Martins[(49)] acerca das *espécies* e tipos de assédios, a saber: verticais (ascendentes e descendentes); horizontais; moral individual; moral coletivo (ativo e passivo); e moral institucional, organizacional e corporativo. O autor ainda considera motivos econômicos, quando o que se pretende é livrar-se dos trabalhadores. Essa categoria prevê o *assédio moral perverso, o assédio moral por delegação, o assédio moral discriminatório*[(50)]. Desse modo, é possível fazer uma analogia da categoria cinematográfica às modalidades dos *motivos econômicos* do assédio; eles acontecem numa espécie de estética do filme *Tropa de Elite*, isto é, por meio do "*peça para sair*".

Entretanto, para a análise proposta neste artigo, a ênfase dada considera o assédio como violência moral, capaz de imprimir sofrimento psíquico sem limites nas dinâmicas e práticas de dominação e de exercício de poder sobre *quem vive do trabalho*. Assim, o campo da subjetividade tem lugar privilegiado no mal-estar e sofrimento nas experiências de trabalhadores/as. Nesse sentido, *o assédio/violência moral é uma*

---

(45) Pesquisa intitulada *A Química das Mulheres* realizada por mim, em parceria com o Sindquímica, desenvolvida no Núcleo de Estudos Interdisciplinar sobre a Mulher (NEIM), da Universidade Federal da Bahia (UFBA), nos anos de 2003 e 2004.

(46) *Revista do Ministério Público do Trabalho*. Brasília: MPT, ano 14, n. 27, p. 237-243, mar. 2004.

(47) MARTINS, Sérgio Pinto. *Assédio Moral no Emprego*. São Paulo: Atlas, 2014.

(48) Ibid., p. 26, grifo nosso.

(49) Ibid.

(50) Ibid., p. 28-30.

*questão de saúde pública, por sua possibilidade de ser coletiva; questão jurídica, que precisa ser compreendida, reconhecida e tutelada; e, sem dúvidas, questão política.*

O psiquiatra Christian Dunker, em sua obra *Lacan e a Democracia*[51], adverte-nos sobre a importância da dimensão de temporalidade da subjetividade humana, tecida em estreita dinâmica com as dimensões de valores e de seus mecanismos atrelados às relações de poder:

> [...] a psicanálise no horizonte da subjetividade de sua época não deve resumir-se a saber se ela é filha da modernidade ou da pós-modernidade; se sobrevive ao fim de grandes narrativas ou se faz parte da sociedade do espetáculo; se é herdeira das práticas de confissão e disciplinarização de corpos; ou se é uma forma de familiarismo repressivo, falocêntrico ou universalista. Ao pressentir que a psicanálise é vítima de uma obsolência não programada, ultrapassada por técnicas mais eficazes, excluídas das políticas de saúde mental ou aposentada pelas filosofias emergentes. *Nós esquecemos a potência democrática da ética psicanalista e sua inscrição cada vez mais variada na esfera pública.*[52]

Posto isso, vale a reflexão de que o tempo e o lugar têm poder, e a nova economia não pode ser restringida por eles; lugar é geografia, um lugar para a política de uma comunidade que evoca as dimensões sociais e pessoais de lugar. Ele se torna uma comunidade quando as pessoas usam o pronome "nós"; nesse caso, o *nós* refere-se às possibilidades de *bem comum*, ao bem-estar e às responsabilidades com e para o coletivo.

Em razão, é possível considerarmos que princípios e direitos devem ser respeitados, garantidos e tutelados como realizações de direitos do humano, em sua experiência de construtores de mundo. Salienta-se, ainda, as reflexões de Margarida Barreto sobre Assédio Moral, quando essa médica afirma que

> As emoções experenciadas e vividas - medo, raiva, revolta, mágoas, ressentimentos, angústias, vergonha, vontade de vingar-se -, associadas a sentimentos de desvalorização, desqualificação, desmotivação, traição (e acrescento injustiça) que afetam a dignidade humana e levam a baixa autoestima, tornam essas pessoas prisioneiras de afetos tristes, impedindo-as muitas vezes de ação. A gravidade do vivido deixava-as mais vulneráveis à potência do padecer.[53]

Vejamos, então, alguns registros, denúncias de assédio/violência moral, e informações veiculadas no *Boletim do Sindsefaz*, na defesa de sua base de representação no que tange às experiências do sujeito coletivo sob pressões, humilhações e constrangimentos:

> O Gabinete da Sefaz-BA [...] praticamente esvaziou as funções dos Agentes de Tributos Estaduais e deixou 711 fiscais experientes, capacitados e treinados sem terem o que fazer, principalmente no Trânsito de Mercadorias. [...] o Gabinete da Sefaz-BA obrigou os ATEs a não realizarem procedimentos de fiscalização no Trânsito. Portanto, o conjunto de tarefas, até agora desempenhadas pelos Agentes, terão que ser totalmente absorvidas pelos Auditores Fiscais.

---

(51) DUNKER, Christian. *Lacan e a Democracia:* clínica e crítica em tempos sombrios. São Paulo: Boitempo, 2022.
(52) DUNKER, 2022, p. 15, grifo nosso.
(53) BARRETO, Margarida. *Violência, Saúde e Trabalho:* Uma jornada de humilhações. São Paulo: Editora PUCSP, 2000. p. 36.

> Fiscalização tributária é todo ato realizado por agente fiscal competente que vise verificar, mediante exame de documentos, mercadorias, livros fiscais e comerciais etc., se os atos fiscalizados estão em consonância com a lei. Ou seja, se, sem amparo no Supremo, a Administração expedir algum ato administrativo obrigando os ATEs a realizarem algum procedimento de fiscalização constante nessa lista abaixo, desrespeitará sua própria determinação e indo de encontro à lei.[54]
>
> A partir de abril, a Sefaz adotou um novo critério de pagamento da Gratificação Fiscal (GF), voltado especificamente para o Agente de Tributos Estaduais (ATE) que executa atendimento na Malha Fiscal. De acordo com o novo critério, ao invés de serem aplicadas as normas previstas em Decreto, há décadas, o recebimento da GF passou a ser fixada por Comunicação Interna (CI), com base em quantidade de atendimentos da Malha Fiscal.
>
> A pressão para cumprimento dessas metas responde ao interesse do Gabinete da Sefaz de recuperar as perdas de arrecadação, verificadas depois da decisão do STF na ADI 4233. Após apurar a queda, a Secretaria criou números a serem alcançados na Malha Fiscal, na tentativa de recuperar o ICMS perdido e dar um clima de normalidade a uma situação crítica.[55]
>
> A convocação para malha fiscal e o festival de inaptidões são as confissões dos artifícios usados pela atual gestão para dar um ar de normalidade na Sefaz, a partir de março.
>
> Apesar de terem distorcido, na disputa judicial travada na ADI 4233, os dados das receitas estaduais, bem como terem ocultado o tratamento diferenciado e favorecido recebido pelas empresas optantes do Simples Nacional (LC 123/2009), os atuais dirigentes da Sefaz sabem que, em face da escassez de recursos e do elevado volume de contribuintes, a fiscalização neste segmento é necessária e importante tanto para garantir a arrecadação como para coibir o uso fraudulento dessa espécie de benefício fiscal.[56]

A concepção de violência na tradição jurídica e cultural do Brasil sempre esteve atrelada, hegemonicamente, às práticas objetivadas, possíveis de serem visualizadas. No *Dicionário de Política,* Mario Stoppino enuncia a violência nos seguintes termos:

> Intervenção física de um indivíduo ou grupo sobre outro indivíduo ou grupo [...]. Além disso, a intervenção física, na qual a Violência consiste, tem por finalidade destruir, ofender e coagir. [...] quem impede materialmente outro de cumprir determinada ação [...] geralmente contra a vontade da vítima.[57]

Nota-se que a ideia de violência está ligada à intervenção física, como manifestação clara, visível, do ato de força ou agressão. Mas, esse mesmo autor, aprofundando a compreensão de violência, considera como elemento constitutivo de violência o uso do poder com alterações danosas para o indivíduo e/ou grupo. Por isso, é importante apresentar alguns exemplos de práticas, no âmbito da Sefaz/Ba, de cons-

---

(54) BOLETIM do Sindsefaz. Salvador: Sindsefaz, n. 2375, 22 mar. 2021.
(55) BOLETIM do Sindsefaz. Salvador: Sindsefaz, n. 2401, 20 maio 2021.
(56) BOLETIM do Sindsefaz. Salvador: Sindsefaz, n. 2402, 01 jun. 2021.
(57) STOPPINO, Mario. Violência. *In*: BOBBIO, Norberto *et al.* Brasília, DF: Universidade de Brasília, 1991. v. 2, p. 1291-1298.

trangimentos, humilhações e maus-tratos, que resultam em pressões e sofrimentos que afetam o cotidiano do trabalho de fazendários e fazendárias:

a) sonegação de informações que comprometem a atividade laboral, quando são bloqueados acessos e sistemas antes disponíveis;

b) exclusão da participação de servidores em reuniões de seus interesses;

c) estabelecimento e/ou inadequação de metas inatingíveis;

d) penalização financeira de servidor ou de "subgrupos" específicos de servidores, Agentes de Tributos Estaduais (ATE);

e) degradação das condições e do meio ambiente de trabalho;

f) apropriação do trabalho alheio com consentimento dos superiores hierárquicos;

g) discriminação ideológica por filiação sindical;

h) omissão da listagem de "recuperação de créditos", quando os Agentes de Tributos conseguem ótimos resultados.

Recorro ainda a Dunker, quando inscreve a ascensão do neoliberalismo, dizendo:

> Os anos 80 inauguram uma mutação da política do sofrimento liberal, orientada para a proteção do trabalhador, para a política baseada na administração calculada e cientificamente justificada, de mais sofrimento para produzir mais aceleração, desempenho e produtividade. [...] Há formas de sofrimentos que ainda não podem ser nomeados, há formas de mal-estar que desconhecem seus próprios motivos, há demandas informuladas que se apoiam em significantes flutuantes.(58)

A conservação de um autoritarismo despótico presente nas organizações, na atualidade, requer que trabalhadores e trabalhadoras, juntos, denunciem, resistam e tensionem, para enunciarem não o "admirável Mundo Novo", alertado por Aldous Huxley; ao contrário, um mundo solidário, fraterno, ético e democrático, clamado por Paulo Freire(59), onde homens e mulheres não sejam suporte, mas sim realização criativa e feliz de mundo. Escutemos, então, as palavras desse brasileiro:

> Pôr-se ereto, produzir instrumentos, caçar em grupo, falar, compreender e comunicar-se são quefazeres solidários, a um tempo causa e efeito da presença do humano, da invenção do mundo e da superação do suporte. Estar no mundo implica necessariamente estar com o mundo e com os outros. Para o ser que simplesmente está no suporte, suas atividades nele são um puro mexer; no mundo, contexto histórico social, cultural, os seres humanos interferem, mais do que mexem.(60)

É fundamental apresentar, mais uma vez, a voz e a reflexão socialmente responsáveis, a expertise de quem trata, cuida, conhece, sabe da importância do seu fazer e estar no mundo, através da própria formação, experiência e do coletivo de referência,

---

(58) DUNKER, 2022, p. 16.
(59) FREIRE, 1995.
(60) FREIRE apud VAZQUEZ, 2001, p. 25.

no qual ele é membro constitutivo. Suas questões e problematizações não são meras reivindicações corporativas; longe disso, alcançam e atendem ao universo do país, do que pode e deve fazer a nossa Nação democrática, justa e autorreferenciada nas próprias demandas. Atentemos ao que Eliel Barbosa - ATE, forjado na estabilidade de servidor público e nas lutas históricas com seus pares - diz e nos interroga quanto às possibilidades de avançar numa perspectiva de Estado Socialmente Democrático e justo:

> Olhe, somente para ilustrar, vou lhe dizer alguns Auditores Fiscais baianos ocuparam o cargo de Secretário da Fazenda da Bahia, no período compreendido entre 1991 a 2006. Um deles, inclusive, acumulou o cargo de Secretário da Fazenda com o cargo de Secretário da Indústria e Comércio. Mas nenhum ocupou, ao mesmo tempo, o cargo de Secretário da Fazenda e de Secretário do Bem Estar Social [...]. Portanto, não vejo outra saída para os movimentos sociais, senão compreender a lógica do sistema tributário nacional. Quais objetivos o Estado brasileiro pretende alcançar no pleno exercício do poder de tributar? Quais interesses o Estado brasileiro serão atendidos nas definições dos campos das imunidades, das isenções? Quais interesses serão atendidos nas definições dos campos de concessões dos benefícios fiscais, anistias e, especialmente, na continuidade da utilização da Desvinculação de Receita da União (DRU)? Em seguida, os movimentos sociais não terão outras saídas, senão acompanhar os processos de aprovações dos anuais dos orçamentos públicos, de preferência, nas três esferas de governo. [...] A partir do total desconhecimento dessa lógica, os movimentos sociais poderiam melhor disputar as posições nos debates sobre reforma tributária e a reforma previdenciária.[(61)]

Essas questões integram o repertório progressista e crítico das desigualdades existentes no país, bem como aos abalos e ameaças da democracia no Brasil, que para se realizar precisa estar organicamente vinculada ao trinômio *legitimidade, direito* e *justiça social. O que esse sujeito coletivo e instituinte do bem público quer dar, na sua ação coletiva e política, são respostas em defesa e zelo da dignidade humana, através da valorização de quem vive do trabalho, pois o que se busca é o respeito e tutela do direito, de modo a garantir integridades física, psíquica, simbólica e material, edificantes da humanidade nos nossos ganhos civilizatórios.*

(61) BARBOSA apud VAZQUEZ, 2001, p. 211.

# REFERÊNCIAS


ARENDT, Hannah. *Eichmann em Jerusalém:* Um relato sobre a banalidade do mal. São Paulo: Companhia das Letras, 1999.

BARRETO, Margarida. *Violência, Saúde e Trabalho:* Uma jornada de humilhações. São Paulo: Editora PUCSP, 2000.

BOLETIM do Sindsefaz. Salvador: Sindsefaz, n. 2370, 19 mar. 2021.

BOLETIM do Sindsefaz. Salvador: Sindsefaz, n. 2375, 22 mar. 2021.

BOLETIM do Sindsefaz. Salvador: Sindsefaz, n. 2401, 20 maio 2021.

BOLETIM do Sindsefaz. Salvador: Sindsefaz, n. 2402, 01 jun. 2021.

BOLETIM do Sindsefaz. Salvador: Sindsefaz, n. 2403, 04 jun. 2021.

CRUZ, Roberto Moraes. Saúde, Trabalho e Psicopatologias. *In*: AUED, Bernadete W. (org.). *Traços do Trabalho Coletivo*. São Paulo: Casa do Psicólogo, 2005.

DARDOT, Pierre; LAVAL, Christian. *A nova razão do mundo:* ensaio sobre a sociedade neoliberal. São Paulo: Boitempo, 2016.

DEJOURS, Christophe. *A Banalização da Injustiça Social*. Rio de Janeiro: Editora FGV, 2006.

DUNKER, Christian. *Lacan e a Democracia:* clínica e crítica em tempos sombrios. São Paulo: Boitempo, 2022.

FOUCAULT, Michel. *A verdade e as formas jurídicas*. Rio de janeiro: Nau Editora, 2012.

FREIRE, Paulo. À *sombra desta mangueira*. São Paulo: Editora Olhos d'água, 1995.

HORTA, Guilherme. O Decreto. *In*: HORTA, Guilherme. *Assis Horta Retratos*. Rio de Janeiro: Espaço Cultural/BNDES, 2017.

JINKINGS, Nise. *O Mister de Fazer Dinheiro*: Automação e Subjetividade no Trabalho Bancário. São Paulo: Boitempo, 1996.

MARTINS, Sérgio Pinto. *Assédio Moral no Emprego*. São Paulo: Atlas, 2014.

PASSOS, J. J. Calmon. Globalização, Direito e Política. *In*: LEÃO, Adroaldo; PAMPLONA FILHO, Rodolfo (org.). *Globalização e direito*. Rio de Janeiro: Forense, 2002.

POMPA, Roberto Carlos. Conferência de abertura. *In*: ASSOCIAÇÃO LATINO-AMERICANA DE ADVOGADOS TRABALHISTAS. 11. Encontro Latino-Americano do Trabalho. Medelín, Colômbia, 11 nov. 2013.

REVISTA DO MINISTÉRIO PÚBLICO DO TRABALHO. Brasília: MPT, ano 14, n. 27, p. 237-243, mar. 2004.

SAFATLE, Vladimir; SILVA JUNIOR, Nelson da; DUNKER, Christian (org.). *Neoliberalismo como gestão do sofrimento psíquico*. 2. reimp. Belo Horizonte: Autêntica, 2021.

SENNETT, Richard. *A Corrosão do Caráter:* as consequências pessoais do trabalho no novo capitalismo. Rio de Janeiro: Record, 1999.

STOPPINO, Mario. Violência. *In*: BOBBIO, Norberto *et al*. *Dicionário de Política*. Brasília, DF: Universidade de Brasília, 1991. v. 2, p. 1291-1298.

THOMPSON, Edward. P. *A Formação da Classe Operária Inglesa:* A Árvore da Liberdade. Rio de Janeiro: Editora Paz e Terra, 1997.

VAZQUEZ, Petilda Serva. Apresentação. *In*: VAZQUEZ, Petilda S.; VAZQUEZ, Vanessa S. (org.). *Gênero, trabalho e saúde:* a experiência das mulheres do setor calçadista da Bahia. Salvador: Fast Design, 2007. p. 9-15.

VAZQUEZ, Petilda Serva. *Fazendo a Bahia:* memórias de homens e mulheres da fazenda Baiana. Salvador: Edição da Autora, 2020.

VAZQUEZ, Petilda Serva. *Momento:* intervalo democrático e sindicalismo (1942-1947). Salvador: Unijorge, 2009.

VAZQUEZ, Serva Petilda. *Movimento de Bancários:* possibilidades criativas de experiências de constituição de identidade. 302 f. 2001. Tese (Doutorado em Ciências Sociais) - Instituto de Filosofia e Ciências Humanas, Universidade Estadual de Campinas, Campinas, São Paulo, 2001.

WEFFOR, C. Francisco. *Por que Democracia.* São Paulo: Brasiliense, 1984.

# ASSÉDIO MORAL VIRTUAL NO DIREITO DO TRABALHO

*Priscila Kuhl Zoghbi*[1]

**Resumo:** O fenômeno de assédio moral é extremamente danoso ao empregado, uma vez que oferece danos à um direito constitucionalmente resguardado: o direito à saúde. Dessa forma, o presente estudo buscou conceituar e classificar o fenômeno do assédio moral no contexto laboral e examinar a nova forma de assédio moral, possibilitada pelas novas tecnologias de comunicação: o assédio moral virtual.

**Palavras-chave:**

- Direito do Trabalho;
- Saúde do trabalhador;
- Assédio moral;
- Assédio moral virtual;
- Novas tecnologias.

**Sumário:**



(1) Doutoranda em Direito do Trabalho (FDUSP). Mestre e Especialista em Direito do Trabalho (FDUSP). Pesquisadora dos Núcleos "Proteção do Trabalhador e Promoção das Relações de Trabalho" e "Trabalho além do Direito do Trabalho" (FDUSP). Possui L.L.M. em Gestão Empresarial pela Escola de Direito do Centro de Extensão Universitária – Instituto Internacional de Ciências Sociais. Advogada e Membro da ABRAT.

# 1. ASPECTOS GERAIS

O assédio moral não consiste em fenômeno recente. Na realidade, trata-se de um fenômeno de caráter psicossocial cuja existência é tão antiga quanto a de qualquer grupo ou coletividade[2]. No âmbito do Direito do Trabalho sua gênese está relacionada com o próprio surgimento da atividade laborativa.

A humanidade, no entanto, conviveu com o fenômeno de forma majoritariamente de forma silenciosa até meados dos anos oitenta[3], quando ocorreu uma maior conscientização a respeito do tema. Isso deu-se em razão, principalmente, da mudança do próprio conceito de saúde, que passou a abarcar não apenas os fatores físicos do ser humano, mas também os mentais e sociais.

A Organização Mundial da Saúde (OMS), no preâmbulo de sua Constituição, estabelece que a saúde do ser humano consiste em um estado de completo bem-estar físico, mental e social, e não apenas em uma ausência de doença ou enfermidade. Ademais, a OMS prevê que a saúde é um direito fundamental que deve ser resguardado pelos Governos tanto a partir de medidas sanitárias quanto sociais[4].

Caminha nesse mesmo sentido a Convenção n. 155 da Organização Internacional do Trabalho (OIT), para a qual "saúde", não se resume apenas à ausência de enfermidade, mas também aos elementos diretamente relacionados com a segurança e higiene do trabalho, sejam eles físicos ou mentais[5].

No âmbito nacional, o direito à saúde está resguardado na Constituição da República Federativa do Brasil (CF) no artigo 6º[6], inserido na esfera dos direitos sociais, e no 196[7].

Como visto, a saúde é um direito fundamental do ser humano, previsto tanto no plano nacional quanto internacional. No entanto, a despeito de legalmente previsto, no âmbito laboral tal direito é cotidianamente ofendido com as práticas de assédio moral uma vez que causa efeitos nocivos ao estado anímico do trabalhador, seja na esfera física ou psíquica.

---

(2) OLIVEIRA, Paulo Eduardo Vieira de. *Assédio Moral no Direito do Trabalho:* caracterização e consequências. São Paulo: LTr, 2013. p. 11.

(3) GUEDES, Márcia Novaes. *Terror Psicológico no Trabalho.* 3. ed. São Paulo: LTr, 2008. p. 19.

(4) Constituição da OMS: "Health is a state of complete physical, mental and social well-being and not merely the absence of disease or infirmity. (...) Governments have a responsibility for the health of their peoples which can be fulfilled only by the provision of adequate health and social measures". Disponível em: https://apps.who.int/gb/bd/PDF/bd47/EN/constitution-en.pdf?ua=1. Acesso em: 20 jul. 2023.

(5) Art. 3º, e, da Convenção n. 155 da OIT relativa à Saúde e Segurança do Trabalho: e) o termo 'saúde', com relação ao trabalho, abrange não só a ausência de afecções ou de doenças, mas também os elementos físicos e mentais que afetam a saúde e estão diretamente relacionados com a segurança e a higiene no trabalho. Disponível em: https://www.ilo.org/brasilia/convencoes/WCMS_236163/lang--pt/index.htm. Acesso em: 20 jul. 2023.

(6) Art. 6º, CF: São direitos sociais a educação, a saúde, a alimentação, o trabalho, a moradia, o transporte, o lazer, a segurança, a previdência social, a proteção à maternidade e à infância, a assistência aos desamparados, na forma desta Constituição.

Art. 196, CF: A saúde é direito de todos e dever do Estado, garantido mediante políticas sociais e econômicas que visem à redução do risco de doença e de outros agravos e ao acesso universal e igualitário às ações e serviços para sua promoção, proteção e recuperação. Disponível em: https://www.planalto.gov.br/ccivil_03/constituicao/constituicao.htm. Acesso em: 20 de jul. 2023.

(7)

## 2. CONCEITO

O fenômeno do assédio moral está presente em vários níveis, seja em um relacionamento afetivo, nas famílias, nas empresas ou mesmo na vida social e política. Ademais, por ser o assédio moral tão frequente na sociedade, esta encontra dificuldade em distingui-lo dos demais acontecimentos cotidianos, sendo muitas vezes complacente com o fenômeno. Em razão disso, grande parte das pessoas acabar por se abster de intervir em ações ou opiniões de outras, mesmo que as considerações sejam desagradáveis ou moralmente repreensíveis.

Em outras palavras, seja pelo pretexto de respeito ao livre-arbítrio ou mesmo pela recorrência das ações, ocorre, por parte do corpo social, uma verdadeira indulgência, mesmo que ingênua, quanto às mentiras e manipulações. Não seria equivocado afirmar, portanto, que todos nós já fomos, de uma forma ou de outra, testemunhas de assédio moral(8).

Como dito, o fenômeno do assédio moral está presente em diversas faces do cotidiano incluindo o contexto laboral, um campo fértil para sua ocorrência. Isso pois a relação de emprego é caracterizada pelo desiquilíbrio intrínseco entre as partes.

M.-F. Hirigoyen define o assédio moral como conjunto de agressões incluído em um processo inconsciente de destruição psicológica, constituído por atos hostis, evidentes ou ocultos, de um ou alguns indivíduos em face de um sujeito em específico. Trata-se de um processo concreto de destruição moral, podendo conduzir um indivíduo a uma doença mental ou mesmo ao suicídio(9). No âmbito laboral, o fenômeno caracteriza-se como toda conduta abusiva que tenha como intuito lesionar a integridade (física e psíquica), a dignidade ou mesmo a personalidade do trabalhador(10).

Sem sombra de dúvidas, trata-se de uma forma de violência psicológica desenvolvida a partir de uma cadeia de comportamentos que causam debilitação do estado anímico do empregado. Além disso, esse tipo de violência tende a se manifestar por meio de hostilidades verbais e/ou não verbais praticadas de forma reiterada (insultos, ameaças, humilhações, entre outros)(11).

De acordo com Cartilha do Senado Federal brasileiro, o fenômeno do assédio moral no ambiente laboral pode ser conceituado como a repetição de palavras – verbais ou escritas –, gestos e comportamentos de natureza psicológica que expõem o trabalhador ou um grupo de trabalhadores a situações humilhantes e constrangedoras. Estes comportamentos podem ocasionar ofensas à personalidade e integridade – física ou psíquica – dos trabalhadores, tendo como propósito exclui-los de suas tarefas ou mesmo deteriorar o ambiente de trabalho. Via de regra, tem-se como características

---

(8) HIRIGOYEN, Marie-France. *Le Harcèlement Moral* – La Violence Perverse au Quotidien. Paris: Syros, 1998. p. 7-11.
(9) HIRIGOYEN, Marie-France. *Le Harcèlement Moral* – La Violence Perverse au Quotidien. Paris: Syros, 1998.
(10) *"Par harcèlement sur le lieu de travail, il faut entendre toute conduite abusive se manifestant notamment par des comportements, des paroles, des actes, des gestes, des écrits, pouvant porter atteinte à la personnalité, à la dignité ou à l'intégrité physique ou psychique d'une personne, mettre en péril l'emploi de celle-ci ou dégrader le climat de travail"* in HIRIGOYEN, Marie-France. *Le Harcèlement Moral* – La Violence Perverse au Quotidien. Paris : Syros, 1998. p. 65.
(11) NEWTON, Paulla Christianne da Costa. Meio ambiente Laboral Adverso e Vulnerabilidade. Aportes Fundamentais para a Tutela à Saúde Mental dos Trabalhadores. In: FELICIANO, Guilherme Guimarães. URIAS, João. MARANHÃO, Ney. (org.). *Direito Ambiental do Trabalho* – Apontamentos para uma Teoria Geral. São Paulo: LTr, 2017. vol. 3, p. 269.

necessárias para a identificação do fenômeno a habitualidade e a intencionalidade das condutas[12].

Nesse mesmo sentido, afirma M. N. Guedes que assédio moral na esfera laboral consiste em todos os atos, sejam comissivos ou omissivos, atitudes, gestos e comportamentos, praticados pelo patrão, pela direção, empresa, gerente, chefe, superior hierárquico ou mesmo pelos colegas, que traduzem uma atitude de contínua e extensiva perseguição que possa gerar danos relevantes às condições físicas, psíquicas, morais e existenciais da vítima. A autora afirma ainda que tal forma de violência psicológica pode afetar três esferas da vida do trabalhador: comunicação, reputação e a própria prestação do trabalho.

A primeira esfera, da comunicação, é afetada quando há negação de diálogo com a vítima. Já a ofensa à reputação ocorre quando o conjunto de atos tem como objetivo minar a autoestima da vítima. Para tanto, o(s) agressor(res) pode(m) utilizar-se de frases de duplo sentido, vocabulários rasteiros, entre outros. Critica-se, pois, a forma da vítima se vestir, falar ou mesmo ressalta-se um defeito físico. Por fim, tem-se o terceiro conjunto de atos que visam afetar a prestação de trabalho em si, ou seja, objetiva-se ofender a profissionalidade da vítima. Para depreciar seu trabalho emprega-se uma série de práticas como, por exemplo, o rebaixamento de função, realização de trabalhos inúteis ou mesmo a condução compulsória à ociosidade.

Apesar de não existir uma definição a nível federal do assédio moral, muitos juízes preocupam-se em identificar o que é ou não assédio. Para isto, ressaltam as características essenciais que configuram o fenômeno, a fim de evitar a generalização do conceito[13].

Uma das primeiras e mais relevantes definições de assédio moral foi realizada pelo Juiz Carlos Rizk[14]. Para ele, o fenômeno no âmbito laboral estaria relacionado com a exposição dos trabalhadores a situações humilhantes e constrangedoras, de forma repetitiva e prolongada durante sua jornada de trabalho. O Magistrado apontou ainda que as agressões são mais comuns em relações hierárquicas autoritárias. Depreende-se, portanto, que mesmo não frequentes, é possível a existência de assédio moral em relações que não pressupõem, *a priori*, diferença hierárquica entre os sujeitos.

Ademais, C. Rizkenfatiza o fato de que o trabalho em seu sentido amplo — incluindo-se as condições de laborais, as funções, entre outros — influência de forma

---

(12) NUNES, Maria Terezinha; RÊGO, Andrea de Castro Souza. *Assédio Moral e Sexual*. Disponível em: https://www12.senado.leg.br/institucional/procuradoria/proc-publicacoes/cartilha-assedio-moral-e-sexual. Acesso em: 20 jul. 2023.

(13) GUEDES, Márcia Novaes. *Terror Psicológico no Trabalho*. 3. ed. São Paulo: LTr, 2008. p. 34- 37.

(14) "ASSÉDIO MORAL. CONFIGURAÇÃO. O que é assédio moral no trabalho? É a exposição dos trabalhadores a situações humilhantes e constrangedoras, repetitivas e prolongadas durante a jornada de trabalho e no exercício de suas funções, sendo mais comuns em relações hierárquicas autoritárias, onde predominam condutas negativas, relações desumanas e anti-éticas de longa duração, de um ou mais chefes dirigidas a um subordinado, desestabilizando a relação da vítima com o ambiente de trabalho e a Organização. A organização e condições de trabalho, assim como as relações entre os trabalhadores, condicionam em grande parte a qualidade de vida. O que acontece dentro das empresas é fundamental para a democracia e os direitos humanos. Portanto, lutar contra o assédio moral no trabalho é contribuir com o exercício concreto e pessoal de todas as liberdades fundamentais. Uma forte estratégia do agressor na prática do assédio moral é escolher a vítima e isolá-la do grupo. Neste caso concreto, foi exatamente o que ocorreu com o autor, sendo confinado em uma sala, sem ser-lhe atribuída qualquer tarefa, por longo período, existindo grande repercussão em sua saúde, tendo em vista os danos psíquicos por que passou. (...). (RO - TRT 17 Região n 1142.2001.006.17.00-9. Relator Juiz José Carlos Rizk, publicado no D. O. em 15.10.2002)".

direta na qualidade de vida do trabalhador. Por isto, torna-se tão significativo e necessário o combate a este problema demasiadamente nocivo.

Acrescenta S. A. C. M. Nascimento que a conduta abusiva pode advir do empregador ou chefe (baseando-se na superioridade hierárquica) ou mesmo pode ser praticada pelos próprios empregados entre si. Esta última forma pode ser motivada pela competição ou mesmo pela pura discriminação[(15)].

De acordo com o exposto acima, podemos depreender dois sujeitos do assédio moral: o sujeito ativo, também chamado de agressor, e o sujeito passivo ou a vítima. Vale ressaltar que o sujeito ativo pode ser qualquer empregado da empresa como o chefe, gerente ou o próprio dono da empresa. Ademais, o sujeito ativo pode consistir em um grupo de pessoas.

De acordo com S. P. Martins, a vítima pode possuir as seguintes características: timidez, possuir um grau de escolaridade maior do que outros funcionários da empresa, apresentar uma sensibilidade maior que os demais, ser servil e/ ou possuir um medo extremo. Este receio exagerado não necessariamente está relacionado com a perda do emprego, podendo ser ocasionado, por exemplo, pelo medo de cometer um erro[(16)].

A vítima, no que tange ao assédio moral laboral, deve ser empregada, excluindo-se terceiros que não pertençam ao quadro da empresa, como o cliente. O sujeito passivo pode ainda consistir em uma pessoa individualmente considerada ou a um conjunto de vítimas[(17)].

M. N. Guedes, acrescenta aos já citados um terceiro grupo: os espectadores. Esses consistem nas pessoas que querendo ou não, vivenciam e/ou participam dessa forma de violência, ainda que por reflexo. São classificados em conformistas ativos e conformistas passivos. Os primeiros, também conhecidos como *side-mobbers*, apesar de não agirem frontalmente contra a vítima, também provocam assédio. Por sua vez, o segundo grupo consiste nos que não apresentam resistência à violência praticada pelo agressor[(18)].

---

(15) NASCIMENTO, Sonia A. C. Mascaro. Assédio Moral e Bullying no Ambiente de Trabalho in STOCCO, Rui. *Doutrinas Essenciais* – Dano Moral, Dano Moral ao Meio Ambiente, no Direito de Família e nas Relações do Trabalho. São Paulo: RT, 2015. vol. 3. p. 782-783.

(16) MARTINS, Sergio Pinto. *Assédio Moral no Emprego*. 5. ed. São Paulo: Saraiva, 2017. p. 44-46.

(17) Ibidem. p. 46.

(18) GUEDES, Márcia Novaes. *Terror Psicológico no Trabalho*. 3. ed. São Paulo: LTr, 2008. p. 68.

## 3. CLASSIFICAÇÃO

Tem-se uma série de critérios utilizados para classificar o assédio moral. O parâmetro mais utilizado é, indubitavelmente, o tipo de relação entre os atores envolvidos no processo, ou seja, analisa-se o papel e a posição hierárquica na qual se encontram a vítima e o agressor[(19)]. Segundo esta lógica, é possível distinguir três formas de assédio moral: *(i)* assédio moral vertical descendente; *(ii)* o assédio moral ascendente e o *(iii)* assédio moral horizontal[(20)].

O primeiro, conhecido apenas como assédio moral vertical, trata-se da forma mais frequente sendo praticado por um superior hierárquico, "de cima para baixo"[(21)]. Em outras palavras, o trabalhador agredido encontra-se em uma posição de subordinação em relação ao agressor[(22)].

Já o assédio moral ascendente materializa-se quando o trabalhador agredido está em uma posição hierarquicamente superior ao agressor[(23)]. Ao contrário do que possa parecer, esta forma de assédio não é tão rara, principalmente no setor público[(24)].

Por sua vez, o assédio moral horizontal ocorre quando o trabalhador agressor e o agredido encontram-se no mesmo nível hierárquico[(25)]. Aponta-se como as principais causas do assédio moral horizontal a competitividade, a preferência pessoal do chefe, xenofobia, preconceitos raciais, opção sexual da vítima, convicções religiosas ou políticas, inveja ou mesmo um comportamento diferenciado apresentado pelo sujeito passivo[(26)].

Uma forma de assédio moral que vem ganhando cada vez mais relevo trata-se do assédio moral organizacional. Também é conhecido como assédio moral institucional, gestão por estresse, assédio moral coletivo, gestão assediadora ou *straining*. Consiste em uma série de práticas reiteradas, fruto de métodos de gestão empresarial que têm como objetivo o aumento da produtividade em conjunto com a diminuição

(19) Faz-se a ressalva de que apesar de mais frequente, a tipologia baseada na posição hierárquica do agressor em relação ao agredido não é a única. Cf. classificação tripartite também apresentada por Ródenas: *(i)* Assédio Moral discriminatório vinculado a circunstâncias raciais, étnicas, religiosas, deficiências, idade, orientação sexual ou convicções; *(ii)* Assédio Moral Simples: tal forma de assédio não está vinculada a nenhum dos motivos citados no item *(i)*; e *(iii)* Assédio Moral não vinculado a causa discriminatória, com lesão indistinta ou conjunta com o direito a dignidade, a integridade moral, a honra, a intimidade e a própria imagem em RÓDENAS, María José Romero. Acoso Moral em el Trabajo. GRAU, Antonio Baylos; THOMÉ, Candy Florencio; SCHWARZ, Rodrigo García. *Diccionario Internacional de derecho del trabajo y de seguridade social*. Valencia: Tirant lo Blanch, 2014. p. 59.

(20) GUGLIELMI, Dina. *Mobbing*. Bologna: Il Mulino, 2015. p. 48 – 49.

(21) GUEDES, Márcia Novaes. *Terror Psicológico no Trabalho*. 3. ed. São Paulo: LTr, 2008. p. 39 – 40.

(22) RÓDENAS, María José Romero. Acoso Moral em el Trabajo. GRAU, Antonio Baylos; THOMÉ, Candy Florencio; SCHWARZ, Rodrigo García. *Diccionario Internacional de derecho del trabajo y de seguridade social*. Valencia: TirantloBlanch, 2014. p. 59.

(23) RÓDENAS, María José Romero. Acoso Moral em el Trabajo. GRAU, Antonio Baylos; THOMÉ, Candy Florencio; SCHWARZ, Rodrigo García. *Diccionario Internacional de derecho del trabajo y de seguridade social*. Valencia: TirantloBlanch, 2014. p. 59.

(24) NASCIMENTO, Sonia Mascaro. *Assédio Moral e Dano Moral n Trabalho*. São Paulo: LTr, 2015. p. 31.

(25) RÓDENAS, María José Romero. Acoso Moral em el Trabajo. GRAU, Antonio Baylos; THOMÉ, Candy Florencio; SCHWARZ, Rodrigo García. *Diccionario Internacional de derecho del trabajo y de seguridade social*. Valencia: TirantloBlanch, 2014. p. 59.

(26) GUEDES, Márcia Novaes. *Terror Psicológico no Trabalho*. 3. ed. São Paulo: LTr, 2008. p. 40.

dos custos do trabalho, por meio de pressões, humilhações, ameaças, constrangimentos aos trabalhadores, entre outros[27].

O assédio moral organizacional se externaliza das mais diversas formas no âmbito laboral. Via de regra, é perceptível em situações como a exigência do cumprimento de metas impossíveis e rigor excessivo[28].

Via de regra, as práticas do assédio moral organizacional em geral estão direcionadas a um grupo, e não possuindo um alvo em específico. No entanto, tais metas resultam em um desequilíbrio do meio ambiente laboral, caracterizado pelos altos níveis de estresse a que os trabalhadores são submetidos. Por sua vez, este modelo de ambiente laboral é propício a ocasionar uma variedade de danos à saúde do trabalhador, podendo estes ser físicos ou psíquicos.

De acordo com o art. 3º, "d", da Convenção n. 190 da OIT que versa sobre eliminação da violência e do assédio no mundo do trabalho, o assédio moral pode ocorrer "através de comunicações relacionadas com o trabalho, incluindo as facilitadas pelas tecnologias da informação e da comunicação"[29].

A partir do referido artigo podemos perceber o reconhecimento do assédio moral na modalidade virtual. Em outras palavras, o assédio moral virtual trata-se de uma forma de assédio moral organizacional ou institucional viabilizado pelas novas tecnologias.

C. M. P. G. dos Santos define assédio moral virtual como a prática de:

> (...) tortura psicológica perpetrada por um conjunto de condutas abusivas e reiteradas, praticadas por meios de comunicação escritos, orais e visuais, por intermédio de plataformas eletrônicas, aplicativos de mensagens eletrônicas, aplicativos de mensagens instantâneas, correio eletrônico ou sistemas informatizados, que estão inseridas na política organizacional e gerencial da empresa, dirigidas a todos os trabalhadores indistintamente ou a um determinado perfil de trabalhadores, cuja finalidade é exercer o controle sobre a coletividade e garantir o alcance dos objetivos institucionais[30].

---

(27) NASCIMENTO, Sonia Mascaro. *Assédio moral e dano moral no Trabalho*. São Paulo: LTr, 2015. p. 75.

(28) AGRAVO DE INSTRUMENTO EM RECURSO DE REVISTA - RECURSO ANTES DA ÉGIDE DA LEI 13015/2014 - ASSÉDIO MORAL - CUMPRIMENTO DE METAS - RIGOR EXCESSIVO - POSSÍVEL AFRONTA AO ARTIGO 5º, X, DA CF - PROVIMENTO. Ante a possível afronta ao artigo 5º, X, da Constituição Federal e o disposto no art. 896, 'c', da CLT, impõe-se o provimento do agravo de instrumento e o processamento do recurso de revista. Agravo de instrumento provido. RECURSO DE REVISTA - ANTES DA ÉGIDE DA LEI 13015/2014 - TRATAMENTO VEXATÓRIO - ASSÉDIO MORAL - CONFIGURAÇÃO - AFRONTA AO ARTIGO 5º, X, DA CONSTITUIÇÃO FEDERAL. O assédio moral, a exposição prolongada e repetitiva do trabalhador a situações humilhantes e vexatórias no trabalho, que atenta contra a sua dignidade ou integridade psíquica ou física é indenizável, no plano patrimonial e moral. Consignado no acórdão recorrido que o autor submetia-se a rigor excessivo na cobrança de metas, com exposição vexatória daqueles que não as cumprissem, resta demonstrada a lesão à dignidade descrita pelo reclamante, pois configurada a violação a um dos direitos da personalidade, qual seja: a honra, e, por conseguinte, afronta o artigo 5º, X, da Constituição Federal, ensejando o direito à indenização postulada, nos termos dos arts. 186 e 927 do Código Civil. Registre-se ser irrelevante para configuração da ofensa o fato de ser dirigida indiscriminadamente a todos os empregados. (...). (TST - RR: 1357001820095010021, Data de Julgamento: 16/09/2015, Data de Publicação: DEJT 02/10/2015).

(29) Convenção n. 190, OIT. Disponível em: https://www.ilo.org/wcmsp5/groups/public/---europe/---ro-geneva/---ilo-lisbon/documents/genericdocument/wcms_729459.pdf. Acesso em: 20 jul. 2023.

(30) SANTOS, Claiz Maria Pereira Gunça dos. Assédio Moral Virtual e Saúde Moral: uma Análise à luz da Convenção 190 da OIT. *Revista da Escola Nacional da Inspeção do Trabalho*. Ano 5. Disponível em: https://enit.trabalho.gov.br/revista/index.php/RevistaEnit/article/view/147/78. Acesso em: 20 jul. 2023. p. 102-103.

Em outras palavras o assédio moral virtual é uma das formas de assédio moral organizacional e, por isso, possui objetivo e características em comum: tem como escopo garantir e assegurar os objetivos institucionais, tem como sujeito ativo (agressor) a empresa e se dá por meio de condutas abusivas e reiteradas que configuram tortura psicológica. O que diferencia essa nova modalidade de assédio moral organizacional ou institucional é o veículo pelo qual essa tortura psicológica é realizada: novas tecnologias de comunicação, como plataformas eletrônicas, e-mails, entre outros.

Uma das decisões mais importantes relacionadas ao tema consiste no caso da empresa que utilizava um programa de computador, chamado ilha sem papel, com o objetivo de medir o a produtividade diária dos empregados. Os trabalhadores, a depender da distância em relação as suas metas, iam recebendo mensagens na tela de seus computadores. Caso estivessem apresentando bons indicies de produtividade, os trabalhadores recebiam elogios. No entanto, caso não estivessem apresentando o nível esperado de produtividade, o programa enviava mensagens de caráter depreciativo. Nesse sentido, o Tribunal Regional do Trabalho da 3ª Região decidiu pela condenação da empresa em questão, apontando que a exigência de metas, por si só, não caracteriza assédio moral, mas esse configura-se quando ocorre tratamento humilhante destinados voluntariamente à desestabilização emocional do empregado[(31)].

O fato de no caso supracitado não ter sido feita menção expressa do termo assédio moral virtual não descaracteriza o fenômeno. Isso pois, foi-se considerado, no julgado, a forma como o assédio moral era praticado no ambiente de trabalho. Além disso, todos os requisitos para a caracterização do assédio moral no âmbito laboral foram identificados.

---

(31) DANO MORAL. COBRANÇAS EXCESSIVAS POR METAS. FORMA PELA QUAL SÃO REALIZADAS AS COBRANÇAS. DANO MORAL. CONFIGURAÇÃO. Demonstrada a efetiva ocorrência de tratamento humilhante à reclamante, pelas cobranças excessivas da empregadora em relação às metas estipuladas, condutas essas aptas à desestabilização emocional da empregada e ao enfraquecimento de sua integridade psicológica, bem como caracterizadoras do abuso no exercício do poder diretivo, transbordando para o campo da ilicitude, enseja a reparação à esfera moral da obreira, circunstâncias que restaram demonstradas na instrução probatória (TRT – 01260-2011-143-03-00-3-RO)

# 4. CONCLUSÕES

O surgimento e implantação de novas tecnologias, principalmente de comunicação, alteraram de forma profunda as dinâmicas sociais, implicando alterações também dentro das relações de emprego.

As inovações tecnológicas trouxeram e trazem novos desafios ao Direito do Trabalho. Um forte exemplo consiste no fenômeno do assédio moral virtual. O assédio não se trata, como foi visto ao longo do estudo, de algo novo no âmbito laboral. No entanto, com a expansão do que se considerava como "saúde" surgiu a necessidade do direito do trabalho resguardar cada vez mais os aspectos psicossociais do trabalhador.

De forma concomitante, a ampla aderência de novas tecnologias de comunicação como plataformas virtuais e e-mails pela sociedade também impactou no contrato de trabalho. O direito do trabalho tem, portanto, como objetivo resguardar e proteger o empregado ao impor limites a utilização da tecnologia pelos empregadores a custo de lesionar direitos fundamentais do trabalhador, como o direito à saúde.

# REFERÊNCIAS

BARBER, L. K; SANTUZZI, A. M. Please respond ASAP: Workplace telepressure and employee recovery. *Journal of Occupational Health Psychology, 20*(2), 2015, p. 172–189.

GUEDES, Márcia Novaes. *Terror Psicológico no Trabalho.* 3. ed. São Paulo: LTr, 2008.

GUGLIELMI, Dina. *Mobbing.* Bologna: Il Mulino, 2015.

HIRIGOYEN, Marie-France. ***Le Harcèlement Moral*** – La Violence Perverse au Quotidien. Paris: Syros, 1998.

MARTINS, Sergio Pinto. *Assédio Moral no Emprego.* 5. ed. São Paulo: Saraiva, 2017

NASCIMENTO, Sonia Mascaro. *Assédio Moral e Dano Moral no Trabalho.* São Paulo: LTr, 2015.

NEWTON, PaullaChristianne da Costa. Meio ambiente Laboral Adverso e Vulnerabilidade. Aportes Fundamentais para a Tutela à Saúde Mental dos Trabalhadores. In: FELICIANO, Guilherme Guimarães. URIAS, João. MARANHÃO, Ney. (org.). *Direito Ambiental do Trabalho* – Apontamentos para uma Teoria Geral. São Paulo: LTr, 2017.

OLIVEIRA, Paulo Eduardo Vieira de. *Assédio Moral no Direito do Trabalho:* caracterização e consequências. São Paulo: LTr, 2013.

RÓDENAS, María José Romero. Acoso Moral em el Trabajo. GRAU, Antonio Baylos; THOMÉ, Candy Florencio; SCHWARZ, Rodrigo García. *Diccionario Internacional de derecho del trabajo y de seguridade social.* Valencia: TirantloBlanch, 2014.

SANTOS, Claiz Maria Pereira Gunça dos. Assédio Moral Virtual e Saúde Moral: uma Análise à luz da Convenção n. 190 da OIT. *Revista da Escola Nacional da Inspeção do Trabalho.* Ano 5. Disponível em: https://enit.trabalho.gov.br/revista/index.php/RevistaEnit/article/view/147/78. Acesso em: 20 jul. 2023. p. 95-116.

SÜSSEKIND, Arnaldo. *Convenções da OIT e outros Tratados.* 3. ed. São Paulo: LTr, 2007.

# O PRECONCEITO IDEOLÓGICO CONTRA A JUSTIÇA DO TRABALHO UMA REFLEXÃO SOBRE AS DECISÕES DO SUPREMO TRIBUNAL FEDERAL

*Rita Cortez*[1]

*"É preciso ter em mente que uma sociedade que respeita os direitos dos cidadãos e os direitos dos trabalhadores faz da Justiça uma exceção e não uma regra".*
*Everaldo Gaspar(2)*

**Resumo:** Em homenagem aos 80 anos da Consolidação das Leis do Trabalho e aos valores sociais que emergem do direito material e processual do trabalho e que desaguam, via de consequência, na Justiça do Trabalho, desenvolvi este artigo numa perspectiva de identificara influência da ideologia neoliberal, no preconceituoso exame realizado pelo Supremo Tribunal Federal das matérias trabalhistas, materializadas nas ***últimas*** decisões proferidas sobre a competência constitucional material da Justiça do Trabalho, e que estão, a meu ver, coadunadas com as teses defensoras do encerramento das suas atividades judicantes. Nada é por acaso. O artigo também ressalta a importância social da Justiça do Trabalho e sinaliza, como questão preocupante, o fato de que o incentivo ao trabalho informal (empreendedorismo) estimula as propostas de extinção da Justiça Especializada, desconstruindo o seu conteúdo científico e a sua trajetória histórica que justificam a sua criação e existência. Enquanto houver o embate previsto por Karl Marx entre as classes sociais definidas segundo a concepção de Marx Weber, haverá uma Justiça do Trabalho para amortecê-lo.

**Palavras-chave:**

- Justiça do trabalho;
- Direito do trabalho;
- Decisões STF;
- Ideologia neoliberal;
- Preconceito.

**Sumário:**



---

(1) Presidente da Academia Carioca de Direito, Vice-Presidente Sudeste da ABRAT, ex-presidente do IAB e da ACAT

(2) Andrade Everaldo Gaspar L. de – *Direito do Trabalho, Itinerários da Dominação,* LTr, 1994.

# 1. INTRODUÇÃO

Na monografia[3]sobre a preservação do Poder Normativo na Justiça do Trabalho, elaborada por mim em coautoria com o desembargador do TRT 1, José Luiz Campos Xavier, iniciamos nossa abordagem enunciando o seguinte:

"Quando a justiça do trabalho deixa de proceder ao exame dos conflitos coletivos entre empregados e empregadores, aceitando passivamente o princípio pelo qual o Estado, através de seus órgãos judicantes trabalhistas, deva se eximir da interferência direta nestas relações, estará admitindo, na verdade, que estes órgãos deixem de se constituir como Poder da União que age de forma autônoma e harmônica com os demais Poderes, com vistas à construção de uma sociedade livre, justa, solidária e acima de tudo humana, como princípio fundamental da República Federativa do Brasil".

A premissa me faz afirmar que existe premeditada atuação judicante por parte do Supremo Tribunal Federal, no sentido de não reconhecer a necessária autonomia e a enorme importância social da Justiça do Trabalho.

As decisões proferidas pelo Supremo Tribunal Federal, já de muito tempo, têm interferido de forma extremamente negativa, na medida em que desprezam conceitos e princípios historicamente constituídos e diferenciados no Direito e na Justiça do Trabalho.

A ideia de extinção da Justiça Especializada (JT) remonta à década de 90. Acabou tomando corpo com o projeto de Reforma do Judiciário (EC n. 45/2004), que propunha, entre vários outros assuntos polêmicos, pôr fim à atividade da Justiça do Trabalho, com incorporação de seus órgãos na estrutura na Justiça Federal.

O relator da Emenda n. 45, Aloysio Nunes Ferreira (PSDB-SP), incluiu entre as medidas previstas de reestruturação do Judiciário a extinção da Justiça Trabalhista, tendo sido aplaudido pelo então presidente do Congresso, o senador Antônio Carlos Magalhães (PFL-BA). Segundo o relatório, as ações trabalhistas originárias passariam a ser julgadas nas varas especiais da Justiça Federal e a instância recursal seriada competência do Tribunal Regional Federal. O Tribunal Superior do Trabalho deixaria de existir, competindo ao Superior Tribunal de Justiça substituí-lo. Seriam criadas instâncias de conciliação nos mesmos moldes dos atuais Juizados de Pequenas Causas.

Aloysio Nunes argumentava que o seu projeto agilizaria os julgamentos na Justiça do Trabalho e que a sua intenção não era especificamente exterminar a JT, mas acabar com uma "pilha de instituições inúteis" no Poder Judiciário.

O Ministro Dornelles condenou a extinção do TST, já que tinha por missão a unificação da aplicação do direito trabalhista em todo o país, exercendo uma espécie de "poder moderador", bem como propôs a redução do número de TRTs.

Apesar dessa investida, a Justiça do Trabalho não só sobreviveu, como "o tiro saiu pela culatra". A Emenda n. 45 concluiu no texto final proporcionar a ampliação da sua competência.

Desde então, várias outras propostas surgiram por diferentes motivos.

---

(3) Monografia apresentada em 2003, premiado com o Primeiro lugar no I Concurso de Monografias da AMATRA I

Em 13 de maio de 2017, por exemplo, em Londres, o Ministro do STF Luiz Roberto Barroso afirmou em palestra que: "A gente na vida tem que trabalhar com fatos e não com *escolhas ideológicas prévias*. O Brasil, sozinho, tem 98% das ações trabalhistas do mundo". Não se pode admitir a existência de um órgão do judiciário com esta quantidade de processos".

O procurador do trabalho Cássio Casagrande, sobre ser o Brasil o campeão de ações trabalhistas aqui e no exterior, rebateu sem maiores esforços a afirmação, reputando-a como "falácia" em artigo publicado no jornal "JOTA", tendo ele ressaltado que naquele mesmo ano, em 2017, havia 1,7 milhões de reclamações trabalhistas nos EUA(4).

O Ministro da Economia Paulo Guedes, por sua vez, falando ao jornal Valor Econômico sobre as "Reformas", defendeu não só a existência de dois regimes de trabalho (um regime com mais direitos e menos empregos e o outro com menos direitos e mais empregos- Carteira de Trabalho Verde e Amarela), como pregou a destruição gradual da Justiça do Trabalho. Afirmou o Ministro que as contendas entre empregados e empregadores deveriam ser resolvidas na Justiça Comum e que, com o tempo, a Justiça do Trabalho perderia a razão de existir.

O deputado federal Luiz Philippe de Orleans e Bragança (PL-SP) enviou à Comissão de Constituição e Justiça do Congresso Nacional um PL para extinguir a Justiça do Trabalho.

Sobre tal Projeto de Lei, o procurador-chefe do Ministério Público do Trabalho de Goiás declarou ao "Jornal Brasil de Fato" que: "a tentativa de extinguir o Ministério Público do Trabalho e as Cortes Trabalhistas especializadas, já havia ocorrido anteriormente não só por outros meios, mas em outros governos. Esse projeto é lincado a outras questões anteriores. Volta e meia vem essa história de extinguir os órgãos de trabalho".(5)

Se a Justiça do Trabalho em 2020 distribuiu pouco mais de R$ 28 bilhões aos reclamantes e repassou R$ 3,6 bilhões para a União em Imposto de Renda, INSS, custas, emolumentos e multas aplicadas pelo Órgão de Fiscalização, conforme dados contidos no Relatório Geral da Justiça do Trabalho, por qual razão essa justiça social, pacificadora, enxuta e rendosa, estaria sendo agredida constantemente não só por parlamentares, mas pelo próprio poder judiciário?

As agressões vindas do próprio poder Judiciário também não são novidades. A ministra aposentada do STJ, Eliana Calmon chegou a afirmar que a Justiça do Trabalho teria sido aparelhada pelo PT.

*"Eu vi de perto esse aparelhamento. Isso começou a acontecer quando houve aquela ideia de acabar com a Justiça do Trabalho, e isso ia contra os interesses do sindicalismo, porque o grande e fiel escudeiro do sindicalismo é a Justiça do Trabalho. Eles viram que nenhum país civilizado tem uma Justiça do Trabalho. Então, começaram a criar conflitos e a largar o maior número de processos. Na época, aprovou-se uma lei: a cada mil processos, você criava uma vara – não sei se revogaram isso, mas estava lá. Eu era corregedora e vi isso acontecer."*(6)

---

(4) CASAGRANDE, Cássio. Brasil, Campeão de ações trabalhistas. Como se constrói uma falácia *Jornal Jota, coluna direito do trabalho* – 25/6/2017

(5) LOPES, Alpiniano do Prado. *Tentativa de extinguir Justiça do Trabalho não é novidade* - brasildefato.com.br. Disponível em: https://www.brasildefato.com.br. Acesso em: 10 abr. 2023.

(6) Entrevista Eliana Calmon – Disponível em: https://www.migalhas.com.br/quentes/283970/criticas-de--eliana-calmon-a-justica-do-trabalho-causam-polemica-com-magistrados.

A manifestação da ex-Ministra é chocante e revela o seu mais profundo desconhecimento e desrespeito para com a Justiça do Trabalho, não sendo muito diferente em outros órgãos do Poder Judiciário.

Contudo, o que realmente nos decepciona são magistrados e advogados trabalhistas endossarem teses que a época da Reforma do Judiciário defendiam a) fim da representação de leigos, através das representações de classe profissionais e econômicas (juízes classistas); b) o fim do poder normativo da Justiça do Trabalho, com implantação, para solução dos conflitos coletivos, da arbitragem privada; c) a eliminação do princípio da conciliação pelos Tribunais do Trabalho nos conflitos trabalhistas individuais, com implantação das chamadas comissões de conciliação prévias.

Um tiro no pé. O resultado por se colocar na berlinda esses e outros institutos específicos trabalhistas foi o enfraquecimento da sua natureza especialíssima, e uma clara agressão ao pacto político firmado em 1988 sobre o poder Judiciário.

Para piorar esta situação, juízes e advogados(as) carregam até hoje o chamado "complexo de vira-lata" (na expressão de Nelson Rodrigues), ou seja, acreditam na inferioridade da Justiça Trabalhista frente aos demais organismos judiciais. É fruto de preconceito concebera JT como uma Justiça menor.

Colocar a Justiça do Trabalho como uma Justiça de segunda categoria seria um tratamento meramente equivocado, fruto da ignorância de alguns, ou haveria um pano de fundo ideológico?

## 2. SUPREMO TRIBUNAL FEDERAL *VERSUS* TRIBUNAIS DO TRABALHO

As decisões dos Tribunais do Trabalho, mais especificamente do TST, vêm sendo revisadas pelo STF, numa atuação inaceitável, em razão de agirem alguns casos como uma instância recursal.

O STF que deveria atuar como guardião da Constituição da República e dos valores sociais nela contidos, tem procurado levar a JT à nocaute. Algumas decisões agridem violentamente a viga mestra do direito e do processo do trabalho que é o sistema de proteção do trabalhador, e no ringue armado pela suprema Corte as matérias trabalhistas estão sendo empurradas às cordas, sem grandes reações.

No artigo sobre "o STF e a Fuga da Justiça do Trabalho", o advogado Sérgio Cabral dos Reis[7] analisa esse fenômeno que tem nos surpreendido e assombrado nos últimos tempos.

*"O que se percebe é o processo de desmonte e destruição em massa do Direito do Trabalho, sempre a partir de decisões que simplesmente desprezam o princípio da proteção do trabalhador, subordinando-o à primazia da liberdade econômica do capital. Não obstante, conforme alerta a doutrina, o intérprete não poderá deturpar o significado da lei a pretexto de interpretá-la conforme à Constituição. É preciso observar se a interpretação atende a reclamos fundamentados, coerentes, que atendam às expectativas da segurança jurídica e dos métodos usuais de hermenêutica. Daí porque nasce a importância de se interpretar o direito do trabalho pelas normas e princípios constitucionais, bem como pelas regras e orientações contidas nos tratados e convenções internacionais subscritas pelo Brasil."*

A Suprema Corte, com todo respeito, tem chegado as raias do absurdo, fazendo pouco caso da história.

Bastaria ler a exposição de motivos do Decreto n. 1.237 que instituiu a Justiça do Trabalho em 1939, para entender que a justificativa para a criação da JT era pôr freio, naquele momento, às perturbações sociais ocasionadas pelos conflitos trazidos pela atuação do movimento sindical e do crescimento das teses socialistas à época. Decorre daí a necessidade de se ter um órgão do Poder Judiciário diferenciado, garantidor de proteção e de tutela social, capaz de apaziguar e amortecer os embates sociais de classe nas relações de trabalho.

A Justiça do Trabalho só existe para ser diferente da Justiça comum que é conferir proteção e segurança aos que vivem do trabalho. A competência da Justiça Comum deveria ser subsidiária em relação à competência das Varas e Tribunais Especializados

O intuito de esvaziar a competência constitucionalmente definida, é revelada nos julgamentos mais recentes sobre o processo de seleção dos servidores celetistas das empresas públicas e sociedades de economia mista; sobre os representantes comerciais, cujas demandas estão sendo remetidas à Justiça Comum porque colocados não numa relação de trabalho, mas numa relação meramente comercial e mercantil; sobre os contratos administrativos temporários e nulos; recolhimentos previdenciários

(7) Disponível em: https://www.migalhas.com.br/autor/sergio-cabral-dos-reis.

decorrentes do contrato de emprego reconhecido (RE 569056); e nas ações de cobrança de honorários promovidas por profissionais liberais (Tema 305, RE 607520).

O elenco é extenso. Incompetência da JT para julgar a abusividade de greve de servidores públicos celetistas da Administração Direta, de Autarquias e de Fundações de Direito Público (Tema 544, RE 846854); Incompetência para julgar pedidos envolvendo os fundos de pensão de empresas que formam o grupo empresarial com a empregadora; Incompetência para apreciar ações de acidentes de trabalho propostas pelo segurado contra o Instituto Nacional do Seguro Social (INSS), para recebimento dos benefícios correlatos.

Por fim, a não menos recente decisão sobre a competência para julgar os litígios trabalhistas decorrentes da Lei n. 11.442/2007 que trata do Transporte Rodoviário de Cargas, qualificados como de natureza jurídica comercial, motivo pelo qual deverão ser analisadas pela justiça comum, ainda que a discussão envolva fraude à legislação trabalhista.

"Relação de trabalho" não se confunde com "relação de emprego" (uma relação de gênero para espécie). Ocorre que o STF vincula o conceito de "relação de trabalho" aos vínculos contratuais privados regidos pelo Direito Comum. É como se o texto constitucional não tivesse sido alterado pela EC n. 45/2004, que, repita-se, teve como escopo ampliar competência material da Justiça do Trabalho, por meio da nova redação do art. 114.

O cenário é lamentável e não dá para negar que se evidencia, no mínimo, de um ativismo judicial do STF que macula o estado democrático, porque despreza a atuação do legislador, fere a legalidade trabalhista, agride os conceitos historicamente construídos desde a CLT, com seus 80 anos, além de banalizar a injustiça social.

A comunidade trabalhista segue, majoritariamente, a opinião do professor Sérgio Reis, quando ele prenuncia que "se o STF continuar avançando nessas análises e decisões restritivas, o Direito do Trabalho e a Justiça do Trabalho continuarão caminhando inconstitucionalmente para o seu esvaziamento e, consequentemente, para o seu fim".

A alteração promovida pela CF de 1988 na competência da Justiça do Trabalho (EC n. 45), jamais foi para diminuí-la. Ainda que por força dos artigos 926 e 927 do CPC seja possível a alteração da jurisprudência, tal possibilidade deve estar agregada a uma necessária adaptação do Direito às mudanças ocorridas na sociedade, para melhor servi-la. Não nos parece que seja este o caso, uma vez que a realidade social brasileira, no geral, permanece a mesma pelo menos nos últimos 15 anos.

Julgamos existir um preconceito ideológico por parte do STF. Deveria haver, em contrapartida o reconhecimento de que a Justiça e o Direito do Trabalho qualificam a democracia e o estado de direito.

Não pode passar desapercebido, aqui, que a Reforma Trabalhista praticamente nasceu da jurisdição exercida pelo STF nos casos que envolviam o trabalho terceirizado.

## 3. UM POUCO DA HISTÓRIA DA JUSTIÇA DO TRABALHO

O advogado e professor Paulo Joel Bender Leal afirmou em um artigo recente que "A Justiça do Trabalho talvez tenha sido a única experiência verdadeiramente republicana no judiciário brasileiro. A não ser no caso dos juízes municipais de paz, na época do império, não há, ao que se sabe, nenhum outro exemplo na nossa história, em que a sociedade organizada tenha tido oportunidade de indicar membros para cumprir mandato junto a órgão do Poder Judiciário".

A Justiça do Trabalho na CF de 1934 surgiu como um órgão meramente administrativo, atrelado ao Poder executivo.

Em 1º de maio de 1941, Getúlio Vargas a instalou, mantendo as 36 Juntas de Conciliação e Julgamento que já funcionavam em todo território nacional, bem como os Conselhos Regionais e o Conselho Nacional do Trabalho, com juízes nomeados pelo próprio Presidente da República.

O período de 1937 a 1941 ficaria caracterizado pelos debates em torno das suas funções jurisdicionais. Como o movimento operário-sindical encontrava-se violentamente reprimido e cerceado na sua atuação, pela ditadura, a ideia da solução conciliadora de conflitos individuais e coletivos pela Justiça do Trabalho foi se fortalecendo na sociedade. Por força da legislação restritiva às manifestações coletivas, a Justiça do Trabalho não impingia ao poder dominante qualquer tipo de temor no exercício da sua jurisdição.

Com o restabelecimento do Estado Democrático e de Direito, curiosamente aparece, em 1953, pela primeira vez, por proposta do deputado Lucio Bittencourt, um projeto de Emenda Constitucional de extinção do TST, motivada na lentidão dos julgamentos dos recursos.

O TST apesar de incomodado seguiu em frente, afinando-se com a conjuntura política e reafirmando o seu papel normativo, haja vista que os Tribunais do Trabalho funcionavam como árbitros nos conflitos coletivos, reagindo, inclusive, energicamente contra as restrições legais à recuperação de patamares salariais mais dignos.

A repressão política do golpe militar de 1964 trouxe uma violenta intervenção nas entidades sindicais e nos partidos políticos. O recrudescimento do regime fez com que a opção jurisdicional, como forma privilegiada de solução dos conflitos trabalhistas, dependesse das rígidas regras econômicas ditadas pelos generais golpistas.

A ditadura militar retirou do Judiciário Trabalhista a sua liberdade de agir e o Poder Normativo, que o caracterizava, ficou limitado à concessão de benefícios e vantagens desde que estivessem previstas nas leis em vigor.

No mundo a guerra fria gerava a ideologia do medo, formada pela bipolarização maniqueísta entre capitalismo e comunismo. O Estado amortizador da luta entre as classes, promotor de políticas de bem-estar social aos trabalhadores, cedeu espaço ao Estado interessado na eliminação de qualquer resquício de antagonismos insuperáveis entre o capital e o trabalho. Era imprescindível reprimir qualquer reação ao ideário capitalista dominado pelos grandes monopólios industriais e pelo capital financeiro internacional.[(8)]

---

(8) CORTEZ, Rita e XAVIER, José Luis Campos. Monografia sobre o *Poder Normativo da Justiça do Trabalho.*

Aproveitando-se da doutrina de segurança nacional de 1967 e da guerra contra os comunistas, o governo reformou a CLT e implantou o sistema do FGTS, extirpando da legislação do trabalho a estabilidade por tempo de serviço. No campo do Judiciário, consolidam-se as restrições impingidas aos recursos, e submete-se a aprovação do Senado (os biônicos) a nomeação de ministros do TST; com o objetivo de descongestionar a Justiça do Trabalho é apresentado pelo Ministro Süssekind, por sugestão de Luiz José Mesquita, o projeto de criação das comissões paritárias nas empresas como instâncias pré-conciliatórias (Projeto de Lei n. 2.819/1980).(9)

Concluído o processo de dominação política e econômica dos militares, o TST, em 1983, assume a posição (que permanece até hoje) de autolimitação do seu poder normativo.

Redemocratizado o país foi convocada a Assembleia Nacional Constituinte de 1988. No mundo, a queda do muro de Berlim e, com ela, a desarticulação dos sistemas comunistas, cuja ideologia era o contraponto ao capitalismo, o caminho fica livre para as aspirações empresariais de retomada, sem concessões, do liberalismo econômico(10).

No pacto político brasileiro firmado em 1988 os debates mais acirrados envolviam as modificações sugeridas para a Justiça do Trabalho. A manutenção da representação classista, o fim do poder normativo, a extinção do TST por ser uma instância considerada protelatória nos julgamentos dos dissídios individuais, e conservadora naqueles coletivos, eram os principais temas discutidos.

As questões mais polêmicas não foram resolvidas pelos constituintes, mas restou o reconhecimento acerca da importância da Justiça do Trabalho como garantidora do cumprimento dos direitos e garantias sociais fundamentais trabalhistas, ampliando-se, por conta disto, a sua competência jurisdicional.

Os anos 1990 ficaram marcados pelo modelo econômico idealizado pela filosofia que se denominou "neoliberal", amparada na imprescindibilidade de modernização das relações sociais e culturais em face de um mundo sem fronteiras, globalizado econômica e socialmente.

(9) Ibidem.
(10) Ibidem.

# 4. O PRECONCEITO IDEOLÓGICO

No Consenso de Washington de 1989, subscrito pelo Brasil, aderimos às diretrizes impostas pelo Banco Mundial, FMI e pelo Banco Interamericano de Desenvolvimento, firmando o compromisso de se promover uma reforma estrutural para a estabilização da economia, o que se daria por meio das privatizações, flexibilização de direitos trabalhistas, e mudanças no poder judiciário.

A flexibilização de direitos sociais por empresários pela via da negociação coletiva, pela lei e pela jurisprudência andou a passos largos na década de 90.

Ao final daquela década começaram as reformas no judiciário, sob a orientação e recomendação do Banco Mundial, gravadas no famigerado "documento técnico 319" de 1996.

Sob a alegação de se promover o desenvolvimento econômico na América Latina e Caribe, a "recomendação" partia da análise que o Judiciário brasileiro, com a redemocratização, não conseguia assegurar a resolução de conflitos de forma previsível e eficaz, gerando insegurança jurídica para os negócios e investimentos estrangeiros.

Foi significativa e determinante a influência das regras ditadas pelo Banco Mundial nos movimentos atuais que brotam no seio do próprio Judiciário, no sentido de inibir a sua atuação, restringir a sua competência, e confrontar as teses firmadas por sua jurisprudência.

As "orientações", em reduzida síntese, eram: reduzir a morosidade; implantar mecanismos alternativos de resolução de conflitos conforme os interesses e padrões internacionais (mediação e arbitragem); dotar o Judiciário de transparência e previsibilidade de decisões, fomentando um ambiente propício ao comércio, financiamentos e investimentos; investir na formação de juízes; instituir órgão destinado a realizar o controle externo do Judiciário, com atribuições administrativas e disciplinares; adotar o balizamento jurisprudencial compulsório pela cúpula do Poder Judiciário.[11]

Na ideia dos grandes monopólios empresariais estrangeiros e do sistema financeiro internacional, o processo de globalização econômica demandava reduzir a atuação institucional do Judiciário como defensor das liberdades, dos direitos, dos interesses individuais e coletivos que, em muitos casos, fossem contrários aos interesses econômicos.

Morosidade e Insegurança no sistema jurídico provenientes de decisões judiciais trabalhistas, afastando investidores estrangeiros, foram os principais argumentos para que se questionasse o papel da JT.

Na ótica do Banco Mundial a eficiência do Judiciário ficava restrita a sua capacidade de definir e interpretar os direitos e garantias da propriedade com vistas ao desenvolvimento econômico. Pouco importava a integridade do ser humano, a defesa do meio ambiente, a dignificação do trabalho, a valorização dos direitos de cidadania, o resguardo dos padrões culturais da nação.

O saudoso advogado Reginaldo Felcker, quando presidente da ABRAT, por diversas vezes denunciou que certos setores da Magistratura seguiam à risca a pauta

(11) Documento Técnico do Banco Mundial de 1996

neoliberal e o papel por ela conferido à Justiça do Trabalho, proferindo decisões que elevava, mas custas e reduziam honorários advocatícios.

O alinhamento às metas do Banco Mundial, na opinião de Felcker, era em alguns casos ostensivo. O ilustre advogado relacionou quais seriam as metas:

"1º) - Judiciário justo é o que melhor define e interpreta o direito de propriedade; 2º) - O monopólio do Judiciário na prestação jurisdicional deve ser extinto, privatizando-se a Justiça; 3º) - As custas processuais devem ser suficientemente altas para evitar-se maior número de ações; 4º) - os honorários advocatícios devem ser reduzidos, desestimulando o exercício profissional digno, independente e combativo; e na medida do possível o advogado deve ser afastado do processo judicial."[(12)]

Ao ressaltar a morosidade na prestação jurisdicional, o documento do Banco Mundial desconsiderou, intencionalmente, o fato de haver um grande número de trabalhadores desempregados reclamando simplesmente direitos básicos não observados; da impossibilidade da submissão dos conflitos ao Judiciário enquanto vigente o contrato de emprego; dos sucessivos planos econômicos impostos pelo próprio Banco Mundial e FMI, atropelando direitos e garantias individuais que geraram milhares de processos.

A construção de um novo modelo de judiciário brasileiro calcado na filosofia neoliberal e sob a orientação do Banco Mundial, teria que desconsiderar, naturalmente, as peculiaridades brasileiras, porque absolutamente irrelevantes ao seu amoldamento. O documento jamais teve o propósito de atingir as verdadeiras causas do mau funcionamento e inoperância da nossa Justiça.

Elio Gaspari, ao traçar uma radiografia das elites brasileiras, lamentou os rumos que elas davam relativamente à política e à economia brasileira. Jessé Souza, no livro a "Ralé Brasileira", diagnosticou que as elites e parte do empresariado brasileiro, como resquício do regime escravagista, era, mas mais retrógradas no ranking mundial.

O breve histórico me parece ser o bastante para revelar que a desqualificação da Justiça do trabalho integrada nas decisões do STF, não é fruto apenas de um mero preconceito por ser uma Justiça predominantemente procurada por pessoas pobres, ou desempregadas, como alguns dizem.

Trata-se, a meu juízo, de um preconceito ideológico que tem raízes no planejamento econômico e social neoliberal, traçado pela classe dominante nacional e internacional.

Tirar do cenário do judiciário brasileiro uma justiça que começa a sua caminhada como uma Justiça pacificadora, é acirrar o próprio conflito social que emerge das nossas desigualdades sociais profundas.

(12) Discurso realizado em evento da ABRAT, sem identificação de data.

## 5. A POSSIBILIDADE DA EXTINÇÃO DA JUSTIÇA DO TRABALHO POR INANIÇÃO OU POR SE TORNAR UMA JUSTIÇA OBSOLETA - COM O AVAL DO STF.

Apesar dos grandes serviços prestados à população e ao próprio Poder Público a Justiça trabalhista, como se viu, continua a ser questionada por quem, afinal de contas, deveria defendê-la.

A Reforma Trabalhista colocou a Justiça do Trabalho na segunda linha do judiciário, quando restringiu, inconstitucionalmente, o acesso à sua jurisdição, tornando-a custosa e punitiva. Condenar testemunhas a pagarem multa, ou condenar o pobre a pagar honorários e custas, é uma brutalidade. Desidratá-la por meio da criação de obstáculos de acesso, abre o caminho para que encerre as suas atividades judicantes por inanição.

As decisões judiciais do STF quando negam o conteúdo científico do direito do trabalho; quando menosprezam a sua história e seus fins; quando ignoram seus princípios e seus valores; quando desconsideram, principalmente, a verificação dos elementos da subordinação na maioria das novas relações formadas em razão das novas tecnologias; findam por fragmentar mais ainda o trabalho e, via de consequência, a própria representação de trabalhadores.

São decisões aliadas às políticas do desassalariamento e do estímulo do trabalho informal, com aplicação de normas legais incompatíveis com os direitos assegurados constitucionalmente. A competência da JT para apreciar as questões concernentes ao trabalho, seja ele subordinado ou não, independentemente de quem contrate fica evidentemente fragilizada.

O discurso de incentivo ao empreendedorismo ("seja chefe de si mesmo"), transforma trabalhadores em autônomos, sem proteção social e trabalhista, coloca o judiciário trabalhista como antiquado, ultrapassado e obsoleto.

Seguindo esta linha de raciocínio, não haverá sequer a necessidade de uma Emenda Constitucional para dizer que a Justiça do Trabalho não mais existe, porque simplesmente não conseguiria justificar as suas funções.

A Justiça do Trabalho mostrou seu relevante papel social na Pandemia da Covid-19, quando foi colocado em risco o emprego de milhares de trabalhadores. Juízes do trabalho humanitariamente liberaram inúmeros alvarás com rapidez, interferindo em todos os casos no sentido de buscar soluções eficazes e velozes para os problemas gerados pela crise.

# 6. CONCLUSÃO

Ao longo da história da civilização moderna surgiram várias ideologias indicando formas de governo, modelos econômicos, e valores morais considerados ideais para determinadas sociedades.

Everaldo Gaspar(13) na década de 90 apresentou um rol de equívocos cometidos por lideranças sindicais e de movimentos sociais, para demonstrar que é preciso entender as questões ideológicas que norteiam as ações emanadas dos poderes republicanos, incluindo o judiciário, e que estão presentes nas situações de crise, ou não:

1 – Deixar de identificar as origens da dominação, como itinerário das relações de trabalho no Brasil, sob esta ótica;

2 – Não identificar concretamente qualquer avanço ou predisposição de lideranças empresariais no campo das relações trabalhistas e os motivos para os retrocessos;

3 – Considerar que a interferência estatal é maléfica porque originária do fascismo italiano, quando de fato tal intervenção tem origem em duas grandes revoluções do pensamento (de Marx a Leão XIII);

4 – Não compreender o processo de construção e a desconstrução da legislação social no Brasil.

Talvez não seja possível reverter, em curto prazo, os enormes prejuízos e danos causados por estas decisões proferidas pelo STF, mas podemos e devemos pensar, diante do quadro, tal como a juíza do trabalho Valdete Severo, quando assevera que:

"É preciso uma radicalidade de quem advoga na Justiça do Trabalho e de quem atua como juiz ou juíza na Justiça do Trabalho, no sentido de entender, por exemplo, que essa lei (Lei n. 13.467/2017) não dialoga com a razão de ser da Justiça do Trabalho, mas que surge justamente para criar essa fissura e fazer com que ela seja incapaz de justificar sua existência como órgão separado – o que, infelizmente, é o que está acontecendo".(14)

Sejamos, ao menos, enérgicos na ação, para tentar reprimir a proliferação de decisões judiciais que continuam destruindo direitos trabalhistas e punindo quem vai discuti-los.

É possível em nome da paz e da justiça social não abdicar das ideias fundamentais, que constituem valores e princípios básicos da OIT(15) até hoje:

> o trabalho deve ser fonte de dignidade; o trabalho não é uma mercadoria; a pobreza, em qualquer lugar, é uma ameaça à prosperidade de todos; os seres humanos sem exceção têm o direito de perseguir o seu bem-estar material

---

(13) ANDRADE, Everaldo Gaspar L. de. *Direito do Trabalho, Itinerários da Dominação*, LTr, 1994

(14) SEVERO, Valdete Souto. *Há risco real de que a Justiça do Trabalho seja extinta por inanição.* Entrevista concedida ao Jornal "Democracia e mundo do Trabalho em debate"

(15) Declaração da OIT sobre os princípios e direitos fundamentais no trabalho

em condições de liberdade e dignidade, segurança econômica e igualdade de oportunidades.

Os trabalhadores, empregados ou não, têm direito de obter um resultado justo para as suas contendas e que parta de uma jurisdição independente, autônoma, erigida sobre estes valores e princípios, pilares sociais fundamentais, permitindo-a cumprir o seu relevante papel histórico. Todos têm direito de submeter as desavenças decorrentes das relações jurídicas capital x trabalho, de maneira diferenciada na Justiça do Trabalho.

# REFERÊNCIAS

ANDRADE, Everaldo Gaspar L. de. *Direito do Trabalho, Itinerários da Dominação,* LTr, 1994

CASAGRANDE, Cássio. Brasil. Campeão de ações trabalhistas. Como se constrói uma falácia. *Jornal Jota,* coluna direito do trabalho – 25/6/2017

LOPES, Alpiniano do Prado –Tentativa de extinguir Justiça do Trabalho não é novidade. Disponível em: brasildefato.com.br https://www.brasildefato.com.br. Acesso em: 10 abr. 2023

REIS, Sérgio Cabral dos. *O STF e a fuga da Justiça do Trabalho.* Disponível em: https://www.migalhas.com.br/autor/sergio-cabral-dos-reis.

CORTEZ, Rita e XAVIER, José Luis Campos. *O Poder Normativo da Justiça do Trabalho-* 2003. Trabalho premiado com o Primeiro lugar no I Concurso de Monografias da AMATRA I.

SEVERO, Valdete Souto. Há risco real de que a Justiça do Trabalho seja extinta por inanição. Entrevista concedida ao *Jornal Democracia e mundo do Trabalho em debate.*

# O TRABALHO CONTROLADO POR PLATAFORMAS DIGITAIS E O ESVAZIAMENTO DA COMPETÊNCIA DA JUSTIÇA DO TRABALHO

---

*Roberto Parahyba de Arruda Pinto*[1]

**Resumo:** O presente artigo analisa criticamente as novas formas de organização do trabalho através da plataformização sob demanda multitudinária. Além disso, aborda recentes decisões monocráticas do Supremo Tribunal Federal (STF) proferidas em sede de Reclamações Constitucionais, de natureza excepcional, que caminham na contramão dos direitos constitucionais e da principiologia basilar do Direito do Trabalho, tanto em relação à invasão da competência material da Justiça do Trabalho, como da retirada de obstáculos ao exercício do poder empresarial. A verdade é que o STF promove uma inversão axiológica do artigo 170 da Constituição Federal, em que a valorização do trabalho humano está atrelada à livre iniciativa, e não o contrário. Assim, o esvaziamento da competência material da Justiça do Trabalho para apreciar e julgar ações relativas ao reconhecimento do vínculo empregatício deve ser contestado e repelido.

**Palavras-chave:**

- Trabalho em plataformas digitais;
- Competência da Justiça do Trabalho;
- Decisões do Supremo Tribunal Federal.

**Sumário:**

- 1. A qualificação jurídica do trabalho controlado por plataformas digtais
- 2. Características das relações de trabalho plataformizadas
- 3. A transfiguração do direito do trabalho pela presunção de trabalho autônomo
- 4. A subtração da competência material da justiça do trabalho para apreciar a existência de relação de trabalho em geral incusive em plataformas digitais
- 5. O entedimento jurisprudencial predominante da justiça do trabalho - inexistência de relação de emprego no trabalho controlado por plataformas digtais
- 6. Da nova abordagem
- 7. Considerações finais
- Referências

---

(1) Advogado. Especialista em Direito do Trabalho pela Faculdade de Direito do Trabalho pela Universidade de Salamanca, Espanha. Professor da Escola de Direito da ABRAT. Ex-Presidente da ABRAT.

# 1. A QUALIFICAÇÃO JURÍDICA DO TRABALHO CONTROLADO POR PLATAFORMAS DIGTAIS

Nas últimas duas décadas, a intensa expansão do trabalho em plataformas digitais (capitalismo de plataforma, "uberização", etc.), impulsionada pela pandemia da COVID-19, vem provocando profundas transformações nas relações de trabalho, em escala mundial.

Do ponto específico da identificação dos pressupostos caracterizadores da relação de emprego, exige-se uma nova abordagem, diante do uso generalizado do trabalho autônomo, a maioria informais, sob o sofisticado e sutil controle e gerenciamento algorítmicos.

A empresa Uber tornou-se emblemática na análise das transformações contemporâneas do mundo do trabalho, do processo por alguns denominado de uberização da força do trabalho, diante do espraiamento para inúmeros setores de atividade econômica de formas de contratação nos moldes produzidos pela Uber no setor de transportes, caracterizado pela autonomização das relações de trabalho, com a formação de uma multidão de trabalhadores autônomos que se autogerenciam, que arcam com os custos e riscos da profissão.

> "São nanoempreedendores de si, subordinados e gerenciado por meio e formas mais difíceis de reconhecer e mapear, por empresas já difíceis de localizar – ainda que estas atuem cada vez mais de forma monopolística"(2)

A relação jurídica existente entre motoristas ou motociclistas e as plataformas digitais de transporte é uma figura jurídica contemporânea. "A sociedade vivencia o que alguns autores chamam de 4ª Revolução Industrial, caracterizada pelo uso cada vez maior de recursos digitais, algoritmos, robotização e inteligência artificial"(3).

O gerenciamento das plataformas por métodos computacionais, por impulsão e comando dos algoritmos, que são programados para rigorosamente controlar e intensificar os tempos, ritmos e movimentos, é o diferencial do trabalho em questão.

> "As comunicações com a plataforma e clientes e a organização e a gestão do trabalho se dão pela gestão algorítmica, que tem à sua disposição tecnologias de geolocalização (GPS), avaliação de produtividade e avaliação de comportamentos" (4).

A possibilidade de geolocalização do trabalhador e da trabalhadora é um efetivo instrumento de controle realizado pelas plataformas, inclusive pelos clientes que acompanham o trajeto percorrido pelo motorista ou motociclista, em relação ao tempo, à rota e ao padrão de serviços, em controle "online" até mais intenso do que o do empregado celetista. O controle e a subordinação são mais eficazes que na relação de trabalho tradicional, sendo vedado ao trabalhador, pela dinâmica do aplicativo, até mesmo manter uma tabela própria de clientes.

---

(2) ABILIO, Ludmila Costhek. *Uberização do Trabalho*: subsunção real da viração Passa Palavra, 19/02/2019.
(3) Acórdão da 17ª Turma do TRT da 2ª Região, Relator Juíza Eliane Pedroso, Processo n. 1000489-03.2021.5.02.0002
(4) MACHADO, Sidnei. *O trabalho controlado por plataformas digitais no Brasil:* dimensões, perfis e direitos. UFPR – Clínica do Direito do Trabalho Curitiba (2022).

É a empresa de plataforma que define o modo de produção, o preço, o padrão de atendimento e a forma de pagamento. Por meio de algoritmos, a plataforma controla as atividades dos motoristas a ela vinculados. O trajeto é monitorado e a tecnologia permite a padronização da prestação dos serviços, com o monitoramento da rota, realizados inclusive pelos clientes da plataforma. Em suma, é a empresa de plataforma quem organiza toda a forma de trabalho.

Apesar de atuar preponderantemente como plataforma digital, a atividade das empresas de plataforma está diretamente ligada à prestação dos serviços de transporte, executado por meio do aplicativo, que intermedeia o interesse do cliente e a prestação do serviço de transporte ou de entrega. O lucro é extraído da efetiva prestação de serviço de transporte, com a necessária utilização da mão de obra de motoristas cadastrados em suas plataformas.

As plataformas digitais operam por meio de contrato de prestação de serviços, pelos quais o trabalhador adere, sem alternativas, aos "Termos e Condições de Uso" por elas (plataformas) propostos. A denominação de "trabalhador independente" é a tônica, usualmente empregada nos "Termos de Condições e Uso".

Esse modelo de contratação em que o trabalhador e a trabalhadora são considerados autônomo (empreendedor de si mesmo) ou informal, irremediavelmente posto à margem da proteção da legislação trabalhista, é objeto de ações trabalhistas, que questionam a escorreita qualificação jurídica dessa relação de trabalho.

A qualificação jurídica do trabalho por plataformas é um tema central derivado das transformações do trabalho advindas da digitalização e das novas tecnologias, que colocam em questão o modelo a própria razão de ser e de existir do Direito do Trabalho no século XXI, para que ele não perca o seu propósito de proteção do trabalho subordinado.

## 2. CARACTERÍSTICAS DAS RELAÇÕES DE TRABALHO PLATAFORMIZADAS

São três as principais características do trabalho controlados pelas plataformas:

1) a gestão algorítmica;

2) a transferência de riscos e custos ao trabalhador;

3) e o uso do trabalho autônomo.

O movimento das plataformas em grande medida se associa ao processo de externalização do trabalho em suas diversas modalidades de subcontratação. A inovação das plataformas é o uso de algorítmicos, que intensifica o controle, gerando uma grande assimetria e desequilíbrio de poder entre plataformas e trabalhadores.

O gerenciamento por algorítmico é usado para mobilizar e controlar o trabalho, e o uso do contrato autônomo visa contornar a aplicação da legislação trabalhista e a atuação da jurisprudência. Para isso, reforça-se a mensagem dos princípios da parceria para fomentar uma ideia de liberdade e autonomia, mais aparente do que real.

A retórica do empreendedorismo é inoculada nas mentes desavisadas, associando-se o ato de empreender às noções de liberdade, autonomia e autorrealização, em trabalhar nos dias e horários de interesse, sem a "rigidez" do contrato de trabalho. A imagem que se passa do do/a empreendedor/a é do daquela pessoa que luta sozinha, em um cenário de riscos e crises, contando apenas com uma performance individual e uma "atitude mental vencedora".

Enquanto as plataformas não são empresas meramente intermediárias, e exploram os vazios regulatórios existentes.

Do ponto de vista jurídico, a peculiaridade do padrão da governança das plataformas digitais de trabalho é a transferência dos riscos ao trabalhador, considerado como autônomo (parceiro, colaborador, microempresário e freelancer), contratado e remunerado sob demanda, mediante contrato por adesão.

A principais questões que se colocam: O gerenciamento algorítmico do trabalho por plataformas refunda a noção de subordinação jurídica? Os trabalhadores de plataformas são empregados ou autônomos e empreendedores? Os algorítmicos são dispositivos de controle que governam por classificação (ranking) e prêmios, entre outros mecanismos de gerenciamento do trabalho?

# 3. A TRANSFIGURAÇÃO DO DIREITO DO TRABALHO PELA PRESUNÇÃO DE TRABALHO AUTÔNOMO

A mera vontade das partes contratantes não é suficiente para a classificação da relação de trabalho como autônoma não de emprego, pois a legislação trabalhista é de ordem pública, o que permite ao juiz sempre reclassificar o contrato.

Do ponto de vista do Direito do Trabalho, o fornecimento de trabalho pessoal, oneroso, contínuo e subordinado gera a presunção legal de trabalho assalariado, e destitui a formalidade. No caso, as plataformas impõem a modalidade de contratação aos trabalhadores, que não têm alternativas.

Numa perspectiva histórica, o modelo brasileiro de qualificação da relação de emprego sempre foi binário, entre autônomo e trabalho subordinado ou dependente. Esse modelo foi construído em torno das definições de empregado e empregador, constantes dos artigos 2º e 3º da CLT, os quais permanecem vigentes. O fator subordinação é o principal critério que distingue um contrato de trabalho, segundo a tradição da jurisprudência trabalhista.

Outro aspecto fundamental é a prevalência do contrato realidade (primazia da realidade), em que a relação de emprego é derivada das condições sob as quais o trabalho é realizado, assim como a imperatividade da legislação trabalhista, de ordem pública, que permite, ou melhor impõe ao juiz declarar a existência de vínculo empregatício quando presentes os pressupostos fáticos que o caracterizam. A jurisprudência utiliza como fundamento o artigo 9º da CLT, o qual eiva de nulidade todo ato praticado com o objetivo de desvirtuar, impedir ou fraudar a aplicação da legislação trabalhista.

Entretanto, a partir dos anos 2000, esse modelo de inclusão por presunção legal, associado a tendência expansionista do Direito do Trabalho, gradativamente, começou a girar sobre uma inflexão. Uma produção legislativa avança a partir de 2005, com a caracterização de trabalho autônomo como um direito regulado pelo contrato civil e fundamentado na liberdade de iniciativa, criando-se assim regimes jurídicos próprios à margem da relação de emprego. Essas normas vêm sendo entusiasticamente ratificadas pelo Supremo Tribunal Federal (STF).

Destaca-se a Lei n. 11.196/2005, que regulamenta a prestação de serviços de trabalhos intelectuais, inclusive os de natureza científica, artística ou cultural, como pessoas jurídicas, para criar uma presunção legal de trabalho autônomo. Essa lei teve a sua constitucionalidade referendada pelo STF em 2020 (ADC 66).

Em janeiro de 2007 surgiu a lei sobre transporte rodoviário de cargas, que criou a figura do transportador autônomo de cargas independente, fixando essa atividade como de natureza comercial (Lei n. 11.422/2017). O STF convalidou a constitucionalidade dessa lei em julgamento de abril de 2020 (ADC 48 e ADCI 3.961).

Em outubro de 2016, nova lei permitiu a contratação de trabalhadores sob a modalidade de parceria comercial para atividades de são de beleza (Lei n. 13.352/2016 alterando a Lei n. 12.592/2012), também validada pelo STF que, em julgamento de outubro de 2020, declarou sua constitucionalidade (ADI 5625).

A reforma trabalhista de 2017 (Leis ns. 13.467/2017 e 14.429/2017) representou o exponencial fortalecimento da figura do autônomo, a ponto de criar a figura do autônomo exclusivo contínuo, no art. 442-B, da CLT, assim redigido:

"A contratação do autônomo, cumpridas por este todas as formalidades legais, com ou sem exclusividade, de forma contínua ou não, afasta a qualidade de empregado prevista no art. 3º desta Consolidação".

Tal como todo e qualquer dispositivo legal, o art. 442-B da CLT, deve ser interpretado de forma sistêmica, orgânica e harmônica com as demais normas integrantes do ordenamento jurídico, o qual não é a soma de suas partes, mas uma síntese (espírito) delas, à luz dos princípios constitucionais, das normas internacionais e dos fundamentos do Direito do Trabalho, e em conjunto com os demais dispositivos da própria CLT, entre os quais os artigos 2º, 3º e 9º.

Notadamente, com o princípio da primazia da realidade sobre a forma, assim sintetizado por Américo Plá Rodrigues:

"Em matéria de trabalho importa o que ocorre na prática, mais do que aquilo que as partes hajam pactuado de forma mais ou menos solene, ou expressa, ou aquilo que conste em documentos, formulários e instrumentos de controle"[(5)].

Portanto, o que dirá se um trabalhador é autônomo ou empregado não será o frio exame da realidade documentada, mas a aprofundada análise da realidade vivida, especialmente para aferir o elemento fático-jurídico da subordinação.

A existência da relação de emprego inclusive independe da vontade das partes. Mais do que isso, presentes os requisitos que a configuram: pessoalidade, subordinação, onerosidade e não eventualidade, deverá ser declarada a nulidade do contrato autônomo (ainda que formalmente exteriorizado pelas partes), por força do art. 9º da CLT.

Esse caráter imperativo das normas trabalhistas deu azo à discussão acerca da natureza jurídica do vínculo empregatício à época do surgimento do Direito do Trabalho. Como é sabido, prevaleceu a teoria contratualista (sobre a anticontratualista), ou seja, consolidou-se o entendimento de que a existência de normas de ordem pública e de observância obrigatória não tem o condão de descaracterizar a natureza jurídica contratual da relação de emprego.

O advento do Direito do Trabalho marca a passagem do modelo jurídico do Estado Liberal para o do Estado Social, com a relativização do dogma da autonomia da vontade, no bojo de uma relação jurídica intrinsecamente assimétrica, desigual, em que uma parte está juridicamente subordinada a outra.

O art. 442-B alberga uma presunção relativa (e não absoluta) de inexistência de relação de emprego. Ao caracterizar como autônomo aquele trabalhador contratado com exclusividade e de forma contínua, o texto legal padece de uma contradição intrínseca (*contradictio in terminis*). Afinal, a razão de existir do autônomo reside na liberdade de organização da forma com que desenvolve suas atividades profissionais, envolve a independência no ajuste e na execução.

O contrato de autônomo formalizado não afasta a caracterização do vínculo empregatício, porque este é direito indisponível do trabalhador e a norma de ordem pública não pode ser afastada pelas partes. No entanto, as previsões legais vão criando uma presunção favorável do trabalho autônomo, em contraposição aos princípios constitucionais e legais do Estado Democrático de Direito e do Direito do Trabalho.

---

(5) PLÁ RODRIGUEZ, Américo. *Princípios de direito do trabalho*. São Paulo: LTr, 2015, p. 25.

# 4. A SUBTRAÇÃO DA COMPETÊNCIA MATERIAL DA JUSTIÇA DO TRABALHO PARA APRECIAR A EXISTÊNCIA DE RELAÇÃO DE TRABALHO EM GERAL INCUSIVE EM PLATAFORMAS DIGITAIS

Em junho de 2013, foi amplamente divulgada a decisão monocrática proferida pelo Ministro Alexandre de Moraes, do Supremo Tribunal Federal, em sede de reclamação constitucional (RCL 60347), a qual cassou o Acórdão proferido pelo Tribunal Regional do Trabalho da 3ª Região, que havia reconhecido o vínculo de emprego de um motorista com a plataforma Cabify, e determinou a remessa do processo para a Justiça Comum.

Tal cassação se deu sob a(esdrúxula) fundamentação de que o Acórdão prolatado pelo TRT da 3ª Região afrontaria as decisões proferidas pelo Supremo Tribunal Federal em casos paradigmas, nos quais não houve o reconhecimento de relação de emprego, notadamente de que:

> "(...) a relação estabelecida entre o motorista de aplicativo e a plataforma reclamante mais se assemelha com a situação prevista na Lei n. 11.442/2007, do transportador autônomo, sendo aquele proprietário de vínculo próprio e que tem relação de natureza comercial", "a sugerir, consequentemente, o restabelecimento da autoridade desta CORTE quanto ao ponto".

Enquanto, o requisito primeiro para o manejo da reclamação constitucional é o da estrita aderência com a decisão supostamente afrontada, proferida pelo STF em sede de ação de repercussão geral ou de ação direta de constitucionalidade, aderência essa clamorosamente inexistente entre o trabalho em plataformas digitais e o trabalho dos motoristas rodoviários.

É de causar indignação mesmo aos espíritos menos afeitos aos direitos sociais trabalhistas o desvirtuamento processual-hermenêutico trilhado pelo Ministro Alexandre de Moraes para cassar uma decisão proferida pela Justiça do Trabalho.

Como se não bastasse, o Acórdão proferido pelo TRT da 3ª Região declarou a existência de vínculo de emprego de um motorista com a plataforma Cabify após percuciente e cuidadosa análise da prova oral e documental especificamente produzida no processo trabalhista. Tal pressuposto foi simplesmente ignorado pelo Ministro Alexandre de Moraes na decisão em comento, vez que não cabe o revolvimento de fatos e provas em sede de reclamação constitucional.

Acrescente-se, ainda, que o entendimento majoritário do Supremo Tribunal Federal quanto à "constitucionalidade das relações de trabalho diversas da de emprego regida pela CLT", jamais poderia servir de pretexto para a cassação em sede de reclamação constitucional de decisão proferida pela Justiça do Trabalho que reconhece o vínculo empregatício. Com efeito, o próprio Supremo Tribunal Federal, em todas as suas decisões que decretou a constitucionalidade das leis prevendo a contratação autônoma (terceirização, salão de beleza, motorista de transporte rodoviário de carga, etc.), sempre admitiu a possibilidade da existência de fraude.

No julgamento da ADI 5.625/DF, por exemplo, o STF entendeu que, embora constitucional, na celebração do contrato de parceria entre os salões de beleza e os respectivos profissionais o ajuste de natureza cível não obsta o reconhecimento do vínculo de emprego quando presentes os seus elementos caracterizadores, nos seguintes termos:

> AÇÃO DIRETA DE INCONSTITUCIONALIDADE. LEI FEDERAL N. 13.352, DE 27 DE OUTUBRO DE 2016, CONHECIDA COMO LEI DO SALÃO-PARCEIRO. CONSTITUCIONALIDADE.
>
> 1. São válidos os contratos de parceria celebrados entre trabalhador do ramo da beleza (cabeleireiro, barbeiro, esteticista, manicure, pedicure, depilador e maquiador), denominado "profissional parceiro", e o respectivo estabelecimento, chamado "salão-parceiro", em consonância com as normas contidas na Lei federal n. 13.352/2016.
>
> 2. A higidez do contrato é condicionada à conformidade com os fatos, de modo que é nulo instrumento com elementos caracterizadores de relação de emprego
>
> 3. **Estando presentes elementos que sinalizam vínculo empregatício, este deverá ser reconhecido pelo Poder Público, com todas as consequências legais decorrentes, previstas especialmente na Consolidação da Leis do Trabalho**
>
> 4. Pedido julgado improcedente. (STF, ADI 5.625, Rel. Min. Edson Fachin, Red. p/ acórdão Min. Nunes Marques, DJe n. 59, divulgado em 28.3.2022) [grifos nossos].

De igual modo, no julgamento da terceirização de atividade-fim o Supremo Tribunal Federal não descartou a possibilidade de a terceirização mostrar-se, concretamente, abusiva, como se constata por meio de simples leitura da ressalva constante dessa sua decisão:

> "(...) desde que o contrato seja real; isto é, de que não haja relação de emprego com a empresa tomadora do serviço, com subordinação, horário para cumprir e outras obrigações típicas do contrato trabalhista, hipótese em que se estaria fraudando a contratação".

Na visão da própria Suprema Corte, a utilização de outras formas de organização da produção e de pactuação da força de trabalho, distintas da relação empregatícia, somente se legitima quando não estiver sendo utilizada como instrumento para burlar o vínculo de emprego. O que, frise-se, desautoriza a cassação de uma decisão da Justiça do Trabalho que reconheceu o vínculo empregatício, diante da constatação de fraude na contratação.

Com efeito, a compreensão do STF harmoniza-se com a Consolidação das Leis do Trabalho, que possui disposição específica declarando que: "Serão nulos de pleno direito os atos praticados com o objetivo de desvirtuar, impedir ou fraudar a aplicação dos preceitos contidos na presente Consolidação" (art. 9º). O mandamento em questão, somado aos artigos 2º e 3º da CLT, autoriza a Justiça do Trabalho a invalidar, fundamentadamente, ajustes contratuais utilizados para burlar o reconhecimento do vínculo empregatício.

Nesse contexto, é absolutamente pertinente a preocupação exteriorizada pela ABRAT em Nota Pública acera dessa decisão proferida pelo Ministro Alexandre de Moraes que julgou procedente reclamação constitucional "de forma sejam cassados os atos proferidos pela Justiça do Trabalho (Processo 0010140.79.2022.5.03.0110) e DETERMINO a remessa dos autos à Justiça Comum":

> "A decisão fere a Constituição Federal, que estabelece a competência da Justiça do Trabalho no art. 114, para processar e julgar as ações oriundas de relação de trabalho.

> Não podemos nos calar, frente a este perigoso precedente, que não tem nada que se iguale na Suprema Corte: o afrontamento da Constituição, alterando em despacho monocrático a competência da Justiça do Trabalho, além de suprimir instância recursal.
>
> A decisão fere e atropela a Constituição da República, legitimando a inconcebível opção por Ministro do STF, pela hoje muito presente, ameaça das forças do mau empresariado nacional: o fim da Justiça do Trabalho".

Tais decisões proferidas em sede de reclamação constitucional, que cassam decisões proferidas pela Justiça do Trabalho que declararam a existência de vínculo empregatício após a dilação probatória e em cognição exauriente, têm se reproduzido (a mancheias, como diria Castro Alves) no âmbito do Supremo Tribunal Federal, prolatadas de forma monocrática (Luis Roberto Barroso, Luiz Fux, Dias Tóffoli, Alexandre de Moraes), em cognição sumária, agigantando a pertinência da preocupação externada pela ABRAT quanto ao inadmissível esvaziamento da competência material da Justiça do Trabalho perpetrado pelo Supremo Tribunal Federal, de forma clamorosamente inconstitucional.

## 5. O ENTEDIMENTO JURISPRUDENCIAL PREDOMINANTE DA JUSTIÇA DO TRABALHO - INEXISTÊNCIA DE RELAÇÃO DE EMPREGO NO TRABALHO CONTROLADO POR PLATAFORMAS DIGTAIS

Desafortunadamente (a nosso ver), o entendimento majoritário da jurisprudência trabalhista vem sinalizando pela inexistência de vínculo empregatício entre os motoristas ou motociclistas e as empresa de plataformas digitais, valendo-se dos seguintes fundamentos *(ratio decidendi):*

1. O trabalho é pela plataforma tecnológica e para ela;
2. A plataforma tem por objeto a intermediação de serviços de transporte, e não a prestação de serviços de transporte;
3. Autonomia do motorista para escolher o momento em que ficaria conectado à plataforma; com ampla liberdade para determinar sua rotina, seus horários de trabalho, locais que deseja atuar e quantidade de clientes que pretende atender por dia;
4. Não há qualquer exigência de trabalho mínimo, de número mínimo de viagens, de faturamento mínimo;
5. Não há qualquer fiscalização ou punição pela plataforma;
6. Repasse de 75% a 80% do valor da tarifa ao motorista o que denota uma forma de parceria considerando que o rateio do valor do serviço em alto percentual a uma das partes o que evidencia vantagem remuneratória não condizente com o liame de emprego;
7. As principais decisões estabelecem analogias entre o trabalho por plataformas digitais e outras relações de trabalho reconhecidas como relações de parceria comercial no ordenamento jurídico pátrio, a exemplo dos profissionais em salões de beleza e dos motoristas de transporte de cargas.

Como pontuado por Sidnei Machado:

"Não se identifica no conteúdo das decisões judiciais o esforço de construção de novos indícios de subordinação adequados à delimitação da organização produtiva, o que poderia levar à constatação de ausência de autonomia. O condutor do Uber não conhece a informação essencial da plataforma para, por exemplo, saber para onde quer ir o passageiro, o qual leva a concluir que ele não tem liberdade de aceitar ou não o trabalho. As recusas são possíveis, mas limitas e sujeitas a punições, inclusive com o desligamento do aplicativo. Tampouco se argumentar que não há coordenação entre a Uber e seus condutores, na medida em que a Uber controla a informação-chave do negócio, e ainda pode alterá-la unilateralmente. Além disso esses autônomos não têm nenhuma possibilidade de crescimento no negócio, a menos que trabalhem mais horas".

# 6. DA NOVA ABORDAGEM

A predominância das decisões judiciais que não reconhecem o vínculo empregatício com as plataformas digitais demonstra a prevalência da matriz subjetiva da subordinação jurídica, em que a pergunta clássica mais representativa dessa acepção "quem lhe dava ordens?", é frequentemente utilizada nas instruções dos processos que envolve pedido de reconhecimento do vínculo empregatício dos motoristas.

> "Cogitar ser necessário alguém dar ordens para configurar controle em toda relação laboral no século XXI é algo ultrapassado. Na organização do trabalho plataformizado o controle do capital sobre o trabalho prescinde da figura do patrão. A tecnologia atual permite uma organização e fiscalização do trabalho sem a necessidade de um ser humano presente fisicamente que, nessa função, tornou-se dispensável. O questionamento anacrônico "quem lhe dava ordens", durante uma audiência de instrução, feito de forma isolada, induz uma resposta única"(6).

Desde 2011 (Lei n. 12.551/2011), o art. 6º da CLT preceitua que:

> "Os meios telemáticos e informatizados de comando, controle e supervisão se equiparam, para fins de subordinação jurídica, aos meios pessoais e diretos de comando, controle e supervisão de trabalho alheio".

A forma como o controle se dá na contemporaneidade, via digital, algorítmico, pede uma ressignificação do conceito de subordinação jurídica.

Consoante preleciona Maurício Godinho Delgado, a subordinação possui três dimensões:

> "Dimensões da Subordinação: clássica, objetiva, estrutural - a subordinação, como qualquer fenômeno social, tem sofrido ajustes e adequações ao longo dos dois últimos séculos, quer em decorrência de alterações na realidade do mundo do trabalho, quer em virtude de novas percepções aferidas pela Ciência do Direito acerca desse crucial elemento fático-jurídico da relação empregatícia. Três dimensões principais, nesse contexto, destacam-se com relação ao fenômeno: a clássica, a objetiva e a estrutural.
>
> Clássica (ou tradicional) é a subordinação consistente na situação jurídica derivada do contrato de trabalho, pela qual o trabalhador compromete-se a acolher o poder de direção empresarial no tocante ao modo de realização de sua prestação laborativa.
>
> [...]
>
> Objetiva é a subordinação que se manifesta pela integração do trabalhador nos fins e objetivos do empreendimento do tomador de serviços, ainda que afrouxadas "... as amarras do vínculo empregatício". (25) Lançada na doutrina pátria pelo jurista Paulo Emílio Ribeiro de Vilhena, esta noção "... vincula a subordinação a um critério exclusivamente objetivo: poder jurídico sobre atividade e atividade que se integra em atividade". (26)
>
> [...]

(6) VIDIGAL, Viviane. *Capitalismo de Plataforma:* as facetas e as falácias: Mizuno. 2023 p. 100.

> Estrutural é, finalmente, a subordinação que se expressa "**pela inserção do trabalhador na dinâmica do tomador de seus serviços, independentemente de receber (ou não) suas ordens diretas, mas acolhendo, estruturalmente, sua dinâmica de organização e funcionamento**" Nesta dimensão da subordinação, não importa que o trabalhador se harmonize (ou não) aos objetivos do empreendimento, nem que receba ordens diretas das específicas chefias deste: o fundamental é que esteja estruturalmente vinculado à dinâmica operativa da atividade do tomador de serviços.
>
> A conjugação dessas três dimensões da subordinação - que não se excluem, evidentemente, mas se completam com harmonia - permite se superarem as recorrentes dificuldades de enquadramento dos fatos novos do mundo do trabalho ao tipo jurídico da relação de emprego, retomando-se o clássico e civilizatório expansionismo do Direito do Trabalho. Na essência, é trabalhador subordinado desde o humilde e tradicional obreiro que se submete à intensa pletora de ordens do tomador ao longo de sua prestação de serviços (subordinação clássica ou tradicional), como também aquele que realiza, ainda que sem incessantes ordens diretas, no plano manual ou intelectual, os objetivos empresariais (subordinação objetiva), a par do prestador laborativo que, sem receber ordens diretas das chefias do tomador de serviços e até mesmo nem realizar os objetivos do empreendimento (atividades-meio, por exemplo), acopla-se, estruturalmente, à organização e dinâmica operacional da empresa tomadora, qualquer que seja sua função ou especialização, incorporando, necessariamente, a cultura cotidiana empresarial ao longo da prestação de serviços realizada (subordinação estrutural)[7]."

A realidade do trabalho controlado por plataformas digitais demonstra que a única liberalidade de que dispõe o trabalhador é a de acessar o aplicativo e aceitar ou não as propostas e, ainda nestes casos, sujeito ao horário de disponibilidade do sistema e ciente de que, a partir do aceite do frete, deverá seguir todos os parâmetros definidos pela empresa previamente estabelecidos, sem qualquer gerência sobre o valor do próprio trabalho. É o aplicativo que precifica o valor do frete, restando ao motorista sujeitar-se à proposta que aparece em sua tela de celular.

Nesse sentido, a elucidativa ementa de Acórdão proferido pela 16ª Turma do TRT da 2ª Região, que reconheceu o vínculo de emprego entre motorista e a 99 Taxis Desenvolvimento de Softwares Ltda, traz à lume os principais aspectos da relação de trabalho plataformizada:

> "O uso da tecnologia pode criar a ilusão de autonomia onde há apenas subordinação. Com efeito, a subordinação do trabalhador por aplicativos pode ser até mesmo mais intensa do que a subordinação do trabalhador comum. Afinal, para prestar serviços e garantir sua subsistência o trabalhador de aplicativo deve-se submeter às mais diversas demandas da empresa de aplicativo: fornecimento de documentos e atestados; prova das condições do carro, moto ou bicicleta; padrões de comportamento; submissão aos preços estabelecidos unilateralmente pela empresa; metas de atuação e avaliação feita pelo consumidor em cada um dos momentos da prestação de serviços. A localização física do trabalhador pode ser constantemente monitorada por sistemas de GPS, sua identidade pode ser conferida por programas de reconhecimento

---

(7) DELGADO, Maurício Godinho. *Curso de Direito do Trabalho*. 18. ed. São Paulo: LTr, 2019.

facial e sua interação com o cliente do aplicativo pode ser, em alguns casos, gravada pelo programa de aplicativos.

Desse modo, o prestador de serviços por aplicativo não é um profissional autônomo, mas sim um trabalhador autômato, respondendo, em longas jornadas, às ordens emanadas de plataformas digitais e seus algoritmos. Não há nisso, por óbvio, nenhuma crítica ao próprio trabalhador, mas sim às condições de trabalho as quais este é submetido. Em consequência, autonomia não é uma qualidade que se possa atribuir a um prestador de serviços por aplicativo.

Observo que a quantidade de trabalho para obter uma remuneração mínima que lhe garanta a subsistência, o valor a ser cobrado pelos serviços que presta, os padrões de comportamento que deve adotar, as condições dos equipamentos que usa, etc. são elementos controlados por um ente impessoal - a empresa de aplicativo e seus algoritmos.

Em alguns casos, quando o trabalhador questiona os critérios adotados pelo seu empregador (a empresa de aplicativo) quanto a preços, metas e prazos, tem como resposta a informação de que ela, a empresa, segue as determinações de um programa de inteligência artificial (IA) que manipula imensos volumes de dados ("big data"). Assim, o trabalhador tem sua vida controlada por um algoritmo, mas, em última instância, quem adequa o algoritmo aos seus objetivos econômicos é a empresa de aplicativos.

O grande empresário e a busca de lucro individual do início da Revolução Industrial foram substituídos, nos dias de hoje, pela impessoalidade das Sociedades Anônimas, pela imaterialidade do software e da inteligência artificial e pela necessidade de produzir valor para o acionista ("shareholder value").

O vínculo do trabalhador de aplicativo à empresa de aplicativo ocorre, não incidentalmente, do mesmo modo que no contrato de trabalho típico, por contrato de adesão. Assim, nem o empregado comum, nem o empregado por meio de aplicativo, tem qualquer possibilidade de alterar os termos do contrato que lhe é apresentado.

A tecnologia permite a vinculação das partes, trabalhador e empresa de aplicativo, por lapsos temporais tão pequenos quanto poucos minutos. Porém, uma vez que o trabalhador ingressa na plataforma, este presta, por menor que seja o período, serviços tão subordinados quanto um trabalhador que, ingressando em uma empresa tradicional, lá permanece por dez anos. Em suma, o fato da relação se estabelecer por períodos curtos não afasta o requisito da subordinação" (TRT-2. ROT 1000364-15.2021.5.02.0041 SP. Relatora: Regina Duarte, 16ª Turma - Cadeira 3, Data de Publicação: *04/04/2022).*

Para arrematar, em grande estilo, esse título sobre as novas abordagens adotadas nas decisões que reconhecem o vínculo empregatício com empresas de plataforma, segue abaixo transcrita a ementa do voto de Relatoria do Ministro Maurício Godinho Delgado, proferida nos autos do Processo autuado sob número TRT-RR-100353-02.2017.5.02.0066, ajuizado contra a Uber do Brasil Tecnologia Ltda:

> ***RECURSO DE REVISTA. PROCESSO SOB A ÉGIDE DA LEI N. 13.015/2014 E ANTERIOR À LEI N. 13.467/2017. UBER DO BRASIL TECNOLOGIA LTDA. NATUREZA JURÍDICA DA RELAÇÃO MANTIDA ENTRE OS TRABALHADORES PRESTADORES DE SERVIÇOS E EMPRESAS QUE ORGANIZAM, OFERTAM E EFETIVAM A GESTÃO DE PLATAFORMAS DIGITAIS DE DISPONIBILIZAÇÃO DE SERVIÇOS DE TRANSPORTE***

*AO PÚBLICO, NO CASO, O TRANSPORTE DE PESSOAS E MERCADORIAS. NOVAS FORMAS DE ORGANIZAÇÃO E GESTÃO DA FORÇA DE TRABALHO HUMANA NO SISTEMA CAPITALISTA E NA LÓGICA DO MERCADO ECONÔMICO. ESSENCIALIDADE DO LABOR DA PESSOA HUMANA PARA A CONCRETIZAÇÃO DOS OBJETIVOS DA EMPRESA. PROJEÇÃO DAS REGRAS CIVILIZATÓRIAS DO DIREITO DO TRABALHO SOBRE O LABOR DAS PESSOAS NATURAIS. INCIDÊNCIA DAS NORMAS QUE REGULAM O TRABALHO SUBORDINADO DESDE QUE NÃO DEMONSTRADA A REAL AUTONOMIA NA OFERTA E UTILIZAÇÃO DA MÃO DE OBRA DO TRABALHADOR (ART. 818, II, DA CLT). CONFLUÊNCIA DOS PRINCÍPIOS CONSTITUCIONAIS HUMANISTAS E SOCIAIS QUE ORIENTAM A MATÉRIA (PREÂMBULO DA CF/88; ART. 1º, III E IV; ART. 3º, I, II, III E IV; ART. 5º, CAPUT; ART. 6º; ART. 7º, CAPUT E SEUS INCISOS E PARÁGRAFO ÚNICO; ARTS. 8º ATÉ 11; ART. 170, CAPUT E INCISOS III, VII E VIII; ART. 193, TODOS DA CONSTITUIÇÃO DE 1988). VÍNCULO DE EMPREGO. DADOS FÁTICOS CONSTANTES DO ACÓRDÃO REGIONAL REFERINDO-SE A RELAÇÃO SOCIOECONÔMICA ABRANGENTE DE PERÍODO DE QUASE DOIS MESES. PRESENÇA DOS ELEMENTOS INTEGRANTES DA RELAÇÃO EMPREGATÍCIA. INCIDÊNCIA, ENTRE OUTROS PRECEITOS, TAMBÉM DA REGRA DISPOSTA NO PARÁGRAFO ÚNICO DO ART. 6º DA CLT (INSERIDA PELA LEI n. 12.551/2011), A QUAL ESTABELECE QUE "OS MEIOS TELEMÁTICOS E INFORMATIZADOS DE COMANDO, CONTROLE E SUPERVISÃO SE EQUIPARAM, PARA FINS DE SUBORDINAÇÃO JURÍDICA, AOS MEIOS PESSOAIS E DIRETOS DE COMANDO, CONTROLE E SUPERVISÃO DO TRABALHO ALHEIO". PRESENÇA, POIS, DOS CINCO ELEMENTOS DA RELAÇÃO DE EMPREGO, OU SEJA: PESSOA HUMANA PRESTANDO TRABALHO; COM PESSOALIDADE; COM ONEROSIDADE; COM NÃO EVENTUALIDADE; COM SUBORDINAÇÃO. ÔNUS DA PROVA DO TRABALHO AUTÔNOMO NÃO CUMPRIDO, PROCESSUALMENTE (ART 818, CLT), PELA EMPRESA DE PLATAFORMA DIGITAL QUE ARREGIMENTA, ORGANIZA, DIRIGE E FISCALIZA A PRESTAÇÃO DOS SERVIÇOS ESPECIALIZADOS DE SERVIÇOS DE TRANSPORTE.* Cinge-se a controvérsia do presente processo em definir se a relação jurídica havida entre o Reclamante e a Reclamada - Uber do Brasil Tecnologia Ltda. - configurou-se como vínculo de emprego (ou não). A solução da demanda exige o exame e a reflexão sobre as novas e complexas fórmulas de contratação da prestação laborativa, algo distintas do tradicional sistema de pactuação e controle empregatícios, e que ora se desenvolvem por meio da utilização de plataformas e aplicativos digitais, softwares e mecanismos informatizados semelhantes, todos cuidadosamente instituídos, preservados e geridos por sofisticadas (e, às vezes, gigantescas) empresas multinacionais e, até mesmo, nacionais. É importante perceber que tais sistemas e ferramentas computadorizados surgem no contexto do aprofundamento da revolução tecnológica despontada na segunda metade do século XX (ou, um pouco à frente, no início do século XXI), a partir da informática e da internet, propiciando a geração de um sistema empresarial de plataformas digitais, de amplo acesso ao público, as quais permitem um novo meio de arregimentação de mão de obra, diretamente por intermédio desses aplicativos digitais, que têm o condão de organizar, direcionar, fiscalizar e zelar pela hígida prestação de serviços realizada ao cliente final. A modificação tecnológica e organizacional ocorrida nas duas últimas décadas tem sido tão intensa que há, inclusive, autores e correntes de pensamento que falam na existência de uma quarta revolução tecnológica no sistema capitalista. Evidentemente que essa nova estrutura de organização empresarial e de prestação de serviços facilita a aproximação e a comunicação na sociedade e no âmbito da prestação de serviços ao público alvo, seja este formado por pessoas físicas ou por instituições. Porém a lógica de sua estruturação e funcionamento também tem sido apreendida por grandes corporações empresariais como oportunidade ímpar para reduzirem suas estruturas produtivas e, especialmente, o custo do trabalho utilizado e imprescindível para o bom funcionamento econômico da entidade empresarial. De nenhuma valia econômica teria este sistema organizacional e tecnológico, conforme se percebe, se não houvesse, é claro, a prestação laborativa por ele propiciada ao público alvo objetivado - neste caso, se não existissem motoristas e carros organizadamente postos à disposição das pessoas físicas e jurídicas. Realmente, os impactos dessa nova modalidade empresarial e de organização do trabalho têm sido diversos: de um lado, potenciam, fortemente, a um custo mais baixo do que o precedente, a oferta do trabalho de transporte de pessoas e coisas no âmbito da sociedade; de outro lado, propiciam a possibilidade de realização de trabalho por pessoas desempregadas, no contexto de um desemprego agudo criado pelas políticas públicas e por outros fatores inerentes à dinâmica da economia; mas, em terceiro lugar, pela desregulamentação amplamente praticada por este sistema, gerando uma inegável deterioração do trabalho humano, uma lancinante desigualdade no poder de negociação entre as partes, uma ausência de regras de higiene e saúde do trabalho, uma clara falta de proteção contra acidentes ou doenças profissionais, uma impressionante inexistência de quaisquer direitos individuais e sociais trabalhistas, a significativa ausência de proteções sindicais e, se não bastasse, a grave e recorrente exclusão previdenciária. O argumento empresarial, em tal quadro, segue no sentido de ser o novo sistema organizacional e tecnológico tão disruptivo perante a sistemática de contratação anterior que não se fazem presentes, em sua estrutura e dinâmica, os elementos da relação empregatícia. E, efetivamente, é o que cabe examinar, afinal, no presente processo. Passa-se, dessa maneira, ao exame da relação socioeconômica e jurídica entre as partes do presente processo, respeitados os aspectos fáticos lançados pelo próprio acórdão regional, como determina a Súmula 126 do TST. Nesse exame, sem negligenciar a complexidade das questões que envolvem a discussão dos autos, o eventual enquadramento como vínculo empregatício da relação jurídica entre o prestador de serviços e as plataformas digitais, pelo Poder Judiciário Trabalhista no Brasil, vai depender das situações fáticas efetivamente demonstradas, as quais, por sua própria complexidade, podem abarcar inúmeras e múltiplas hipóteses. A propósito, no Direito brasileiro existe sedimentada presunção de ser empregatício o vínculo jurídico formado - regido pela Constituição da República (art. 7º) e pela CLT, portanto -, desde que seja incontroversa a prestação de serviços por uma pessoa natural a alguém (Súmula 212, TST). Essa presunção jurídica relativa (não absoluta, esclareça-se) é clássica ao Direito do Trabalho, em geral, resultando de dois fatores historicamente incontestáveis: a circunstância de ser a relação de emprego a regra geral de conexão dos trabalhadores ao sistema socioeconômico capitalista; a circunstância de a relação de emprego, desde o surgimento do Direito do Trabalho, ter se tornado a fórmula mais favorável e protegida de inserção da pessoa humana trabalhadora na competitiva e excludente economia contemporânea. No Brasil, desponta a singularidade de esta antiga presunção jurídica ter sido incorporada, de certo modo, até mesmo pela Constituição da República de 1988, ao reconhecer, no vínculo empregatício, um dos principais e mais eficazes instrumentos de realização de notável bloco de seus princípios cardeais, tais como o da dignidade do ser humano, o da centralidade da pessoa humana na ordem jurídica e na vida socioeconômica, o da valorização do trabalho e do emprego, o da inviolabilidade física e psíquica da pessoa humana, o da igualdade em sentido substancial, o da justiça social, o do bem-estar individual e social, o da segurança e o da subordinação da propriedade à sua função socioambiental. Com sabedoria, a Constituição percebeu que não se criou, na História do Capitalismo, nessa direção inclusiva, fórmula tão eficaz, larga, abrangente e democrática quanto a estruturada na relação de emprego. Convergindo inúmeros preceitos constitucionais para o estímulo, proteção e elogio à relação de emprego (ilustrativamente: Preâmbulo da CF/88; art. 1º, III e IV; art. 3º, I, II, III e IV; art. 5º, caput; art. 6º; art. 7º, caput e seus incisos e parágrafo único; arts. 8º até 11; art. 170, caput e incisos III, VII e VIII; art. 193, todos do Texto Máximo de 1988), emerge clara a presunção também constitucional em favor do vínculo empregatício no contexto de existência de incontroversa prestação de trabalho na vida social e econômica. De par com isso, a ordem jurídica não permite a contratação do trabalho por pessoa natural, com os intensos elementos da relação de emprego, sem a incidência do manto mínimo assecuratório da dignidade básica do ser humano nessa seara da vida individual e socioeconômica. Em consequência, possuem caráter manifestamente excetivo fórmulas alternativas de prestação de serviços a alguém, por pessoas naturais, como, *ilustrativamente, contratos de estágio, vínculos autônomos* ou eventuais, relações cooperativadas e as fórmulas intituladas de "pejotização" e, mais recentemente, o trabalho de transporte de pessoas e coisas via arregimentação e organização realizadas por empresas de plataformas digitais. Em qualquer desses casos, estando presentes os elementos da relação de emprego, esta prepondera e deve ser reconhecida, uma vez que a verificação desses pressupostos, muitas vezes, demonstra que a adoção de tais práticas se dá, essencialmente, como meio de precarizar as relações empregatícias (art. 9º, da CLT). Nesse aspecto, cumpre enfatizar que o fenômeno sociojurídico da relação empregatícia emerge quando reunidos os seus cinco elementos fático-jurídicos constitutivos: prestação de trabalho por pessoa física a outrem, com pessoalidade, não eventualidade, onerosidade e sob subordinação. Observe-se que, no âmbito processual, uma vez admitida a prestação de serviços pelo suposto empregador/tomador de serviços, a ele compete demonstrar que o labor se desenvolveu sob modalidade diversa da relação de emprego, considerando a presunção (relativa) do vínculo empregatício sedimentada há várias décadas no Direito do Trabalho, conforme exaustivamente exposto. A análise casual das hipóteses discutidas em Juízo, portanto, deve sempre se pautar no critério do ônus da prova - definido no art. 818 da CLT -, competindo ao obreiro demonstrar a prestação de serviços (inciso I do art. 818 da CLT); e à Reclamada, provar eventual autonomia na relação jurídica (inciso II do art. 818 da CLT). No caso dos autos, a prova coligida no processo e referenciada pelo acórdão recorrido demonstrou que a Reclamada administra um empreendimento relacionado ao transporte de pessoas - e não mera interligação entre usuários do serviço e os motoristas cadastrados no aplicativo - e que o Reclamante lhe prestou serviços como motorista do aplicativo digital. Assim, ficaram firmemente demonstrados os elementos integrantes da relação de emprego, conforme descrito imediatamente a seguir. Em primeiro lugar, é inegável (e fato incontroverso) de que o trabalho de dirigir o veículo e prestar o serviço de transporte, em conformidade com as regras estabelecidas pela empresa de plataforma digital, foi realizado, sim, por uma pessoa humana - no caso, o Reclamante. Em segundo lugar, a pessoalidade também está comprovada, pois o Obreiro precisou efetivar um cadastro individual na Reclamada, fornecendo dados pessoais e bancários, bem como, no decorrer da execução do trabalho, foi submetido a um sistema de avaliação individualizada, a partir de notas atribuídas pelos clientes e pelo qual a Reclamada controlava a qualidade dos serviços prestados. É também incontroverso de que todas as inúmeras e incessantes avaliações feitas pela clientela final referem-se à pessoa física do motorista uberizado, emergindo, assim, a presença óbvia do elemento fático e jurídico da pessoalidade. O caráter oneroso do trabalho executado é também incontroverso, pois a clientela faz o pagamento ao sistema virtual da empresa, em geral por meio de cartão de crédito (podendo haver também, mais raramente, pagamento em dinheiro) e, posteriormente, a empresa gestora do sistema informatizado credita parte do valor apurado na conta corrente do motorista. Ora, o trabalhador somente adere a esse sistema empresarial e de prestação laborativa porque ele lhe assegura retribuição financeira em decorrência de sua prestação de trabalho e em conformidade com um determinado percentual dos valores apurados no exercício desse trabalho. Sobre a não eventualidade, o labor do Reclamante estava inserido na dinâmica intrínseca da atividade econômica da Reclamada e inexistia qualquer traço de transitoriedade na prestação do serviço. Não era eventual, também, sob a perspectiva da teoria do evento, na medida em que não se tratava de labor desempenhado para certa obra ou serviço, decorrente de algum acontecimento fortuito ou casual. De todo modo, é também incontroverso de que se trata de labor inerente à rotina fundamental da empresa digital de transporte de pessoas humanas, sem o qual tal empresa sequer existiria. Por fim, a subordinação jurídica foi efetivamente demonstrada, destacando-se as seguintes premissas que se extraem do acórdão regional, incompatíveis com a suposta autonomia do trabalhador na execução do trabalho: 1) a Reclamada organizava unilateralmente as chamadas dos seus clientes/passageiros e indicava o motorista para prestar o serviço; 2) a empresa exigia a permanência do Reclamante conectado à plataforma digital para prestar os serviços, sob risco de descredenciamento da plataforma digital (perda do trabalho); 3) a empresa avaliava continuamente a performance dos motoristas, por meio de um controle telemático e pulverizado da qualidade dos serviços, a partir da tecnologia da plataforma digital e das notas atribuídas pelos clientes/passageiros ao trabalhador. Tal sistemática servia, inclusive, de parâmetro para o descredenciamento do motorista em face da plataforma digital - perda do trabalho -, caso o obreiro não alcançasse uma média mínima; 4) a prestação de serviços se desenvolvia diariamente, durante o período da relação de trabalho - ou, pelo menos, com significativa intensidade durante os dias das semanas -, com minucioso e telemático controle da Reclamada sobre o trabalho e relativamente à estrita observância de suas diretrizes organizacionais pelo trabalhador, tudo efetivado, aliás, com muita eficiência, por intermédio da plataforma digital (meio telemático) e mediante a ativa e intensa, embora difusa, participação dos seus clientes/passageiros. Saliente- se ser fato notório (art. 337, I, do CPC/15) que a Reclamada é quem estabelece unilateralmente os parâmetros mais essenciais da forma de prestação dos serviços e da dinâmica de funcionamento da atividade econômica, como, por exemplo, a definição do preço da corrida e do quilômetro rodado no âmbito de sua plataforma digital. Desse quadro, se percebe a configuração da subordinação jurídica nas diversas dimensões: a) clássica, em face da existência de incessantes ordens diretas da Reclamada promovidas por meios remotos e digitais (art. 6º, parágrafo primeiro, da CLT), demonstrando a existência da assimetria poder de direção/subordinação e, ainda, os aspectos diretivo, regulamentar, fiscalizatório e disciplinar do poder empregatício; b) objetiva, tendo em vista o trabalho executado estritamente alinhado aos objetivos empresariais; c) estrutural, mediante a inteira inserção do profissional contratado na organização da atividade econômica desempenhada pela Reclamada, em sua dinâmica de funcionamento e na cultura jurídica e organizacional nela preponderante; d) por fim, a subordinação algorítmica, que consiste naquela efetivada por intermédio de aferições, acompanhamentos, comandos, diretrizes e avaliações concretizadas pelo computador empresarial, no denominado algoritmo digital típico de tais empresas da Tecnologia 4.0. Saliente- se, por oportuno, que a suposta liberdade do profissional para definir seus horários de trabalho e de folgas, para manter-se ligado, ou não, à plataforma digital, bem como o fato de o Reclamante ser detentor e mantenedor de uma ferramenta de trabalho - no caso, o automóvel utilizado para o transporte de pessoas - são circunstâncias que não têm o condão de definir o trabalho como autônomo e afastar a configuração do vínculo de emprego. Reitere-se: a prestação de serviços ocorria diariamente, com sujeição do Autor às ordens emanadas da Reclamada por meio remoto e telemático (art. 6º, parágrafo único, da CLT); havia risco de sanção disciplinar (exclusão da plataforma) em face da falta de assiduidade na conexão à plataforma e das notas atribuídas pelos clientes/passageiros da Reclamada; inexistia liberdade ou autonomia do Reclamante para definir os preços das corridas e dos seus serviços prestados, bem como escolher os seus passageiros (ou até mesmo criar uma carteira própria de clientes); não se verificou o mínimo de domínio do trabalhador sobre a organização da atividade empresarial, que era centralizada, metodicamente, no algoritmo da empresa digital; ficou incontroversa a incidência das manifestações fiscalizatórias, regulamentares e disciplinares do poder empregatício na relação de trabalho analisada. Enfim, o trabalho foi prestado pelo Reclamante à Reclamada, mediante remuneração, com subordinação, e de forma não eventual. Cabe reiterar que, embora, neste caso concreto, tenham sido comprovados os elementos da relação empregatícia, deve ser considerado que o ônus da prova da autonomia recai sobre a defesa, ou seja, o ente empresarial, já que inequívoca a prestação de trabalho (art. 818, II, da CLT), sendo forçoso reconhecer, também, que a Reclamada não se desvencilhou satisfatoriamente de seu encargo probatório. Dessa forma, deve ser reformado o acórdão regional para se declarar a existência do vínculo de emprego entre as Partes, nos termos da fundamentação. Recurso de revista conhecido e provido (TST - RR: 100353-01.2017.05.02.006, Relator: Ministro Mauricio Godinho Delgado, Data de Julgamento: 06/04/2022, 3ª Turma, Data de Publicação: 11/04/2022)

# 7. CONSIDERAÇÕES FINAIS

A plataformização é um fenômeno que afeta a organização do trabalho tanto nas formas recentes sob demanda multitudinária, quanto em espaços tradicionais de trabalho. Houve uma construção forjada pelas plataformas de transporte de um espaço de não incidência do Direito, em especial do Direito do Trabalho. Daí porque o futuro das relações de trabalho está relacionado com o enquadramento jurídico dos motoristas plataformizado.

É particularmente inadmissível o entendimento perfilhado pelo Supremo Tribunal Federal, tanto em relação à invasão da competência material da Justiça do Trabalho, como da retirada de obstáculos ao exercício do poder empresarial claramente pugnado na seguinte declaração: "**o princípio constitucional da livre-iniciativa garante aos agentes econômicos liberdade para eleger suas estratégias empresariais de estruturar a produção", de contratar a prestação remunerada de serviços sem relação de emprego".**

O STF promove uma inversão axiológica do artigo 170 da Constituição Federal, em que a valorização do trabalho humano está atrelada à livre iniciativa, e não o contrário. Como disse Karl Polanyi[(8)]: "em vez de a economia estar embutida as relações sociais, são as relações sociais que estão embutidas no sistema econômico", passando-se de uma economia de mercado para uma sociedade de mercado. A liberdade de empreender posta em posição superior aos direitos fundamentais sociais trabalhistas.

De qualquer modo, nada justifica o esvaziamento da competência material da Justiça do Trabalho para apreciar e julgar ações relativas ao reconhecimento do vínculo empregatício. A Justiça do Trabalho vem sendo atacada pelo Supremo Tribunal Federal, não pelos seus defeitos, mas por suas virtudes constitucionais, por ousar aplicar o Direito Material do trabalho, dar concretude e efetividade aos direitos sociais, abaixo dos quais não há que se falar em dignidade da pessoa humana, na preservação do patamar mínimo civilizatório.

Termino reverberando a conclamação feita pela Juíza do TRT 15 Ana Paula Alvarenga Martins em artigo publicado no Brasil de Fato em 23.07.2023, intitulado "As decisões do STF e o desmonte da Justiça do Trabalho":

> "Ao esvaziar a competência da Justiça do Trabalho, o STF abre espaço para a fragilização das relações de trabalho, para a precarização dos empregos e o enfraquecimento da proteção às trabalhadoras e trabalhadores brasileiros, sendo certo que as decisões da mais alta Corte têm impacto direto nas relações de trabalho e podem ser interpretadas como um incentivo à violação dos direitos laborais.
>
> É urgente que se promova um amplo debate sobre o tema, a fim de reverter esse processo de desmonte da Justiça do Trabalho. É preciso valorizar e fortalecer essa importante instituição, garantindo-lhe competência e autonomia para cumprir seu papel na defesa dos direitos sociais. Além disso, é fundamental que a sociedade como um todo se mobilize em defesa da Justiça do Trabalho e dos direitos das trabalhadoras e dos trabalhadores, brasileiros, consciente de que o enfraquecimento dessa instituição representa um retrocesso alarmante para o país, um risco

---

(8) POLANYI, Karl. *A Grande Transformação*. Rio de Janeiro 2000. p. 58

para a proteção dos direitos sociais, em favor de interesses econômicos e/ou ideológicos. É preciso garantir a competência da Justiça Laboral e promover a valorização dos direitos das trabalhadoras e trabalhadores, independentemente do vínculo formal estabelecido, pois, somente assim poderemos construir uma sociedade mais justa e equânime, em que o trabalho seja digno e os direitos sejam efetivamente protegidos[9].

---

(9) MARTINS, Ana Paula Alvarenga. *As decisões do STF e o desmonte da Justiça do Trabalho*. Disponível em: https://www.brasildefato.com.br/2023/07/07/as-decisoes-do-stf-e-o-desmonte-da-justica-do-trabalho. Acesso em: 07 ago. 2023.

# REFERÊNCIAS


ABILIO, Ludmila Costhek. *Uberização do Trabalho*: subsunção real da viração Passa Palavra, 19/02/2917

DELGADO, *Maurício Godinho. Curso de Direito do Trabalho. 18. ed. São Paulo: LTr, 2019*

*LEME, Ana Carolina R.P. De Vidas e Vínculos: as lutas dos motoristas plataformizados por reconhecimento, redistribuição e representação no Brasil. São Paulo LTr. 2023*

MACHADO, Sidnei; ZANINO, Alexandre Pilan (Organizadores). *O trabalho controlado por plataformas digitais no Brasil:* dimensões, perfis e direitos. UFPR – Clínica do Direito do Trabalho Curitiba (2022)

MARTINS. *Ana Paula Alvarenga. As decisões do STF e o desmonte da Justiça do Trabalho. Disponível em:* https://www.brasildefato.com.br/2023/07/07/as-decisoes-do-stf-e-o-desmonte-da-justica-do-trabalho. Acesso em: 07 ago. 2023.

PLÁ RODRIGUEZ, Américo. *Princípios de direito do trabalho*. São Paulo: LTr, 2015

*VIDIGAL*, Viviane. *Capitalismo de Plataforma*: as facetas e as falácias. São Paulo: Mizuno, 2023.

# LUTA E RESISTÊNCIA, 80 ANOS DE CLT

*Silvia Lopes Burmeister*[1]

RESUMO: Artigo sobre a 80 anos da CLT, que analisa historicamente o surgimento dos direitos dos trabalhadores, desde a pré-história aos dias de hoje. Perpassa, pela criação das primeiras legislações trabalhistas, a importância dos tribunais na formação da jurisprudência e hermenêutica da legislação brasileira. Os efeitos da reforma trabalhista ocorrida em 2017 e as novas formas de trabalho nas plataformas tecnológicas.

**Palavras-chave:**

- Luta;
- Resistência;
- 80 anos da CLT;
- Reforma trabalhista.

**Sumário:**



---

(1) Silvia Lopes Burmeister, advogada gaúcha, ex-presidente da ABRAT.

# 1. INTRODUÇÃO

Os efeitos dos dispositivos contidos na Consolidação das Leis do Trabalho, fazem parte do dia a dia da população brasileira formalmente, contratada desde 1943, mas mesmo antes da sua promulgação o povo já desfrutava de alguns direitos.

Ao comemorar 80 anos da CLT, é impossível não relembrar como e porque a edição e promulgação de um compilado de regras legais a respeito da legislação laboral, é um marco regulatório para os trabalhadores brasileiros.

Desde que o mundo é mundo, mesmo com rusticas ferramentas, o homem trabalhava para sua sobrevivência e de seu grupo, seja como caçador ou construtor.

Com o tempo, o ser humano desenvolveu modos de produção, que denominamos regimes de trabalho entre eles o escravo, feudal, capitalista e comunista entre outros.

No período denominado feudalismo, nas relações de trabalho, o senhor feudal centralizava, provia o servo com proteção e as necessidades básicas, enquanto estes cuidavam das terras na denominada era rural na Europa.

Com a colonização de terras, inicia o período do comércio de seres humanos vindo dos territórios africanos. Os senhores de escravos subjugavam o homem negro fazendo com que os mesmos trabalhassem em diversas atividades, domésticas e rurais, sem pagamento ou qualquer outra contra prestação.

Na forma de trabalho denominado capitalista, primeira fase no final da idade média, quem tem os meios de produção emprega quem não tem, mediante pagamento de salário.

## 2. HISTÓRICO DAS LEGISLAÇÕES SOCIAIS NO MUNDO E NO BRASIL

Na era da revolução industrial, iniciada na Inglaterra, surge a segunda fase do trabalho capitalista e o surgimento das grandes industrias, com a migração dos trabalhadores do campo para a cidade na busca de trabalho.

A terceira fase do capitalismo em meados do século XX, chega com a denominação de capitalismo financeiro, com o nascimento dos grandes bancos e multinacionais.

No Brasil, no início do século XX, com o aprimoramento das indústrias, principalmente tecelagens e artes gráficas, inicia-se a luta por melhores condições de trabalho.

A partir de 1900, cresce a imigração de alemães no Sul, italianos no Sudeste e europeus no Nordeste; Nas industrias as jornadas de trabalho atingem de 14 horas e 16 horas diárias, com a exploração de mãos de obra de crianças e mulheres.

Em 1906, ocorre em São Paulo o primeiro Congresso Operário Brasileiro [(2)], com a presença de trabalhadores, sindicatos e a fundação da confederação operária brasileira, primeira entidade nacional.

A reação veio a galope, com a expulsão e extradição de mais de 137 trabalhadores sindicalizados.

O início da 1ª. Guerra Mundial, em 1914, gerou crise na produção das indústrias, acarretando forte redução salarial, alteração na jornada de trabalho e o ingresso imediato das mulheres no mundo, que era até então, essencialmente masculino.

No período entre os anos de 1910 a 1920, movimentos paredistas e greves paralisaram inúmeras fábricas e, em 1917 São Paulo, parou com a paralisação de 45 mil trabalhadores, cuja repressão estatal culminou com a morte do sapateiro Antônio Martinez, quando discursava em frente a fábrica onde trabalhava.

Em 1929 houve a criação da CGT – Central Geral dos Trabalhadores e, em 1930, inicia finalmente o estudo de uma legislação laboral.

Em 1931 é promulgado o Decreto n. 19.770 de 19 de março, considerada a primeira lei sindical brasileira.

A partir de 1930, o Brasil ingressa na categoria de país Industrializado, onde a classe trabalhadora ganha importância e a relação capital *x* trabalho, passou a ser tratada sob a ótica política, com a criação de uma estrutura sindical corporativista e absolutamente dependente do Estado.

Neste período é criado do Ministério do Trabalho, e com isso os sindicatos ditos "oficiais", o imposto sindical, etc.

O Populismo do Presidente Getúlio Vargas, levou o governo a iniciar os estudos para a criação da legislação trabalhista.

---

(2) Congresso Operário Brasileiro - O **Congresso** recomendou uma campanha contra a exploração de colonos pelos fazendeiros, sugerindo a formação de sindicatos de trabalhadores rurais. Eles também se posicionaram contra a exploração do trabalho feminino.

Nesta época, mais de um milhão de trabalhadores em industrias indústrias no país reivindicavam férias, descanso semanal remunerado, jornada de oito horas, regulamentação do trabalho da mulher e dos menores e não raro os movimentos acabavam em greves.

Finalmente, no dia 1ª de maio de 1943, em pleno Estado Novo, o Presidente Getúlio Vargas, sanciona o Decreto-Lei n. 5.452, que passou como a Consolidação das Leis do Trabalho – CLT.

Foi um dia de festa e comemoração, com cerimônia no Estádio de São Januário (Club de Regatas Vasco da Gama), que lotado comemorava o feito.

Importante lembrar que em 1941, o presidente Getúlio Vargas, já havia criado a Justiça do Trabalho, que inicialmente funcionou como órgão administrativo.

A CLT unificou toda a legislação trabalhista esparsa existente no Brasil, inserindo de forma definitiva, os direitos trabalhistas no Ordenamento Jurídico brasileiro. O objetivo principal era regulamentar as relações individuais e coletivas do trabalho. Surgiu como uma necessidade constitucional, após a criação da Justiça do Trabalho.

A Consolidação das Leis do Trabalho é fruto do estudo esforço dos juristas José de Segadas Viana, Oscar Saraiva, Luís Augusto Rego Monteiro, Dorval Lacerda Marcondes e Arnaldo Lopes Süssekind, os quais foram convidados pelo Presidente Getúlio Vargas para analisar e compilar o arcabouço jurídico trabalhista existente no País, inclusive as conquistas sindicais decorrentes de greves. Na primeira reunião foi definido que esta comissão seria dividida em Trabalho e Previdência, e que seriam criadas duas consolidações diferentes.

Esses juristas se valeram de fontes materiais para o estudo da já denominada CLT. A primeira fonte foram as conclusões do 1º Congresso Brasileiro de Direito Social, realizado em maio de 1941, em São Paulo, para festejar o cinquentenário da Encíclica *Rerum Novarum*(3), organizado pelo professor Cesarino Júnior e pelo advogado e professor Rui de Azevedo Sodré. A segunda fonte, foram as convenções internacionais do trabalho. A terceira, a própria Encíclica *Rerum Novarum* (em português, "Das Coisas Novas"), documento pontifico escrito pelo Papa Leão XIII a 15 de maio de 1891, como uma carta aberta a todos os bispos sobre as condições das classes trabalhadoras.

A aprovação pelo Ministro do Trabalho da época Alexandre Marcondes Machado Filho, bem como os pareceres dos juristas Oliveira Viana e Oscar Saraiva, foram importantes e com a influência da *Rerum Novarum*, a CLT passou a ser conhecida como o Código inspirado na Carta del Lavoro(4), o que não é verdade, conforme comprovam juristas e estudiosos da legislação laboral brasileira.

Todavia, podemos afirmar que dois fatores tornaram a CLT um código de vanguarda, para a época em que foi instituída: são elas, a existência de movimentos sindicais dos operários na cidade de São Paulo, inspirados pelos imigrantes anarquistas vindos da Itália e, o fato do Brasil ser, à época, um país predominantemente agrário.

---

(3) O documento escrito no final do século XIX pelo Papa Leão XIII abordava as questões mais delicadas do relacionamento entre empregado e patrão, como o salário justo, o limite da jornada de trabalho, o trabalho insalubre, o trabalho da mulher e o da criança, assim como o trabalho escravo.

(4) Em 1927, Mussolini apresentou a "Carta del Lavoro" (Carta do Trabalho) que *eram as linhas gerais de como deveriam ser conduzidas as relações de trabalho no país*. A Carta garantia a propriedade privada e determinava que a organização dos sindicatos deveriam ser feitas pelo Estado.

Na realidade as discussões sobre os direitos dos trabalhadores e a forma de solução dos conflitos teve início, com o fim da escravidão no País.

Com a abolição da escravatura e o fim da mão de obra sem pagamento de remuneração, além dos efeitos da revolução industrial e do processo da mecanização no sistema de produção houve como consequência o surgimento de vários movimentos em prol da defesa dos direitos dos trabalhadores.

No decorrer de 80 anos da CLT, vários foram os avanços junto aos tribunais com a interpretação dos dispositivos legais contido na nossa consolidação. A advocacia trabalhista sem dúvida aprimorou o estudo hermenêutico dos artigos e suas matérias e, os juízes por sua vez se debruçaram a examinar atentamente os pleitos formulados e hoje temos um conjunto jurisprudencial significativo a ser aplicado nos julgados.

A CLT proporcionou ao Estado Brasileiro, significativo desenvolvimento econômico e social. O trabalhador contratado com registro na CTPS passa a ter direitos e a dividir com a sociedade os benefícios, seja com as despesas da família, pagas com o salário, férias, horas extras pagas, repousos semanais remunerado, entre outros.

Sem sombra de dúvida a CLT mudou as relações Capital *versus* Trabalho no Brasil, contudo, paulatinamente, vimos o descumprimento da legislação trabalhista e a busca de direitos lesados na Justiça do Trabalho.

Por outro lado, todo o arcabouço de julgados dos tribunais trabalhistas e especialmente do TST, sofrem interferência pontual do STF – Supremo Tribunal Federal, com decisões que anulam o entendimento do TST - Tribunal Superior do Trabalho, inclusive desrespeitando os princípios que regem o Direito e o Processo do Trabalho e, interferindo na sua competência.

## 2. A REFORMA TRABALHISTA

Os julgados e jurisprudências consolidadas do Colendo Tribunal Superior do Trabalho e a edição de centenas de Súmulas e Orientações Jurisprudências ao longo dos últimos 80 anos de CLT, é fruto de cuidadoso exame das teses propostas pela advocacia trabalhista em nome dos trabalhadores, cuja interpretação hermenêutica, o debate na corte superior trabalhista resultou de decisões importantes e que, nestes últimos anos, pós-reforma, vem sendo revisadas em face dos novos dispositivos da Lei n. 13.467/2017 seja pelo próprio TST ou pelo STF.

Como não falar da "maldita" reforma trabalhista imposta pelo legislador brasileiro com a Edição da Lei n. 13.467[(5)], de 11 de novembro de 2017, que alterou significativamente a CLT, com redução de direitos dos trabalhadores. O mais nefasto é que esta alteração legislativa busca expurgar o efeito social do direito do trabalho, princípio fundante da CLT.

Vários pontos da Lei n. 13.467/2017, prejudicam os trabalhadores a citar: Quitação anual, incluída pela reforma, visa claramente dificultar e impedir o trabalhador de buscar seus direitos lesados no período de um ano, com a quitação das obrigações trabalhistas, tem como objetivo também, o enfraquecimento dos sindicatos.

Na "nova CLT", deixa de ser considerada jornada o tempo dispensado para estudo aprimoramento, qualificação, saúde higiene, alimentação e troca de uniforme.

Com relação as horas a disposição do empregador pelo trabalhador, denominadas "horas in itinere", foi excluída, ou seja, dispõe o novo parágrafo § 2º, que o tempo despendido pelo empregado, desde a sua residência até a efetiva ocupação do posto de trabalho e, para o seu retorno, caminhando ou por qualquer meio de transporte, inclusive o fornecido pelo empregador, não será computado na jornada de trabalho, por não ser tempo à disposição do empregador".

Importante, que o direito era garantido pelo artigo 58, § 2º da CLT, aplicado aos casos em que, o local de trabalho era de difícil acesso e, não servido por transporte público, onde é necessário o transporte oferecido pela própria empresa, este tempo de deslocamento eram computadas como horas trabalhadas, agora não mais.

Implementada a negociação direta dos empregadores e trabalhadores; ou seja: as empresas poderão negociar diretamente e livremente com empregados a compensação das horas extras trabalhadas, é o fim das horas extras e a vitória do banco de horas.

Este item da reforma beneficia a empresa sempre, pois mesmo que não ocorra a negociação formal escrita, o banco de compensação de horas extras é imposto, eis que a transação é válida tacitamente.

Alteração no art. 611, da CLT para acrescentar que o intervalo para alimentação e descanso intrajornada poderá ser de 30 minutos, desde que realizado acordo negociado entre empregador e empregado, desconsiderado que o curto tempo concedido poderá causar prejuízos a saúde do trabalhador.

---

(5) BRASIL. (13 de julho de 2017). LEI n. 13.467. disponível em Planalto: http://www.planalto.gov.br/ccivil_03/_ato2015-2018/2017/lei/l13467.htm. Acesso em: 20 ago. 2023,

Os legisladores menosprezaram todos os estudos e a vasta jurisprudência dos Tribunais e que demonstram a necessidade de tempo para descanso físico e mental dos trabalhadores, além das necessidades pessoais, proporcionando ou melhor limitando a 30 minutos o que é tempo insuficiente, segundo os estudos das instituições de saúde, podendo causar risco a vida dos operários.

Ressaltamos, que no "novo" artigo 59-B, e em especial, o § 4º, altera o percentual de 100% para 50% incidência sobre as horas, sobre o valor da remuneração da hora normal, se não concedida para descanso e alimentação de 30 minutos.

A reforma implementou o instituto denominado "negociado sobre o legislado"(6), uma vez que, via negociação coletiva, poderá haver sobreposição de direitos dispostos na CLT, tais como: jornada de trabalho, banco de horas individual, troca de feriado, remuneração por produtividade, teletrabalho, home *office*, entre outros.

A reforma retirou dos Sindicatos a obrigatoriedade da assistência à homologação, no momento da rescisão contratual, que garantia ao trabalhador o exame minucioso das parcelas a serem pagas e o cumprimento a legislação, passando o termo de rescisão ser assinado na sede da empresa sem o acompanhamento dos sindicatos, afastando assim a conferência das parcelas rescisórias.

O golpe fatal na organização sindical, ocorreu com o fim da contribuição sindical obrigatória, com objetivo direto e claro de enfraquecer as entidades sindicais, visto que a contribuição anual era a responsável pela manutenção dos sindicatos e com isso aumenta o desequilíbrio do hipossuficiente em relação ao empresariado, quebra as pernas dos sindicatos, fazendo com que muitos encerrem suas atividades deixando categorias desprotegidas.

Perversa a alteração que propõe que direitos sejam negociados coletivamente, mas por outro lado retira das Entidades Sindicais o poder de resistência e força para negociar.

O que mais impressiona na nefasta reforma da legislação trabalhista é a alteração principiológica da Justiça do Trabalho, que é essencialmente justiça social, como aliás, assim define a Organização Internacional do Trabalho - (OIT)(7), que preconiza a Justiça Social(8), como o meio pelo qual todo trabalhador e toda trabalhadora pode reivindicar livremente e com base na igualdade.

A Justiça do Trabalho até 2017, era gratuita ao trabalhador sendo liberado de pagamento de custas e demais despesas processuais, com o reconhecido das condições de necessidade e consequente concessão do benefício da assistência judiciária gratuita.

---

(6) A prevalência do acordado sobre o legislado incentiva a negociação entre as partes e traz segurança jurídica ao Acordo Coletivo de Trabalho e Convenção Coletiva de Trabalho.

(7) A Organização Internacional do Trabalho (OIT), criada em 1919, é responsável pela formulação e aplicação das normas internacionais do trabalho, sendo a única agência das Nações Unidas com uma estrutura tripartida, composta por representantes dos governos e das organizações de empregadores e de trabalhadores.

(8) A Organização Internacional do Trabalho (OIT) define justiça social como o meio pelo qual todo trabalhador ou trabalhadora pode reivindicar livremente e com base na igualdade de oportunidades sua justa parte da riqueza que ajudou a gerar.

A reforma trabalhista, no entanto, veio a favorecer o empregador, pois impede, frustra e amedronta o trabalhador na busca de seus direitos junto a justiça do trabalho, correndo o risco de ser condenado a pagamento de custas, perícias e honorários advocatícios.

Com as novas ferramentas tecnológicas surgem as formas de trabalho híbrido, em que os prestadores de trabalho, na sua maioria entregadores, possuem como "patrão" uma plataforma virtual, sem rosto e sem endereço.

São pessoas que se dispõem a trabalhar, principalmente, entregando alimentos, para restaurantes, bares e outros, sem vínculo, sem jornada de trabalho definida, sem salário fixo, sem direitos mínimos, sejam trabalhistas ou previdenciários, ou seja, sem qualquer segurança ou assistência.

Caberá aos tribunais decidir sobre qual a legislação aplicável a estes trabalhadores, já que não há vontade política dos legisladores.

Em um Brasil onde a desigualdade social(9) é imensa, falta de emprego e de cumprimentos reiterados dos direitos fundamentais, mínimos, se impõe a necessária resistência a todas as formas de precariedade laboral, bem com o os retrocessos, sejam legislativos e judiciais, concluo com uma frase do Ministro do Tribunal Superior do Trabalho, Mauricio Godinho Delgado(10), recentemente dita em uma entrevista ao site do TST, sobre os 80 anos da CLT: *"A partir do primeiro dia que o indivíduo é contratado, a vida dele muda. Se ele tem uma carteira assinada, o crédito se abre. Passa a ter prerrogativas de um cidadão econômico. Isso é inclusão."*

(9) A desigualdade social é um problema que ocorre quando algumas pessoas têm acesso a mais recursos e oportunidades do que outras. Isso pode acontecer por várias razões, como renda, educação, localização geográfica ou preconceito.

(10) DELGADO, Maurício Godinho. É um jurista brasileiro e Ministro do Tribunal Superior do Trabalho (TST) desde 2007. Professor universitário, escritor com 26 livros publicados, entre individuais e coletivos. Entrevista: CLT 80 anos: legislação promoveu cidadania e deu bases para desenvolvimento econômico do Brasil site TST. https://www.tst.jus.br/-/clt-80-anos-legisla%C3%A7%C3%A3o-promoveu--cidadania-e-deu-bases-para-desenvolvimento-econ%C3%B4mico-do-brasil. Acesso em: 20 ago. 2023.

# REFERÊNCIAS

BRASIL. (13 de julho de 2017). LEI n. 13.467. disponível em Planalto: http://www.planalto.gov.br/ccivil_03/_ato2015-2018/2017/lei/l13467.htm. Acesso em: 20 ago. 2023.

DELGADO, Mauricio Godinho. CLT 80 anos: legislação promoveu cidadania e deu bases para desenvolvimento econômico do Brasil https://www.tst.jus.br/-/clt-80-anos-legisla%C3%A7%C3%A3o-promoveu-cidadania-e-deu-bases-para-desenvolvimento-econ%C3%B4mico-do-brasil. Acesso em: 20 ago. 2023.

# O CORPO COMO MEIO DE SOBREVIVÊNCIA: CONTORNOS DA EXPLORAÇÃO DOMÉSTICA E SEXUAL FEMININA EM REGIÕES DE GARIMPO.

*Valena Jacob*[(1)]

*Camila Lourinho Bouth*[(2)]

**Resumo:** A divisão sexual do trabalho mantém-se enraizada na estrutura social, e continua sendo reproduzida nas relações laborais na Amazônia, considerando a estruturação de cadeias produtivas pelo trabalho masculino, sendo o trabalho feminino colocado como se fosse tão somente auxiliar. Ao lado disso, mulheres na Amazônia também são vistas como produtos de exploração sexual, o que acarreta em dupla invisibilização da violência do gênero. Dentre esse contexto, a presente pesquisa propõe-se a investigar a exploração sexual e doméstica de mulheres nas regiões de garimpo, considerando as peculiaridades dessa atividade, muitas das vezes sob o controle ilegal dos donos de garimpo no sistema de barracões. Sobre o tema em análise ainda são poucas as informações oficiais disponíveis, embora a prática exploratória seja recorrente. Por isso, propõe-se uma pesquisa de caráter exploratório, buscando por meio de pesquisa bibliográfica documental reunir informações, dados e notícias que evidenciem essa realidade. O principal objetivo é analisar de que modo recai a exploração sobre o trabalho e a sexualidade feminina, que pode inclusive incidir em práticas de escravidão contemporânea, considerando os óbices à efetiva intervenção pública. Adota-se nesta investigação uma perspectiva crítica, tendo como referencial a análise feminista de Lélia González.

**Palavras-chave:**

- Violência de gênero;
- Relações de trabalho na Amazônia;
- Garimpo;
- Trabalho escravo;
- Exploração sexual.

**Sumário:**



---

(1) Pres. da Comissão da ABRAT contra o trabalho escravo. Representante da ABRAT no CONATRAE. Membro da Escola da ABRAT. Doutora em Direito pela Universidade Federal do Pará. Professora Associada 1 da graduação em Direito, do Programa de Pós-Graduação em Direito da Universidade Federal do Pará (PPGD) e do Programa de Pós-Graduação em Direito e Desenvolvimento na Amazônia (PPGDDA). Diretora Geral do Instituto de Ciências Jurídicas da UFPA. Advogada. Avaliadora da CAPES - área do Direito. Coordenadora da Clínica de Combate ao Trabalho Escravo da UFPA e do Grupo de Pesquisa CNPQ: Novas formas de trabalho, velhas práticas escravistas. Participa ainda como Pesquisadora do Grupo de Pesquisas do CNPQ: Trabalho Escravo Contemporâneo; Contato eletrônico: valenajacob@ufpa.br. Currículo Lattes: http://lattes.cnpq.br/2222933055414567.

(2) Mestranda no Programa de Pós-Graduação em Direito da Universidade Federal do Pará. Bacharel em Direito pela Universidade Federal do Pará. Membro da Clínica de Combate ao Trabalho Escravo – UFPA. Endereço eletrônico: camila.bouth@icj.ufpa.br .

# 1. INTRODUÇÃO

A atividade garimpeira é prática de extração mineral regulamentada pela Lei n. 11.685/2008, que prioriza o estímulo ao associativismo, principalmente ao cooperativismo, em relação aos minerais garimpáveis. O intuito da norma guarda relação com a proteção ao Meio ambiente e ao desenvolvimento social – art. 174, § 3º da CRFB 1988 -, considerando a maior simplicidade da prática exploradora em que é possível a outorga Permissão de Lavra Garimpeira a mineradores de menor porte.

No entanto, é permanente a problemática de garimpos ilegais, em camadas de irregularidades por descumprimento das exigências ambientais, associativistas e trabalhistas. Cenário em que predominam relações informais de trabalho e a formação de cooperativas de fachada[(3)], sendo os instrumentos lícitos, como o Cadastro Ambiental Rural e as cooperativas, utilizados muitas das vezes como manobras para mascarar as ilegalidades[(4)], especialmente nas localizações geográficas da Amazônia.

Diante disso, combinadas essas manobras, a fiscalização pública esbarra em barreiras impostas ao enfretamento das ações ilícitas, e coloca-se em destaque a incidência de trabalho escravo e prostituição na economia garimpeira[(5)].

O presente capítulo então pretende analisar o silenciamento da presença feminina nas relações de trabalho na Amazônia, dentre as especificidades da economia garimpeira, sendo que a essas mulheres, em regra, é concomitantemente atribuído o papel de cozinheira e de prostituta, que transmutam violência de gênero e engendra redes de exploração.

Embora para o senso comum essa realidade seja conhecida, são poucas as informações disponíveis que retratem as condições laborais de mulheres nesses ambientes.

Ainda assim, tem-se como exemplo recente e que ganhou visibilidade o caso do Garimpo ilegal de Coatá, localizado na Floresta Nacional do Amana entre os municípios de Itaituba e Jacareacanga no Pará, onde foi constatada a ocorrência de trabalho escravo em duas operações realizadas pelo Grupo de Fiscalização Móvel, nos anos de 2018 e 2020. Na primeira fiscalização, em 2018, foram resgatados 30 garimpeiros e 8 cozinheiras em condição de exploração trabalhista escrava, caracterizado por condições degradantes, servidão por dívidas e exploração sexual[(6)]. No entanto, na fiscalização ocorrida em 2020 não foi resgatada nenhuma mulher naquele garimpo.

Cumprindo a análise sobre como esse caso se desenvolveu e quais elementos foram evidenciados pela fiscalização, como a ponta de um problema maior.

Nas regiões de garimpo, no entanto, vige um pacto de silêncio sobre a violência, e ainda, trata-se de um ambiente culturalmente masculinizado em que o trabalho feminino é associado à prostituição.[(7)]

---

(3) SÁ; FISCHER, 2021.
(4) FERREIRA; JACOB, 2021
(5) SÁ; FISCHER, 2021.
(6) SÁ; FISCHER, 2021.
(7) MENDES, et al., 2022.

O problema central é justamente a percepção de que tal exploração feminina é gerenciada de forma comercial e muitas vezes imposta forçadamente, configurando usurpação do trabalho livre e da dignidade.

Sobre o silenciamento histórico de mulheres na Amazônia, "violadas tanto pelo forasteiro como pelo homem local" Chaves e De Assis César (2019), traçaram análise sobre a concentração das atividades produtivas na força masculina, estruturadas de forma direta à violência de gênero, exploração sexual e doméstica, ao passo em que apagada pelas políticas públicas e pela ciência.

Assim, considerando a dinâmica econômica na Amazônia e as especificidades do garimpo, de que modo a exploração do corpo e do trabalho feminino na atividade garimpeira tem aparecido na pauta pública?

Busca-se, portanto, investigar as informações disponíveis sobre a temática, partindo da hipótese de que as mulheres envolvidas indiretamente na cadeia produtiva garimpeira são invisíveis aos dados, às políticas e à fiscalização pública, permitindo que redes de exploração se mantenham ocultas. Esta pesquisa se guiará pela análise de informações, reportagens, e dados de fiscalizações e produções científicas que tratem dos contornos de exploração doméstica e sexual sobre mulheres.

Sendo uma pesquisa de caráter exploratório com o intuito de compreender em que momento a discussão se encontra e quais as informações disponíveis sobre a realidade estudada. A abordagem é qualitativa, atenta aos fatores de interferência, a partir do método bibliográfico-documental. Como referencial teórico adota-se a perspectiva feminista de Lélia Gonzalez, ao tratar da economia do trabalho da mulher e interseccionalidades raciais, e das figuras transmutadas no cenário brasileiro, no sentido de compreender a exploração e sexualização sobre os corpos femininos.

O desenvolvimento do texto é dividido em três seções, perpassando 1) O silenciamento histórico e a subordinação feminina nas Relações de Trabalho na Amazônica; 2) A exploração doméstica e sexual de mulheres no garimpo, com análise do caso do Garimpo de Coatá no Pará; e, 3) A problematização sobre as barreiras ao enfrentamento público da problemática posta. Por fim, serão feitas considerações sobre os dados obtidos e analisados.

## 2. A SUBORDINAÇÃO FEMININA DENTRE AS RELAÇÕES DE TRABALHO NA AMAZÔNIA – UM SILENCIAMENTO HISTÓRICO

Dentre as cadeias produtivas na Amazônia, principalmente concentradas no extrativismo vegetal, artesanato e extração mineral, em que a organização de base ainda é informal e comunitária, a presença feminina, embora essencial, é relegada a um papel socialmente visto como de "ajuda". Seja nas funções domésticas que mantém a força de trabalho ativa, seja em etapas delicadas ou menos valorizadas.

Contudo, este trabalho de base é condição de funcionamento econômico nas engrenagens da vida, em que mulheres cumulam funções produtivas e reprodutivas.

A reprodução da divisão sexual do trabalho a nível regional é observada em diversas cadeias, a exemplo da extração de balata[(8)], na produção artesanal com produtos de miriti em que assumem a função de separar as buchas e lixar[(9)], na função de quebradeiras da castanha-do-Pará. Assim, é revelada uma divisão sexual do trabalho cultural[(10)]. Já na extração mineral garimpeira, a figura feminina é associada a atividades domésticas, dando-se ênfase para a de cozinheira, que acaba sendo também explorada sexualmente como prostituta. O papel feminino então é então doméstico e sexual, ocultado.

Tratando do silenciamento histórico de mulheres na Amazônia Brasileira, Chaves e De Assis César[(11)] reforçam as características colonizadoras na organização regional através de distorções sobre o imaginário local e a imposição do etnocentrismo europeu, segundo as autoras, a Amazônia viveu uma história de saqueamento étnico, social e cultural, o que repercute em desvantagens dos indicadores sociais. Dentre a exploração econômica os atores locais foram desconsiderados em sua condição humana, consequentemente excluídos da política como uma opção de Estado.

Na história registrada não há personagens femininas, uma vez que contra estas foi naturalizada a violência, ao passo em que as estruturas produtivas se estruturaram na força de trabalho masculina. Historicamente, pelo colonizador e pelo homem local, mulheres foram tratadas como mercadorias, traficadas ou roubadas. Em maioria, negras, mestiças, indígenas e ribeirinhas, ainda mais vulneráveis dentre os indicadores sociais[(12)].

Ao construir as vozes de um feminismo afro-latino-americano, que invoca um potencial decolonial, Lélia González[(13)] observa a transmutação cultural da mulher racializada como mulata, doméstica e mãe-preta. Ao mesmo sujeito, os múltiplos contornos de submissão e exploração em posição subalterna.

Nas palavras da professora brasileira "A mulher negra, naturalmente, é cozinheira, faxineira, servente, trocadora de ônibus ou prostituta"[(14)]. Nesse sentido, articulando

---

(8) CARVALHO, 2013.
(9) BITAR, 2021.
(10) BEGOT; BELTRÃO, 2011.
(11) 2019.
(12) CHAVES; de Assis César, 2019.
(13) 2022.
(14) GOZALEZ, 2022, p. 69.

consciência e memória, Lélia resgata as estruturas da sociedade escravocrata brasileira, em que a escrava mulher servia à realização de bens e serviços, incluindo os sexuais.

Tal análise social a partir do olhar feminista e decolonial recai na permanência de mulheres condicionadas em uma estrutura subalterna da sociedade brasileira. Especialmente ao contexto regional amazônico é possível associar a exploração de corpos femininos ao passado histórico de extravio de indígenas e ribeirinhas nos moldes coloniais e de expropriação, provocando a ocultação e o silenciamento da presença feminina.

A partir dessa perspectiva, portanto, analisaram-se os dados, pesquisas e informações obtidas sobre a realidade ora estudada, considerando a cadeia de estereótipos e violências a quais estão submetidas as mulheres na economia garimpeira da Amazônia, principalmente aquelas em condições de exploração.

Ao buscar descrever os cotidianos de mulheres no garimpo e o "ser mulher nesse lugar" Mendes, *et al.*(15), observou o perfil predominante de mulheres naturais das Regiões Norte e Nordeste, racializadas e de baixa escolaridade. Sendo a divisão sexual do trabalho impositiva, cabendo às mulheres atividades de cozinha, além dos casos em que se constata a modalidade de trabalho forçado e a exploração sexual no sistema de barracões, em razão da submissão às dívidas impostas pelos aliciadores.

É possível também falar sobre marginalização, que potencializa as vulnerabilidades por se tratarem, as regiões de garimpo, como de difícil acesso, aliadas ao estigma da clandestinidade e discriminação de gênero, visto que a atividade principal de garimpagem é predominantemente realizada com o dispêndio de esforço físico e econômico masculino, em dinâmica própria permeada por violência, tensões e disputa de poder (MENDES, et. Al, 2022).

A atividade garimpeira ilegal possui alta incidência na Amazônia, polo minerador, sendo comuns infrações ambientais, trabalhistas e que recaem na exploração sexual de mulheres. Conforme pesquisa realizada por De Sá e Fischer(16) em que foram analisados relatórios de fiscalização trabalhista entre os anos de 1995 a 2019, nesse período foram localizados 161 resgates de trabalhadores em situações de escravidão contemporânea, num total de 51 relatórios documentados. Destas 51 operações em área de garimpo, 30 ocorreram em estados da Amazônia.

Especialmente no Pará foram 10 fiscalizações, e para aquela pesquisa foi destacado o caso do garimpo de Coatá, localizado na Floresta Nacional do Amana entre os municípios de Itaituba e Jacareacanga, onde foi realizada uma primeira fiscalização no ano de 2018, resultando no resgate de 30 garimpeiros e 8 cozinheiras em situação de escravidão, estas últimas também foram vítimas de exploração sexual. O garimpo foi reincidente, o que foi constatado no ano de 2020 em nova fiscalização, mas dessa vez configurado apenas o trabalho escravo(17).

Sobre esse caso, detalharemos mais adiante, com foco sobre a exploração laboral doméstica e sexual em condições de escravidão contemporânea a que estavam submetidas as mulheres resgatadas no ano de 2018.

---

(15) 2022.
(16) 2021
(17) DE SÁ; FISCHER, 2021.

## 3. EXPLORAÇÃO GARIMPEIRA, MULHERES NA COZINHA E NA PROSTITUIÇÃO – O CASO DO GARIMPO DE COATÁ

*"Em comunidades de garimpeiros no Whatsapp ou no Facebook é comum encontrar cozinheiras e prostitutas procurando trabalho em garimpos" (FÁBIO, P. 49, 2022).*

A partir de experiências em pesquisa de campo na região paraense do Tapajós, polo regional minerador, Mathis(18) realizou análise científica sobre os fatores sociais, relações de trabalho e condições de vida nos garimpos de ouro da Amazônia, observando os riscos da atividade informal e as organizações sociais com base na razão econômica, onde os garimpos que são organizados pelo comércio têm como importantes fatores de lucro a prostituição e a venda de bebidas.

Também em pesquisa inclinada a investigar experiências de vida em região de garimpo, Muler, Barbosa e Pinheiro(19) identificaram os estereótipos e o silenciamento que recaem sobre a figura feminina, sendo justamente um pacto que oculta a violência. Eis que se fala de um ambiente culturalmente masculinizado, sendo o trabalho feminino associado à prostituição, embora também sejam as mulheres responsáveis pela manutenção doméstica, por tomar conta dos barracos e até mesmo auxiliar na atividade garimpeira.

Nesse cenário é importante pontuar que ainda predomina o trabalho em troca de ouro.

Segundo reportagem divulgada pela equipe do Repórter Brasil(20), em que foi investigado a produção de ouro em garimpos de balsa –flutuante-, esteve identificada a incidência de prostituição, seja por exploração das próprias cozinheiras na balsa ou de "barqueiras"- mulheres, incluindo meninas adolescentes, que são levadas especialmente ao fim da comercialização sexual. Ao mesmo passo em que por relatos foi identificada a existência de filas formadas por meninas e mulheres aguardando vagas de cozinheira, também com alusão à concomitante prostituição.(21)

Seguindo a linha de informações obtidas em reportagens jornalísticas, por texto do Repórter Brasil(22) e do Infoamazônia(23), expôs-se que a prática costumeira de anúncio de vagas de cozinheiras no garimpo subtendendo-se a função concomitante de trabalhadora do sexo como recorrente e comum de ser negociada em grupos de redes sociais.

A problemática em evidência não é a ocorrência da prostituição por si só, uma vez que esta deve ser concebida como um trabalho lícito, desde que a pessoa tenha autodeterminação de si e reverta o próprio lucro. A problematização posta é quando há a exploração por terceiros sobre trabalho–concomitante ao trabalho doméstico-, revertendo

(18) 1995.
(19) 2019.
(20) 2021.
(21) Disponível em: https://reporterbrasil.org.br/2021/09/a-bordo-de-uma-balsa-de-garimpo-quanto-vale-a-vida-no-mercado-de-ouro-ilegal/. Acesso em: 10 jan. 2023.
(22) 2021.
(23) Disponível em: https://infoamazonia.org/2021/12/16/vende-se-garimpo-ilegal-prostituicao-e-mercurio-no-facebook/. Acesso em: 08 jan. 2023.

o lucro em favor alheio, dessa forma, configura prática criminosa e que pode amoldar-se tanto à conduta típica de trabalho escravo quanto de rufianismo, conforme forem as circunstâncias, situação esta que se mostra recorrente nas áreas de garimpo ilegal.

Como exemplo recente e dotado de fé pública, retoma-se o caso do garimpo de Coatá, quando a fiscalização trabalhista realizada no ano de 2018 na Jacareacanga-PA pelo Grupo Móvel de Fiscalização – GFEM/DETRAE resgatou dentre os trabalhadores 8 mulheres, contratadas como cozinheiras, mas que também eram sexualmente exploradas.

Consta das informações disponíveis sobre a operação, a constatação de que o garimpo era comandado por uma família, proprietária das terras – obstante o caráter irregular do registro- e que detinha controle sobre toda a produção.

Mais à frente, os fatos foram denunciados nos Autos da Ação Civil Pública n. 0000606-06.2018.5.08.0113 do Tribunal Regional da 8ª Região[(24)], que fundamentou embora reconhecendo a concomitância da exploração trabalhista e sexual – além das irregularidades de registro da atividade de extração mineral-, do objeto de denúncia constava a prática descrita no *caput* do art. 149 do Código Penal, nas modalidades de condição degradante e servidão por dívidas[(25)].

A figura central para análise dessa pesquisa são as cozinheiras, que no caso mencionado eram também sexualmente exploradas sobre gerência da dona do garimpo. Por relatos coletados em jornalismo investigativo do Repórter Brasil em 2018[(26)], no garimpo de Coatá "É proibido namorar, as relações são intermediadas pelo pagamento de programas", onde o valor do programa passava no caderno de crédito do garimpeiro para a cozinheira, que iria receber quando o trabalhador fosse "riscar o caderno" se sobrasse crédito após quitar as dívidas patronais.

Na mesma reportagem, a partir de relatos, embora as pessoas exploradas tivessem livre arbítrio, foi revelada a situação de isolamento e pobreza obrigava a submissão das trabalhadoras, que recebiam insistente aliciamento do gerente para enveredar a prostituição mediante promessa de retorno econômico.

Segundo consta da fiscalização pública, além dos elementos obtidos pela reportagem, o pagamento era feito em ouro, aos garimpeiros uma porcentagem ínfima conforme a quantidade de minério extraído, para as cozinheiras era realizado o pagamento fixo de 20 gramas de ouro por mês, sendo a cotação do outro de cem reais por grama. Tendo estas últimas a possibilidade de aumentar a renda com a realização de programas sexuais, também quantificados em valor maior para passar a noite com o garimpeiro, ou se fossem encontros mais rápidos, ligeiros, o valor era menor.

Ocorre que nem o pagamento fixo nem o variável era de fato pago às trabalhadoras. Toda a renda era como crédito no "caderninho" da dona Raimunda, a proprietária, inclusive o valor dos programas em que o crédito correspondente passava da conta do garimpeiro pra conta da cozinheira.

---

(24) FERREIRA; JACOB, 2021

(25) Art. 149. Reduzir alguém a condição análoga à de escravo, quer submetendo-o a trabalhos forçados ou a jornada exaustiva, quer sujeitando-o a condições degradantes de trabalho, quer restringindo, por qualquer meio, sua locomoção em razão de dívida contraída com o empregador ou preposto.

(26) https://reporterbrasil.org.br/2018/08/resgate-trabalho-escravo-garimpo-ouro-para/.

É importante pontuar que naquele contexto os trabalhadores e trabalhadoras já chegavam no local com dívidas, eis que vinham de outras localidades, portanto, já estava contabilizado na dívida do caderno os custos com transporte, a alimentação e até mesmo o pedágio para entrada na propriedade.

As dívidas eram cumulativas, qualquer item alimentício além do fornecido semanalmente pela proprietária – em geral insuficiente- era cobrado, produtos de higiene, remédios, bebidas... tudo vendido diretamente na cantina do garimpo no sistema de barracão e em preços superfaturados, abusivos. No final das contas todo o trabalho era insuficiente diante das dívidas, que condicionavam a mais trabalho.

Ao "riscar o caderno" e pedir as contas, a cozinheira só recebia o valor dos programas se, e somente se, sobrasse crédito depois de ter o garimpeiro quitado as dívidas com o tomador de serviço, o que quase nunca acontecia. Em razão disso a exploração sexual era incentivada a favor de lucro indireto da exploradora do garimpo, havendo prostituição alheia agenciada.

O garimpo era organizado em frentes, cada frente de exploração contava um grupo de garimpeiros e era acompanhado por uma cozinheira, assim como instalavam barracão de lona próprio. Portanto, cada cozinheira prestava serviços domésticos e sexuais para o grupo de garimpeiros da frente em que estivesse locada. As condições eram insalubres, da ausência de Equipamentos de segurança, ausência de instalações sanitárias, exposição às intempéries, água imprópria para o consumo e banho. Nos barracões, feitos de lona e sobre terra batida, havia divisórias que isolavam a área de banho e dormitório das cozinheiras, justamente onde realizavam os atendimentos sexuais. Durante a fiscalização foi ainda aventada a ocorrência de relações sexuais não consentidas pelas mulheres resgatadas, capazes de configurar ainda outros ilícitos.

Tem-se aí, a partir da reprodução da divisão sexual do trabalho, a materialização de dupla submissão da figura feminina no garimpo, relacionada ao trabalho doméstico como cozinheira e ao trabalho sexual como prostituta. No caso em análise, eram agenciadas por quem detinha a propriedade econômica do garimpo, sendo-lhes imposta dívidas impagáveis e a realização de trabalhos sexuais, sem que ao fim tivessem a garantia de receber por isso ou não, assim, condicionadas à servidão.

Das duas práticas ilícitas acima destacadas coaduna-se o trabalho escravo doméstico e a exploração sexual sobre o corpo da mesma mulher, no cenário de garimpo ilegal, ainda relacionando-se ao tráfico de pessoas para os fins de exploração sexual, haja vista a migração interna das trabalhadoras, aliciadas por diversos meios.

Não foi ao final, esclarecido se na cadeia de tratamento as mulheres tiveram encaminhamentos específicos sobre as violências sofridas com rede de acompanhamento social, nem mesmo se houve denúncia correlata e específica sobre a ocorrência de aliciamento e transporte de pessoas para a exploração de trabalho escravo concomitante doméstico e sexual. O que, diante das especificidades que envolvem a violência de gênero, ao ver dessa linha científica, exigem tratamento próprio e adequado a nível público.

# 4. BARREIRAS DE ENFRENTAMENTO PÚBLICO DA EXPLORAÇÃO SOBRE O CORPO E TRABALHO FEMININO

O trabalho como direito fundamental pressupõe a liberdade, o poder de autodeterminação e o retorno material a quem o exerce. Em outro passo, a liberdade sexual e reprodutiva também constitui dimensão da dignidade humana, de modo que se deve zelar por essa garantia de modo a coibir qualquer violência e forma de violação.

No entanto, a partir de uma construção social patriarcal, especialmente na herança colonial brasileira escravista, trabalho doméstico reprodutivo é aquele invisível – não economicamente palpável -, assim como incide estereótipos de sexualização sobre o corpo feminino. Como exposto por Lélia Gonzalez[27], na estrutura colonial o papel servil das escravas mulheres era doméstico e sexual, e objetificado, transmutando-se à atualidade: a empregada doméstica e a mulata. Ao lado disso, considerando as especificidades da Amazônia naturalizou-se culturalmente a violação sexual de mulheres, como um produto para saciar os desejos dos trabalhadores locais e senhores[28]. De tal modo que essa estrutura ainda se reproduz e ocasiona as violências vivenciadas.

Ao tratarmos do trabalho sexual forçado e explorado é preciso considerar de um lado a naturalização da exploração, assim como o seu caráter ilícito, eis que configurado pelo controle de terceiro sobre o corpo da mulher em caráter comercial. No entanto, a marginalização e o preconceito a respeito da natureza desse trabalho impõem óbices à efetiva intervenção pública, combativa e protetiva[29].

Para os fins de análise deste trabalho considera-se a proteção internacional em combate ao trabalho forçado diante do paradigma da Convenção n. 105 da Organização Internacional do Trabalho (OIT). Na legislação brasileira, o art. 149 do Código Penal criminaliza a conduta de reduzir alguém à condição análoga a de escravo, configurada de diversas formas, como trabalho forçado, servidão por dívidas, vigilância ostensiva, condições degradantes ou jornadas exaustivas.

Logo em seguida, o art. 149-A do CP criminaliza o tráfico de pessoas – seja por abuso, agenciamento, aliciamento, transporte, alojamento, transferência ou acolhimento -, dentre as modalidades estão aquelas que se destinam à submissão de trabalho escravo e à violência sexual.

Em relação aos crimes contra a dignidade sexual, a prática de tirar proveito da prostituição alheia com o intuito de lucro configura o crime de rufianismo, nos termos do art. 230 do CP.

Nessa linha, no que tange a escravidão contemporânea, o atual paradigma de proteção da lei é a dignidade e o poder de autodeterminação da pessoa sobre si e sobre o seu trabalho; a coibir condutas que busquem submeter à condição servil e indigna pessoas juridicamente livres, cerceando o controle sobre si.

Conforme analisado no item 2 deste artigo com base em informações jornalísticas, é sabido do senso comum o amplo aliciamento de meninas e mulheres para vagas de cozinheiras em garimpos, embora sendo o destino final a prostituição, o que

(27) 2020.
(28) CHAVES; DE ASSIS CÉSAR, 2019.
(29) CARVALHO; BORGES, 2016.

acontece inclusive pelo intermédio de redes sociais. Sendo esses trabalhos agenciados, controlados e explorados em proveito alheio.

Diante disso, é possível inferir que se trata de uma realidade recorrente. No entanto, pouco alcançada pela fiscalização pública, visto a escassez de informações sobre o gênero das pessoas resgatadas e concomitância da exploração sexual dentre as operações realizadas em áreas de garimpo conforme os dados disponíveis.

Não é possível afirmar se para essa problemática são determinantes a estigmatização sobre o trabalho sexual, a pouca articulação dos órgãos competentes em analisar conjuntamente as questões de gênero dentre o trabalho escravo e outros atravessamentos sociais, embora seja possível inferir que esses fatores interfiram e ponham óbices à efetiva intervenção.

Poucos dados noticiam e pontuam a existência de trabalhadoras resgatadas nos garimpos, principalmente individualizando as suas funções como cozinheiras, além de individualizar a ocorrência de exploração sexual com reversão de lucros ao interesse alheio, como foi o caso do garimpo de Coatá em 2018.

Mesmo assim, a questão aparece subsidiária, tendo sido configurada a submissão a condições de escravidão contemporânea e a exploração sexual, quanto ao crime de rufianismo. Embora a identificação das infrações, conforme fundamentos levantados no plano judicial a configuração da prática foi genérica, sem ter sido relatado algum suporte às vítimas de exploração sexual, duplamente escravizadas, ainda mais em um dos sentidos mais íntimos e sensíveis das vítimas.

Portanto, soma-se à ocultação dessa prática diante da fiscalização pública, e, quando ocorre a intervenção é baixa a articulação que seja capaz de tratar da questão de gênero e das especificidades que demandam o suporte às vítimas sexualmente violadas.

Mais ainda, considerando a realidade Amazônica na qual como visto, predomina a naturalização da violência contra a mulher e a predominância de sistemas masculinos.

# 5. CONSIDERAÇÕES FINAIS

Pelos caminhos percorridos nessa pesquisa buscou-se analisar a realidade das relações laborais na Amazônia, especificamente quanto à incidência do trabalho feminino – doméstico e sexual- forçado e explorado nas regiões de garimpos.

Diante dessa problemática antiga, recorrente e socialmente naturalizada, enfrenta-se a escassez de informações e de dados que demonstrem a efetiva intervenção pública.

Portanto, a proposta ora desenvolvida foi de explorar informações jornalísticas, pesquisas científicas, dados, informações sobre auditoria trabalhista e questões judicias que fossem capazes de demonstrar a realidade posta.

A partir da perspectiva decolonial feminista de Lélia Gonzalez foi problematizado o papel relegado à mulher na estrutura escravista, e que se reproduz aos tempos atuais. Ao lado disso, o silenciamento histórico de mulheres na Amazônia, como descrito por Chaves e De Assis César(30).

As pesquisas de referência que trataram sobre os garimpos na Amazônia demonstraram a predominância de um ambiente estruturado pelo poder laboral masculino em que vige um pacto de silêncio sobre a violência. Ao mesmo tempo em que as informações jornalísticas nos demonstram a atualidade e gravidade do aliciamento de mulheres para as regiões de garimpo, denominando-se cozinheiras ao mesmo tempo em que de forma tácita - e forçada - as candidatas sabem estar sendo transferidas àquelas regiões também com o fim de prostituição.

O caso do garimpo de Coatá no Pará, por sua vez, demonstrou a constatação pela fiscalização pública da exploração sexual e doméstica de mulheres no garimpo em condições de escravidão. Combinando práticas criminosas que atentam contra a dignidade laboral e sexual dessas mulheres.

Frente a concretude dessa problemática, no entanto, ainda são grandes as barreiras que se colocam à efetiva intervenção pública, tanto para chegar a essas áreas, quanto no sentido de individualizar, catalogar as vítimas quanto ao gênero, e, principalmente, garantir procedimentos de apoio social e judicial que sejam capazes de tratar de forma adequada e específica os casos de violência de gênero no que tangem à escravidão doméstica e sexual de mulheres nas regiões de garimpo.

Por fim, recuperando os estudos de Chaves e De Assis César(31), as dinâmicas estruturais brasileiras e regionais amazônicas se desenvolveram no abuso, exploração e silenciamento de mulheres. Deixar de considerar a condição humana leva ao apagamento político. Sendo, portanto, necessário evidenciar e discutir na pauta pública essas problemáticas buscando reforçar a proteção às mulheres, principalmente aos seus corpos e dignidade laboral.

---

(30) 2019.
(31) 2019.

# REFERÊNCIAS

BEGOT, Marjorie; BELTRÃO, Jane Felipe. *Quebradeiras de Castanha do Pará:* Um estudo sobre Trabalho Feminino, Gênero e Direitos Humanos. Disponível em: https://nadir.fflch.usp.br/sites/nadir.fflch.usp.br/files/upload/paginas/gt5%20-%20marjorie.pdf. Acesso em: 12 jan. 2023.

BITAR, Helder Fadul. *Etnodesenvolvimento e globalização cultural:* o Círio de Nazaré e a produção dos brinquedos de Miriti no Estado do Pará. Orientadora: Suzy Elizabeth Cavalcante Koury. 2021. Dissertação (Mestrado), p. 67 – 98.

CARVALHO, Luciana G. *Relações de trabalho nos balatais do Pará.* Horizontes Antropológicos, Porto Alegre, ano 19, n. 39, p. 373 - 400, jan./jun. 2013.

CHAVES, Fabiana Nogueira; DE ASSIS CÉSAR, Maria Rita. O silenciamento histórico das mulheres da Amazônia brasileira. *Revista Extraprensa,* v. 12, n. 2, p. 138 - 156, 2019. Disponível em: https://www.revistas.usp.br/extraprensa/article/view/157418. Acesso em: 12 jan. 2023.

DE SÁ, Emerson Victor Hugo de Costa; FISCHER, Luly Rodrigues da Cunha. *Escravidão contemporânea no garimpo:* aplicação de métodos mistos na análise de relatórios de fiscalização. 2021.

DE CARVALHHO, Gabriela Costa Frigo; BORGES, Paulo César Corrêa. Tráfico de pessoas para fins de trabalho forçado: a exploração sexual e o trabalho escravo. *Revista de Estudos Jurídicos da UNESP,* v. 20, n. 31, 2016. Disponível em: https://seer.franca.unesp.br/index.php/estudosjuridicosunesp/article/view/1801. Acesso em: 12 jan. 2023.

FÁBIO, André Cabette. *Reinvenção do garimpo no Brasil–* 1. ed. – Rio de Janeiro :MórUla, 2022. Disponível em: https://morula.com.br/wp-content/uploads/2022/03/ReinvencaoGarimpo_16MAR.pdf. Acesso em: 12 jan. 2023.

FERREIRA, Otavio Bruno da Silva; MESQUITA, Valena Jacob Chaves. A permanência da escravidão nos garimpos do Estado do Pará a partir da utilização de instrumentos estatais: a necessidade de fiscalização e controle eficientes. *Revista do Direito do Trabalho e Meio Ambiente do Trabalho,* v. 7, n. 2, p. 38 - 54, 2022. Disponível em: https://www.indexlaw.org/index.php/revistadtmat/article/view/8235. Acesso em: 12 jan. 2023.

GONZALEZ, Lélia. *Por um feminismo afro-latino-americano*. Editora Schwarcz-Companhia das Letras, 2020.

MATHIS, Armin. Garimpos de ouro na Amazônia: atores sociais, relações de trabalho e condições de vida (Paper 037). *Papers do NAEA,* v. 4, n. 1, 1995. Disponível em: https://periodicos.ufpa.br/index.php/pnaea/article/view/11940. Acesso em: 12 jan. 2023.

MENDES, Lise Maria Carvalho. Mulheres que vivem em garimpos da fronteira franco-brasileira: desafios cotidianos. *Revista Brasileira de Enfermagem.* 2022;75(6):e20210688. Disponível em: https://doi.org/10.1590/0034-7167-2021-0688pt.

MULER, Ana Cláudia. Dimensão vivencial das mulheres que viveram no garimpo bom futuro (1987–1991). *Jamaxi,* v. 3, n. 2, 2019. Disponível em: https://periodicos.ufac.br/index.php/jamaxi/article/view/1325. Acesso em: 12 jan. 2023.